もう準備はお済みですか？

# JIS Q45001
# JIS Q45100
## 対応マニュアル
—初めて部下を持つリーダーのための指南書—

白﨑 淳一郎 著

# はじめに

　本書はもともと労働安全衛生法第60条の規定による、「新たに職務につくこととなった職長その他作業中の労働者を直接指導又は監督する者に対する、安全又は衛生のための教育」を行うためのテキストとして執筆していた。原則として建設業や製造業（一部適用除外がある）等のいわゆる工業的業種に関わる、初めて部下を持ったリーダー、班長、主任などを対象としていた。

　しかし、ISO 45001やISO 45100の新設（2018年3月12日発行）と、これに準拠したJIS Q 45001やJIS Q 45100の2018年9月28日制定（2019年7月発行）という情勢が執筆環境を大きく変更せざるを得なくした。これらISOのマネジメントシステムは、リーダーシップ、コミュニケーションの強化、インシデント対応、リスクアセスメントの充実、教育訓練の強化、アンガーマネジメントを含む危機管理等を求めている。これらの事項は、従来の「職長安全衛生教育テキスト」等では必ずしも十分ではないので、本書ではISO等が指摘するそれらの点に力を入れて誌面を割いた（序章で要求事項と本書との関係を述べている）。さらに、従来のテキストでは十分でなかった、実践的OJT、コーチングについても説明するとともに、筆者が東京安全衛生教育センターのRST講座で受講生からの疑問・質問、要望等に時間の関係もあり十分に答えていなかったという反省点も込めて執筆した事項も含めてある。

　ところで、2018年5月30日の第196回通常国会において「不正競争防止法等の一部改正」が改正され、日本**工業**規格が日本**産業**規格に変更となり、2019年7月1日施行となった。これはJIS規格の適用が工業的業種からデータ、サービス業等の全業種にまで広く適用されるということである。

　つまり、安全衛生法令上、OSHMSやリスクアセスメントを実施していない企業でも、企業を取り巻くステークホルダー（特に取引先）からの要請で実施しなければならなくなるということである。

　実施するにあたって、「さあ、やるぞ」、「まずは制度を構築しよう」、といっても肝心の働く人達がそれらに馴染んでいなければ、あるいは部下を持ったリーダー達が、上記のISO等が求める行動をとらなければ、絵に描いた餅になることは必定である。なお、このことは、ISO45001の要求箇条4.4にも「OSHMSを確立し、維持し、かつ、継続的に改善しなければならない。」と規定していることからも、体裁だけ整えてもダメなのである。

　しかし、幸いにしてわが国では、安全衛生法令に基づく職長・安全衛生教育が1973年から47年以上続けられ、そのノウハウが培われてきた。このノウハウを従来職長安全衛生教育の対象でなかった業種が「人材育成」教育としてその中に取り入れれば、かなり容易にOSHMSを導入し、要求事項をクリアーできるものと思われる。

　例えば、サービス業を中心とする「作業手順」はほとんど、先輩からの口頭やメモで済まされているが、それではISOが求める手順の記録にはならない。本書に作業手順の作成の仕方、作業手順を用いたOJTの仕方が記載されている。それらを参考にしてほしい。

　ということで、本書は従来の「職長・安全衛生教育テキスト」という狭い範囲ではなく、全

ての業種の「初めて部下を持った人」が読む本として取り扱われることを期待するものである。

したがって、**本書で職長と記載されている部分は、自社の初めて部下を持った職制（職名、役職）に置き換えるか、読者自身の「あなたは」を主語にして**読んでいただきたい（ただし、安全衛生責任者は法令で定められた職責、職名なので置き換えはできないと考えられる）。

この本には、労働安全衛生規則第40条に規定されている教育カリキュラムには記載されていない、例えば1 on 1、アクティブラーニング、心理的安全性、ダイバーシティ、アンガーマネジメント、「困った部下」に対する対応、等々も記載されている。今は必要ないが将来、課長・部長等の管理職になったときに必要となる事項もあえて記載した。その意味で人材育成のための本でもある。

初めて部下を持った方には多少難しく、当面必要のないことも記載されているが、いずれ管理職や企業の幹部等になったときには必要となると思われる知識であるので、その部分は取りあえず飛ばして差し支えない。

読者は自分で必要と思われるところから読み進み、人材育成講師やRSTトレーナーは教育項目を適宜取捨選択して教えて頂ければ幸いである。その意味において、建設業と造船業以外の業種の方は取りあえず第2章はふれなくても差し支えない。

ISO 45001を"**外圧**"と後ろ向きに捉えるのではなく、ISO 45100が日本独自の安全衛生活動（KYT、4S活動、職場巡視等）や健康確保（メンタルヘルス、過重労働対策等）の取組みの計画的実施、を認める（含める）としているなら、むしろこれらの取り組みをグローバル基準にすべく、打って出る"**チャンス**"と捉えることができる。

「働き方改革」がいろいろな企業で取り組まれているが、多くは「働かせ方改革」のように見える。「真の働き方改革」とは、働く人達が、安全・安心、快適に働き、働きがいを持って働く職場づくりであると考える。それは、心理的な安全性が確保され、ワークエンゲイジメントを通じて、生産性の向上、現場力の強化、イノベーションの確立を達成し、持続可能な企業運営ができることでもある。本書の執筆の根底にはそのような思想が流れている、ということを理解して読んでいただきたい。

なお、本書は「彩の国RSTトレーナー会」の有志、五洋建設（株）、ペンタビルダーズ（株）の職長教育講師、その他のRSTトレーナーの方々からの貴重な意見も踏まえ出来上がったものである。紙面をお借りしてお礼を申し上げます。

※　本書では労働安全衛生法を安衛法、労働安全衛生規則を安衛則、リスクアセスメントをRA等々の略語を使用しているが、使用する前にその旨断っているので、ご了解願いたい。

著者

# 目次

## 序章　1

1. ＩＳＯとは …… 2
2. ＪＩＳとは …… 2
3. 標準化の意義と適用の拡大（工業標準から産業標準へ）…… 3
   - （1）標準化の意義 …… 3
   - （2）適用の拡大 …… 4
   - （3）改正の理由（経産省説明の要約）…… 4
4. 労働安全衛生マネジメントシステムをめぐる世界の動き …… 5
   - （1）ISO 45001を策定するまでの動き（概要）…… 5
   - （2）ISO 45001とISO 45100の違い …… 6
   - （3）JIS Q 45100の特徴 …… 7
5. ＩＳＯ45001と本書との関係 …… 7
   - （1）箇条3.3（働く人）…… 7
   - （2）箇条3.7（請負者）、3.8（要求事項）3.9（法的要求事項及びその他の要求事項）…… 7
   - （3）箇条3.19（危険源）…… 8
   - （4）箇条3.20（リスク）…… 8
   - （5）箇条3.23（力量）…… 8
   - （6）箇条3.35（インシデント）、3.36（是正措置）…… 9
   - （7）箇条5.1（リーダーシップ及びコミットメント）…… 9
   - （8）箇条7.4（コミュニケーション）…… 10

## 第1章　職長・安全衛生責任者の職務等　13

1. 職長とは …… 14
2. 職長の職務 …… 16
   - （1）作業の指揮・管理 …… 16
   - （2）先取りの安全衛生管理 …… 16
   - （3）情報管理（人間関係の向上）…… 16
   - （4）人材育成 …… 17
3. 安全衛生管理と職長の責務 …… 17
4. 職長の役割 …… 19
5. 安全衛生責任者とは（役割）…… 21
6. 安全衛生責任者の職務 …… 22
7. 安全衛生責任者の心構え …… 24
8. 労働安全衛生関係法令等の関係条項 …… 26
   - （1）法令の構成 …… 26
   - （2）法令以下のもの …… 27
   - （3）安衛法第26条について …… 28
   - （4）安衛法第122条について …… 28
   - （5）事業者と事業場について …… 29
   - （6）四重責任について …… 31

## 第2章　統括安全衛生管理の進め方　35

1. 統括安全衛生管理──個人責任と事業者責任 …… 36
2. 統括安全衛生責任者 …… 37
   - （1）統責者の選任（安衛法第15条）…… 37
   - （2）統責者の職務 …… 39
   - （3）統責者の資格 …… 39
3. 元方安全衛生管理者 …… 41
   - （1）元方安衛管理者の選任（安衛法第15条の2、安衛則第18条の3）…… 41
   - （2）元方安衛管理者の職務 …… 42
   - （3）元方安衛管理者の資格（安衛則第18条の4）…… 43
4. 店社安全衛生管理者 …… 44
   - （1）店社安衛管理者の選任（安衛法第15条の3、安衛則第18条の6）…… 44
   - （2）店社安衛管理者の職務（安衛則第18条の8）…… 44
   - （3）店社安衛管理者の資格（安衛則第18条の7）…… 45
   - （4）店社安衛管理者の責任 …… 46
5. 救護技術管理者 …… 46
   - 爆発・火災等による労働者の救護措置（安衛法第25条の2）…… 46
6. 特定元方事業者 …… 46
   - （1）特定元方事業者とは …… 47
   - （2）誰が選任するのか …… 47
   - （3）特定元方事業者の職務 …… 49
   - （4）特定元方事業者の選任報告（安衛則第664条）…… 50
7. 土砂崩壊等危険場所の元方事業者の講

ずべき技術上の指導等 ················ 52
8．建設物等を関係請負人に使用させる注
　　文者の統括管理責任 ···················· 52
9．特定作業の注文者等の措置 ········· 52
10．安全衛生（管理）計画の作成 ······ 54
　（1）安全衛生（管理）計画の作成の根拠 ······ 54
　（2）安全衛生（管理）計画の作成の意義 ······ 54
　（3）各事業者等の安全衛生（管理）計画の作成
　　　 ························································ 55
　（4）安全衛生（管理）計画に記載すべき主な事
　　　項 ····················································· 55
　（5）特定元方事業者の安全衛生（管理）計画の
　　　作成にあたって ·································· 58
　（6）下請事業者の安全衛生（管理）計画の作成
　　　にあたって ········································ 58
11．安全施工サイクル ························ 59
　（1）内容と導入の根拠 ································ 59
　（2）安全施工サイクル導入のねらい ············ 60
　（3）毎日の安全施工サイクル ······················ 60
　（4）安全朝礼と体操 ··································· 61
　（5）安全（ＫＹ）ミーティング（各社ＴＢＭ）·· 62
　（6）作業開始前点検 ··································· 64
　（7）場内安全巡視 ······································ 64
　（8）週間の安全施工サイクルの実施 ············ 67
　（9）月間の安全施工サイクルの実施 ············ 68
12．安全工程打合せの進め方 ············ 70
　（1）安全工程打合せ会設置の根拠 ················ 70
　（2）打合せ会議開催の留意点 ······················ 70
　（3）打合せ事項 ········································· 70
　（4）打合せ時の留意点 ································ 71
　（5）打合せの出席者と心構え等 ··················· 71
　（6）打合せと異なる事態が生じた場合 ········· 71
13．安全衛生協議会（災害防止協議会）····· 72
　（1）設置の根拠 ········································· 72
　（2）安全衛生協議会の構成 ·························· 72
　（3）安全衛生協議会の内容 ·························· 73
　（4）安全衛生協議会の開催通知及び記録 ······ 73

# 第3章　作業手順の定め方　75

1．作業手順（書）とは ···················· 76
　（1）目的と効果 ········································· 76
　（2）定義関係（作業標準書との違い）········· 77
2．作業手順書の作成にあたって ······ 78
　（1）作業手順書として必要な要件 ················ 78
　（2）そのために必要な条件 ·························· 78
　（3）作成にあたっての注意事項 ··················· 79
　（4）作業手順書作成のポイント ··················· 79
3．要素作業から主な手順（ステップ）へ
　　の分解方法 ································· 81
　（1）分解用紙で分解する ····························· 81
　（2）手順（順序）の見直し、改善 ················ 81
　（3）急所の決定 ········································· 82
　（4）作業手順書を作成するにあたって気をつけ
　　　ること（望ましいこと）······················ 83
4．非定常作業時の作業手順書 ········· 83
　（1）定期的な非定常作業 ····························· 83
　（2）突発的な非定常作業 ····························· 84
5．作業手順書を守らせるためには ······· 84
　（1）作業手順書を自ら作成させる ················ 84
　（2）メンター（良き先輩、指導者）を経験させ
　　　る ····················································· 85
　（3）年上の先輩作業者が作業手順書を守らない
　　　でいる場合 ········································ 85
6．作業手順書によるＯＪＴ教育 ······ 86
　（1）原理原則と判断基準を教える ················ 86
　（2）初めは繰り返し、納得してスムーズにでき
　　　るまで丁寧に教える ··························· 87
　（3）応用ができるように、考えさせながら教え
　　　る ····················································· 87
　（4）確認すべきは「理解できたか」ではなく、「理
　　　解した内容」である ··························· 89
　（5）曖昧なまま、仕事を進ませない ············ 90
　（6）ホウレンソウは待っているだけではダメ ····· 92
　（7）守・破・離 ········································· 93
添付資料：作業分解記録用紙、作業手順検討書、
リスクアセスメント作業手順書（例）············· 95

# 第4章　労働者の適正配置の方法　99

1．適性（適正）配置 ······················ 100
　（1）根拠規定 ············································ 100
　（2）「適性」配置なのか、「適正」配置か ······ 100
　（3）作業者の適性を考えた配置とは ············ 101
　（4）なぜ適性を考えた配置が必要か ············ 103
2．適性を考えて適正に配置するためには
　　 ················································ 104
　　事実と判断を区別する ····························· 104

3．個人特性を正確に把握するには、個人面談が重要 ················ 106
　（1）実施することを機関決定し、目的を明確にする ················ 106
　（2）ヒヤリングを行う意義と目的 ················ 107
　（3）ヒヤリングの頻度と時間 ················ 107
　（4）ヒヤリングの実施方法 ················ 108
　（5）ヒヤリングの実施例 ················ 113
4．ダイバーシティで適正配置を ················ 118
　（1）ダイバーシティの効果 ················ 119
　（2）ダイバーシティで適正配置を ················ 120
　（3）ダイバーシティ＝身勝手な職場ではない ·· 120
　（4）ダイバーシティ導入の目的 ················ 120

## 第5章　指導及び教育の方法　　123

1．指導と教育について ················ 124
2．教育とは ················ 125
　（1）教育に関する日本と欧米との考え方の違い ················ 125
　（2）教えるとは ················ 125
　（3）育てるとは ················ 125
3．新規入場者教育 ················ 130
　（1）根拠 ················ 130
　（2）実施 ················ 130
　（3）内容 ················ 131
　（4）資料等 ················ 131
4．ＯＪＴ教育 ················ 132
　（1）ＯＪＴ（on the job training）とは ········ 132
　（2）ＯＪＴ教育の意義 ················ 132
　（3）ＯＪＴ教育のメリット ················ 133
　（4）現状のＯＪＴ教育の問題点 ················ 133
　（5）ＯＪＴ教育を行う準備と心構え ················ 135
　（6）動機づけ ················ 135
　（7）目的は何か ················ 136
　（8）目標を立てる ················ 138
　（9）手段（ＯＪＴ教育計画の策定） ················ 140
　（10）ＯＪＴ教育成功のポイント ················ 142
　（11）ＯＪＴ教育実施上の留意点 ················ 147
5．指導について ················ 149
　（1）コーチングとは ················ 149
　（2）コーチングが必要な理由 ················ 151
　（3）コーチングの基本プロセス ················ 153
　（4）ＯＪＴとコーチングの関係 ················ 154
　（5）コーチングの人間観 ················ 155
　（6）アクティブ・ラーニングとは ················ 157

## 第6章　作業中における監督及び指示の方法　　161

1．監督と指示の定義 ················ 162
　（1）職長はマネージャーか、リーダーか ······ 162
　（2）管理（マネジメント）とは何か ················ 164
　（3）新しいマネジメント ················ 167
　（4）マネジメントの役割 ················ 168
　（5）マネジメントの心構え ················ 169
2．マネージャーとしての職長 ················ 169
　（1）マネージャーに求められる任務は2つ ···· 169
　（2）マネージャーに求められる資質 ················ 169
　（3）マネージャーの仕事は目標による管理 ······ 170
　（4）エンパワーメント（権限の委譲） ················ 171
　（5）部下の支援（部下を育てる） ················ 171
3．リーダーとしての職長 ················ 172
　（1）リーダーシップとは ················ 172
　（2）リーダーシップはなぜ必要か ················ 173
　（3）リーダーシップは職長や役職者だけのものではない ················ 173
　（4）部下もリーダーシップを持つべき理由 ······ 174
　（5）リーダーシップとは管理することではない ················ 174
　（6）フォロアーシップと対に。できれば相棒がいるとうまくいく ················ 174
　（7）リーダーシップの身につけ方 ················ 176
　（8）リーダーに最も必要なもの ················ 177
　（9）リーダーになってはならない3つのタイプ ················ 180
4．指示について ················ 183
　（1）指示の仕方 ················ 183
　（2）指示が徹底しない場合 ················ 186
　（3）叱りながら指示をする場面は2つ ········ 187
5．怒る、叱るについて ················ 188
　（1）「怒る」と「叱る」の違い ················ 188
　（2）叱り方の7つのポイント ················ 189
　（3）叱ったことに対して部下が反論してきた場合（否定形ではなく肯定形で対応） ················ 191
　（4）自分は変われるが相手は変われない。でも変えてほしい場合 ················ 192
6．アンガーマネジメント ················ 193
　（1）怒りのメリット、デメリット ················ 193
　（2）アンガーマネジメント ················ 194

7．「困った部下」に対する指示と対応 …… 196
　（1）人は「説得」ではなく、「対話」で動く … 196
　（2）それでも直らない場合の対応 ………………… 197

# 第7章　危険性又は有害性等の調査の方法　201

1．安全、危険の概念 ……………………………… 202
　（1）安全と危険 ………………………………… 202
　（2）安全の定義 ………………………………… 202
　（3）労働災害の防止か、危険の防止か ……… 204
　（4）リスクの定義 ……………………………… 205
　（5）安全・安心、危険・恐怖について ……… 206
2．リスクアセスメントについて ……………… 208
　（1）安衛法第28条の2について ……………… 208
　（2）ＲＡの基本的手順 ………………………… 208
　（3）ＲＡを行うべき業種 ……………………… 209
　（4）ＲＡの実施体制 …………………………… 209
　（5）ＲＡの実施時期 …………………………… 210
3．ＲＡの実施方法（手順） ……………………… 211
　（1）危険源（ハザード）の特定 ……………… 211
　（2）リスクの見積り …………………………… 214
　（3）リスクの見積りの仕方 …………………… 220
　（4）リスクの見積りを行うにあたっての留意事項 …………………………………………… 221
　（5）見積りの類型例ごとに行うのが良い …… 221
　（6）上記（5）の類型ごとの見積りにあたっては、次の事項にも留意すること ………… 222
　（7）具体的な見積りの仕方（進め方）……… 222
4．化学物質等のリスクアセスメント ………… 224
　（1）法令、指針の改正の概要 ………………… 224
　（2）安衛法第57条の3について ……………… 224
　（3）化学物質等のリスクアセスメントの基本的手順 ………………………………………… 225
　（4）実施体制等 ………………………………… 226
　（5）実施時期 …………………………………… 226
　（6）対象作業の選定 …………………………… 227
　（7）情報の入手等 ……………………………… 228
　（8）危険性又は有害性の特定 ………………… 228
　（9）リスクの見積り（コントロール・バンディング）…………………………………… 232
　（10）望ましいコントロール・バンディング利用法 …………………………………………… 237

# 第8章　危険性又は有害性等の調査の結果に基づき講ずる措置　239

1．リスク低減措置の検討 ……………………… 240
　（1）低減措置の検討にあたって留意すべき事項 …………………………………………… 241
　（2）危険な作業の廃止・変更に係る判断基準 … 241
　（3）工学的対策について ……………………… 244
　（4）管理的対策について ……………………… 244
　（5）個人用保護具の使用 ……………………… 244
　（6）その他 ……………………………………… 244
　（7）リスク低減措置に関する注意事項 ……… 246
　（8）費用対効果について ……………………… 246
2．低減措置の効果の確認＝残留リスクの確認 …………………………………………… 246
　（1）低減措置の効果の確認と残留リスク対策 … 247
　（2）低減措置の実施方法 ……………………… 248
　（3）適切な措置と暫定的な措置 ……………… 248
　（4）メンテナンスとパトロールについて …… 249
　（5）低減措置を実施するにあたっての留意事項 …………………………………………… 249
3．リスクアセスメントの意義と効果 ………… 250
　（1）ＲＡを実施する意義 ……………………… 250
　（2）ＲＡを実施する効果 ……………………… 250
4．リスクアセスメントがしにくい場合と、建設業のリスクアセスメントの仕方 ……… 251
　（1）ＲＡがしにくい場合 ……………………… 251
　（2）建設業のＲＡ ……………………………… 251
5．化学物質のリスクアセスメント（低減措置の検討と実施について）……………… 253
6．リスクアセスメントのマンネリ化防止について …………………………………………… 254
　（1）ヒヤリハットについて …………………… 255
　（2）ヒヤリハットは潜在災害ではなく、顕在災害である ………………………………… 256
　（3）ヒヤリハット活動の有効性と限界点 …… 256
　（4）ヒヤリハットをＲＡに結びつける意義と効果 ………………………………………… 257
　（5）ヒヤリハット活動をＲＡに結びつけるために ………………………………………… 259
　（6）ヒヤリハット報告書について …………… 260
　（7）ヒヤリハット、ＲＡ会議について ……… 261
　（8）危険予知（ＫＹ）をリスクアセスメント（ＲＡ）に取り入れる ……………………… 262
7．想定外の事故・災害について ……………… 263
　（1）不安を軽視するな ………………………… 263
　（2）「安全確認型」と「危険検出型」の安全対

策 ................................................ 265

# 第9章 | 設備、作業等の具体的な改善の方法　269

## 第1節　作業設備の改善 ................ 270
### 1．機械のライフサイクル ................ 270
（1）機械の定義と本質安全化の根拠 ........ 270
（2）3ステップメソッド（体系的な方法）....... 272
### 2．本質的安全化対策（例）................ 273
（1）本質的安全設計方策（ステップ1）...... 274
（2）セーフライフ ................................ 275
（3）フェールセーフ化（fail失敗してもsafe安全）
................................................ 276
（4）フールプルーフ化（foolバカでもproof防ぐ）
................................................ 279
（5）フールプルーフからフェールセーフへ ... 280
### 3．安全防護及び付加保護方策による対策（ステップ2）................................ 281
（1）安全防護（別表第3関係）................ 281
（2）付加保護方策（別表第4関係）........... 282
### 4．使用上の情報の内容及び提供による対策（ステップ3　別表第5関係）............. 283
### 5．機械、設備の安全化（改善）のポイント
................................................ 283
### 6．安全を考えた機械、設備の配置 ........ 284
（1）安全を考えた機械、設備の配置 ........ 284
（2）五悪災害防止の観点からの配慮 ........ 284
（3）機械、設備の配置の原則（改善のポイント）
................................................ 284
（4）建設現場での設備、機械等の改善 ..... 285

## 第2節　作業環境の改善 ................ 286
### 1．環境条件改善と保持とは ................ 286
### 2．労働衛生の3管理とは ................... 286
（1）作業環境管理 ................................ 286
（2）作業管理 .................................... 287
（3）健康管理 .................................... 287
（4）健康教育 .................................... 288
（5）総合的な労働衛生管理 ................... 288
### 3．特に留意すべき環境条件、作業条件と有害物のばく露経路 ....................... 289
（1）有害作業の要因と健康障害 ............. 289
（2）有害物のばく露経路 ...................... 290

### 4．主な有害物質と健康障害防止対策 ....... 291
（1）酸素欠乏症等対策 ......................... 291
（2）熱中症対策 ................................ 293
（3）腰痛対策 .................................... 297
### 5．心の健康づくり対策（メンタルヘルス対策）とストレスチェック ................... 298
（1）メンタルヘルス対策 ...................... 299
（2）メンタルヘルス教育 ...................... 302
（3）ストレスチェック制度 ................... 302
（4）過重労働対策 .............................. 304
### 6．「心理的安全性」を追求して現場力の強化を .......................................... 308
（1）「心理的安全性」とは何か？ ............. 308
（2）ヒヤリングやワイガヤがうまくいく ... 308
（3）なぜ心理的安全性が生産性の向上につながるのか .......................................... 308
（4）グループからチームとなるためには心理的安全性が必要 ................................ 309

## 第3節　作業方法の改善 ................ 311
### 1．業務の3つの特性 .......................... 311
### 2．改善の必要性 .............................. 311
### 3．改善の意義、目的 ......................... 312
### 4．どのようなときに作業方法の改善を行うか ............................................. 312
### 5．改善を進めるための5段階法 ............ 313
（1）第1段階（対象となる作業を選定する）.... 313
（2）第2段階（対象作業を分解する。現状把握を行う）...................................... 313
（3）第3段階（ステップごとに自問する。問題点の抽出）................................... 314
（4）第4段階（アイデアを展開する。改善案の樹立）......................................... 314
（5）第5段階（新しい方法をRAしてから実施する。対策の実施）............................ 315
（6）改善にあたっての留意事項 ............. 316
### 6．作業分解、作業改善検討書 ............. 316
添付資料：作業分解、作業改善検討書 ........ 319

# 第10章 | 異常時における措置　321

### 1．異常と危機管理 ............................ 322
（1）異常と正常 ................................ 322
（2）一定の基準から外れればすべて異常か .... 322
（3）異常の管理とは ............................ 323

（4）リスク管理と危機管理との違い ……… 324
　2．異常事態の例 …………………………… 326
　　（1）異常の例（事象から）………………… 326
　　（2）異常の例（6M）で …………………… 327
　　（3）不安全状態、不安全行動の表から、自社に
　　　　多い異常の例を取り上げ、チェックリストに
　　　　して発見する方法 ……………………… 330
　3．異常の発見と原因究明方法 …………… 330
　　（1）五感の活用 …………………………… 330
　　（2）「なぜなぜ5回」による原因究明 ……… 330
　　（3）「なぜなぜ5回」とは ………………… 331
　　（4）「なぜなぜ5回」の実践のポイント …… 332
　　（5）「なぜなぜ5回」の本当の目的 ………… 336
　4．異常を発見したときの措置 …………… 337
　　（1）異常を正確に把握する ……………… 337
　　（2）異常処理後の措置 …………………… 337
　添付資料：不安全な状態、不安全な行動 …… 339

# 第11章　災害発生時の措置　　341

　1．事故、災害と危機 ……………………… 342
　　（1）事故とは ……………………………… 342
　　（2）災害とは ……………………………… 343
　　（3）危機とは ……………………………… 343
　2．事故・災害、危機が生じた場合の措置
　　　………………………………………… 344
　　（1）一般的な反応 ………………………… 344
　　（2）事故・災害発生時の基本的な考え方 …… 344
　　（3）基本方針を策定しこれを周知する …… 345
　　（4）「事故・災害（緊急事態）発生時の措置基準」
　　　　に記載すべき内容 ……………………… 345
　　（5）教育訓練と普段からの周知にあたって …… 346
　　（6）避難について ………………………… 346
　3．災害調査の方法について ……………… 347
　　（1）災害調査の目的 ……………………… 348
　　（2）災害調査の仕方 ……………………… 348
　　（3）事故・災害分析は6Mを切り口として考え
　　　　る ……………………………………… 353
　4．災害事例研究について ………………… 353
　　（1）災害事例研究の目的 ………………… 354
　　（2）災害事例研究のやり方 ……………… 354
　　（3）災害事例研究の効果 ………………… 354
　5．死傷病報告書と事故報告書 …………… 354
　　（1）死傷病報告書 ………………………… 354
　　（2）事故報告書 …………………………… 355
　6．危機管理について ……………………… 356
　　（1）危機管理の基本 ……………………… 356
　　（2）危機管理の一般的方策 ……………… 357
　　（3）危機発生（発覚）の初動方法 ………… 357
　　（4）謝罪（会見）の仕方 ………………… 357
　添付資料：事故との型分類コード表、起因物分類
　　　　　　コード表 ……………………… 360

# 第12章　作業に係る設備及び作業場所の保守管理の方法　　373

　1．保守管理と設備保全 …………………… 374
　　（1）保守管理とは ………………………… 374
　　（2）設備保全とは ………………………… 374
　　（3）保守と保全、メンテナンス ………… 375
　2．作業設備の保守管理の方法 …………… 375
　　（1）安全衛生点検の意義 ………………… 375
　　（2）安全衛生点検とは …………………… 376
　　（3）日常点検 ……………………………… 376
　　（4）定期自主検査と特定自主検査 ……… 378
　　（5）その他の点検 ………………………… 381
　3．作業中の安全衛生点検（パトロール、
　　巡視も含む）……………………………… 381
　　（1）点検の基本的な要領 ………………… 381
　　（2）点検者（パトロール要員、巡視者）の教育
　　　　…………………………………………… 382
　　（3）点検の実施方法 ……………………… 382
　　（4）点検時の安全の確保 ………………… 383
　　（5）点検にあたっての留意事項 ………… 384
　　（6）その他 ………………………………… 384
　4．持込機械等の措置 ……………………… 386
　　（1）元方事業者への届出 ………………… 386
　　（2）現場搬入時の整備確認 ……………… 386
　　（3）持込機械を現場内で組立て又は解体すると
　　　　きの措置 ……………………………… 386
　5．点検表（チェックリスト）について … 387
　　（1）チェックリストの原則 ……………… 387
　　（2）チェックリスト作成の留意事項 …… 387
　6．作業場所の保守管理の方法 …………… 388
　　（1）整理・整頓・清掃・清潔・躾（5S）の考
　　　　え方 …………………………………… 388
　　（2）5Sをしないとどうなるか ………… 389
　　（3）4Sのポイント ……………………… 390

（4）4Sの進め方 ……………………… 391
（5）4Sの定着と教育 …………………… 392
（6）4S活動の宿命 ……………………… 392

# 第13章 労働災害防止についての関心の保持及び労働者の創意工夫を引き出す方法　395

## 第1節　ヒューマンエラーについて ……… 396
1．労働災害の傾向 ………………………… 396
2．不安全行動を起こす原因と当面の対応方法 …………………………………… 396
3．ヒューマンエラー ……………………… 397
（1）ヒューマンファクター ……………… 397
（2）人間の行動特性の原因 ……………… 399
（3）ヒューマンエラー …………………… 400
（4）ヒューマンエラーの発生形態 ……… 402
（5）どんなときにヒューマンエラーは発生するのか（背後要因） …………… 402
（6）ヒューマンエラー対策 ……………… 404
4．ヒューマンエラーを防ぐためのコミュニケーション ……………………… 407
（1）一般のコミュニケーション ………… 407
（2）労働の場のコミュニケーションとは …… 408
（3）人は自分が見たいものを見て、聞きたいものを聞く動物である …………… 408
（4）コミュニケーションの仕方は変えるべき …… 409
（5）コミュニケーションの前提となるもの …… 410
（6）まとめ ………………………………… 410

## 第2節　労働災害防止についての関心の保持 …………………………………… 411
1．関心の保持 ……………………………… 411
（1）関心の保持とは ……………………… 411
（2）関心を持たせるには ………………… 411
（3）動機づけを図るには ………………… 412

## 第3節　労働者の創意工夫を引き出す方法 …………………………………… 414
1．創意工夫とは …………………………… 414
（1）改善と改革の違い …………………… 414
（2）一般的な「改革」のプロセス ……… 415
（3）改革と改善で陳腐化を打破し、強い現場力を …………………………… 416
（4）"問題発見能力"を高めるためには …… 416
（5）創造力を高める6つの力 …………… 417
2．現場力の強化 …………………………… 418
（1）現場とは ……………………………… 418
（2）現場力の強化とは …………………… 418
（3）ワーク・エンゲイジメント ………… 419
（4）ワーク・エンゲイジメントになればどうなるか …………………………… 421

# 序章

この章は、ＩＳＯとは何か、ＪＩＳとは何か、なぜ標準化が必要なのか、なぜＪＩＳ規格を改正したのか、ISO 45001をめぐる世界の動き、ISO 45100とは何か、ISO 45001の要求事項と本書の記述箇所について、簡単に述べている。

## 1. ＩＳＯとは

スイスのジュネーブに本部を置くスイス民法による非営利法人である非政府機関 International Organization for Standardization（国際標準化機構）の略称である。

ＩＳＯの前身は、1926年に設立された万国規格統一協会（ＩＳＡ：*International Federation of the National Standardizing Associations*）であり、第二次世界大戦中の1942年に活動を停止していた。しかし、終戦後、新たに設立された国際連合規格調整委員会（ＵＮＳＣＣ）によって、新たな世界標準機関の設立が提案された。1946年10月、25ヵ国からなるＩＳＡとＵＮＳＣＣの代表がロンドンで会合を開き、新たに国際標準化機構を創設することで合意した。新しい組織は1947年2月23日に正式に業務を開始した。

ＩＳＯの主な活動は国際的に通用する規格を制定することであり、ＩＳＯが制定した規格をＩＳＯ規格という。1952年、日本から日本工業標準調査会（ＪＩＳＣ）[注1]が加盟した。

ＩＳＯ規格は、国際的な取引をスムーズにするために、何らかの製品やサービスに関して「世界中で同じ品質、同じレベルのものを提供できるようにしよう」という国際的な基準であり、その数は約2万件あり、工業製品・技術・食品安全・農業・医療など全ての分野を網羅している[注2]。制定や改訂は日本を含む世界165ヵ国（2014年現在）の参加国の投票によって決めている。

(注1) 日本工業標準調査会（JISC）は、経済産業省の審議会の一つ。工業標準化法によりその権限に属させられた事項を調査審議するほか、工業標準化の促進に関し、経産大臣の諮問に応じて答申し、又は経産大臣に対し建議することができる（工業標準化法第3条第2項）。

(注2) ISO 9001とISO 14001
例えばISO 9001は、顧客に提供する製品・サービスの品質を継続的に向上させていくことを目的とした品質マネジメントシステムの規格。ISO 14001は、サスティナビリティ（持続可能性）の考えのもと、環境リスクの低減および環境への貢献を目指す環境マネジメントシステムの規格。

## 2. ＪＩＳとは

ＪＩＳ規格は、工業規格法（通称「ＪＩＳ法」）として1949年制定された法律に基づいて行われる、日本の鉱工業製品に関する規格や測定法などが定められた日本の国家規格のこと。注1に記載したＪＩＳＣが調査・審議して経済産業（以下「経産」という）大臣に答申あるいは建議して経産大臣が決定している。

自動車や電化製品などの工業製品生産に関するものから、文字コードやプログラムコードといった情報処理に関する規格などもある。規格はＡ（土木及び建築）〜Ｚ（その他）まで分類され、ＯＳＨＭＳ（労働安全衛生マネジメントシステム）はＱ（管理システム）に分類されている。

標準には、強制的なものと任意のものがあり、一般的には任意のものを「標準（＝規格）」と呼んでいる。ＪＩＳの制定件数は約1万件あり、ＪＩＳの認証事業場は約8,500ある。

　制定されたＪＩＳについて、企業は民間の第三者機関（登録認証機関）による認証を受けることで、ＪＩＳマークを製品に表示することができる。

　認証機関にはＪＳＡ（日本規格協会）[注1]、ＪＱＡ（日本品質保証機構）[注2] などを含め24機関があり、料金を徴収して規格どおりか否かを認証している。

　日本以外の諸外国でもＪＩＳと同様の標準化に関する制度が整備されてきた。ＷＴＯ（世界貿易機構）やＴＢＴ協定（貿易の技術的障害に関する協定）などが発行され、輸出入の促進のため、各国の国家規格を国際規格へ整合化することも義務付けられた。

　これを受け、ＷＴＯに加盟しているわが国も、これらに従う形で国家規格を国際規格に準拠するようになった。したがって、ＩＳＯ等の国際規格は、ほぼそのまま邦訳してＪＩＳ規格として公表している。

　もしＪＩＳ規格がＩＳＯやＩＥＣ（国際電気標準会議）などの国際規格として制定されれば、貿易などを非常に有利に進めることができるため、各国も自国の規格を国際規格にすべく、国際競争が熾烈となっている。

　今回のISO 45001をめぐる経緯でも、ＥＵの場合は、ＥＵ加盟28ヵ国の賛成票で取りまとめて国際会議に提案してくるので、各国が1票を持つ多数決制では割と有利となっている。

（注1）日本規格協会（JSA）：1945（昭和20）年12月6日　商工大臣の認可を受けて設立され、東京都千代田区の特許標準局内に事務所を開設。"工業標準化及び規格統一に関する普及並びに啓発等を図り、技術の向上、生産の能率化に貢献すること"を目的としている。現在は経済産業省所管でＪＩＳ規格認証機関である。

（注2）日本品質保証機構（ＪＱＡ）：1957年、日本機械金属検査協会として設立。1972年、機械電子検査検定協会に改名。1993年、日本品質保証機構に改名。2011年、一般財団法人に移行。マネジメントシステム、製品、製造工程、製造環境等に関する証明・認証・試験・検査等を実施している第三者認証機関である。経済産業省や総務省の登録を受けている。

## 3. 標準化の意義と適用の拡大（工業標準から産業標準へ）

### (1) 標準化の意義

　自由に放置すれば、多様化・複雑化・無秩序化してしまうモノやコトについて

- 経済・社会活動の利便性の確保（互換性の確保等）
- 生産の効率化（品種削減を通じての量産化等）
- 公正性の確保（消費者の利益の確保、取引の単純化等）
- 技術進歩の促進（新しい知識の創造や新技術の開発・普及の支援等）
- 安全や健康の保持
- 環境の保全等

　これらの観点から、技術文書として国レベルの「規格」を制定し、これを全国的に「統一」または「単純化」することが求められたからである。

　例えば、トイレットペーパーはどこのメーカーの物を購入しても、どこのメーカーのペーパーホルダーにも適合するようになっている。それはＪＩＳ規格が「幅は14mm、真ん中の空洞部分の直径は38mm、直径はロールの状態で120mm以下」と定めているからである。だから誰

も困らない。

### (2) 適用の拡大

2018年5月30日、第196回通常国会において、「不正競争防止法等の一部を改正する法律」が可決成立した。工業標準化法が一部改正され、"産業標準化法"に変更となり、日本工業規格（JIS）が日本産業規格（JIS）に変わった。施行日は2019年7月1日からである。

これは、JIS規格が鉱工業的業種からIT産業、サービス業、第三次産業、役務の種類まで適用対象が広がったということである。言い換えれば、これまで対象でなかった品目やサービス等について、新たなJISを制定することができれば、JISマークを付けられ市場で優位に立てるビジネスチャンスでもある、ということができる。

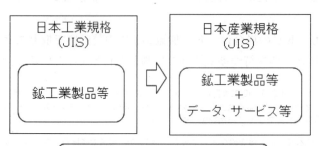

### (3) 改正の理由（経産省説明の要約）

第4次産業革命(注)の下、IoTやAIなどの情報技術の革新が進み、企業の競争力は、データやその活用に移り変わってきた。こうした中、ビッグデータ等と産業とのつながりにより、新たな付加価値が創出される産業社会（コネクテッド・インダストリーズ）への対応が、わが国産業の喫緊の課題となっている。

また、近年では、モノだけではなく、マネジメント分野、サービス分野等の規格が制定されるようになったほか、第4次産業革命の中で自動走行、スマートマニュファクチャリングなど業種を越えた国際標準化が進みつつあり、標準化の対象やプロセスにも変化が現れている。

さまざまな環境変化に対応するため、日本における標準化活動の基盤となっている工業標準化法について、①データ、サービス等への対象拡大、②JISの制定・改正の迅速化、③JISマークによる企業間取引の信頼性確保、④官民の国際標準化活動の促進を図る改正を行う。

(注) 第4次産業革命とは、18世紀末以降の水力や蒸気機関による工場の機械化である第1次産業革命、20世紀初頭の分業に基づく電力を用いた大量生産である第2次産業革命、1970年代初頭からの電子工学や情報技術を用いた一層のオートメーション化である第3次産業革命に続く、デジタル、ロボット工学、人工知能、IoT等のコアとなる技術革新を指す。

## 4. 労働安全衛生マネジメントシステム（以下「OSHMS」という）をめぐる世界の動き

### （1）ISO45001を策定するまでの動き（概要）

　欧州共同体（EU）理事会は、1982年頃から、「職場における労働者の安全と健康の改善を促進する措置の導入に関する理事会指令（枠組み指令）」を採択し、加盟国に批准することを求めた。この指令はいわゆる「労働安全衛生マネジメント」のようなもので、その中心はリスクアセスメント（以下「RA」という）の実施にあった。そして、1992年頃から加盟各国が順次、指令の内容を国内法に適用しはじめ、1996年には加盟各国の批准が終わり、そのほとんどがRAを罰則付きの義務規定として施行することとなった。

　米国は1998年、「Safety and Health Program Rule」を公表し、この中にRAを盛り込んだ。

　日本も、1999年、当時の労働省（現厚生労働省）が法令に基づかない単なる通達として「労働安全衛生マネジメントシステム（OSHMS）」指針を告示し、その中で、製造業を中心とした業種に対して「努力義務」として導入を推奨した。当然ながらRAも罰則なしの努力義務規定であった。

　このようにEUを中心とする先進諸国が、例えば英国規格協会（BSI）が1996年BS8800を制定し有料の認証活動を行い始めた。

　1997年、ISOも同様にOHSMS（注1）の国際規格化の制定を提案したが、当時ILO（国際労働機関）が、労働者の命と健康に関わることについて商業ベースに載せることは反対（その他の理由もあり）の意見を表明し、第1回目の規格化提案は否決された。

　1999年、EUはBS8800をベースとしたOHSAS 18001（注2）を制定しEU加盟国以外の貿易対象事業場にも認証を求めるようになった。日本も1999年通達によるOSHMS指針を受けて中災防もJISHA-OSHMSの適格認証制度を始めた。

　このように各国が勝手にOSHMSの認証をし始めたこともあり、ISOは2000年に第2回目の国際規格制定の提案を行ったがこのときも否決された。否決の主な理由はILOが国際的なOSHMSガイドラインを制定するのでそれを待つという意見が多かったからである。

　2001年、ILOが「ILO-OSH 2001」を公表し、加盟各国はこれに基づいて実施することとなったが、第三者認証制度が明確に決まっていなかったために、各国はILO-OSH 2001を一応ベースとした「労働安全衛生マネジメントシステム」を策定し、微妙に異なる基準でそれぞれ勝手に認証することが可能となった。

　日本は2006年、労働安全衛生法（以下「安衛法」という）を改正し、法律上根拠（安衛法第28条の2）のあるRA指針を作成するとともに、OSHMS指針は労働安全衛生規則（以下「安衛則」という）第24条の2に基づく指針とした（ただし、安衛則第24条の2を定める根拠となる安衛法上の規定はない）。しかも、法第28条の2は罰則がない努力義務規定である。この厚労省のOSHMS指針にも内部監査の設置は求めているが、外部監査や第三者機関の認証については何ら規定がない。

　なお、同年ISOはILOに対して3回目の提案をしたが、ILO理事会では「ISOに対してOH&SMSの規格作成を控えるよう依頼すること」を決議した。

　2013年にOHSAS 18001は100ヵ国以上、15万件以上の認証件数となった。これらを踏まえ、

同年8月ILOとISOがお互いに歩み寄り、10月にはプロジェクトチーム（PC283）の第1回総会が開催された。以降、主にILO－OSH 2001とOHSAS 18001をベースにしたISO 45001作成検討と、日本、英国、オーストラリア等の各国のOH＆SMS規格との比較、調整が行われた。

検討作業は約4年続き、2017年11月の投票で可決、2018年3月に発行した。なお、日本のOSHMSと内容を合わせるため、ISO 45100も合わせて発行している。

(注1) OSHMSとOHSMS
OSHMSは「Occupational（職業の）Safety（安全）and Health（衛生）Management System」（労働安全衛生マネジメントシステム）の頭文字をとったものである。主に日本（厚労省、中災防）がこう記載している。しかし、欧米ではヘルス（健康）が先にきて、セーフティ（安全）を後に記述することが多いので、OHSMSと記載するが、いずれも同じ、労働安全衛生マネジメントシステムと理解してよい。なお、ILOやISOではこのほかに、OHS（労働安全衛生）、OH＆SMS（労働衛生と安全マネジメントシステム）などの略語を使用している。

(注2) OHSAS（オーサス）18001は、BSIが開発した英国規格BS 8800をベースとする、労働安全衛生マネジメントシステム（OHSMS）の国際規格である。EUの多くの国が認証する規格となっている。1999年4月発行。OHSAS 18002はOHSAS 18001を踏まえた上で結果を監査運用し、マネジメントシステムの維持を持たせることを目的としている。2000年2月発行。日本にもいくつか認証機関がある。OHSAS 18001、18002はほぼ自動的にISO 45001に認証されることとなった。

## (2) ISO 45001とISO 45100の違い

ISO 45001は前述したとおり、OHSAS 18001が基本的にベースとなっている。一方、厚労省のOSHMS指針はどちらかというとILO－OSH 2001作成過程から関係しているため、ILOと共同歩調を取っている。特に厚労省指針第12条の（安全衛生計画の作成）の第2項第2号には「**日常的な安全衛生活動の実施に関する事項**」を計画の中に具体的な実施事項を盛り込むことが求められている(注1)。これは通達によれば、「「日常的な安全衛生活動」には、**危険予知活動（KYK）、4S活動、ヒヤリ・ハット事例の収集及びこれに係る対策の実施、安全衛生改善提案活動、健康づくり活動等があること。**」（平成18年3月17日基発第0317007号）との説明がある。これはISO 45001には記載されていない事項なので、日本のOSHMSに合わせたISO 45100を改めて作成したのである。

実は日本はISO 45001の開発段階からこれに前述した「日常的な安全衛生活動」を取り入れるよう国際会議で主張したが、活動内容が詳細すぎるとの理由により採用されなかった(注2)。そこで厚労省と経産省が協議し、ISO 45001と一体で運用する日本版マネジメントJIS Q45100の発行をISOに認めさせたのである。

(注1) 厚労省OSHMS指針
第12条　事業者は、安全衛生目標を達成するため、事業場における危険性又は有害性等の調査の結果等に基づき、一定の期間を限り、安全衛生計画を作成するものとする。
2　安全衛生計画は、安全衛生目標を達成するための具体的な実施事項、日程等について定めるものであり、次の事項を含むものとする。
1　第10条第2項の規定により決定された措置の内容及び実施時期に関する事項
2　日常的な安全衛生活動の実施に関する事項
3　安全衛生教育の内容及び実施時期に関する事項
4　関係請負人に対する措置の内容及び実施時期に関する事項
5　安全衛生計画の期間に関する事項
6　安全衛生計画の見直しに関する事項

（注2）国際会議ではいろいろな意見が交わされたが、特にKYKの第4ラウンドの「私達はこうする」、1人現地KYの「私はこうする」の実施について、危険・注意意識を高める趣旨は理解できるが、リスクアセスメントを実施していない場合、何か問題があれば最終的には日本人の好きな「自己責任」を追及されるのではないか（安衛法上は事業者責任であり本質安全化で対処すべき事案ではないか？）。また、ヒューマンエラーについて、「近道・省略行為」を全て「故意」として犯罪的行為（自己責任）とする考え方等についても疑問や議論されたということである。

### (3) JIS Q45100の特徴

ISO 45001にはない、次の事項が盛り込まれた。
- 安全委員会、衛生委員会、安全衛生委員会の開催
- 安全衛生教育（法定教育：雇入れ時教育、特別教育、職長教育、作業内容変更時教育、能力向上教育等）
- 危険予知活動（KYK、指差呼称など）
- 4S／5S活動
- ヒヤリ・ハット活動
- ヒューマンエラー防止活動（危険等の見える化、注意喚起表示など）
- 安全衛生改善提案活動

つまり、これらは職長教育の内容であり、本書で詳細に説明されている内容でもある。

## 5. ISO 45001と本書との関係

その全てではないが、ISO 45001の要求事項を意識して記述した箇所について紹介する。

### (1) 箇条3.3（働く人）

説明では「正規又は一時的、断続的又は季節的、臨時又はパートタイムなど、有給又は無給（ボランティア等）、様々な取り決めの下に行われる」人を指し、これら働く人すべてにOSHMSを適用するとしている。

本書はもともと職長教育テキストとして執筆しているので、部下の対象や範囲を特に定めていない。しかし、第4章の「労働者の適正配置の方法」では、適正配置とは「適正とあるので、公平に私情を挟まない配置のことをいう。当然、えこひいき、情実などがあれば『適正』な配置とはいえない。又、性別、国籍、心情、年齢、LGBT（性的弱者）、身障者等の多様性（ダイバーシティ）を認めない配置も『適正』な配置とは認められない。」と述べている。アルバイト、パートタイマー、派遣労働者は記載していないが、当然これらの人もステークホルダーであり、OSHMSやRAの保護、適用の対象となるという暗黙の前提で記載している。

### (2) 箇条3.7（請負者）、3.8（要求事項）、3.9（法的要求事項及びその他の要求事項）

説明ではマネジメントシステムに社会的に要求されているニーズ又は期待が込められているか？ 法的要求等を満たしているか？ について確認を求めている。

本書では、第1章8「労働安全衛生関係法令等の関係条項」、第2章の「統括安全衛生管理

の進め方」で、建設業と造船業に関わって記載しているが、一般の製造業や第三次産業でも安衛法第30条の2等を根拠に同様のニーズの発掘と安全衛生管理、コンプライアンス遵守が可能と考えられる。

### (3) 箇条3.19（危険源）

説明では「危険及び疾病を引き起こす可能性の原因」となっている。

本書では、第7章「危険性又は有害性等の調査の方法」では危険源について直接説明はしていないが、3（1）「危険源（ハザード）の特定」の項で具体的な見つけ方を記載している。

### (4) 箇条3.20（リスク）

定義では「不確かさの影響」となっている。その内容は、期待されていることから、好ましい方向又は好ましくない方向に乖離することをいう、との解説がなされている。例えば、8億円の売上げ（生産）を予想していたが、仮に15億円の売上げになったら、これは好ましい方向への乖離である。しかし、売上げはそうなったら、長時間過密労働、あるいはロジステックの関係から納期延長などの問題が出るかもしれない。そういう好ましい方向の乖離についてもISO 45001は事前にアセスメントすることを求めている。

残念ながら、本書では、リスクとは『危害の発生確率およびその危害の程度の組み合わせ』と定義している。つまり、**リスク＝"危害のひどさ"** と **"危害の発生確率"** ということである。これはISO 9001、ISO 14001等の定義に沿ったものであり、その意味では誤りはないし、安衛法第28条の2に基づくＲＡ指針も同様の書き方をしている。しかし、好ましい方向のリスクを検討していなかったことは認めなくてはならない。ISO 45001あるいはJIS Q 45001の認証を受けるにあたっては、この点を補強する必要がある。

### (5) 箇条3.23（力量）

意図した結果を達成するために、知識及び技能を適用する能力、のことである。

説明によると、安全衛生法令に定められた資格の取得や教育の実施、リスクの評価、リスク低減対策、日常的な安全衛生活動、緊急事態への対応、内部監査等について、資格や知識だけを指すものではなく、適切に実施できる能力も含まれる、とある。

本書はまさに初めて部下を持った人に第3章「作業手順の定め方」で作業手順書の作成方法、作業手順書の守らせ方、作業手順書によるＯＪＴ教育、第5章「指導及び教育の方法」で、新規入場者教育、ＯＪＴ教育、コーチングを記載してある。

なお、具体的な安全衛生教育項目等の説明は記述していないが、これについては「効果的な安全衛生教育－指導・講義のコツ－」（拙著　労働新聞社）を参考にしていただきたい。

適切に実施する方法については、第6章「作業中における監督及び指示の方法」で、指示の仕方、「困った部下」に対する指示と対応に詳述してある。

また、リスクの評価については、第7章「危険性又は有害性等の調査の方法」で、リスクの低減対策は、第8章「危険性又は有害性等の調査の結果に基づき講ずる措置」に記載してある。

日常的な安全衛生活動については、第12章「作業に係る設備及び作業場所の保守管理の方法」

で、安全衛生点検、パトロール、４Ｓ活動について記載している。しかし紙数の関係とはいえ正直なところ不十分な記載となっている。ＩＳＯ等の認証にあたっては自社の特徴的な安全衛生活動をアピールしていただきたい。

　緊急事態への対応については、第10章「異常時における措置」、第11章「災害発生時の措置」で危機管理と第三者委員会の設置などを詳述してある。

　内部監査については、本来職長の任務ではないので記載していない。ＯＳＨＭＳの導入にあたっては、絶対に必要であるので留意していただきたい。

### （６）箇条3.35（インシデント）、3.36（是正措置）

　インシデントとは結果として負傷及び疾病を生じた又は生じ得た、労働に起因する又は労働過程での出来事のことであり、是正措置とは不適合又はインシデントの原因を除去し、再発を防止する措置のことだという説明がなされている。

　本書においては、第８章「危険性又は有害性等の調査の結果に基づき講ずる措置」で、インシデントのうち人が気がついたヒヤリハットについて、その再発防止対策としてＲＡの実施を提案している。さらに、ヒヤリハットの多くがヒューマンエラーによるものが多いことから、ヒューマンエラー対策とコミュニケーションについても述べている。

### （７）箇条5.1（リーダーシップ及びコミットメント）

　ISO 45001では「トップマネジメントは、次に示す事項によって、労働安全衛生マネジメントシステムに関するリーダーシップ及びコミットメントを実証しなければならない」として、方針や目標を説明する責任等々、トップが行うべき項目について規定している。しかし、事業者が行うべき事項を仮に実施したとしても、それが果たしてリーダーシップと言えるのだろうか。というよりリーダーシップの定義、どうすればリーダーシップがとれるかについて何の説明もない。コミットメントもトップの関わり合いや関与を実証するとしても具体的に何をどうすれば実証したことになるのか分かりにくい。まさに、認証検査者の胸先三寸に関わるかもしれない。

　それはさておき、リーダーシップはトップマネジメントだけが持つべきものであろうか。トップが持つのは当然としても、部下もそれぞれの立場でリーダーシップを発揮しなければ、組織・チームは勝利しない。

　しかも、現代の多くのトップは一夜にしてトップとなるわけではない。ヒエラルキーのそれぞれの階層の中でリーダーシップの素養を磨いていったからなれたのである（創業家の御曹司でも最近はそうしている）。

　本書では第６章「作業中における監督及び指示の方法」で次のように述べている。「多くの人は、『リーダーとは、権限を持っている者＝経営者のことであり、リーダーシップとは、経営者や管理職が持つべきスキルと知識である』と理解している。しかし、職長に課長や係長のような権限がなくてもリーダーシップは必要である（ここでは、職長なので部下がいるリーダーをイメージして述べる）。なぜなら、職長を中心とした部下との集団は、"グループ"ではなく、目的と目標を持った"チーム"だからである。

なお、チームとは、1つの目的に向かって一致団結して協力し合う統率のとれた組織を指し、グループとは、それぞれがバラバラの方向を向いている単なる個人の集まりのことである。

　拡大し成長する組織と衰退する組織の違いは、単なるその場限りの仲良しグループなのか、それとも1つの目標に向かって協力し合えるチームなのかによる。グループではなくチームであるために必要不可欠なのは、リーダーシップの存在である。リーダー不在のチームは統率力を失い、いずれグループとなり、確実に崩壊していくであろう。仮にリーダーがいたとしても正しいリーダーシップを発揮せず、リーダーとして機能していなければ結果は同じである。」

　さらに、本書ではリーダーシップの相棒であるフォロアーシップについても記載している。

### (8) 箇条7.4（コミュニケーション）

　「組織は、次の事項の決定を含む、ＯＳＨＭＳに関連する内部及び外部のコミュニケーションに必要なプロセスを確立し、実施し、維持しなければならない。」としてコミュニケーションの内容、実施時期、対象者、方法、等について文書化と記録の保持を求めている。

　コミュニケーションについては、他にも6箇所ほど記載があるが箇条7.4がメインとなっている。

　確かにコミュニケーションは重要なのであるが、方法にしても対象等にしても各社マチマチで難しい。本書では第4章「労働者の適正配置の方法」で個人面接（ヒヤリング＝1 on 1 ミーティング）の意義と実施方法、第6章「作業中における監督及び指示の方法」で指示の仕方、第9章「設備、作業等の具体的な改善の方法」の第2節で心理的安全性とワイガヤ、第13章「労働災害防止についての関心の保持及び労働者の創意工夫を引き出す方法」の第1節でヒューマンエラー防止のためのコミュニケーションについて述べている。

　ISO 45001、ISO 45100は以上述べた以外にもいろいろ求めているが、多くは組織（事業者）や組織のトップに求めている項目が多く、初めて部下を持ったあなたは、本書に記載されていることをマスターしさえすれば、後は応用で対処できるものと筆者は考えている。

　厚労省は第13次労働災害防止計画（2018年度～2022年度）で「現在、国際標準化機構で制定作業が進められている労働安全衛生マネジメントシステム（ISO 45001）の発効に合わせ、ＪＩＳを制定する。その際には、ISO 45001に盛り込まれていない我が国の産業現場で用いられている安全衛生活動や健康確保のための取組を取り入れることを検討し、その普及及び促進を図る。ISO 45001や国際労働機関の労働安全衛生マネジメント指針との整合性や健康確保の取組の方策等も考慮し、労働安全衛生マネジメントシステムに関する指針の改正について検討を行い、普及及び促進を図る。」と述べている。

　また、2018年9月28日、厚生労働省は「労働安全衛生マネジメントシステムに関するＪＩＳを制定しました」という通知を行った。その内容は、ISO 45001に対応したJIS Q 45001を、ISO 45100に対応したJIS Q 45100が策定されたので、これからはこの運用を始めるというものである。まさに待ったなしの状態にある。

　しかし繰り返すが、ISO 45001等を外圧として消極的に対応するのではなく、自社の安全衛

生管理システムを、むしろ日本の標準、世界の標準にするべくチャンスと捉えて取り組むことをお勧めする。

　なお、認証には最低でも100万円は必要となる。消費税が上がり中小零細企業には大変な状況となるが、追加料金がかからないようにするためには、事前の準備を万全にしておくことが大切である。そのためには、安衛法第88条第１項但し書きの労基署長の認定制度の活用も一考に値するかもしれない。

# 第1章

# 職長・安全衛生責任者の職務等

## 1. 職長とは

　職長について労働安全衛生法（以下「安衛法」という。）第60条では明確に定義されていないが、同条では「作業中の労働者を直接指導又は監督をし、作業方法の決定及び労働者の配置、その他労働災害防止に関すること」を行う者という記載があるので、単なる先輩・後輩という関係ではなく、上司と部下という関係での"上司"に当たる者が、安衛法でイメージする「職長」であると考えられる。

　したがって、企業によっては、監督、班長、リーダー、作業長、棒芯（心）、キャップ等いろいろな名称で呼ばれているが、それらを安衛法では総称して「職長」と名付けている。

　職長は自らも仕事をしながら部下を指導・監督・教育を行うので、いわゆる"プレーイングマネージャー"といえよう。なお、先輩・後輩の先輩（いわゆるメンター）は指揮命令上の上司ではないので職長には含まれないと解されている。

　職長になるためには、労働安全衛生規則（以下「安衛則」という。）第40条で下表の時間（計12時間）以上の教育を受けなければならない。そして、項目内の時間配分は必ずしも等分でなくてもよく、ＲＳＴトレーナー若しくは新ＣＦＴトレーナーの裁量に任されている[注1]。したがって、自社の弱点（例えば作業手順の作成能力が低い）を重点に教育しても差し支えないが、残りの項目をゼロにする（学習しない）のは認められないとされている。

| 事　項 | 時　間 | 本テキストの章 |
|---|---|---|
| ・作業手順の定め方<br>・労働者の適正な配置の方法 | 2時間 | 第3章<br>第4章 |
| ・指導及び教育の方法<br>・作業中における監督及び指示の方法 | 2.5時間 | 第5章<br>第6章 |
| ・危険性又は有害性等の調査の方法<br>・危険性又は有害性等の調査の結果に基づき講ずる措置<br>・設備、作業等の具体的な改善の方法 | 4時間 | 第7章<br>第8章<br>第9章 |
| ・異常時における措置<br>・災害発生時における措置 | 1.5時間 | 第10章<br>第11章 |
| ・作業に係る設備及び作業場所の保守管理の方法<br>・労働災害防止についての関心の保持及び労働者の創意工夫を引き出す方法 | 2時間 | 第12章<br>第13章 |

　職長は現場の第一線で直接部下に働きかけていることから、生産や安全衛生管理、そして安全衛生教育（人材育成）の要、すなわち「キーパーソン」であり、そうなることが求められている。

　安衛法第60条では、新しく職長になったとき、つまり部下を持ったときは職長教育を受けさせることを事業者に求めている（ただし、罰則はない）。なぜこの教育項目なのかであるが、1960年代の高度経済成長と深い関係がある。当時団塊の世代は金の卵として集団就職列車で大都市近郊の潤沢な労働力として期待された。しかし、多くは戦前の古い労務安全管理によりた

くさんの労働災害が発生した。離職率も極めて高かった。その中で、離職率を下げ労働災害も比較的少なくし、高度経済成長時代に勝ち抜いた企業がとった教育戦略がこの職長教育のカリキュラムであった。中卒が多い金の卵にまず作業手順で教育し、適正配置を見極めて配置する。オイ、コラでない指示命令、これが高度経済成長に勝ち残った企業の共通した方策であった。それを1974年の安衛法の制定による職長教育項目に結実させ、翌年の東京安全衛生教育センターの開設でRSTトレーナー養成講座として全国斉一の職長教育実施になり、労働災害の大幅な減少に寄与したのである。

安衛法は全ての業種で職長教育の実施を求めているわけではない（安衛法施行令（以下「施行令」という。）第19条）が、この施行令は昭和47年当時の産業界の動向を反映しているため、現在においては製造業の中で除かれている業種[注2]だけでなく、対象とされていない食品販売、小売業、運輸業等第3次産業の業種でも自主的に職長教育を実施している企業が少なくない。

この職長教育、特別教育、作業主任者制度、そして安衛法に基づく多数の省令（規則）の充実が、労働災害の激減に寄与したのである。

なお、この職長教育を実施するのは、RSTトレーナー若しくは新CFTトレーナーである。このトレーナー（講師）となるためには、中央労働災害防止協会東京若しくは大阪安全衛生教育センター、建設業労働災害防止協会安全衛生教育センターにおいて、所定の研修を修了した者が行える。

(注1) カリキュラムの決定はRSTトレーナーに任されているとしても、多くは各社安全衛生委員会や教育計画で定められている。その計画段階で意見を述べるというのが実態であろう。
(注2) 製造業のうち「イ、食料品・たばこ製造業（うま味調味料製造業及び動植物油脂製造業を除く。）、ロ、繊維工業（紡績業及び染色整理業を除く。）、ハ、衣服その他の繊維製品製造業、ニ、紙加工品製造業（セロファン製造業を除く。）、ホ、新聞業、出版業、製本業及び印刷物加工業」は除く（施行令第19条）。

---

### 一口メモ

**【安全の語源（角川漢和中辞典）】**

「安」は宀（ウ冠）＋女で、「家の中に女が静かに座っているさま」ということなので、おそらくその意味するところは、家の中で女の人、つまり、妻（母親）が夫や家族が帰ってくるのを待っている様子を表している、と考えられる。大昔は、男は外へ狩猟等で出かけ、女は家で帰りを待っていた時代に作られた漢字である。

「全」は入部＋王で、王様の入るところは神に祈る場所。そこにある「まじりけのない乳白色の玉。転じて、あるもののすべてを意味する。」（角川漢和中辞典）となっているが、王の入るところ＝寝所（大奥、ハーレム）とする説もあり、その意味するところは、絶対不可侵、最高の状態を示していることから、まったきこと、すべて、これしかないという意味となる。

したがって、労働の現場でこの「安全」という意味を考えてみると、夫（息子）が家を出て職場に向かい、仕事を終えて無事に家に帰ってくることを妻（母親）が期待し、それが何よりも優先し、すべてである、ということになる。

「安全第一」「安全は何よりも優先する」というスローガンがあるが、「安全」という漢字にはもともと「何よりも優先」という意味があったのではないか、と筆者は思っている。

## 2. 職長の職務

　職長の職務は、前述したとおりプレーイングマネージャーとして、「作業の指揮・管理」、「先取りの安全衛生管理」、「情報管理（人間関係の向上）」、そして指導教育等「人材育成」を担うが、法令通達上、明確に「～をしなければならない」ということは規定されていない。ある意味では、各事業者にその職務等は任されているといえる。
　以下に、多くの企業で共通していると思われる職務内容を紹介する。

### （1）作業の指揮・管理
　工期・納期の厳守、品質の保持向上、コスト管理等の本来職務を遂行するために部下に対して指示をしたり業務命令をしたり、それらの進捗状況を管理・監督することは、部下を抱えて仕事をする以上は、基本的なマネージメントといえる。しかし、昨今の人の使い方、指示の仕方には、従来のような「オイ、コラ」「黙って聞け」「言ったとおりにやれ」では通じなくなってきている。それについては、第5章「指導及び教育の方法」、第6章「作業中における監督及び指示の方法」で詳述するが、昨今の指揮・管理は、「任せる。されども放任せず」と「なぜ（Why）と考えさせる」という、自立型の指揮・管理が主流となりつつある。
　また、「働き方改革」で求められている、作業改善、生産性向上、労働時間短縮などについても職長の作業管理（マネージメント）にその職務が求められている。いわゆるパワハラ、セクハラ、長時間労働が横行するなどブラック企業といわれるのはこの職長の指揮・管理に問題があることが指摘されている。こうしたことから快適な職場づくりに向けて職長の役割はますます重要となっているのである。

### （2）先取りの安全衛生管理
　職長は多くの場合、現場での作業経験が豊富である。当然、何が危険で有害であるかも部下よりは知識が多い。したがって、職場の不安全状態（危険箇所）、作業員の不安全行動をいち早く知り、解決することが期待されている。危険源の特定（同定）やＫＹ（危険予知）も誰よりも早期に発見し、対応策をとれる立場にあり、そのことを事業者からも求められている。

### （3）情報管理（人間関係の向上）
　職長は多くの場合、課長や係長の下の役職であり、一番下の管理職である。その職務も上司の指揮命令事項を部下に振り分け、噛んで含めて伝えるという仕事と、部下から会社に○○してほしいという要望等を取捨選択して上司に伝えるという立場にもある。職場というものは一般にコミュニケーションがなければ仕事はスムーズに回らない。ワイワイ・ガヤガヤと議論することで何かを触発され、コラボレーションする（相乗効果を発揮する）ことで新しいアイデア、イノベーション（技術革新）につながることがある。
　職長は情報管理の他、コーチング技法を駆使してコミュニケーション、絆の「ヒモ（紐帯）」の役割を果たすことが求められている。

## (4) 人材育成

　少子高齢化の下でこれからは間違いなく労働力不足となる。現在いる人材を有効に活用するだけでなく、部下が職場に対する不平不満等から離職していくのを職長としても座して見ているわけにはいかない時代になっている。限りある人材を育成して人財とすべく、ＯＪＴ、コーチング等の技術を駆使して、モチベーションを高め、かつ、ワクワクするようなやりがいを感じ、実力を発揮できる職場をつくれるよう、働きかけていくことも求められている。

---

**職長の職務**

(1) 作業の指揮・管理

(2) 先取りの安全衛生管理

(3) 情報管理（人間関係の向上）

(4) 人材育成

---

## 3. 安全衛生管理と職長の責務

　「安全衛生管理は安全管理者や衛生管理者の職務であり、職長は関係ない」という考え方は明らかに間違いである。安全管理者、衛生管理者は全社的、あるいは事業場全体の安全衛生管理を担うが、現場に常駐しているわけでもなく、常日頃の安全衛生管理は職長に委ねられていると考えるべきであり、またそれが実際的でもある。

　多くの事業場では安全衛生管理規程を設けていることが多いが、そこでは階層別に安全衛生管理を業務分担している。部下をケガや疾病から守るためには、安全管理者、衛生管理者の職務の遂行だけでは十分ではないため、職長は現場における安全衛生管理業務を行うことが期待されている。

　なお、安全管理者や衛生管理者の職務は法令や通達により次のようなことを行うこととされているので参考とされたい。

**安全管理者の職務**（①～④は安衛法第11条、⑤は安衛則第6条、「・」は昭47・9・18 基発第601号の1）

① 労働者の危険を防止するための措置に関すること
② 労働者の安全のための教育の実施に関すること
③ 労働災害の原因の調査及び再発防止対策に関すること
④ 労働災害を防止するために必要な業務であって以下のもの
⑤ 作業場等を巡視し、設備、作業方法等に危険のおそれがあるときは、直ちに、その危険を防止するための必要な措置（以下に記載する事項）を講じること
  ・建設物、設備、作業場所または作業方法に危険がある場合における応急措置または適当な防止の措置（設備新設時、新生産方式採用時等における安全面からの検討を含む）
  ・安全装置、保護具、設備・器具の定期点検及び整備
  ・作業の安全についての教育及び訓練
  ・発生した災害原因の調査及び対策の検討
  ・消防及び避難の訓練
  ・作業主任者その他安全に関する補助者の監督
  ・安全に関する資料の作成、収集及び重要事項の記録
  ・その事業の労働者が行う作業が、他の事業の労働者が行う作業と同一の場所において行われる場合における安全に関し、必要な措置

**衛生管理者の職務**（①～⑤は安衛法第12条、⑥は安衛則第11条、「・」は昭47・9・18 基発第601号の1）

① 労働者の健康障害を防止するための措置に関すること
② 労働者の衛生のための教育の実施に関すること
③ 健康診断の実施その他健康の保持増進のための措置に関すること
④ 労働災害の原因の調査及び再発防止対策に関すること
⑤ 労働災害を防止するために必要な業務であって以下のもの
⑥ 少なくとも毎週1回作業場等を巡視し、設備、作業方法又は衛生状態に有害のおそれがあるときは、直ちに、労働者の健康障害を防止するために必要な措置（以下に記載する事項）を講じること
  ・健康に異常のある者の発見及び処置
  ・作業環境の衛生上の調査
  ・作業条件、施設等の衛生上の改善
  ・労働衛生保護具、救急用具等の点検及び整備
  ・衛生教育、健康相談その他労働者の健康保持に必要な事項
  ・労働者の負傷及び疾病、それによる死亡、欠勤及び移動に関する統計の作成
  ・その事業の労働者が行う作業が、他の事業の労働者が行う作業と同一の場所において行わ

れる場合における衛生に関し、必要な措置

※このほかにも法令改正等があり、以下の業務が職長の職務として追加されている。
・職場会議（ヒヤリハット、リスクアセスメント会議を含む）の主催
・危険性又は有害性等の調査（リスクアセスメント）の実施
・作業方法の改善
・「自主点検表（チェックリスト）」を整備し、部下に点検させる
・作業環境測定が必要な作業名及び測定結果を把握し必要な措置をとる
・「整理整頓基準」等を整備し、それを励行させる
・作業者の資格や各人の能力を考慮して適正配置を行う
・部下の安全衛生意識の高揚を図るための活動を推進する
・異常時・緊急時の措置ルートを整え、部下に徹底する
・職場内に法令で決められている表示、標識の設置を行う

　もちろん、これら多岐にわたる職務を全て行うことはできない。そのため、前記の法令、通達を参考にして、事業場として安全衛生管理規程や職長等の職務規程を策定し、それに基づいて職務を行うことが望まれる。

**【衛生の語源（角川漢和中辞典）】**
　「衛」は、行（みち）とめぐり歩くことを示す韋からなり、巡り歩いて守ることを意味する。守る。防ぐ。守り。防ぎ守る者。
　「生」は、土中から出た草木の芽がいっそう伸びた形、かたどり。芽の伸びる様子。生まれる。子を産む。生きる。成長する。命。生きているもの。生き物。はえる。なま。
　したがって、労働の現場でこの「衛生」という意味を考えてみると、パトロールして生きている人を守る、ということになる。

## 4. 職長の役割

　職長は安全で衛生的な職場づくりに努めることはもちろん、部下及び他職種の職長や作業員とコミュニケーションを密にし絆を深め、モチベーションを高め、結果として生産性向上、イノベーションにつながる、そういう職場づくりを意識すべきである。
　言い換えれば、ワーク・エンゲイジメント（一口メモ参照）を目指す職場づくりに貢献することが職長の役割であると考える。（第13章「労働災害防止についての関心の保持及び労働者の創意工夫を引き出す方法」で詳述する）
　少子高齢化、労働力が絶対的に不足することを見据え、会社も自分も持続的に働き続けることを目指して、現場でできる「働き方改革」を実施する必要がある。

## ワーク・エンゲイジメントの定義(白﨑)

- ワーク・エンゲイジメント(W・E)とは従業員が、仕事を通じ、組織に貢献しようという自発的な態度・意欲・姿勢と、実際に貢献可能な知識・理解・能力を併せ持つことで、成果につながる行動を取り得る状態のこと。
- また企業の側も、そのような状態をつくるべく、スモールチームを作ったり、権限の委譲を行ったり、コミュニケーションの充実を図れるような**快適職場**をつくるべく様々な施策を講ずること。

一方通行ではなく双方向(**ウイン・ウイン**)の状態をいう

**【ワーク・エンゲイジメント】**

　最初(2004年頃)の提唱者はオランダ・ユトレヒト大学のシャウフェリ教授といわれている。元々はバーンアウト(燃え尽き症候群)の研究をしていたが、スペインのバレンシアで景気が悪く、失業率が高いにもかかわらず、誰もが明るく楽しそうに働いていることが研究のきっかけとなった。

　キリスト教国の人々は、アダムとイブが神の楽園を追われるときに、「働くこと」を原罪として人間に与えたということが意識の下に刷り込まれている。したがって、働くことは悪、働くことは楽しくないこと、という考えが主流となっていた。そこをシャウフェリ教授が、婚約した2人の間にある、絆、愛着心、思い入れと同じように、働く人と仕事との間にも、絆、愛着心、思い入れを持って、働くことに夢と喜びを持つことが重要であるとして、ワーク(労働)エンゲイジメント(婚約)という理論を打ち立てたといわれている。

　日本人は八百万の神が多くの場合労働しているので働くことが罪悪だという感覚がないために高度経済成長時代「24時間働けますか」「モーレツ社員」なる言葉も認知されてきた。

　しかし、少子高齢化、労働力不足が現実のものとなってきている現在、企業も労働者も持続可能な状態にしていくためには、会社と労働者がウイン・ウインの関係にしていくことが求められているのである。(第13章で詳述する)

> **一口メモ**
>
> **職務**：その組織の一員として義務付けられている仕事（明快国語辞典）。仕事として担当する任務。つとめ。やくめ。（広辞苑）
>
> **職責**：職務上の責任（明快国語辞典、広辞苑）
>
> 　このことから、職責は職務にプラスして責任が伴う意味が強いと考えられる。本稿でも前述したとおり職長の職務は４つと漠然としているが、職責はかなり細かく、多くは規定等でやるべきことが記載されていることが多い。
>
> **役割**：役目をそれぞれの人に割り当てること。また、割り当てられて引き受けた役（広辞苑）。集団内の地位に応じて期待され、またその地位にあるものによって学習される行動様式。社会的役割（大辞林）
>
> 　このことから、社会的に集団内で期待された職務ということになる。必ずしも責任が伴うものでもないと考えられる。

## 5. 安全衛生責任者とは（役割）

　建設業及び造船業において、原則として元請・下請を合わせて常時50人以上の労働者が働く現場では、元請（特定元方事業者）は統括安全衛生責任者（以下「統責者」という。）を、各下請（協力会社、請負人）は工事に参画している限り（名義貸しは除く）安全衛生責任者（以下「安責者」という。）を選任しなければならないと規定されている（安衛法第15条、16条）。

　安衛法は基本的に労働者の安全衛生管理はそれぞれ各企業（事業者）が行うことを原則としているが、建設業や造船業では重層下請構造となっているので、さまざまな職種の労働者が同一場所で混在して作業が行われ、他業種に比べ労働災害発生率も高いこと。指示や連絡の不十分により、ケガをしたり、事故や災害に巻き込まれることが多いことに鑑み、元請に統責者を選任させ、その者に現場全体の連絡調整等の統括安全衛生管理をさせるのが適切であるとしている。

　そして、下請各社はそれぞれ安責者を１名選任し、統責者と連絡調整を密にとり、その連絡事項について関係者へ伝達することが求められた（安衛法第16条）。

　下請はその作業内容、仕事量において、あるいは昼夜交替制勤務において、複数の班編制で対応することがある。その場合、各班長やグループリーダーは一般に職長となるが、現場において複数の職長が投入されることとなる。しかし、安責者は仮に交替制であっても１社に一人だけ選任すれば良いということになっている。つまり、安責者は"職長の中の職長"ともいうべき者と位置づけられている。

　安責者の職務は後述するが多岐にわたり、厚生労働省はプレーイングマネージャーである職長とは異なり、プレーイング（本来の仕事）は求めず、安責者にはマネージャーというかグループリーダーとして、できるだけ安全衛生管理体制確立のため安衛則第19条に記載されている職務に専念してほしいとしている。

　安責者はこのような役割を持っているため、前述した職長教育（12時間以上）に、さらに次頁に記載した項目を追加して教育することを通達で求めている（平18・5・12　基発第051201号）。

| 教　科　目 | 時間 | 本テキストの章 |
|---|---|---|
| 安全衛生責任者の職務等<br>・安全衛生責任者の役割<br>・安全衛生責任者の心構え<br>・労働安全衛生関係法令等の関係条項 | 1時間 | 第1章 |
| 統括安全衛生管理の進め方<br>・安全施工サイクル<br>・安全工程打合せの進め方 | 1時間 | 第2章 |

## 6. 安全衛生責任者の職務

　安責者の選任は、安衛法第16条で下請事業者に選任の義務を罰則付きで命じており、かつ安責者に安衛則第19条で定める事項を行わせることを義務づけている。一方、職長にはその職務についての不履行そのものに罰則はない。その意味においても安責者の職務は重要であるといえる。罰則は下請事業者に科せられるが、安責者に選任された者が安衛則第19条の職務を行わなかった場合は、安衛法第122条の「両罰規定」により、当該安責者も処罰されることとなっている。

【安責者の職務】
① 安衛則第19条第1号で「統責者との連絡」が規定されている。具体的には、
　　a．毎作業日に仕事に従事する労働者数の報告
　　b．新たに従事する労働者の法定資格、教育、健康診断の有無等の報告
　　c．現場に持ち込む建設機械、電動工具等の報告
　が考えられる。
② 同第2号では「統責者から連絡を受けた事項の関係者への連絡」が規定されている。具体的には、
　　a．統責者から連絡を受けた事項を自社の職長及び作業者に指示、命令
　　b．統責者から連絡を受けた事項を自社の事業者等に報告
　が考えられる。
③ 同第3号では「統責者からの連絡に係る事項のうち自社に係るものの実施についての管理」が規定されている。具体的には、
　　a．事前の作業打合せ等で実施すべき事項の実施
　　b．実施だけでなくその安全衛生管理として、混在作業の安全衛生管理（上下作業、近接作業等での安全対策、設備・機械の危険防止対策）
　が考えられる。
　　ここでいう「実施についての管理」には、安責者が統責者からの連絡に係る事項を自ら実施することが含まれるものであること（平4・8・24　基発第480号）。
④ 同第4号では「当該請負人がその労働者の作業の実施に関し作成する計画」と、「特定

元方事業者が作成する計画との整合性の確保を図るための統責者との調整」が規定されている。具体的には、
  a．車両系建設機械（機体重量が３トン以上、ただしコンクリートポンプ車を除く）を用いて作業する場合の作業計画（安衛則第155条、638条の４）
  b．ずい道等の掘削作業時の施工計画（安衛則第380条）
  c．鋼橋、コンクリート橋架設等の作業を行うときの作業計画（安衛則第517条の６、517条の20）
  d．つり上げ荷重が３トン以上の移動式クレーン等による作業の方法等（クレーン則第66条の２第１項）
  e．高所作業車、フォークリフト等の作業計画（安衛則第194条の９、151条の３）
  が計画の例として考えられる（平４・８・24　基発第480号）。
⑤　同第５号では「当該請負人の労働者の行う作業及び当該労働者以外の者の行う作業（混在作業）によって生ずる労働災害に係る危険の有無の確認」が規定されている。具体的には、作業前のＫＹミーティングの際等において労働者から意見を聴く、危険予知活動の実施等が考えられる。
　　ここでいう「危険の有無の確認」は、作業前のツールボックスミーティング（ＴＢＭ）の際等において労働者から意見を聴くこと等によって確認することでも差し支えない（平４・８・24　基発第480号）。
⑥　同第６号では「当該請負人がその仕事の一部を他の請負人に請け負わせている場合における当該他の請負人の安全衛生責任者との作業間の連絡及び調整」が規定されている。具体的には、
  a．下請の安全衛生管理についても目を配る
  b．自社の有する機械設備を関係請負人に使用させる時の安全衛生管理の指導・徹底
  が考えられる。

※法令には規定されていないが、安責者には次の事項も職務であると実務上は取り扱われている。
⑦　自社の代行者として、統責者に報告・連絡を行うこと。具体的には、
  a．建設業法、雇用改善法等に基づく届出（施工体制台帳、再下請負通知書、労務安全に関する届出書）
  b．現場で行われた特別教育の実施結果、新規入場者教育の実施結果
⑧　統責者及び他職の安責者との意思の疎通と共同連帯した安全衛生管理活動を行うこと。具体的には、
  a．安全施工サイクル
  b．安全工程打合せ会
  c．安全衛生協議会（災害防止協議会）
  d．安全衛生提案制度
  e．消火活動訓練、避難訓練、応急手当（ＡＥＤ）等の講習会

f．地域のゴミ拾い、交通安全立哨、運動会、盆踊り、ハロウィーン、餅つき大会等地域
　　　住民との交流会
(注) これらa～fに記載されている項目は、法令・通達には記載されていないが、行政指導等により確立されてきている。

**安責者の職務**（安衛則第19条ほか）
① 統責者との連絡
② 統責者からの連絡を受けた事項の関係者への連絡
③ 統責者からの連絡事項のうち自社に係るものの実施についての管理
④ 自社の作業実施計画と元請が策定する作業計画との整合性の確保を図るための統責者との調整
⑤ 自社の労働者と他社の労働者の作業によって生ずる労働災害に係る危険(有害)の有無の確認
⑥ 自社の仕事を他者に請け負わせている場合における請負人の安責者との連絡・調整
・事業者の代行者として統責者への報告・届出
・統責者、他職の安責者との連帯した安全管理活動
※ このほかに時間的に余裕があれば職長の職務も行う

## 7. 安全衛生責任者の心構え

　前述したとおり、安責者は自社を代表して統責者と連絡調整を行うので、法令上も罰則が適用されることから、安責者に指名された者は責任と権限があることを自覚して職務を遂行しなければならない。特に、法令には記載はないが、年次有給休暇とか本社との連絡等やむを得ない場合以外は現場に常駐していることが求められている。これは特定元方事業者の統責者が他現場と兼務し、常駐することが必ずしも求められていないことと大きな違いである。

　以上のことから安責者の心構えとして、次のことが考えられる。
① 前記①～⑧を励行する。
② 自分が現場に不在の場合も考慮し、かつ部下を育てるという意味も込めて、代理者を指名し（安衛則第20条）、その旨を統責者に届け出る。特に交替制勤務の現場は絶対に必要である。
③ 現場における不安全行動や不安全状態を絶対に見逃さないという態度を示すためにも、午前と午後にそれぞれ必ず1回以上現場をパトロールし指導する。（危険作業を行っているときは特に）
④ その際、作業員、関係請負人への連絡・是正指示等は口頭ではなく、指示書、メモ、イラスト等で分かりやすく行う。
⑤ 連絡・指示事項（現地ＫＹの行動目標など）が遵守されているかどうか確認する。是正報告等がなければ三現主義（一口メモ参照）で確認する。

⑥　安全工程打合せ等も含め、不明な点や疑問点は必ず明確にする。安全工程打合せ会では積極的に発言する。しかし、自社のみの利益に固守せず、現場全体の安全作業を考えて行動する。
⑦　新規入場者、高年齢労働者、技能実習生、女性労働者などに対し理解を示す職場づくりと、パワハラ、セクハラ等ハラスメントのない明るく・元気な・仕事のしやすい職場づくりに心掛ける。
⑧　資材の搬入作業等の混在作業は朝礼やＴＢＭ等で確認し作業員の協力を得て、作業場所の分散化と時間差を図り極力混在作業を減少させる。必要に応じて誘導員や監視人等を配置する。
⑨　作業員の不平、不満、不安が起きないよう、日頃からのコミュニケーションを重視し、一人ひとりの能力や適性を考慮した適正配置を心掛ける。
⑩　安全衛生提案制度、作業改善提案制度、ヒヤリハット、リスクアセスメントなどを積極的に取り入れ、安全衛生や生産性の向上に向けた職場づくりに努める。
⑪　第三者（公衆）災害を起こさないよう十分配慮する。
⑫　常に緊急事態を想定し対応できる心構えを持つ。
⑬　安全衛生や人材育成と密接なつながりのある、品質・コスト・人間関係・情報・環境問題等についても、幅広い視野を持って考える。
⑭　少子高齢化、求人難を意識し、持続可能な会社とするため、現場でできる「働き方改革」を実践する。

## 職長と安責者の違い

| 職長 | 安責者 |
| --- | --- |
| ・プレーイング・マネージャー<br>・未選任でも罰則なし。やるべき業務も明確に規定されていない<br>・基本は上司と部下だけに留意して業務を行う<br>・自からも仕事持っている<br>・部下作業の指揮・監督<br>・先取りの安全衛生管理<br>・情報管理（人間関係の向上）<br>・人材育成 | ・マネージャー<br>・事業者、統責者、自社の職長以下の職人、他職の安責者と連絡・調整が主業務<br>・法令等によりやるべき業務が明確となっている（罰則付きの義務規定）<br>・代理人の選任が義務付けられている<br>・事業者の代行者の立場<br>・職長の中の職長。時間的余裕があれば職長の仕事をする |

**【三現主義】**
　問題解決するときの１つの姿勢。必ず「現場」に出向いて、「現物」に直接触れ、「現実」をとらえることを重視する。問題が発生したときに、机上で判断するのではなく、実際に現場で不具合の起きた現物を見て、どのような状態であるか（現実）を確認することで解決を図る。
　「三現主義」は生産分野において特に重要とされてきたもので、日本の高度経済成長を支えた精神として認識されることもある。空理空論を展開するのではなく３つの「現」にアプローチすることは、あらゆる領域の問題解決において共通して重要である。なお、最近ではこれに「原理」、「原則」を加えて、「五現主義」を主張・実践している企業もある。

## 8. 労働安全衛生関係法令等の関係条項

　すでに、安衛法第16条、安衛則第19条については説明したので、ここでは安衛法、施行令、安衛則、通達の関係と、安衛法第26条、第122条、事業者と事業場について述べる。

### (1) 法令の構成

　次頁の図に示すように、最上位の法は「憲法」である。憲法第98条には、「この憲法は、国の最高法規であって、その条規に反する法律、命令（中略）……は、その効力を有しない。」と規定されているからである。
　憲法の次に位置するのは、国会の衆参両議院で賛成多数を得て可決・成立した「法律」である。安衛法、労働基準法（以下「労基法」という）、労働契約法等多数ある。
　第３番目に位置するのが「政令」である。閣議決定で出される命令である。施行令が該当する。原則として法律の委任を受けて出されるが、昨今は法律の委任がないまま閣議決定がなされ、その閣議決定に基づいて法律が定められるという逆転現象もまま見られる。施行令には、例えば移動式クレーン、建設用リフト、ゴンドラの定義とか、作業主任者を選任すべき作業、統責者を選任すべき業種と労働者数、製造の許可を受けるべき機械とは何かという定義関係が主に規定されている。
　第４番目が安衛則、クレーン等安全規則、有機溶剤中毒予防規則などの「省令」である。各省庁の長（多くは大臣）の名前で出される規則である。厚生労働省の場合、多くは公益側委員・労働者側委員・使用者側委員各10名の三者構成からなる「労働政策審議会」が厚生労働大臣の諮問機関として審議し答申という形で規則が作られる。
　そして、政令、省令の２つを合わせて「命令」といい、法律と命令を合わせて「法令」と言っている。罰則は法律だけに付けられ、この法律の委任を受けて命令にも罰則を適用することができる。

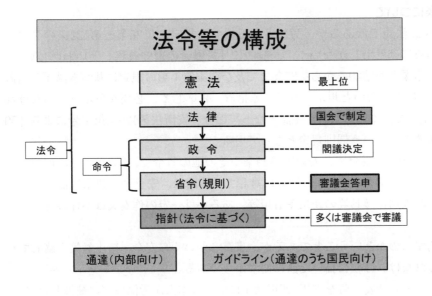

## （2）法令以下のもの

　法令以下のものとしては、指針、通達、ガイドラインがこれに該当する。法令ではないので罰則の適用はないが、民事裁判では法令に準じた取り扱い（価値判断基準として利用）がなされることが多い。

　指針の多くは法令に基づいて策定されている。例えば「コンベヤの安全基準に関する技術上の指針」や「可搬型ゴンドラの設置の安全基準に関する技術上の指針」は安衛法第28条に基づくものであるし、「危険性又は有害性等の調査に関する指針」（リスクアセスメント指針）は安衛法第28条の2、安衛則第24条の12に基づいて策定され、「化学物質等による危険性又は有害性等の調査等に関する指針」（化学物質等リスクアセスメント指針）は安衛法第57条の3に基づいて策定されている。また、「労働者の心の健康の保持増進のための指針」（メンタルヘルス指針）は安衛法第70条の2に基づく指針であり、「心理的な負担の程度を把握するための検査及び面接指導の実施並びに面接指導結果に基づき事業者が講ずべき措置に関する指針」（ストレスチェック指針）は安衛法第66条の10に基づく指針である。

　一方、通達は一般的には法令に準拠するものではなく、法令を解釈したり運用するに当たって、厚生労働省の内部組織向けに規定されたものである。しかしながら、通達のうち外部、つまり国民、事業者、労働者向けに広く知らせたい場合は"ガイドライン"として、例えば「建設業における一酸化炭素中毒予防のためのガイドライン」、「丸のこ盤の構造、使用等に関する安全上のガイドライン」、「墜落制止用器具の安全な使用に関するガイドライン」のように通達であっても積極的に外部に公表され、多くはパンフレットやリーフレットなどで広報されているものもある。

### （3）安衛法第26条について

　安衛法は労働者保護法規ではあるが、労働者を処罰する規定が第26条と第122条の2つある(注1)。安衛法第26条には見出しがないが、一般的に**「労働者の遵守義務」**といわれている。同条は「労働者は、事業者が第20条から第25条まで及び前条第1項の規定に基づき講ずる措置（事業者は〜しなければならないと規定されている措置）に応じて、必要な事項を守らなければならない。」と規定している。労働者が主語となっており、安衛法第120条第1号により「50万円以下の罰金に処する」という罰則規定となっている。

　具体的には安衛法第26条を受けて、安衛則第29条やその他の省令で、「労働者は、前項の○○の措置を講じなければならない。」と労働者に対して具体的に、安全帯（要求性能墜落制止用器具）や保護帽、呼吸用保護具等の使用や着用等、あるいは一定の作為又は不作為を命じる規定が多い。

　なぜ労働者を処罰するのかということであるが、事業者がいくら安全・衛生対策を講じても労働者が協力してくれなければ絵に描いた餅に期すからである。

　保護帽を着用しなかったり安全帯を着用・使用せずに労働者本人が労働災害に被災した場合、当然本人はケガをしたり場合によっては命を亡くすという、「罰」を受けることになる。しかしながら、日本の刑法には「二重処罰の禁止」という考え（セオリー）があるため、一般にはこの安衛法第26条を使っての当該労働者の処罰を労働基準監督署は求めていない。ただし、安全帯を使用せずに労働者が墜落し、本人は無傷あるいは軽傷であったものの、下敷きになった人が重傷もしくは死亡した場合は、当該労働者はこの安衛法第26条と関係規則で送検されるケースが少なくない。

　また、安衛則第29条は労働者に対して「安全装置等を取り外したり無効にしたりしてはならない。」と定めているが、安全装置等を無効にして他の労働者が被災した場合は安衛法第26条、安衛則第29条違反で送検されることがある。

　なお、ここでいう「労働者」とは、職長や安責者という管理者だけでなく、その部下である一般の作業員も対象とされている(注2)。

(注1) 労働者が主語となっている条文は、ほかに安衛法第4条（労働者の協力義務）があるが努力義務規定である。「労働者は、労働災害を防止するため必要な事項を守るほか、事業者その他の関係者が実施する労働災害の防止に関する措置に協力するように努めなければならない。」
(注2) よく、安責者が被疑者として供述調書をとられたとか、検察庁に書類送検された、という事案がある。これは、多くは、安責者が安衛法第26条に定める安衛則の規定に違反して処罰されたというものより、次の（4）の安衛法第122条の事業者としての実行行為者としての場合が多い。この場合、安責者は下請事業者の代理者として、安衛法第16条により事業者の行う安全衛生（安全配慮義務も含む）の実質的な措置義務者とみなされているからである。その意味において、安責者と職長とは責任の重大性が異なるということが分かる。

### （4）安衛法第122条について

　安衛法第122条も見出しはないが、一般には**「両罰規定」**といわれている。同条は「法人の代表者又は法人若しくは人の代理人、使用人その他の従業者が、その法人又は人の業務に関して、第116条、第117条、第119条又は第120条の違反行為をしたときは、行為者を罰するほか、その法人又は人に対しても、各本条の罰金刑を科する。」と規定している。

　そして、ここでいう「従業者」には、労働者も職長・安責者も該当する。つまり、労働者等

が安衛法令（罰条のある強行法規）の違反行為を行えば、その労働者等を処罰するほかに、法人（事業者）だけでなく違反行為を起こさせないようにすることが求められる管理者も同様に、罰金刑に処すると規定しているのである。

　事業者や社長等の重役達が、労働者が法違反を行ったことを知らなかったとしても、現場責任者がその違反行為を知っていれば事業者の責任は免れないという東京高等裁判所の判決がある。

　なお、「従業者」の範囲はどこまでかについて、最高裁では「特定元方事業者」も該当すると判示している（昭和55年2月21日判決）。したがって、特定元方事業者が法違反を認識していながら安全措置義務を怠れば、特定元方事業者だけでなく場合によっては事業者、つまり法人そのものも罰金刑を受けることがあるということになる。詳細は第2章「統括安全衛生管理の進め方」で述べる。

### （5）事業者と事業場について

#### ①　事業者について

　事業者とは、安衛法第2条第1項第3号で「事業を行う者で、労働者を使用するものをいう。」と定義されている。この事業者とは、法人企業であれば法人そのもの、個人企業であれば事業経営主を意味する。これは事業経営の利益の帰属主体そのものを義務主体として捉え、安全衛生上の責任を明確にしたものである。

#### ②　事業場について

　事業場とは、安衛法では労基法と同様、支社、支店、工場、事務所など一定の場所において継続的に営まれているものをいうので、場所的に分散しているものは原則として別個の事業場と捉えている（昭47・9・18　発基第91号）。

　したがって、1つの工事現場は一般に1事業場となる（⑤を除く）。そして、多くは<u>事業場ごとに安全管理者、衛生管理者、安全衛生推進者、産業医等を選任し、安全委員会、衛生委員会を設けることが規定されている</u>。

#### ③　事業者と事業場の関係

　注意すべきことは、「事業者」と「事業場」は別の概念であるということである。つまり、事業場単位で、例えば健康診断結果報告書、あるいは安衛則別表第7の計画届を所轄労働基準監督署に届出を行っていたとしても、本来の措置義務者は事業者であり、支店長や支社長、現場の統責者ではないということである（条文の多くは「事業者は事業場ごとに〜」という規定の仕方をしている）。したがって、仮に法令違反があれば支店が事業者として処罰されるのではなく、事業者、つまり法人である本社が処罰されるということになる[注1]。

#### ④　共同企業体は別

　ただし、この解釈には例外がある。それは共同企業体（ジョイント・ベンチャー：ＪＶ）の場合である。安衛法第5条では、建設業の仕事を共同連帯して請け負った場合には、そのうちの1人を代表者として定め、この「代表者のみを当該事業の事業者と、当該事業の仕事に従事する労働者を（その）代表者のみが使用する労働者とそれぞれみなして、この

法律を適用する。」（安衛法第5条第4項）と定めている。この場合は、ＪＶを組んだそれぞれの企業は事業者とはならない。リニア中央新幹線建設時のスーパーゼネコン4社による談合事件で各社とも強制捜査が行われたが、これは安衛法以外の場合である。安衛法でＪＶの所属企業（事業者）を強制捜査する場合は、教唆犯あるいは共謀共同正犯等が疑われる場合だけであると考えられる。

⑤　**小規模現場の場合の事業場概念**

　次に、小規模現場を事業場と認定すべきかについては、「建設現場については、現場事務所があって、当該現場において労務管理が一体として行われている場合を除き、直近上位の機構に一括して適用すること。」（昭63・9・16　基発第601号の2）という通達があり、多くの場合は直近上位の本社、支店、支社等に安衛法上の措置義務を課している。ただし、事業者は支店、支社ではなく法人そのものである。

⑥　**労働者について**

　労働者の概念は労基法の「労働者」と同じであり（安衛法第2条第1項第2号）、実質的な使用従属関係が必要とされている。

　しかし、建設業等では、安全衛生管理が不十分、あるいは違法ではあるが単なる人夫供給をしているような事業者が下請に入る場合がある。その場合、安全のため元請等注文者が安全衛生管理だけでなく事実上作業の指揮・監督を行っているときに労災事故が発生したときの事業者責任はどうなるのか。実質的な使用従属関係の立場に立てば、その安全衛生管理のほかに仕事についての指揮監督権限を下請から事実上委譲されたとみなされる場合以外は、注文者である元請には事業者責任は問えないものと考えられる[注2]。

（注1）支社の場合、支社として法人登記がなされ支社長等が代表権を持っている場合は、支社が事業者として認定されることがある。ただし、連結決算が行われ、利益の帰属が本社の事業者に属する場合は、本社の事業者も安衛法第122条の両罰規定による事業者責任を問われるものと考えられる。

（注2）事実上委譲の判断は難しく、契約書がある、注文者が仕切って良い、あるいは労働者供給事業というような場合以外は認定されにくい。そうすると被災した労働者に対する責任は不明確になる、あるいは不十分なものになると考えられるかもしれないが、安衛法第31条の注文者の講ずべき措置で多くの場合は救済されるものと考えられる。

## 事業者と事業場

| 事業者 | 事業場 |
|---|---|
| ・事業を営む者で、労働者を使用するもの。<br>・株式会社なら株式会社そのもの。<br>・法人なので刑務所には入らないが、罰金刑が科せられる。<br>・罰金刑が科せられた場合は法人登記にその旨（前科）が記載され、そのときの代表社員の名前も記載されその者の戸籍にも前科が記載される。<br>・前科はその後何事もなければ罰金刑なので5年経過で登記簿から削除される。 | ・場所的な観念で判断。但し労務管理や安全衛生管理ができないような零細現場は直近上位（本社等）が事業場となる。<br>・届出等は事業場を管轄する監督署に届け出る。（行政側の都合による制度）<br>・事業場（支社、支店、営業所等）と事業者とは必ずしも一致しない。<br>・JVは、それだけで事業場であり事業者でもある。 |

### （6）四重責任について

#### ① 刑事責任

罰条の強行規定の安衛法違反があれば、場合によっては司法警察員である労働基準監督官の捜査（家宅捜索を含む）・実況見分を受け、検察庁に送致されることがある。

また、死亡・傷害がある労災事故の場合は、警察より「業務上過失傷害致死罪」（刑法第211条）、特別背任罪（会社法第960条、961条）等の捜索も行われ、同じく検察庁に送致されることがある。

労働基準監督署と警察署の両方から送致された事案は多くの場合、同一の検察官で処理され、1つの行為で2つ以上の罪に該当するとして「観念的競合」として取り扱われ、刑罰の重いほうが科せられる。

しかし、労災事故等が時系列的に前後したり、手すりの設置がないところで同僚が誤ってぶつかり墜落した場合は、手すりがないことと、ぶつかることとは異なるため「併合罪」として取り扱われ、罰金刑の場合は合算額を、懲役刑等の場合は最大で重い刑の1.5倍が求刑される。前述したとおり、安衛法第122条の両罰規定により、事業者だけでなく法違反を行った実行行為者も処罰されることがある。さらに、事案により下請事業者が安衛法第20条や第21条違反で、元方事業者が安衛法第31条違反で、両者が送検されることもある。

#### ② 民事責任

労働災害により「死亡」あるいは「負傷」したとき、労働者災害補償保険（以下「労災保険」という。）法により、遺族補償、障害補償給付、休業補償給付、療養費等の給付が行われるが、昨今では民事の損害賠償請求が提起されることが多い。特に死亡災害の場合は、1億円以上という多額の請求が認められている[注]。

また、民法415条の債務不履行責任、同709条の不法行為責任、同715条の使用者責任、同716条の注文者責任、などで裁判を提起されている。

民事事件の場合は、安衛法で追及できない部課長や職長などの上司、安全管理者、衛生管理者、産業医などが共同連帯被告人として訴えられているケースが少なくない。

　なお、最近では労働契約法第5条の「使用者は、労働契約に伴い、労働者がその生命、身体等の安全を確保しつつ労働することができるよう、必要な配慮をするものとする。」という労働者に対する安全配慮義務規定を併せて提起されることが多く、事業者側が過失相殺を主張してもなかなか認められない状況にある。

（注）高額労災民事損害賠償請求事件

| 事件名 | 被害程度 | 請求額 | 認容額等 |
| --- | --- | --- | --- |
| 三六木工事件<br>横浜地裁小田原支部平6.9.27判決 | 頸椎損傷 | 1億8,700万円 | 1億6,524万円 |
| 関西医科大学事件<br>大阪地裁平14.2.25判決<br>大阪高裁平16.7.15判決 | 死亡 | 1億7,000万円 | 1億3,532万円<br>8,434万円 |
| 大阪府麻酔科医急性心不全事件<br>大阪地裁平19.3.30判決<br>大阪高裁平20.3.27判決 | 死亡 | 1億5,392万円 | 1億692万円<br>7,744万円 |

③　行政責任

　行政（官）と民間企業（民）との関係を規律する法律で、一般的には、行政の民間に対する許認可にかかわる責任のことをいう。

　労災事故が発生しなくても安衛法違反があれば、安衛法第98条に基づく使用停止命令や同法第99条に基づく作業停止、応急の措置命令等の行政処分を受けることがある。

　また、労災事故が発生した場合、あるいは労基署から書類送検された場合には、建設業法第28条第1項第3号の「建設業者（建設業者が法人であるときは、当該法人又はその役員）又は政令で定める使用人がその業務に関し他の法令（入札契約適正化法及び履行確保法並びにこれらに基づく命令を除く。）に違反し、建設業者として不適当であると認められる」と判断される可能性が高く、国土交通大臣または都道府県知事から必要な指示を受けたり、指示に従わない場合には、同条第3項または第5項に定める営業停止処分（営業の全部又は一部の停止）、情状（法令違反を犯した事情、事実経過、理由等のこと）が特に重い場合は建設業許可の取消し（同法第29条）が科せられることがある。その場合は、指名及び公開競争入札の資格もなく、入札に参加できなくなる。

　労働者に労災給付があり、その労災事故に重大な法令違反が認められたときは、「費用徴収」として、労災保険料の追加徴収、もしくは次年度の労災保険料の増額が求められることがある。これも行政責任の一形態である。

④　社会的責任

　労災事故や公衆災害、書類送検、あるいは違反事実の企業名公表があると、人権尊重の

理念から社会問題とされ、新聞・テレビ・雑誌等マスコミを通じて大々的に報道されることで、企業としては長年築き上げてきた信用を失い、一瞬にしてイメージダウンとなり、不買運動や取引先からの取引停止など経営を危うくしかねない。昨今は謝罪の仕方如何でツイッターなどのSNSで「炎上」し大打撃を受けることも少なくない。（第11章危機管理参照）

**責任の所在**

| 事故・災害の発生の適用法令 | 元請 法人 | 元請 個人 | 下請 法人 | 下請 個人 |
|---|---|---|---|---|
| 労働安全衛生法 | ○ | ○ | ○ | ○ |
| 刑　　法 |  | ○ |  | ○ |
| 民法（特別背任罪含む） | ○ | △ | ○ | △ |
| 建 設 業 法 | ○ |  |  |  |
| 発注者等の営業・入札指名停止 | ○ |  |  |  |
| 企業のイメージダウン | ○ | △ | △ | △ |

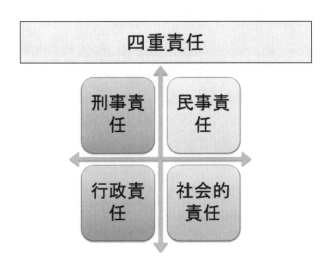

（参考）グループ討議　テーマ（例）
① 自社の職長の職務を見て、ⅰ）作業の指揮管理、ⅱ）先取りの安全衛生管理、ⅲ）情報管理（人間関係の向上）、ⅳ）人材育成、の4つの点について、5点満点評価（5が最高、1が最低）を行い、共通して悪い評価のもの2つについて、その原因と、改善方策を議論する。
② 職長の職務について、上記4つ以外にないのか、逆に必要ではないものはないか、検討する。
③ 職長の役割に「少子高齢化、労働力が絶対的に不足することを見据え、会社も自分も持続的に働き続けることを目指して、現場でできる「働き方改革」を実施する必要がある。」と述べている。持続的に働き続けるとはどういうことか、現場でできる「働き方

改革」にはどういうことが考えられるか討議する。
④　安責者は職長の中の職長であるが、自社の安責者の8つの職務に照らして、5点満点評価を行い、共通して不十分な点2つについて、その原因と改善策を考える。

# 第2章

# 統括安全衛生管理の進め方

## 1. 統括安全衛生管理——個人責任と事業者責任

　安衛法上、安全衛生管理の基本は労働者を使用している各事業者にある。しかし、建設業や造船業などの（特定事業という）重層下請構造の産業では、各企業がそれぞれ異なる安全衛生管理を行えば、連絡ミスや指揮命令の輻輳などにより不測の事態が生じかねない。そこで、安衛法では個別企業の安全衛生管理にプラスして、一般に重層下請の最上位の発注者（元方事業者）に対して、全下請企業とその現場で働く労働者についても連絡調整・指導等の一定の安全衛生管理を行うよう命じている。これが「統括安全衛生管理」である。

　統括安全衛生管理の基本は、安衛法第15条の統括安全衛生責任者（以下「統責者」という）であるが、安衛法は統責者のほか、統責者を補助する元方安全衛生管理者（安衛法第15条の2）、店社安全衛生管理者（安衛法第15条の3）も統括安全衛生管理の一形態であると考えているが、いずれも自然人である人（者）が措置義務者となっている。

　統括安全衛生管理のもう1つの形態は、事業者（法人、組織）としての統括安全衛生管理である。その基本は安衛法第30条の特定元方事業者である。そのほか、技術上の指導等が必要な事業（安衛則第634条の2）の元方事業者（安衛法第29条の2）、1km以上のずい道、深さ50m以上の立坑、0.1MPa以上の圧気工事（施行令第9条の2）の救護措置、元方事業者（安衛法第30条の3）、特定事業の仕事を自ら行う注文者（安衛法第31条）、特定作業（安衛則第662条の5～8）を自ら行う発注者、あるいは注文者（安衛法第31条の3）等の事業者（法人）についても、自らが使用する労働者だけでなく請負業者並びにその労働者についても必要な安全衛生管理、連絡調整等の統括安全衛生管理責任を負わせている。

　繰り返すが、統括安全衛生管理責任は個人によるものと、法人によるものの2つがある。

### 統括安全衛生管理の2形態

| 個人としての統括管理責任 | 法人としての統括管理責任 |
|---|---|
| ・統括安全衛生責任者（法第15条）<br>・元方安全衛生管理者（法第15条の2）<br>・店社安全衛生管理者（法第15条の3）<br>・救護管理責任者（法第25条の2） | ・特定元方事業者（法第30条）<br>・技術上の指導等が必要な事業（安衛則第634条の2）の元方事業者（法第29条の2）<br>・救護措置元方事業者（法第25条の2、30条の3）<br>・特定事業の仕事を自ら行う注文者（安衛法第31条）<br>・特定作業（安衛則第662条の5～8）を自ら行う発注者、あるいは注文者（安衛法第31条の3） |

安衛法は基本的に事業者を措置義務の対象者として罰則を設けて実施を求めている。それが特定元方事業者という考えである。しかし、原則として50人以上の現場はその現場代理人（所長）、つまり統責者にも措置義務を求めることとした。言い換えれば比較的大きな現場は特定元方事業者と統責者である現場代理人（所長）の両者が罰則の対象となるということである。

## 2. 統括安全衛生責任者

### （1）統責者の選任（安衛法第15条）

　統括安全衛生管理を担当する者を統責者というが、統責者は「者」と記載されていることからも自然人たる個人である。

　統責者は安衛法第15条及び施行令第7条により選任すべき業種、規模が定められているが（表参照）、選任するのは原則として請負契約のうちの最も先次の請負契約における注文者（元方事業者という。）のうち、特定事業（建設業・造船業）を行う者（特定元方事業者）となっている（安衛法第15条第1項）。つまり、法人である特定元方事業者は原則として、その現場においてその事業の実施を統括管理する者を統責者として選任しなければならない（安衛法第15条第2項）とされているので、多くは建設現場の現場代理人である所長を統責者として選任している。

　統責者を選任するのは必ず特定元方事業者であり、特定元方事業者の選任報告をする際にその様式の中で統責者の氏名を記載することになっているので、統責者の選任報告はこの時一緒に所轄労基署長に行うことになる（特定元方事業者の事業開始報告、安衛則第664条）。

　統責者は後述する元方安全衛生管理者を指揮して連絡調整等の統括管理を行わなければならない。このことから統責者は必ずしも現場に常駐していなくてもよく、複数現場を掛け持ちしても法的には差し支えないとされている。なお、統責者が旅行、疾病、事故等その他やむを得ない事由によって職務を行うことができない場合は、代理者を選任しなければならない（安衛則第20条）。

　また、都道府県労働局長は、労働災害を防止するために必要があると認めるときは、統責者の業務の執行について特定元方事業者に勧告することができる（安衛法第15条第5項）とされているので、安全衛生管理のすべてを元方安全衛生管理者にお任せという訳にはいかない。

## 統括安全衛生責任者の選任

| 現場の規模<br>工事の種類 | 現場で働く労働者数（人数） | | |
|---|---|---|---|
| | 20 | 30 | 50 |
| 鉄骨造<br>鉄骨鉄筋C造 | | 店社安全衛生管理者 | 統括安全衛生責任者 |
| ずい道等の<br>建設工事 | | 店社安全衛生管理者 | 統括安全衛生責任者 |
| 圧気工法<br>による仕事 | | 店社安全衛生管理者 | 統括安全衛生責任者 |
| ※ 一定の<br>橋梁の仕事 | | 店社安全衛生管理者 | 統括安全衛生責任者 |
| 上記以外の<br>建設工事 | 上記に準じた管理を行う | | 統括安全衛生責任者 |

※の仕事とは ①人口集中地域内の道路上 ②道路に近接した場所 ③鉄道の軌道上
④鉄道の軌道に近接した場所　（いずれも河川ではない場所の橋梁）での仕事をいう

（注）造船業は労働者数が施行令第7条で規定されていないので、下請が1人でもいれば、必ず親会社は統責者を選任しなければならない。

　ここで注意しなければならないことは、特定元方事業者は必ず統責者を選任しなければならない訳ではない。表にあるとおり、必ず選任しなければならないのは、一般の鉄骨造や鉄骨鉄筋コンクリート造の建設工事ならば、下請の作業員を含めて常時50人以上の現場である。また、ずい道、圧気、橋梁工事は下請を含めて30人以上の現場である。それ以外の木造建築や解体工事等は50人以上で選任する必要がある。

　ここでいう常時50人の「常時性」であるが、「建築工事においては、初期の準備工事、終期の手直し工事等の工事を除く期間、平均一日あたり50人であることをいうこと」（昭47・9・18　基発第602号）としている。また、この場合の人数は、「工事の開始前の計画段階で算定することとしてもよいが、大規模な設計変更等により、労働者数に大きな変更が生じた場合には、その時点で改めて算定を行うこと」（平4・8・24　基発第480号）とされている。

　では、統責者の選任を要しない現場では統括安全衛生管理は必要ないかであるが、小さな現場であっても所長は選任されているはずであり、特定元方事業者は規模の大小にかかわらず統括安全衛生管理を行わなければならないことから、統責者の選任を要しない現場においても統括安全衛生管理を行うことが求められていると考えるべきである。ただし、所長としての措置義務違反の罰則はない。

## (2) 統責者の職務

統責者の職務は安衛法第30条第1項各号の事項を統括管理することと定められている（安衛法第15条第1項）。要するに法第30条の特定元方事業者の行うことを実施しなさい、と規定している。詳細は特定元方事業者の職務で述べるが、簡単に述べると次のことを行うとされている。

① 元方安全衛生管理者を指揮すること。
② 救護技術管理者を指揮すること。
③ 協議組織の設置及び運営を行うこと。
④ 作業間の連絡及び調整を行うこと。
⑤ 作業場所を少なくとも1回以上巡視すること。
⑥ 関係請負人が行う労働者の安全又は衛生のための教育に対する指導及び援助を行うこと。
⑦ 新規入場者に対する教育のための場所、資料等の提供を行うこと。
⑧ 仕事の工程に関する計画等を作成すること。
⑨ 作業場所における機械、設備等の配置に関する計画を作成するとともに、関係請負人が作成する作業計画等の指導を行うこと。
⑩ その他当該労働災害を防止するため必要な事項
 ・ クレーン、車両系建設機械等の運転についての合図の統一（安衛則第639条）
 ・ 事故現場等の標識の統一等（安衛則第640条）
 ・ 有機溶剤等の容器の集積箇所の統一（安衛則第641条）
 ・ 警報の統一等（安衛則第642条）
 ・ 避難等の訓練の実施方法等の統一等（安衛則第642条の2）
 ・ 安全朝礼、安全施工サイクルの実施
 ・ その他、一声かけ運動、ヒヤリハット、リスクアセスメント、建設業労働安全衛生マネジメントシステム（コスモス）の実施
⑪ 本社、支社、支店等上部機関及び関係省庁や発注者との連絡調整・打合せ会議・陳情

なお、統責者がその任務を十分果たさず、都道府県労働局長の指導等にも従わず、労働災害等を発生させた場合は安衛法第120条の50万円以下の罰金を求めて、労基署は送検手続に入ることがある。

## (3) 統責者の資格

安全衛生法令上、統責者になるためには特段の資格を必要としていない。その理由は建設現場の所長になる前に元方安全衛生管理者を経験しているであろうということによる。しかし、長い間、本・支社の事務部門、設計部門等に勤務し一定の年齢になってから現場を経験するという場合もあり得る。ポスト的には所長という場合もある。その場合、現場経験がなく元方安全衛生管理者に頼ってということにならざるを得なくなるが、それでは真の統括安全衛生管理はできないであろう。

そこで、建設業労働災害防止協会（以下「建災防」という。）では「建設技術者安全衛生管

理講座(所長コース)」を設けている。これは、建設現場(作業所)等で行う安全衛生管理の具体的な進め方、施工計画の事前審査、最近の施工技術と安全等の講義の他に、法的責任と安全配慮義務等の講義、高度な安全衛生管理技術などについて研修を行うとともに、統括安全衛生責任者(所長)として、その職務を遂行する上で必要な安全衛生管理の専門知識を修得し、安全衛生管理活動の中心となる指導者を養成することを目的としている。法令上必要な資格取得の講習ではないが、現場経験が少ない者にとっては非常に有意義な研修講座である。

**統括安全衛生責任者と総括安全衛生管理者**

　大変紛らわしい名称である。紛らわしいので一般に、統括安全衛生責任者を「統責者」と呼び、総括安全衛生管理者は「総括安衛管理者」と呼ぶことが多い。統括も総括もほとんど同じ意味である。

　統責者は安衛法第15条に基づき、建設業と造船業の最上位の元方事業者の所長等が選任されることに対して、総括安衛管理者は建設業はもとより製造業、運輸業などすべての産業で人数に応じて選任される。したがって、建設業であっても、現場で自社の労働者数が100人以上の場合(下請は含まない)総括安衛管理者と統責者のそれぞれを選任する必要がある。(注)

## 統括安全衛生責任者と総括安衛管理者

| 統責者 | 総括安衛管理者 |
|---|---|
| ・根拠・・・法第15条<br>・下請を含めて原則50人以上で選任<br>・自社の下請以外も含め、すべての労働者の労働災害防止に必要なこと(法第30条)を実施 | ・根拠・・・法第10条<br>・建設業は自社の労働者だけで100人以上で選任<br>・原則、自社の労働者の労働災害防止に必要なことを実施 |

統括:まとめてくくること。すべくくること。(広辞苑)

総括:①別々のものをまとめあわせること。②多くの異なる概念を抽象または連合して、統一的全体の中に結合すること。(広辞苑)

第2章　統括安全衛生管理の進め方

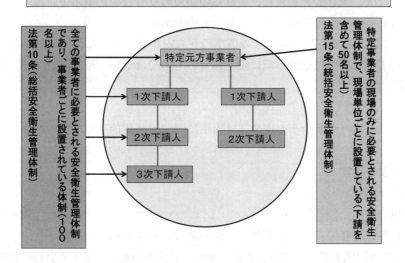

(注) 支店などで工事部（実行部）を管理する組織（直轄工事を行っている組織）で社員が100人を超す場合、統責者と総括安衛管理者を選任する必要がある。ちなみに工事部がない場合は1,000人以上で総括安衛管理者を選任する必要がある。

## 3. 元方安全衛生管理者

### （1）元方安衛管理者の選任（安衛法第15条の2、安衛則第18条の3）

統責者を選任した事業者は、安衛則で定める資格を有した者のうちから元方安全衛生管理者（以下「元方安衛管理者」という。）を選任し、統責者の指揮を受けて、統責者の実施する事項のうち技術的事項を管理することと規定されている（安衛法第15条の2）。

多くの場合、現場の副所長あるいは社員の管理職クラスが選任されている。そして、統責者は必ずしも現場に常駐することを法令上は求めていないが、元方安衛管理者はその現場の専属の者を選任すること（安衛則第18条の3）と規定されていることから、他現場との兼務は禁止されている(注)。

また、統責者と同じく、長期にわたる旅行、疾病、事故その他やむを得ない事由によって職務を行うことができない場合には、代理者を選任しなければならない（安衛則第20条）。

(注) 専属とはその企業に属している職員（社員）のことであり、必ずしも「常駐」することまで規定していない。また、安衛法令上「常駐」を規定した条文は見当たらない。ただし、統責者には専属の要件がなく、元方安衛管理者に専属の要件が規定されていること、しかも職員以外に元方安衛管理者に選任することは通常考えられないのに敢えて専属と規定していること、専属は専（もっぱ）らその事業場もしくは現場で勤務しているはずなので、法令上明記はされていないが常駐が期待されていること、統責者が他現場と掛け持ちすることは法令上認められているため、少なくともナンバー2には現場を統括管理して欲しい、という意味で常駐が期待されていることから、行政側が指導している。ただし、常駐とはいえ、店社や発注者等との連絡・調整・打合せ、あるいは短期の出張や旅行、休暇等で現場に常駐できないことまでを認めない、という趣旨ではない。なお、事故・災害が発生した際に元方安衛管理者が他現場と兼務で不在、連絡もとれない場合などは労基署から安衛法第15条の2第1項違反の嫌疑が掛けられることが少なくない。

## （2）元方安衛管理者の職務

　統責者の統括管理すべき事項は、技術的・専門的事項を含むものであり、これらの事項の管理が適正に行われるためには、統責者を補佐し、これらの事項のうち技術的事項を管理する者が必要ということで昭和55年の法改正の時に追加されたものである。

　「技術的事項」とは、安衛法第30条第１項各号の事項のうち安全又は衛生に関する具体的事項をいうものであり、必ずしも専門技術的事項に限る趣旨のものではない（昭55・11・25　基発第647号）という通達がある。

① 　安衛法第30条第１項各号の事項のうち安全又は衛生に関する具体的事項（２の（2）と同じ）
　ア　協議組織の設置及び運営
　イ　作業間の連絡及び調整
　ウ　作業場所の巡視
　エ　関係請負人が行う労働者の安全又は衛生のための教育に対する指導・援助
　オ　仕事の工程に関する計画及び作業場所における機械、設備等の配置に関する計画の作成
　カ　当該機械、設備等を使用する作業に関し関係請負人がこの法律又はこれに基づく命令の規定に基づき講ずべき措置についての指導
　キ　その他当該労働災害を防止するため必要な事項
　　・　クレーン、車両系建設機械等の運転についての合図の統一（安衛則第639条）
　　・　事故現場等の標識の統一等（安衛則第640条）
　　・　有機溶剤等の容器の集積箇所の統一（安衛則第641条）
　　・　警報の統一等（安衛則第642条）
　　・　避難等の訓練の実施方法等の統一等（安衛則第642条の２）
　　・　安全朝礼、安全施工サイクルの実施
　　・　その他、一声かけ運動、ヒヤリハット、リスクアセスメント、建設業労働安全衛生マネジメントシステム（コスモス）の実施

　要するに統責者の行うべきことはすべて補佐していかなければならない。

② 　これらを行う権限の付与

　元方安衛管理者が労働災害を防止するため必要な措置をなし得る権限を元方事業者は与えなければならないという規定がある（安衛則第18条の５）。

　現場が小さければ１人の元方安衛管理者が権限を行使できるが、現場が大きく協力会社も多数となると当然１人では対応できなくなる。したがって、現場の元請（特定元方事業者）の社員が、安全担当、衛生担当、仮設電気担当、仮設機械担当、環境・車両担当、重機担当、設備担当、資材担当等と元方安衛管理者の権限の一部を委譲されて、分担してその職務を担当している例が多い。

③ 　罰則の適用

　元方安衛管理者にも安衛法第120条の罰則規定が適用され、その職務の励行が求められている。

④代理者の選任

　元方安衛管理者も統責者と同じく、旅行、疾病、事故その他やむを得ない事由によって職務を行うことができないときは、代理者を選任しなければならない（安衛則第20条）とされている。また、当該事案が生ずる前に選任しておいてもよい（昭47・9・18　基発第601号の1）という通達がある。

**統責者と元方安衛管理者の責任**

　元方安衛管理者の責任が問われるのは前記①の措置義務を行わなかった場合であるが、同時にそれは統責者の措置義務違反となる場合が多い。その場合、両者の責任が問われるかであるが、実務上は実態を調査して、本来の実行責任者が元方安衛管理者の場合はこの者を不作為あるいは作為不十分として送検し、統責者は指揮・監督不十分として安衛法第15条第1項違反として送検することが多い。しかし、統責者が繰り返し指導・指示をしたにもかかわらず、元方安衛管理者が職務怠慢をした場合は、元方安衛管理者だけを送検することがある。ただし、いずれの場合も、都道府県労働局長の勧告に従わなかった場合（安衛法第15条第5項）という前提条件の下であることが多い。特定元方事業者は別途安衛法第30条違反の捜査を受けることになる。

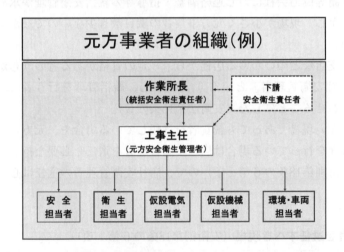

## （3）元方安衛管理者の資格（安衛則第18条の4）

　元方安衛管理者になるためには、下表に示す学歴と実務経験が必要である。

| 学　歴 | 実務経験年数 |
|---|---|
| 理科系の大学、理科系の高等専門学校卒 | 3年以上建設工事の施工における安全衛生の実務に従事 |
| 理科系の高等学校（理科系の旧制中学）卒 | 5年以上建設工事の施工における安全衛生の実務に従事 |
| 文科系の大学、文科系の高等専門学校卒 | 同上 |
| 文科系の高等学校（文科系の旧制中学）卒 | 8年以上建設工事の施工における安全衛生の実務に従事 |
| 職業能力訓練校卒 | 訓練課程により3〜6年以上建設工事の施工における安全衛生の実務に従事 |
| その他（中学校、外国の教育機関等） | 10年以上建設工事の施工における安全衛生の実務に従事 |

なお、当然ながら実務経験があれば元方安衛管理者の職務ができるわけではない。「**元方事業者による建設現場安全管理指針**」（平7・4・21　基発第267号の2）によれば、「**元方事業者は、元方安全衛生管理者については、混在作業現場における労働災害の防止のための技術等に関する教育を実施し、この教育を受けた者で、かつ、同種の仕事について安全衛生の実務に従事した経験がある者のうちから選任すること**」と述べている。

　建災防本部では「建設技術者安全衛生管理講座（工事主任コース）」、支部では「現場管理者統括管理講習」等の講習会を開催しているので、これらの講座を積極的に受講して元方安衛管理者の職務が適切に行えるよう準備しておくことが望ましい。

## 4. 店社安全衛生管理者

### （1）店社安衛管理者の選任（安衛法第15条の3、安衛則第18条の6）

　統責者を選任しない中小の現場（安衛則第18条の6第1項）は、現場全体の安衛管理体制が十分確立されていないことから、労働災害の発生が多くなっている。そのため、中小の現場であっても特定元方事業者として下請等協力会社に対し連絡調整・指導等の統括安衛管理が求められている（安衛法第30条）。しかし、現場が小さく元方事業者の職員数も少ないのでなかなか思うようにいかないことが多い。

　そこで安衛法は、本社、支社、支店などのいわゆる店社から、一定の資格がある者のうちから店社安全衛生管理者（以下「店社安衛管理者」という。）を選任し、統括管理を行う者（現場所長）に対して指導・援助を行わせることにした（安衛法第15条の3）。

　なお、統責者の選任を必要としない現場であっても統責者を選任している場合や、元方安衛管理者を選任し法第30条の統括管理を行っている場合は店社安衛管理者を選任し必要な指導を行っているものと判断される（安衛則第18条の6第2項）ので、店社安衛管理者の選任は必要ないとしている。

**店社安全衛生管理者を選任すべき現場**（安衛則第18条の6第1項）

| 選任すべき工事 | 労働者数（下請を含む） |
| --- | --- |
| ①ずい道、橋梁（河川以外）、圧気工事 | 20～29人 |
| ②鉄骨、鉄骨鉄筋コンクリート造工事 | 20～49人 |
| ③上記①、②以外の工事 | 選任しなくてよい |

### （2）店社安衛管理者の職務（安衛則第18条の8）

　基本的には、現場で安衛法第30条第1項各号（統括管理）を担当する者（多くは現場所長）に対して指導及び安衛則第18条の8の業務を行うとされている（安衛法第15条の3第1項）。

　具体的には、
① 　少なくとも毎月1回作業現場を巡視する
② 　下請を含む労働者の作業の種類その他作業の実施の状況の把握

③　協議組織の会議への随時参加
④　機械設備の配置、その他作業計画等に関し、元請と下請の計画が齟齬（そご）していないか調整及び法令等に違反していないかの指導が行われているか、について確認

が規定されている。

　要するに、混在作業による労働災害の危険防止に関わることはすべてであるが、注意すべきは店社安衛管理者は現場の所長、職員、関係下請事業者及びその労働者に対して、「直接」業務命令等指揮命令を行ってはならない、ということにある。

　仮に、店社安衛管理者が直接指揮命令を行ったとしたならば、その現場は店社直轄の現場となり、安全管理はもとより労務管理共々店社が全責任を負うことになりかねないからである(注)。

　店社安衛管理者も統責者や元方安衛管理者と同様、代理人を置くことが定められている（安衛則第20条）。

(注) 店社安衛管理者が仮に法令どおり「指導・援助」していたとしても、特定元方事業者責任は事業者である法人が負うことになるので、あくまでも現場所長の責任と自覚を高めるために「指導・援助」に徹するという意味合いしかないと考えられる。

## （3）店社安衛管理者の資格（安衛則第18条の7）

　店社安衛管理者は店社から派遣されて現場所長を指導・援助することができる能力と権限を有していなければならない。しかし、元方安衛管理者の資格要件に比べれば若干緩い規定となっている（安衛則第18条の7）。

　店社安衛管理者もその職務は重要であるので、単に実務経験だけでなく元方安衛管理者と同様の研修を受講させることが望ましい。

| 学　歴　等 | 実務経験 |
| --- | --- |
| 大学又は高等専門学校卒（理系・文系を問わない）<br>大学改革支援・学位授与機構により学士の学位を授与された者若しくはこれと同等以上の学力を有すると認められる者又は専門職大学前期課程を修了した者も含む（平成31年4月1日より施行） | 3年以上建設工事の施工における安全衛生の実務に従事 |
| 第1種、第2種衛生管理者免許所持者 | 同　上 |
| 高等学校又は中学校（理系・文系を問わない） | 5年以上建設工事の施工における安全衛生の実務に従事 |
| 学歴不問（外国人を含む） | 8年以上建設工事の施工における安全衛生の実務に従事 |

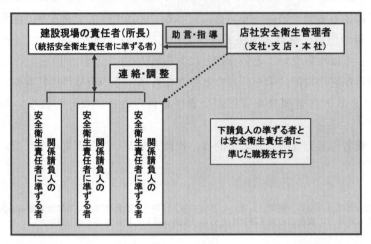

（注）ここにいう「準ずる者」とは、正規に選任された者ではないが、その職務内容が統責者、安責者の職務内容に準ずる、という意味である。

### （4）店社安衛管理者の責任

店社安衛管理者は現場の所長等に対して、指導・助言等を行うことが職務であり前述したとおりである。法令上も罰則が適用されていないので、指導・助言に問題があったとしてもそれは社内の安全衛生規程等に関わる問題で、就業規則の懲戒事由にどのように規定されているか、という問題となるだけである。なお、指導・助言が教唆となるかは個別に判断される。

## 5. 救護技術管理者

**爆発・火災等による労働者の救護措置（安衛法第25条の2）**

下欄の建設業元方事業者は爆発、火災等の災害発生による労働者の救護と労働災害防止のための必要な管理・訓練等の措置を講じなければならない（施行令第9条の2）。

| | |
|---|---|
| ① | ずい道等の建設の仕事で、出入口からの距離が1,000m以上の場所において作業を行うこととなるもの及び深さが50m以上となるたて坑（通路として用いられるものに限る。）の掘削を伴うもの |
| ② | 圧気工法による作業を行う仕事で、ゲージ圧力0.1MPa以上で行うこととなるもの |

## 6. 特定元方事業者

特定事業とは、建設業と安衛法施行令第7条に規定する造船業をいう（安衛法第15条第1項）。そして特定元方事業者とは特定事業の請負契約において、最も先次の注文者のことをい

う（前同）。言い換えれば、建設工事や造船工事を自ら行わない発注者は除かれる。

　安衛法第15条は統責者の名目で特定元方事業者の定義をしているのに、特定元方事業者の措置すべきことは第30条に記載しているため大変分かりにくくなっている。すなわち、統責者の措置すべき事項を法第15条に記載せず、第30条に記載している。これは、安衛法の制定前の昭和39年に制定された「労働災害防止団体等に関する法律」で50人以上の現場に「統括管理」が明確にされ統責者制度が確立したが、昭和47年の「安衛法」制定により50人未満の現場でも特定元方事業者制度という「統括安全衛生管理」の考えが導入されたため分かりにくくなったものと思われる。

## （1）特定元方事業者とは

　第2章の冒頭でも述べたが、下請を含めたすべての事業者、労働者の安全衛生管理体制を求めたのが、個人としての統責者体制と、法人（事業者）としての特定元方事業者制度である。

　統責者は現場の作業員の数が一定数（基本は50人）以上なのに対して、特定元方事業者制度は作業員の人数は関係ない。どんなに小さな現場でも複数の事業者の労働者が混在して作業を行っていれば最先次の元請は、特定元方事業者として下請及びその労働者が法令に違反しないよう、また、違反を是正するよう必要な指導・指示及び一定場所での危険防止の技術上の指導を行うべき義務が課せられている（安衛法第29条、第29条の2）。

　なお、安衛法第29条は特定事業を営まない製造業や運送業などにも適用があり、第29条の2は建設業のうち土砂崩壊、土石流、車両系建設機械の転倒するおそれのある場所、感電による危険の生ずるおそれのある作業、埋設物の損壊のおそれのある場所に限って安全措置を求める規定であるが、そのほとんどは重層下請が混在する作業であり、特定元方事業者もこれらの規定を遵守する必要がある。

　繰り返すが、建設業と造船業の最先次の注文者が特定元方事業者である。

## （2）誰が選任するのか

　ほとんどは安衛法第15条の定義に基づき最先次の元方事業者が特定元方事業者として自動的に選任される。ただし、発注者が建設工事を分割発注した場合などは最先次の注文者が複数発生することがあるので誰が特定元方事業者となるべきかはもめる場合がある。法令では請負金額が一番高いものを、あるいは先に工事に着手したものを特定元方事業者にするという規定はない。

　話し合いで特定元方事業者を決めるという手法もなくはない。話し合いがつけばその者が全現場を統括管理する。つまり、自らの下請の系列にない事業者も連絡調整、指導等の対象とすることになる。図ではB元方事業者が、A元方事業者も含めその下請業者すべてを統括管理することになる。

　話し合いによらない場合は、安衛法は発注者（注文者のうち、その仕事を他から請け負わないで注文している者）が指名するとしている（安衛法第30条第2項）。そして、仮に指名行為が行われないときは、所轄労基署長が指名するとしている（同条第3項）。

発注者の指名方法は図のとおりである。

① 発注者が元方事業者を直接指名する場合（安衛法第30条第2項前段）

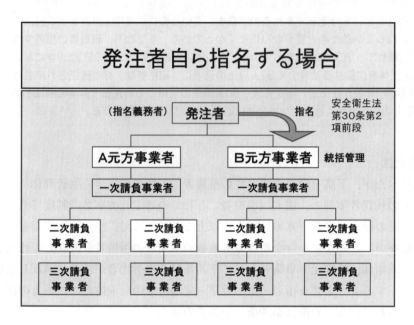

② 発注者が最先次の注文者に請け負わせたが、その最先次の注文者が特定事業を自ら行わない場合（例えば、注文者が商社や開発業者等）には、その最先次の注文者に指名権を委ねる例（安衛法第30条第2項後段）

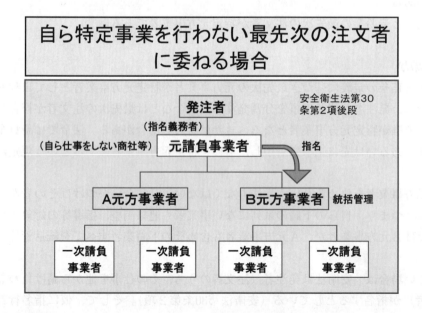

## (3) 特定元方事業者の職務

指名された特定元方事業者は、当該場所において建設業若しくは造船業の作業に従事するすべての労働者に関し、安衛法第30条第1項に規定する措置を講じなければならない（安衛法第30条第4項）。

### 【安衛法第30条第1項の措置とは】

特定元方事業者は、その労働者及び関係請負人の労働者の作業が同一の場所において行われることによって生ずる労働災害を防止するため、次の事項に関する必要な措置を講じなければならない（※統責者もこれを準用している）。

① 協議組織の設置及び運営を行うこと（安衛則第635条）
② 作業間の連絡及び調整を行うこと（安衛則第636条）
③ 作業場所を巡視すること（安衛則第637条）
④ 関係請負人が行う労働者の安全又は衛生のための教育に対する指導及び援助を行うこと（安衛則第638条）
⑤ 仕事を行う場所が仕事ごとに異なることを常態とする業種で、厚生労働省令で定めるもの（建設業とする。造船業は除外。安衛則第638条の2）に属する事業を行う特定元方事業者にあっては、仕事の工程に関する計画及び作業場所における機械、設備等の配置に関する計画を作成する（安衛則第638条の3）とともに、当該機械、設備等を使用する作業に関し関係請負人がこの法律又はこれに基づく命令の規定に基づき講ずべき措置についての指導を行うこと（安衛則第638条の4）
⑥ 前各号に掲げるもののほか、当該労働災害を防止するため必要な事項（クレーン等の運転についての合図の統一：安衛則第639条、事故現場等の標識の統一等：安衛則第640条、有機溶剤等の容器の集積箇所の統一：安衛則第641条、警報の統一等：安衛則第642条、避難等の訓練の実施方法等の統一等：安衛則第642条の2、土石流等の避難等の訓練：安衛則第642条の2の2、周知のための資料の提供等：第642条の3）

さらに、「元方事業者による建設現場安全管理指針」（平7・4・21 基発第267号の2）で元方事業者に対してさらなる安全衛生管理を求めている。以下、法令に規定されていない部分について紹介する。

① 安全衛生管理計画の作成（COHSMS：コスモス）(注)
② 過度の重層請負の改善
③ 請負契約における労働災害防止対策の実施者及びその経費の負担者の明確化等
④ 元方事業者による関係請負人及びその労働者の把握等
⑤ 作業手順書の作成
⑥ 新たに作業を行う関係請負人に対する措置
⑦ 安全施工サイクル活動の実施
⑧ 職長会（リーダー会）の設置
⑨ リスクアセスメントの実施

なお、この指針には⑨のリスクアセスメントの実施が記載されていないが、追加されるべきと考える。

### （4）特定元方事業者の選任報告（安衛則第664条）

　特定元方事業者は、その労働者及び関係請負人の労働者の作業が同一の場所において行われるときは、当該作業の開始後、遅滞なく、次の事項を当該場所を管轄する労働基準監督署長に報告しなければならない。
① 　事業の種類並びに当該事業場の名称及び所在地
② 　関係請負人の事業の種類並びに当該事業場の名称及び所在地
③ 　安衛法第15条の規定により統責者を選任しなければならないときは、その旨及び統責者の氏名
④ 　安衛法第15条の２の規定により元方安衛管理者を選任しなければならないときは、その旨及び元方安衛管理者の氏名
⑤ 　安衛法第15条の３の規定により店社安衛管理者を選任しなければならないときは、その旨及び店社安衛管理者の氏名（安衛則第18条の６第２項の事業者にあっては、統責者の職務を行う者及び元方安衛管理者の職務を行う者の氏名）

　報告様式は任意であり提出先は所轄労基署長である。なお、併せて統責者を選任する場合は所轄労基署長経由で都道府県労働局長に通知される。
　また、関係請負事業者が安責者を選任した場合は特定元方事業者に報告される。労基署では安責者が選任されているかどうか確認するだけで、氏名等は求めていないが、特定元方事業者は名簿を持参し聞かれたらすぐに答えられるようにしておくことが大切である（大型工事現場の場合は名簿の提出を指示されることが多い）。
　選任報告は遅滞なく（最大30日以内）行うこととされているが、多くの場合は適用事業報告、36協定届、労災保険成立届、地山掘削、足場設置等の計画届を提出するときに併せて提出している。報告を怠れば、場合によっては罰則が適用される（安衛法第100条、第120条）。

　（注）コスモス：建設業労働安全衛生マネジメントシステム（Construction Occupational Health and Safety Management System）の頭文字から名づけられたものであり、建設業労働災害防止協会（以下、「建災防」という）が定めた規格。建設業は工事が有期であること、現場と店社一体となって工事管理が行われていることにプラスして統責者による管理も行われていること等から、厚労省 OSHMS 指針より若干使いやすいものとなっている。ILO－OSH2001にも準拠する国際規格ではあるが、2018年末段階ではISO45001の認証には至っていない。

**統責者と特定元方事業者の関係**

### 統括安全衛生責任者と特定元方事業者

**統責者(個人)**
根拠:法15条
下請を含めて**50人以上**の現場(選任報告は必要ない)
元方安全衛生管理者、下請は安全衛生責任者の選任
**局長に勧告権あり**

**特定元方事業者(法人)**
根拠:法30条
50人以下の現場でも選任し**監督署長に選任報告**(則643条2項)
**署長に指名権あり**

いずれも法30条1項、安衛則635条～644条の事項を実施

**元方事業者、特定元方事業者、発注者、注文者の関係**

### 元方事業者、特定元方事業者、注文者、発注者

- ◆元方事業者:一の場所において行う仕事の一部を請負人に請け負わせて、仕事の一部は自ら行う事業者のうち最先次のものをいう。製造業、運輸業、建設等すべての業種の元請が該当する。
- ◆特定元方事業者:元方事業者のうち建設業と造船業を営む者
- ◆注文者:仕事の注文をする者のことをいい、請負契約における二者の関係においては、仕事を注文する者が注文者、仕事を請け負ったものが請負人となる。
- ◆発注者:注文者のうち、その仕事をほかの者から請け負わないで注文している者。すなわち請負契約における最上位の注文者。

**発注者は特定元方事業者の責任を負うことはないのか**

　原則として発注者は建設工事を営まないので特定元方事業者になることはないが、「発注者等が、工事の施工管理を行っている場合は、特定事業を行うものに含まれる」（昭47・9・18　基発第602号）という通達がある。なお、ここでいう「施工管理」とは、「工事の実施を管理することで、工程管理、作業管理、労務管理等の管理を総合的に行う業務をいい、通常総合工事業者が行っている業務がこれに該当する」（昭47・11・15　基発第725号）という通達がある。発注者が工期に口出ししたり、人夫の手配や出面に口出ししたりすると、施工管理を行っていると判断されかねない。現に発注者が特定元方事業者とみなされ送検されている事例がある。

## 7. 土砂崩壊等危険場所の元方事業者の講ずべき技術上の指導等

　土砂崩壊等安衛則第634条の2で定める危険場所での作業について、元方事業者は関係請負人の労働者が作業を行うときは、危険を防止するための措置が適正に講じられるよう、技術上の指導その他の必要な措置を講じなければならない（安衛法第29条の2）。

　建設現場では、関係請負人が混在・輻輳して作業を行っていることから、個々の事業者だけでは安全確保が難しい場合がある。そこで、作業場所の安全確保のため元方事業者に、技術上の指導、資材の提供等の必要な措置が義務づけられた。

## 8. 建設物等を関係請負人に使用させる注文者の統括管理責任

　くい打機やアーク溶接機、足場等の安衛則第644条から662条に掲げる建設物等を自社の労働者だけでなく、下請等他の労働者にも使用させるときは、当該建設物等を設置した事業者がその建設物等について労働災害防止のための必要な措置を行わなければならない（安衛法第31条）。これは特定元方事業者である元請が建設物等を設置した場合に元請だけが責任を負うのではなく、例えば1次下請業者が設置した場合は当該1次下請業者がその労働災害防止措置を講じることになる（同条第2項）。

　安衛則の第4編「第1章特定元方事業者等に関する特別規制」として具体的措置事項が規定されている。

## 9. 特定作業の注文者等の措置

　安衛則第662条の5に掲げる特定機械を使用する特定作業に係る仕事を自ら行う発注者、又は当該特定作業を請け負った者でさらに特定作業の一部を請け負わせている者（以下、両者を合わせて「特定発注者等」という）は、当該場所において特定作業に従事するすべての労働者の労働災害を防止するため必要な措置を講じなければならない。

　「仕事を自ら行う」とは、直接当該特定機械に係る作業を行う場合であって、例えば移動式クレーンに係る作業の場合、つり荷、移動式クレーン、荷下ろしの作業等を単に示す場合のみ

は含まない。特定作業に伴う一連の関係した作業を行っていることをいう。

また、特定作業を共同して複数の事業者が請け負っている場合、その上位の元方事業者又は指名された元方事業者は、特定作業請負業者の中から労働災害防止措置義務者を指名しなければならない。この場合、機械的に指名するのではなく、特定作業の実態に応じて適切な者を指名するように努めるとともに、当該指名された者は、特定作業に従事するすべての労働者の労働災害を防止するための必要な配慮をしなければならず（安衛法第31条の3第2項）、指名した者はこれらができるよう適切に指導することとされている（平4・8・24 基発第480号）。

この安衛法の規定は、措置義務者の「必要な措置を講じる」（第1項）、「配慮しなければならない」（第2項）としていることから、強制的な措置義務はなく、したがって罰則もない。しかしながら、労働災害が発生するとこの規定を根拠に「民事損害賠償」を提起されることがあるので注意しなければならない。

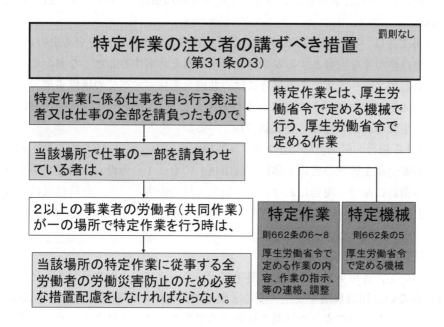

## 10. 安全衛生（管理）計画の作成

### （1）安全衛生（管理）計画の作成の根拠

　安衛法第30条第1項第5号では、「仕事の工程に関する計画を特定元方事業者は作成する」と規定し、安衛則第638条の3ではさらに、「当該作業場所における主要な機械、設備及び作業用の仮設の建設物の配置に関する計画を作成しなければならない」と具体的に何を作成しなければならないかを規定している。また、下請負人である安責者は、「当該請負人がその労働者の作業の実施に関し計画を作成する場合には特定元方事業者が作成する計画との整合性を図るため統責者と調整すること」を求めている（安衛則第19条第4号）。

　これらの法令が、特定元方事業者（統責者）及び関係請負人（安責者）が工程等の計画を作成しなければならない根拠であるが、工程等には当然安全衛生面での検討がなされる。そして、そのことを明確にしたのが、「元方事業者による建設現場安全管理指針」（平7・4・21　基発第267号の2）である。

　同指針には「元方事業者は、建設現場における安全衛生管理の基本方針、安全衛生の目標、労働災害防止対策の重点事項等を内容とする安全衛生管理計画を作成すること。なお、この場合において、元方事業者が共同企業体である場合には、共同企業体のすべての構成事業者からなる委員会等で審査する等により連携して、これを作成すること」（第2　建設現場における安全管理―1．安全衛生管理計画の作成）と記載されている。

　また、「建設業における総合的労働災害防止対策」（平19・3・22　基発第0322002号）の別添1「建設業における安全衛生管理の実施主体別実施事項」にも「1．労働安全衛生マネジメントシステムに関する指針に基づく現場における安全衛生方針の表明」、「4．危険性又は有害性の調査等に基づく工事安全衛生目標の設定及び工事安全衛生計画の作成」が記載されている。

### （2）安全衛生（管理）計画の作成の意義

　重層下請の現場において、各事業者がそれぞれ勝手に、バラバラに安全衛生管理を行ってもその実効性はおぼつかない。建設現場を安全・安心・快適で働きやすい職場にするためには、店社と作業所が一体となった、組織立った活動を展開する必要がある。これをあらかじめまとめたものが安全衛生（管理）計画である。

　現場が計画に従って、安全・安心・快適で働きやすければ、当然仕事は、正確に（基準どおりに）、早く、安全に、楽にでき、結果として良い品物が安価にできることになる。これを「正・早・安・楽・良・安」と略称しているところもある。

　安全衛生管理を効果的に進めるためには、事業者、店社、現場の管理監督者、下請事業者（安責者）、関係労働者が一体となった取り組みが必要である。

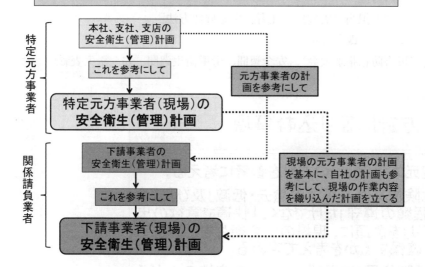

### (3) 各事業者等の安全衛生（管理）計画の作成

① 特定元方事業者は本社、支社、支店、営業所等でそれぞれ「建設業労働安全衛生マネジメントシステム（コスモス）」に則った、安全衛生（管理）計画を作成しているはずである。
② 現場の統責者もしくは所長はこれらを参考にして現場の安全衛生（管理）計画を作成する。
③ 下請事業者も専門工事業者としてそれぞれ安全衛生（管理）計画を作成するが、多くの場合は、特定元方事業者の協力会社となっていることから元請の安全衛生（管理）計画を参考に、作成することになる。
④ 現場の下請事業者は、③の自社の安全衛生（管理）計画と、特定元方事業者の②の安全衛生（管理）計画の双方を参考にして、現場の作業内容を盛り込んだ安全衛生（管理）計画を作成する。

### (4) 安全衛生（管理）計画に記載すべき主な事項

① 法令で定められた、作業計画、機械等配置計画
② 安全衛生方針、目標
③ 作業所の安全衛生重点実施項目
④ 工事計画（着工から完工までの作業スケジュール）、会議、行事等
⑤ リスクアセスメント、ＫＹ、ヒヤリハット、指差し呼称、一声かけ運動、パトロール等日常の安全衛生活動
⑥ 安全施工サイクル
⑦ 教育・訓練活動（新規雇い入れ、新規入場者、新任職長、各種特別教育、セクハラ・パワハラ研修、メンタルヘルス研修等）

⑧ 健康管理関係（一般定期健康診断、特定作業定期健康診断、危険有害業務特殊健康診断、ストレスチェック等）
⑨ 事故・災害発生時の措置
⑩ 以上のことの明文化と担当（実施）責任者、実施確認方法
⑪ 規程・計画等の見直し・改善方策
⑫ 安全衛生大会（災害防止推進大会）、安全週間、労働衛生週間、安全衛生表彰

## 方針に盛り込む事項

a. 店社（特定元方事業者）の方針を参考に考える。
b. 現場の「危険性又は有害性の除去・低減」及び「法令等各種規程類の遵守」だけでなく、「快適で意欲の出る現場づくり」を念頭に、現場の安全衛生をどのように展開し、確保するかを考えて定める。
c. 「お客様・近隣住民」に喜ばれ、かつ生産性の上がる現場はどうあるべきかを考えて定める。
d. 方針は、できるだけ「こうありたい」という「夢、希望」にあふれた、分かりやすく、元気の出るものが望ましい。
e. 場合によっては、キャッチフレーズ、スローガンでもよい。

## 方針の記載例

- ワークエンゲイジメントの実現でステークホルダーとともに持続可能な社会創造
- 「人間尊重」を基本姿勢とし、安全優先の施工により、労働災害・公衆災害の未然防止、法令遵守で信頼され魅力ある企業を目指す
- あいさつ・声かけ、コミュニケーションの充実で職種を超えたコラボの実現によるモチベーションアップでイノベーション（真の生産性向上）を図る
- 安全施工サイクルの充実で、無事故・無災害、公衆からのクレームゼロの実現
- OSHMSの実施、コンプライアンスの励行で株式の上場を目指す

## 目標に盛り込む事項

a. 現場としての到達点を記載する。原則は全工期無災害であるが、過去の安全衛生水準をより高いレベルに引き上げたものでもやむを得ない。
b. 原則として、具体的な数値か割合（％）で示す。ただし、実現不可能な夢みたいな数値は示さない。
c. KY実施、4Sとか挨拶、声かけの励行など数値で表すことが困難な事項については、延べ人数や指摘回数の率の変化等、見える化しやすい目標にする。
d. キャッチフレーズやスローガンであっても、数値化されれば目標となる。（目標管理型）
e. できるだけ、職種別と全体の目標に分け、切磋琢磨してガンバロウという気持になれる言葉を選ぶ（職種別は表彰基準とリンクさせるのが望ましい）

## 目標の記載例

- あいさつは　心と心の結び合い　声掛け合って　災害ゼロの実現
- 災害は油断と手順無視　全員基本を守って　安全作業
- 休業災害ゼロ、公衆災害ゼロ、公衆クレームゼロ
- 「墜落・転落」、「重機・クレーン」、「倒壊・崩壊」の3大災害の撲滅
- 「無事故・無災害・疾病ゼロ」の実現
- リスクレベルⅣの解消、リスクレベルⅢの50％削減、リスクレベルⅡの80％以上をリスクレベルⅠにする
- 安全施工サイクルの全員参加と実施による安全・安心、快適な職場実現

**作業所の安全衛生（管理）計画に盛り込む事項（例）**

| イ | 作業所安全衛生重点実施項目（対策） | ト | 緊急時連絡系統図 |
|---|---|---|---|
| ロ | 工程別安全衛生管理計画 | チ | 防火管理組織編成表 |
| ハ | 安全衛生管理推進組織図 | リ | 自衛消防組織編成表 |
| ニ | 安全衛生活動計画 | ヌ | 防火管理点検基準 |
| ホ | 作業所の安全衛生規程 | ル | 安責者（職長）会規程・運営要領 |
| ヘ | 安全衛生（災害防止）協議会規約 | ヲ | その他 |

### （5）特定元方事業者の安全衛生（管理）計画の作成にあたって

① 特定元方事業者（統責者）は前述したとおり、自社の安全衛生管理計画に基づき、受注した工事量、工期、下請事業者の力量、作業量、施工要領書等を参考にして、自社の主要な工事計画書、作業計画書を作成する。

② 主要な工事計画書、作業計画書をもとにリスクアセスメントを実施する。なお、そこで検討したリスク除去・低減措置対策、残留リスク対策は必ず安全衛生計画に盛り込み、当該工事施工時に必ずＴＢＭでＫＹを実施する。

③ 工事の進捗に合わせて工事計画書や作業手順書を随時見直し、それに応じて架設設備・使用機械・工具治具・材料等や工法、工程、作業方法等を変更するが、変更が困難な事項については、残留リスクがそれほど大きくないときは残留リスクを明確にし、個人用保護具の使用、教育の徹底、日常の安全衛生活動の実施を最重点実施事項として定める。もし仮に残留リスクが無視できないほど大きい場合、あるいは発生の可能性が低いのにリスク低減措置対策に多大な費用がかかる場合は、店社と相談の上、作業自体の廃止（工法の変更）、損害保険の上積み等の対策を検討する。

④ 安全衛生（管理）計画には必ず安全衛生教育計画を添付しておく。安全衛生教育計画には新規入場者教育だけでなく、下請事業者からの情報をもとに特別教育、職長・安責者教育、能力向上教育、健康教育等も含めたものとする。

⑤ 安全衛生（管理）計画は最初から絶対にパーフェクト（完璧）なものを作成する必要はない。少しずつ精緻なものにしていくことが大切であるが、見直し・改善に当たっては、統責者が一人で行うのではなく、職員や安責者の意見を聴いて、民主的かつ定期的に行うのが肝要である。ともあれ、安全衛生（管理）計画は、職長・安責者、作業員が見て分かりやすく、具体的で理解しやすい表現でまとめることが重要である。

### （6）下請事業者の安全衛生（管理）計画の作成にあたって

① 職長・安責者が中心となって、現場の作業員等の意見も踏まえて作成する。

② 作成にあたっては、（5）の特定元方事業者の安全衛生（管理）計画と、自社の安全衛生（管理）計画を参考にして、過去に発生したヒヤリ・ハット、気がかり事例、事故・災害等を参考に、目標値達成に向けて具体的にいつまでに誰が何をどうするのか、どうしたのかを分かりやすくタイムテーブル（スケジュール表）に落とし込んで記載する。

③ 特定元方事業者と連絡を密にし、特に健康診断の実施時期、安全衛生教育の実施時期等については他職との関係も考慮して作成する。

(注) 本書で（1）～（4）まで詳述したのは、下請が元請になることもあるからである。また、ISO 45001の認証を元請が受ければ、当該下請もCOHSMS（コスモス）指針に基づき、安全衛生（管理）計画を立てなければ、下請受注は難しくなるからである。さらに、JIS Q 45001、JIS Q 45100の2019年7月施行により、その可能性はさらに高まった。

## 11. 安全施工サイクル

### (1) 内容と導入の根拠

安全衛生管理は、全工程を通じて、毎日ごと、毎週ごと、毎月ごとに計画を立てて行う必要がある。そこで、現場で行う毎日、毎週、毎月等の基本的な安全衛生実施事項を定型化し、かつ、その実施内容の改善、充実を図りながら、継続的に実施する活動を「安全施工サイクル」と呼んでいる。

「**元方事業者による建設現場安全管理指針**」（平7・4・21　基発第267号の2）によると、「**元方事業者は、施工と安全管理が一体となった安全施工サイクル活動を展開すること**」とその励行を求めている。

また、同指針の「7　作業間の連絡調整」の項では、

「元方事業者は、混在作業による労働災害を防止するため、混在作業を開始する前及び日々の安全施工サイクル活動時に次の事項について、混在作業に関連するすべての関係請負人の安全衛生責任者又はこれに準ずる者と十分連絡及び調整を実施すること。

　［1］車両系建設機械を用いて作業を行う場合の作業計画
　［2］移動式クレーンを用いて作業を行う場合の作業計画
　［3］機械設備等の配置計画
　［4］作業場所の巡視の結果
　［5］作業の方法と具体的な労働災害防止対策」
と記載している。

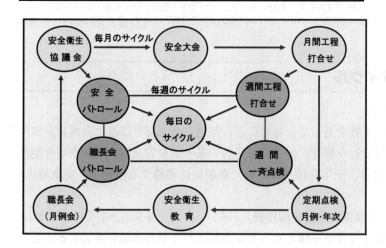

## （2）安全施工サイクル導入のねらい
① 施工（品質）の向上と安全確保の一体化を図る
② 元方事業者、あるいは他の関係請負事業者の協力関係の円滑化を図る
③ 安全衛生活動を習慣化する
④ "ヤレ"の安全から→"やろう"の安全に転換する
⑤ 全員参加の朝礼、体操、ＴＢＭ、清掃等で仲間意識が高まり、安全衛生に関しても声かけ、注意かけ等コミュニケーションがしやすくなる
⑥ コミュニケーションの活発化と他職とのコラボレーションを通じて安全の先取り、創意工夫等につながる

　安全施工サイクルを回すことにより、前述した安全衛生（管理）計画の方針や目標を確実なものとし、安全工程打合せ会議や災害防止協議会等での連絡・調整事項の確認徹底も図られる。また、事故・災害等のトラブルが生じても対策・措置の検討とその実施がスムーズにいくようになる。

## （3）毎日の安全施工サイクル
　日々の作業の安全衛生管理の手順は、関係法令や各社の安全衛生基準に定められる多様な職務を統合し、能率的な業務の流れとしてまとめることが必要である。毎日の安全施工サイクルの例を図に示す。

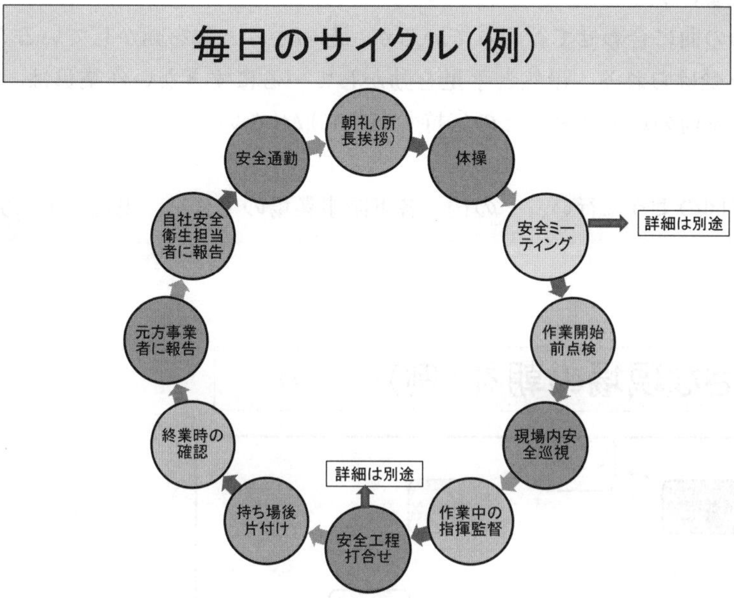

**毎日のサイクル（例）**

安全通勤 → 朝礼（所長挨拶）→ 体操 → 安全ミーティング（詳細は別途）→ 作業開始前点検 → 現場内安全巡視 → 作業中の指揮監督 → 安全工程打合せ（詳細は別途）→ 持ち場後片付け → 終業時の確認 → 元方事業者に報告 → 自社安全衛生担当者に報告 → 安全通勤

## （4）安全朝礼と体操

　安全朝礼は作業を開始する前の心構えをつくる場である。併せて行われる体操は作業者の身体的ウォーミングアップ、健康管理に有効な手段である。

① 司会者等の役割分担
　　朝礼で講話等を行うのは、統責者や元方事業者の職員が多いが、現場の工期が長いときは一次下請の職長・安責者が行うこともある。また、司会は職長・安責者の持ち回りとしている場合もあるが、その場合は慌てることのないよう、前日の安全工程打合せ会議で確認しておくことが大切である。
② 作業開始前の心構えをつくる
　　職場規律の確保、安全意識の高揚、安全成績の確認等を中心とした、作業者全体の一体感を確保するよう考えて進める。
③ 朝礼の実施内容
　　大きな現場では上図のように体操が終われば各下請事業者ごとに分かれて安全（ＫＹ）ミーティングに移行する。この際、元方事業者の職員は手分けしてこの安全ミーティングに参加し、必要な連絡事項等を伝達する。

**【朝礼、体操時で留意すべき事項】**

・ 整列は整然となっているか？
　何となく並んでいる現場も見受けられる、だらしない並び方は参加する意識が薄い印象を与える。

- 体操がだらけていないか？
  多くがラジオ体操の曲に合わせて行われているが、しっかりと体を動かしている人が意外に少ない現場も見受けられる。漫然と手足を動かしているにすぎない作業員は、「これから作業に取りかかる前の準備運動」との気持ちが感じ取れない。

小さな現場の朝礼は下図のように行い、その後、各下請事業場のＴＢＭ、現地ＫＹに引き継ぐことが多い。

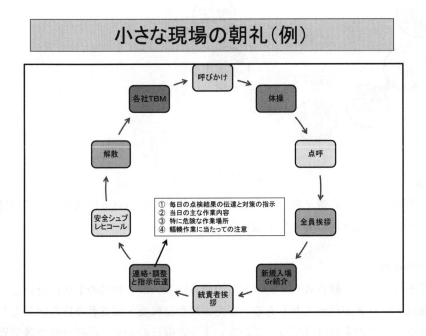

## （5）安全（ＫＹ）ミーティング（各社ＴＢＭ）

安全朝礼においての伝達事項は、作業所全体の共通事項を周知するにとどまることが多いので、安全ミーティングでは職長・安責者を中心に、自社のその日の作業内容、作業方法（段取り）、人員配置、安全上の注意事項等についての指示、連絡調整を行う。特に、作業に対する危険性等について現地ＫＹを実施し作業員からの発言を求め、「私たちは～する」と安全対策の決定にかかわっているという参加意識を植え付けることにより、決定事項の実施に責任を持たせる。

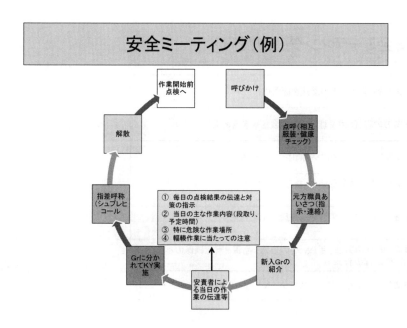

**【安全ミーティングの流れ】**

① 職長・安責者がリーダーになって進める。工期が長い場合は職長どうしで司会を振り分ける。
② 全員の服装、健康ＫＹで体調などを相互チェック（あいさつ時に元気のない人は気に留める）
③ 職長が複数いる場合は職長会を設けてグループ責任者を指名するとともに、その日の人員配置、作業予定を指示する。
　そのためには、職長・安責者は前日の安全工程打合せ会議の結果に基づき、前日中に誰を指名するか、段取り、資格・経験を考えた手配、指示注意事項、点検・確認事項等について準備しておく。
④ 作業予定については、できるだけ５Ｗ２Ｈの手法でなるべく簡潔・明瞭に説明する。その際、Why（なぜ、どうして）を作業者に考えさせることが重要である。
⑤ 他業種、他事業者との連絡・調整事項などを伝達あるいは確認する。特に上下作業等輻輳作業が行われる場合は、⑥の現地ＫＹを重視する。
⑥ 現地ＫＹを実施する。リスクアセスメントでの残留リスク対策については特に念入りに行う。
⑦ 指差し呼称を行い、安全意識を高める。
⑧ 安全ミーティングの実施結果を確認・記録し、必要に応じて統責者をはじめ元請の職員、自社の安全担当者に報告する。

## 安全ミーティング（5W2H）

| なぜ<br>(Why) | 作業目的（後工程との関連を簡潔に） |
|---|---|
| なにを<br>(What) | 作業の内容（使用資機材とその数量等を含めて） |
| いつ<br>(When) | 作業時間（何時までに・午前中に・今日中に） |
| どこで<br>(Where) | 作業場所（具体的な地点・箇所・範囲等） |
| だれが<br>(Who) | 作業員の配置（必要資格等を確かめて指名） |
| どのように<br>(How to) | 具体的な作業方法、手順とその方法、品質と安全確保のポイント、関連他職種の作業等 |
| コストは<br>(How much) | 経済的か、省力化（エコ）なのか、ムダはないのか |

### （6）作業開始前点検

　作業場所が安全かどうか、法令等や点検表（チェックリスト）を参照の上、点検箇所、点検対象物を決め、作業前に点検・確認する。

　また、安全装置、保護具などは、導入時に所定の性能を有していても、使用時間の経過とともに材料が劣化したり、部材が摩耗したりして、機能の低下が生じてくるので毎日作業開始前点検を実施する。特に、電動工具類は、研削といしやアーク溶接自動電撃防止装置等の場合は法令により試運転や使用開始前点検等が義務づけられている。電気は見えないので特に漏電、感電防止のための作業開始前点検は重要であり毎日行う必要がある。

　クレーンや建設用リフトなどの大型機器の点検も必ず行う。なお、点検は知識のある者に行わせ、その結果は必ず職長・安責者等管理監督者が確認すること。

### （7）場内安全巡視

　① 法的根拠

　　安衛法第30条第1項第3号とこれを受けた省令により、「特定元方事業者は、作業場所の巡視については毎作業日に少なくとも1回行わなければならない」（安衛則第637条）と規定されている。統責者も安衛法第30条の職務を行うことが求められている（安衛法第15条第1項）ので、少なくとも毎日1回は巡視すること。

　　なお、安衛法第30条は特定元方事業者が主語なので、特定元方事業者が指名した者が巡視しても差し支えない。また、統責者の場合は元方安衛管理者もしくはこの者が指名した職員が行えば良いと判断されている。

② 種類

場内安全巡視は、作業の進捗状況を把握するとともに、統責者もしくは職長・安責者が作業員に指示した事項が適切に実施されているかを確認し点検する行為である。その種類は現場により異なるが下欄に掲げるものがある。

| a | 統責者または元方安衛管理者による場内巡視 |
| b | 安全当番（安全週番）による場内巡視 |
| c | 安責者会、職長会による場内巡視 |
| d | 安全衛生（災害防止）協議会による場内巡視、一斉パトロール |
| e | 点検担当者による巡回（自社の専門技術部またはメーカー等） |
| f | 元方事業者、関係請負事業者の店社安全衛生担当者による場内巡視 |

③ パトロール（巡視・点検）の意義

パトロールの目的は②に記載したとおりであるが、これだけでは現場の作業員は育たない。つまり、巡視・点検は「点の管理」であり、現場が指摘事項の意味を咀嚼し理解していなければ巡視・点検者がいなくなると元の木阿弥となる。巡視・点検者がいなくても職長が巡視・点検者と同じレベルで現場管理をすると「面の管理」となる。さらに、職長も打合せ等で現場にいなかったり、年次有給休暇を取得することもある。その時は作業員が職長と同じレベルならば職長が不在でも大丈夫である。それが「立体的管理」となる。ゼロ災は職長・安責者だけでは達成できない。全員参加が必要である。

したがって、パトロールを行うに当たっては、作業員全員になぜそのことが指摘されたのか、それを考えさせるために行うという姿勢を持つ必要がある。

④ パトロール（巡視・点検）の仕方

a 基本は①に記載したとおりであるが、絶対に「不安全状態」と「不安全行動」を見逃さないということにある。「まあ、これでいいか」は絶対にダメである。見逃し、放置、黙認、妥協をしてはならない。

b マンネリ化を防ぐため、労働衛生面に重点を置いたり、あいさつ等コミュニケーションに重点を置くなど、視点や重点項目と時間帯を変えたパトロールも取り入れる。

c 労働災害は多くの場合、人と物（場合によっては人）との異常接近によって発生する。したがって、まず現場での作業全体が見える場所で、重機やクレーンの配置はどうか、上下作業はあるのか等を確認してから作業場所に近づく。

d 近づいたら、まず「大きなもの」「大きな場所」を見てから、次に「細かい場所や作業」を見るようにすると、「木を見て森を見ない」ということにはならない。

e 地球には引力があり、物は落ちる。落ちれば危険である。したがって、目線は必ず「上から下」に動かす。足場でも下から見ていかずに、上のほうから目線を下げる。

f 労働災害は人と物との異常接近である。特に、バックホウやクレーンなどの動いている物は接触や挟まれ・巻き込まれの危険が潜んでいる。一方、動いていない足場などは逃げないでそこに存在し続けている。後で見ても十分間に合う。まずは動いている物か

ら先に見る。
g 巡視・点検漏れがないようにするため「チェックリスト」を作成し、これに記録する癖をつけることが大切である。なお、このチェックリストと状況写真を現場に渡して、職長・安責者による作業員教育を行えば「立体の管理」となる。
h パトロールしたら必ず指摘事項だけでなく、改善点や良かった点も含めて口頭だけでなく文書で示す。
i 指摘事項は必ず写真等を添付した是正報告をさせるが、最近ではメール、ビジネスチャット、ビジネスライン等簡易な方法が喜ばれている。
j 是正指示、指導した状況写真等を休憩所に掲示し、なぜ是正指導を受けたのかが分かるようにすると、再発防止につながる。

⑤ 作業中の監督・指導
　作業状況の把握に努め、不安全状態、不安全行動があればただちに的確な指導を行うが、前述したとおり、パトロールは教育の場であり、全員参加のゼロ災運動の場でもある。
　したがって、指摘をする前に、なぜそのような不安全な状態で作業をしているのかを確認した上で、どこが問題なのか作業員本人に考えさせ、本来どうあるべきかを返答させることが大切である。詳細は第5章、第6章で述べるが、"コーチング"という手法が効果的である。
　また、不安全状態は第10章で、不安全行動は第11章で述べる。

⑥ 安全工程の打合せ
　「12. 安全工程打合せの進め方」で詳述する。

⑦ 後片付け
　後片付けは、翌日の作業の準備であるとともに、良好な作業環境を維持することによって、労働災害の防止と作業能率・生産性の向上を図ることができるので、毎日、終業前の5分～10分間、一斉に手分けして次の事項を行う。
a 不要材、発生材の指定現場への集積（ISO 14001では、分別基準が厳しい）
b 安全通路、バリケード、カラーコーン、詰所・休憩所等共用部分の整理、清掃、風散防止（固定）
c 翌日の使用工具、器具、材料等の準備、補充、確認等

⑧ 終業時の確認
　職長・安責者は、自社の作業区域内の作業後の整理・整頓・清掃・清潔の状況、火気の始末及び使用機械器具などの電源カット等を確認する。また、必要な事項は作業日誌等に記録しておく。

⑨ 統責者及び自社の安衛担当者（工事責任者）への報告
　a　当日の予定作業の進捗状況等の確認
　　職長・安責者や元方安衛管理者は、作業終了時に当日の予定作業が、計画打合せどおりに進行したかどうか確認し、職長・安責者は元方安衛管理者と自社の安衛担当者（責任者）に、元方安衛管理者は統責者と店社安全衛生担当者（責任者）にそれぞれ報告する。
　　その際、一部の作業に遅れが生じたり、材料・資材・機材の手配が必要な場合や段取りの変更が生じる事態になった場合は、店社、元方事業者や関係する職長・安責者等と翌日の作業内容を再度調整しなければならなくなる。作業内容等の変更に伴い、安全指示事項から材料・機材の手配も一部変更される場合もあるので、それぞれ上位の担当者と打合せ・連絡調整を密にしなければならない。
　b　交替制の現場の場合は職長・安責者講習修了者の中から担当責任者を選任し、工事日誌、打合せ簿等を示して、引き継ぎを行う。その際は引き継ぎが終わったことを確認するサインをお互いにすることが肝要である。
　c　翌日の作業についての安全指示事項などの再確認
　　当日の予定作業の進捗状況等を報告する際に、当日の安全工程打合せ会議で決定した事項、あるいは変更後の打合せ事項と安全指示事項などを双方で再確認し、これをパソコン等に記録して翌日の安全ミーティング等で確実に自社の作業員に伝えることを徹底する。

⑩　安全通勤
　現場への通勤に、マイクロバスやマイカーを使用することが多いが、交通事故に遭遇することも少なくない。
　元方安衛管理者、職長・安責者は、「交通労働災害防止のためのガイドラインの改正について」（平25・5・28　基発0528第2号）、及び「交通労働災害防止のためのガイドラインに係る留意事項について」（平20・4・3　基安発第0403001号）等の通達を踏まえ、統責者は全作業員に対して交替で「交通ＫＹ」の実施、安責者会（職長会）は「交通事故発生危険マップ」等の作成等、対策と教育を積極的に実施する。
　なお、実際に交通事故（ヒヤリ・ハットを含む）を発生させた者については、本人の了解を得てドライブレコーダー記録の上映による安全運転講習会を実施するのも効果的である。

## （8）週間の安全施工サイクルの実施
①　週間安全工程計画
　多くの現場では近隣住民への対策から、週休1日制が導入されている。また、国土交通省の「建設業の働き方改革」（平29・8・28）や（一社）日本建設業連合会の「働き方改革推進の基本方針」（平29・9・22）では、週休2日制の導入が提案されている。さらに、今まで適用除外であった残業規制も導入される。

このように週6日、週5日での作業、段取りを、1週間ごとに安全工程計画を立案していくことが求められる。なお、週休2日制や労働時間短縮などは自社だけで行えるものではないので、特定元方事業者や他職の職長・安責者等と連絡調整しながら行う必要がある。

② 週間点検
　毎日の点検とは異なった観点で、人、物、作業（手順）、管理の4Mの点について、点検対象、範囲、担当者等を明らかにして実施する。

③ 週間一斉片付け
　週間一斉片付けでは、特に共用部分を中心に、曜日、時間を定めて、後片付けと清掃を実施する（なお、作業員が一斉片付け・清掃があるからその時にやればいいと思って、日常の片付け・清掃を徹底しないことから、毎日終業間際の時間を一斉片付け・清掃に変更している現場も多くなっている）。

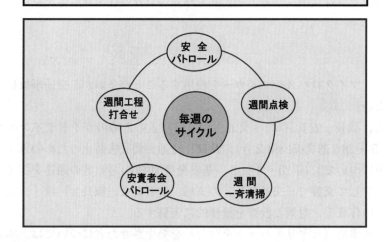

## （9）月間の安全施工サイクルの実施

① 安全衛生協議会（災害防止協議会）
　元方事業者により、混在作業における労働災害の防止のため、すべての関係請負事業者（安責者）を対象とした協議会組織を設置しなければならないとされている（安衛則第635条）。詳細は「13. 安全衛生協議会（災害防止協議会）」の項で述べる。

② 定期自主検査
　定期自主検査の対象は、クレーンの年次・月例検査のように、主に機械、設備等であり、

法令で定められた検査項目をベースにして定期的に検査する。法令では1年に1回となっていても、メーカーからの要望や店社の指示で6月あるいは3月、1月に1回と自主的に検査期間を短くしているところもある。詳細は第12章の「作業に係る設備及び作業場所の保守管理の方法」に譲るが、基本はあらかじめ検査基準と検査者を定めて、教育した上で検査を実施する。

③　安全衛生教育

現場で働く作業員の災害防止に関する知識、技能、態度、問題解決能力などの水準向上を図るためと、本来人間は自らを伸ばす力があり、それを伸ばすことでモチベーションが上がり、現場力が強化されるという一面を持っている。これらを踏まえ、その現場の実情に即した安全衛生教育を行う。なお、詳細は第5章に記載するが、教育は行き当たりばったりではなく、きちんと教育計画を策定して実施することが効果的である。

④　安全衛生大会

安全衛生意識の高揚を図るため、毎月1回日時を定めて、元方事業者及び関係請負事業者の作業員全員が参加して、30分程度、前月度の安全衛生実績の評価を行い、今月度の工程及び具体的な安全衛生対策の説明と安全衛生活動等に対する貢献者を対象に表彰などをしている現場もある。

最近は、年始、全国安全週間、全国労働衛生週間等に実施している現場が多いという実情にある。少なくとも、安全週間、労働衛生週間には安全衛生大会を実施していただきたい。

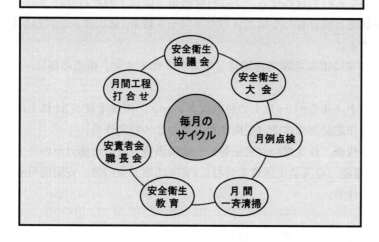

## 12. 安全工程打合せの進め方

### （1）安全工程打合せ会設置の根拠

安衛法第30条第1項第2号に「作業間の連絡及び調整を行うこと」と規定され、それを受けて安衛則第636条では「特定元方事業者は、法第30条第1項第2号の作業間の連絡及び調整については、随時、特定元方事業者と関係請負人との間及び関係請負人相互間における連絡及び調整を行なわなければならない」と規定している。

この随時が「毎日」であり、「相互間の連絡及び調整」が「打合せ」である。

毎日、一定の時間を定めて「安全工程打合せ」を行う目的は、混在作業による労働災害の発生を防止するため、特定元方事業者（現場代理人＝統責者）や全ての職長・安責者が集まり、工事全体の進捗状況及び各現場で行われている作業状況を正しく把握した上で、今後の作業実施の詳細について打合せを行うことにより、安全衛生を確保するためのものである。

### （2）打合せ会議開催の留意点

① 開催時間は、当日の作業の進捗状況をある程度確認でき、翌日の作業手配、機材等の手配ができる時間帯とすること（多くは午後3時頃から30分程度）。

② 土工、型枠工等、1社で2つ以上の工種を担当している工事業者は、それぞれの工種の職長も出席させるのが望ましい。

③ 再下請業者を使用する下請業者については、再下請事業者の現場代理人（職長・安責者）も必ず出席させること。また、欠席者には打合せ事項を文書で交付し、受領のサイン等をもらうこと。

### （3）打合せ事項

安全工程打合せは、施工計画に基づいて、関係請負事業者の工程管理上の調整を行うとともに、安全衛生管理についても打ち合わせる。主な打合せ事項は以下のとおり。

① 当日の工事進捗状況と前日もしくは当日のパトロール結果（是正報告を含む）を報告し、翌日の作業を調整する。

② 混在作業、輻輳作業による危険防止確認（リスクアセスメント結果の確認）（安衛法第29条の2）

③ 共用機械類（つり上げ荷重が3t以上の移動式クレーン、機体重量が3t以上のバックホウ等）の使用調整、作業計画の確認（安衛法第31条の3の特定作業）

④ 共用設備（足場、桟橋、作業構台、通路等）の使用調整（安衛法第31条の注文者）

⑤ 危険箇所の周知・確認（立入禁止区域を含む）（安衛法第29条の2、安衛則第634条の2）

⑥ 計画が変更された作業

⑦ 新工法による作業

⑧ 新たに着手する作業（事業者紹介、あいさつ）

⑨ 非定常作業

## （4）打合せ時の留意点

① 作業内容、元方事業者からの指示事項の内容が具体的に理解できるよう表現しておくこと。例えば、上下作業時の指示事項は、単に「上下作業に注意」だけでなく、具体的な措置として、作業時間の調整、監視人の配置、立入禁止区域の範囲と設備（バリケード等）の方法等を示すこと。

② 安全工程打合せ書の様式を作成し（最近はパソコンのエクセル等で作成している）、作業内容、元方事業者からの指示・注意事項ごとに必ず受領者欄に本人のサインをさせること。

③ 指示事項等の実施を確認する者を定めておくこと。

④ 備考欄には、場内平面図、立面図、クライミングクレーン、建設用リフト等を記載しておくと、作業箇所、人、設備の配置場所等を必要に応じて、明示できて便利である。

⑤ 原案の作成は、打合せ室に打合せの様式を記載したホワイトボードかＰＣプロジェクターで当日の作業予定及び指示事項を記載（投影）しておき、内容確認をしながら補足・訂正したものをプリントして配布すると便利である。

⑥ 新工法等特に危険有害作業を行う場合は、打合せ会議終了後、さらに元方事業者の担当職員と職長・安責者とで綿密な打合せを行うこと。

## （5）打合せの出席者と心構え等

① 元方事業者：統責者（もしくは現場代理人である所長）、元方安衛管理者、安全当番、その他必要な職員

② 下請事業者：職長・安責者、必要に応じて下請事業者等

③ 打合せは工事計画、工程に基づいて請負工事業者ごとに説明されるので、職長・安責者は自社の作業について確認するだけでなく、他社の作業が自社の作業にどのように関係するかを考えながら参加する。

④ 不明な点、工事計画と異なる点、混在・輻輳作業等で特に注意がなかった点など、疑問や確認しておきたい事項は必ず念を押して確認すること。ただし、打合せ会議終了後に確認することもあり得る。その場合、指示事項欄に再確認等を行ったことを補充記載させておくことが肝要である。

## （6）打合せと異なる事態が生じた場合

現場への資材搬入の遅れや予期しない出来事により、作業内容が打合せと異なる段取り・手順をとらなければならないこともある。この場合、職長・安責者は、その事態・変更の必要の程度により次のいずれかの措置をとることになる。（第10章の「異常時における措置」で詳述）

① 元方事業者及び関係する他職の職長・安責者に連絡した上で作業を続行する。

② 作業を一時中断し、元方事業者、関係請負事業者（職長・安責者）と打合せを行い、調整終了後作業を再開する。その際、再度必ず現地ＫＹを実施する。

③ 作業を全面的に中止し、安全工程打合せ会議の際に再度調整し、段取り完了後、リスクアセスメントを実施してから作業を再開する。

## 13. 安全衛生協議会（災害防止協議会）

### （1）設置の根拠

　安衛法第30条第1項第1号では、特定元方事業者は「協議組織の設置及び運営を行うこと」と規定され、これを受けて安衛則第635条第1項では「一　特定元方事業者及びすべての関係請負人が参加する協議組織を設置すること。二　当該協議組織の会議を定期的に開催すること」と規定している。さらに、同条第2項では「関係請負人は、前項の規定により特定元方事業者が設置する協議組織に参加しなければならない」とすべての関係請負事業者に参加を義務づけている。しかも同条第1項にも第2項にも罰則が適用されている。

　なお、法令上は「定期的に開催すること」と規定しているだけなので、1月に1回でも法令違反とはならないと解されている。逆に1月を超えて開催している場合は、正当な理由がなければ所轄労基署長から指導を受けることがある。

　また、法令上は「協議組織」と規定されているが、建設現場では、「安全衛生協議会」とか「災害防止協議会」、「月例安全衛生大会」というさまざまな名称で呼ばれているが差し支えない。

### （2）安全衛生協議会の構成

　安全衛生協議会は、特定元方事業者の統責者もしくは現場代理人である所長が議長となり、工事に関連するすべての関係請負事業者（職長・安責者）も参加させて災害防止に関する事項を協議する場である。協議会と構成員は以下のとおりである。

①　安全衛生協議会は、規約を作成して運営することとし、月1回以上、定期的に開催すること。

②　協議会の構成員

【元方事業者】
- 統責者もしくは現場代理人である所長、元方安衛管理者
- 元方事業者の現場職員
- 元方事業者の店社（共同企業体にあっては、ＪＶを構成するすべての店社）の店社安衛管理者又は工事施工・安全管理の責任者等

【関係請負事業者】
- 職長・安責者又はこれに準ずる者
- 関係請負事業者の店社の経営幹部、工事施工技術者、安全管理の責任者等

【発注者・設計事務所】
- 発注者も必要に応じて、安全衛生協議会に参加し意見等を述べることができると考えられている。(注)
- 設計事務所も設計管理上必要な場合は、安全衛生協議会に出席し意見等を述べることができると解されている。

(注) 建設工事標準下請契約約款によると、発注者（甲）は受注者（乙）に対して、「法令及びこれらの法令に基づく監督官公庁の行政指導に基づき必要な指示、指導を行い、乙はこれに従う」（約款第3条第2項）。「甲は、この工事を含む元請工事を円滑に完成するため関連工事との調整を図り、必要がある場合は、乙に対して指示を行う。」（約款第4条第1項）

### （3）安全衛生協議会の内容

安全衛生協議会において取り上げる事項については次のようなものがある。

① 建設現場の安全衛生管理の基本方針、目標、その他基本的な労働災害防止対策を定めた計画の確認、変更
② 月間又は週間の工程計画
③ 機械設備等の配置計画
④ 車両系建設機械を用いて作業を行う場合の作業方法、作業計画
⑤ 移動式クレーンを用いて作業を行う場合の作業方法、作業計画
⑥ 労働者の危険及び健康障害を防止するための基本対策
⑦ 労働衛生に関する事項（粉じん、酸素欠乏危険、騒音、振動等）健康診断の実施確認
⑧ 安全衛生教育の実施計画
⑨ クレーン等の運転、玉掛け等の合図の統一等
⑩ 事故現場の標識の統一等
⑪ 有機溶剤等の容器の集積箇所の統一等
⑫ 警報の統一等
⑬ 避難等の訓練の実施方法等の統一等
⑭ 労働災害の発生状況及び原因、再発防止対策
⑮ 労働基準監督官、店社からの指導に基づく事項
⑯ 元方事業者、職長・安責者から前月のパトロールで指摘された事項
⑰ 健康づくりに関する事項
⑱ 公衆災害、地域住民からのクレームあるいは要望等について
⑲ 環境問題（ISO 14001等）
⑳ その他労働者の危険又は健康障害の防止に関すること
㉑ 翌月に新規入場する請負事業者の紹介
㉒ 安責者会（職長会）からの提案事項

### （4）安全衛生協議会の開催通知及び記録

① 会議の開催通知は、あらかじめ、協議事項を記載し文書もしくはメールで行い、会議の結果は議事録を作成して関係者に配布する。
② 会議で決定された事項は、職長・安責者から作業員全員に周知させる。作業員等に伝達したことを確認するための報告書を提出させるのも効果的である。
③ 議事録には、会議における決定事項、連絡事項のほか、出席者名（会社名、役職名、重層区分等）及び出席者各人の発言の要旨を記入しておく。
④ 出席者には会議終了後、議事録に各自サインさせる。

⑤　議事録は、欠席した関係請負事業者にも必ず配布して結果を周知させる。
⑥　新たに作業を行うこととなった関係請負事業者に対し、当該作業開始前に当該関係請負事業者が作業を開始することになった日以前の協議会の会議内容で当該関係請負事業者に係る事項を議事録等で周知する。

(参考)　グループ討議　テーマ（例）
①　各社の安全衛生（管理）計画と現場の安全衛生実行計画について、適切に作成・実施されているか、評価、見直しがなされているかについて各自発表し、共通の問題点と対策を検討する。
②　安全施工サイクルについて、適切に実施されているか、共通の問題点があれば対策を検討する。
③　安全工程打合わせについて、開催要領、打合せの進め方、打合せに基づく措置、打合せと異なる作業時の措置について、適切に行われているかどうか評価し、問題点があればその対策を検討する。

# 第3章

# 作業手順の定め方

## 1. 作業手順（書）とは

### （1）目的と効果

　作業手順書とは、職場にあるさまざまな作業を、それぞれの作業に応じて、「安全に」「良い品質の製品を」「能率よく生産、工事を行う」ための作業を進める手順と、手順ごとの急所などを定めたもので、特に安全面を強調したものである。作業手順書に沿って作業することにより、事故や災害防止の目的を達成できる。

　簡単にいえば、作業手順書は、ムダ、ムラ、ムリ（以下「ダラリ」という。）を排除し、作業手順があることで、誰がやっても「正しい作業を、早く、安全に、そして楽に「正・早・安・楽」（せいそうあんらく）でき、その結果、製品が安価にでき、お客様に喜ばれる「正・早・安・楽・安・喜」という大変有意義なものである。

　1960年代中頃までは多くの企業では作業手順は組織的に作られていたわけではなく、後輩は先輩の技を盗み見ながら、あるいは先輩の背中を見ながら学び、自分の工夫を盛り込み、各自が独力で作っていた。したがって、一人前になるには普通7～8年くらいはかかり、そのため創意工夫をして作業手順を見直す力もつき、80年代以降のバブル成長期、ジャパンアズナンバーワンという時代を築くことができた。

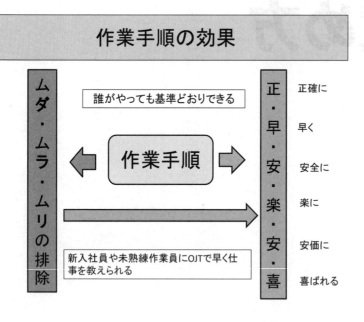

しかし、昨今のスピードを重視する時代では、入社したときにはすでに作業手順書があり、2～3年早ければ1年足らずで一人前にさせられ、しかも労働災害もクレームもほとんどないという状況と、ゆとり世代、さとり世代の従順さとマニュアル尊重主義が、作業手順書に書かれていないことはしない、自分で学ぼうとしない、創意工夫・改善の意気込みもない、という弊害が指摘されるようになって久しい。

　このような状況の下で、職場の創意工夫による現場力の強化で生産性、顧客満足度を上げている企業や、安衛法令の改正によりリスクアセスメント実施時に必ず作業手順書に立ち戻ることが求められるようになり、さらに作業手順書を変更すれば必ずリスクアセスメントすることが求められることになり、作業手順書の意義、位置づけを見直す企業が増加しつつある。

## （2）定義関係（作業標準書との違い）

　作業手順書とは、作業内容を主な手順（基本動作とか主なステップともいう）に分解し、作業を進めるために最も良いと思われる順序に並べ、これらの手順ごとに、どのように行ったらいいのかの「急所」（成否・安全衛生・やりやすさ（コツ））を付け加えたもので、多くは職長・安責者が原案を作成し作業員がみんなで検討してから使用するものである。

　一方、作業標準書とは、「製品または、部品の各製造工程を対象に、作業条件、作業方法、管理方法、使用材料、使用設備、作業要領に関する基準を規定したものである」（旧ＪＩＳ Ｚ 8141）と定義されているように、主に管理監督者向けに生産に必要な人・物・方法や管理の基準を定めたものである。そして、作業標準には一般的に準備作業、後始末作業、運搬作業等の補助的な作業や「急所」については作成・規定されていないことが多い。

　作業標準書は定型的な作業方法等が記載されており、職長・安責者はこれを手本に個々の作業員が実際の作業を行うための「道しるべ」として、単位作業から要素作業にブレイクダウンしたものをステップまで分解し、使用する材料や設備・治工具と個々の作業員が行うべき動作や作業に当たっての注意事項、異常（エラー、トラブル）が発生したときの監督者等への報告なども規定しているのが、作業手順書である。

　作業手順書は事業場によって、「作業マニュアル」「作業指導書」「作業標準」「施工要領」「作業指示書」などいろいろな名称が付けられ、その様式や作り方もさまざまである。いずれの名称であっても、現場の作業員が安全に正しい作業を効率的に行える作業の手順と、手順ごとの要領などを定めたものであれば、それぞれの事業場で定めた名称で差し支えない。

## 作業手順と作業標準

| 作業手順 | 作業標準 |
|---|---|
| ・多くは職長が作業標準を元に作業員のために作成する<br>・主なステップだけでなく、準備作業、後作業、補助作業等も作成する<br>・急所（具体的にどうやるか、ポイント、コツは、注意すべきことは何かを記載したもの）が記載されている | ・技術者等が技術標準を元に管理監督者、職長のために作成する<br>・生産に必要な人・物・方法や管理の基準を定めたもの<br>・準備作業、後作業、補助作業等は原則作成しない<br>・原則急所は記載しない |

手順と、手順ごとの要領などを定めたものであれば、それぞれの事業場で定めた名称で差し支えない

**作業標準と標準作業**

　言葉の順序が入れ替わっただけのようであるが、作業標準はJISの定義のとおり、作業の方法や管理条件を規程として帳票化したものである。一方、標準作業は、①タクトタイム、②作業順序、③標準手待ち、の3要素を基本として、作業のやり方を標準として決めたものである。この標準作業を守ることで、安全に、効率的で品質の良い製品ができるとされている。簡単に言えば、作業標準は作業者の立場に立って規定されているのに対して、標準作業は製品（製造物）の立場に立って規定されている。

## 2. 作業手順書の作成にあたって

（1）作業手順書として必要な要件

① 技術標準や作業標準に抵触しないものであること。

② 手順に従って作業すれば、事故や災害が発生しないものであること。

③ 安全に、正しく、早く、疲れない、いわゆる「ダ・ラ・リ」がなく、作業能率や効率、品質の安定に役立つものであること。

（2）そのために必要な条件

① 見やすく、読みやすく、分かりやすいものであること。イラスト、写真、図表なども活用する。

② 実際に現場で、その作業手順書を使用する人全員が実行できるものであること（無理なことを要求していないこと）。

③ 品質や効率も含めて、事故や災害など過去の失敗の反省、リスクアセスメントの低減措置や残留リスク対策が盛り込まれているものであること。

**要件と条件（広辞苑）**
要件：大切な用件。必要な条件。欠くことのできない条件。
条件：ある物事の成立または生起の基をなす事柄のうち、それの直接の原因でないもの。法律行為の効力が発生するか消滅するか、不確定な将来の事実によって制限されること。
ということから、要件は条件の中でも欠くことのできないものであり、条件は場合によってはなくても良い場合もある。また、必要条件、十分条件のように相反する条件を示す場合もあると理解して記述した。

### （3）作成にあたっての注意事項

① 原案は職長・安責者が作成するが、その原案をもとにその作業を行う作業員とリスクアセスメントを実施し、リスクの見積り、リスク低減のための措置の検討、残留リスクについては「急所」に盛り込む等の、全員で作業手順書を作成する。このとき職長・安責者はＯＪＴを含めた教育も実施すること。
② 作業手順書を新規に作成した場合や変更した場合には、いつでも作業手順書（及びその内容）を確認できるような方策を講じること（パネル、ポスター、クリアファイル等）。
③ その作業手順書に従って作業を行った場合は、事業場で定めた一定のインターバルごとに、作業員からの意見を求めること。その際、作業の上流及び下流の作業員の意見も参考にすること。
④ 職長・安責者は、作業手順書どおりの作業が行われているか、現場を巡視して確認し、必要な指導・教育を行うこと。

### （4）作業手順書作成のポイント

建設工事現場では、解体等準備作業、足場設置・解体作業（本足場、つり足場、ブラケット足場等）、山留め作業（鋼矢板設置、アースドリル打杭作業等）、地盤改良作業、掘削作業、鉄骨組立て作業、型わく設置（配筋作業）作業、コンクリート打設作業などさまざまな作業が行われている。

作業員も多くの場合、専門工事業種ごとに作業をしている。したがって、作業手順書はこの専門工事業（工種）ごとに、つまり「まとまり作業」（大分類作業）ごとに作成する。

しかし、例えば型わく工事という「まとまり作業」であっても、サポート方式かステージ方式、吊り下げ方式なのか、それとも混合方式なのかで大きく異なるので、この作業区分も「まとまり作業＝大分類」に分類している。

次にこの「まとまり作業＝大分類」であってもさらに、①強度計算、コンクリート荷重計算、地盤強度の確認後の支保工組立図作成、②材料搬入時の種類、寸法、数量確認、③型枠支保工組立間の材料の欠点の有無確認（ベースプレートの曲がり、パイプのへこみ・損傷・腐食、溶

接部の状況、附属金具の損耗状態等）、④型わく支保工組立中（組立図どおり組立てられているか、材料の損傷・変形等の有無等）、⑤コンクリート打設、⑥型わく支保工解体後（材料等の欠点の有無）、⑦材料等の返納等（種類、寸法、数量、損傷、変形、汚れ等の確認）とさらに細かく分類される。これを「単位作業」（中分類作業）という。

　この「単位作業＝中分類」はさらに、カッコ書きの内容の確認のほか、実際に建て込み、水平材、根がらみの設置の作業等まで細かく分解する（これを「要素作業」（小分類作業）という）。要素作業を単位作業から抜き出すには、一般に品質、環境、能率、原価、安全衛生の点から見て重要と思われる作業を抜き出す方法がとられている。しかし、常識的に1段取りと思われる作業が要素作業である。

　要素作業＝小分類はさらにステップまで分解して急所を記載する。ステップが15項目を超えるようであれば、その1、その2と分けるほうが見やすい。

### 作業手順書作成のための作業分解

| まとまり作業 | 単位作業 | 要素作業 | 主な手順 |
|---|---|---|---|
| 型わく作業 | 組立図作成 | 墨だし（設置場所確定） | できるだけ根太部分の下に |
| | 材料搬入時確認 | 支保工の長さ確認 | 木材の場合は釘鋼製の場合は専用金具で固定 |
| 掘削作業 | 支保工組立 | 上下仮止め | 勾配がある場合水平筋かい補強 |
| | | 大ばり（大引）に釘固定 | 見えにくい場所写真撮影 |
| 足場組立作業 | | ジャッキ使用台板釘固定 | |
| | | 抜け緩み防止ピン設置 | |
| | | 水平つなぎ設置 | |
| 大分類 | 中分類 | 小分類 | 作業手順（ステップ） |

以上をまとめると次のようになる。

第1段階：工種（まとまり作業＝大分類）を単位作業（＝中分類）に分解し、原則として分解した単位作業の中から、段取りごとにさらに要素作業（＝小分類）まで分解し、この要素作業ごとに作業手順書を作成するのを基本とする。

第2段階：基本作業をさらに分解して、主なステップを決める。

第3段階：主なステップを、作業の改善（第9章参照）の方法に従って並べ替え、主なステップに急所をつけて作業手順書区分を行う。

第4段階：作成した作業手順書の主なステップごとにリスクアセスメントを実施し、リスク低減措置と残留リスク対策を作業手順書に記載しておく。

第5段階：作業手順書に基づいて、OJTを中心とした教育を実施する。

## 3. 要素作業から主な手順（ステップ）への分解方法

### （1）分解用紙で分解する
　基本は作業分解（記録）用紙を用いて分解する。その要点は次のとおり。
　①　作業分解は実際に作業をやりながら進める。しかし、数人で行う時に、狭あい若しくは危険、有害なおそれがある場合は、ビデオ画面などを利用する。
　②　作業をやってみて、一区切りと思われるところで（段取り替えするところ）、「主な手順（ステップ）」として記入する（言い換えれば、要素作業＝小分類とは、「主なステップ」のまとまったものである）。
　③　検査、点検、測定、確認などの動作も「主な手順（ステップ）」に入れる。
　④　「主な手順（ステップ）」は、できるだけ簡潔に、現場の言葉で具体的に記入する。

　作業員の経験年数や熟練度に応じて「主な手順＝ステップ」が異なるというのは本来おかしいので、一番細かなステップまで一旦分解してしまう。そして、作業分解記録用紙に1枚に収まりきれない場合は（通常10項目程度。多くても15項目以下）、要素作業（小分類）1－1、要素作業（小分類）1－2というように2つか3つの作業手順に分けるのが良い。
　【作業分解記録用紙】95ページ

### （2）手順（順序）の見直し、改善
　作業の分解、分解後の見直しは、一般には前述した「作業分解用紙」を使用しているところが多いが、第9章の「設備、作業等の具体的な改善の方法」の手法を取り入れた、「作業手順検討書」（章末）を利用することを勧める。
　この場合、要素作業（小分類）を無視して単位作業手順書（中分類）から主なステップを書き込んでいく。なぜなら、単位作業（中分類）の順序にも改善の余地、可能性があるからである。
　次に、チェック項目欄に該当する項目があればレ点を付け、改善すべき具体的な問題点、具体的な改善方法欄に必要事項を記載していく。

　従来は、作業改善は作業手順書の策定・見直し作業とは別に実施することが多かった。しかし「作業手順検討書」では、「細目」（注）も「主なステップ」も同様のものとして取り扱い、作業手順書の見直しあるいは新規作成時に、作業改善の作業も同時にしてしまおうというものである。
　「チェック項目」の欄を検討するにあたって（レ点を付けるにあたって）大事なことは、「①なぜそれが必要か（Why）、②何をするのか（what）、③どこでするのが良いか（where）【危険ではないか】、④いつするのが良いか（When）、⑤誰が「誰に」するのが良いか（Who）（Whom）、⑥どんな方法が良いか（How to）【ムリはないか】、⑦そのコスト、省エネか（How much）【ムダ、ムラはないか、エコか】」という5W2Hで自問することである。
　作業手順書は一般に作業員の「行動面」に着目したものになっているが、作業改善の手法を

取り入れることにより、材料、機械設備、治工具、配置、環境等までも自問の対象にすることができる。

なお、自問にはこのほか、「なぜなぜ5回」の方法で行うことも有効である。

いずれにしても重要なことは「チェック項目」欄で、①除去できないか（省略できないか）、②結合できないか、③組み替えられないか（順序を変えられないか）、④簡単にできないか（ダラリはないか）、⑤作業分担はよいか（共同作業でなければならないか）、⑥そのコストでよいか（廉価にできないか。節電できないか）で着想し、〔改善すべき具体的問題点〕、〔具体的な改善方法（設備や治工具・作業方法の改善）〕欄に記載する。

もしも、順序の変更等があれば、それに従って主なステップを並び替え、それを一番右側の検討後の欄に記載する。検討後の作業手順が新しい作業手順の原案となるので、基本は10ステップを目安に「その1」「その2」と区分していく。

なお、作業手順書が作成されれば、この作業手順検討書は不要となるが、改善提案で見送られたもの、リスクアセスメントで新たな危険源が発見されたときに、参考となるものなので残すほうが良いと考える。

（注）細目：主な手順（ステップ）よりさらに細かく、「行動そのもの」をいう。例えば「ネジを締める」ではなく「ドライバーで時計回りに（2回）回す」と表現する。言い換えれば主な手順（ステップ）に急所を交えた表現のこと。

## （3）急所の決定

急所とは、作業の主なステップを正しく、どうやって行うかを示す「鍵」となるもので、次の3つのポイントがある。

① 安全衛生＝それを守らないとケガをしたり、疾病にかかったりするおそれがあること。作業員が安全に作業するための重要な決め事である「安全のポイント」となること。「ムリ」がこれに該当する。

② 成否＝それを守らないと、やったことが「ムダ」になってしまう大切なこと。作業の「出来栄え」を良くするか、ダメにするかを左右するものをいう。「ムダ、ムラ」が該当する。

③ やりやすさ＝カンやコツなどと言われるもので、仕事がやりやすく、能率が上がる大切な押さえどころのこと。ノウハウ、企業秘密、技に該当する。

・急所はだいたい読めば分かるが、さらに分かりやすくするため「なぜそれが急所」なのかについて「理由」の欄に記入する。特に安全衛生の急所は、「これを守らないとこんな危険がある」ことを具体的に書くと分かりやすい。

・この急所の「理由」は、OJTでの教育の基本であり、復唱させたり繰り返し確認したりすることで、正しい作業の実行が期待できる。

・急所は多くとも、3項目以内とすること。

・表現方法は、「〜しない」という否定型の表現ではなく、「〜する」という肯定的な表現にするのが良い。

なお、(2) 手順(順序)の見直し・改善や、(3) 急所の決定だけではまだリスクアセスメントを実施していない。作業手順書の作成、見直し、改善とリスクアセスメントを同時に行うための様式が「リスクアセスメント作業手順書(例)」(章末)である。

実施計画に「費用は」(How much)の欄を設けた理由は、いくら実行計画を立てても予算がなければ実施できないからである。実行するための予算計上欄である。

### (4) 作業手順書を作成するにあたって気をつけること(望ましいこと)

作業分解も、改善提案も、リスクアセスメントも、作業員全員で、実際に作業をやりながら(一部ビデオも可)行うということが重要である。

① 「主な手順(ステップ)」と「急所」をつなぐと一つの文になるように考える(あくまでも努力目標)
② 一つの手順書には、手順の数が15項目を超えることがあれば、分割すること。できれば10項目以下になるよう「要素作業=小分類」の範囲を区切ったほうが使いやすく理解しやすい。
③ 現場の実情に合ったものであること。
④ 安全衛生法令、通達、社内規程等に違反(違背)しないものであること。
⑤ 作業手順書がほぼ出来上がったら、担当する作業員全員でリスクアセスメントを実施し、更なる危険有害の危険源の発掘、リスクの見積り、低減措置の検討を行い、担当責任者を決めてリスク低減措置を実施する。残留リスクがある場合の当面の対応策(保護具、安全囲い等)について、全員で確認し、ＴＢＭで再度確認することを「措置すべき事項」欄等に朱書きしておく。全員で確認した結論なので、容易に集団に受け入れられ、かつ各人の安全意識も高まるものと思われる。

また、作業改善・工夫で若者の意見が取り入れられれば、その人にとってマズローの「自我の欲求」(第4段階)を満たすことになる。仮に採用されなくても意見を言えたということで「社会的な欲求」(第3段階)が満たされる。それが、新たな活動への「動機づけ」にもつながり、職場の活性化にもつながる。

## 4. 非定常作業時の作業手順書

非定常作業は、定期点検・調整等一定のインターバルで繰り返されるものと、故障や事故等による復旧、修理・補修工事のような突発的で予期しないものの2つに分けられる。

### (1) 定期的な非定常作業

定期点検等については、点検基準などで作業手順書をあらかじめ作成しておくことができる。しかし、いろいろな応用動作が必要なこともあるので、手順と急所はごく基本的な事柄だけに絞って、覚えやすいよう箇条書きにしておくことが大切である。

また、安全囲いを外したり、安全装置等を切ったままでの作業もあるので、監視人の配置、スイッチ・電源の誤入力・誤作動防止対策や保護具の使用なども含めた安全衛生に関わる「急所」を主な手順（ステップ）の中にしっかりと記載しておくことが肝要である。
　なお、定期点検等の場合、前回を含めた過去の手順で気になったところ、改善すべきことを踏まえ、リスクアセスメントを実施のうえ改善した作業手順書を使用するのが良い。

### (2) 突発的な非定常作業

　事故や災害、予期しない故障の復旧、補修工事などの場合は、あらかじめ作業手順書を定めておくことができない場合もあり（注）、緊急に処置することを求められることもある。
　その場合は、
① 作業前に関係者が集まって作業の進め方のフローチャートを作る
② 複数の作業員が関係する場合は役割分担を決める
③ 作業の急所を決め、ＫＹを実施する
④ 最後に改めてＴＢＭを行い、再度、作業・役割分担を復唱し確認する（できるだけ簡単なメモを渡すのが良い）
⑤ 打合せ事項以外の事態が生じたら作業を中止し、必ず職長・安責者に「報告・連絡・相談」（ホウレンソウ）をすることを念押ししてから作業に取りかかる

**職長・安責者は良い指揮官**
　**職長・安責者**は「よ（要領）い（位置）し（指揮）き（危険と対策）かん（確認）」を常に意識して、現場巡視・パトロールを行う。必要があれば適切な指示を行い復唱させる。
　また、作業が無事終了した場合は、上司に報告するだけでなく、今後のことを考えて、経過措置等を記録し、非常時作業手順書の原案を作成しておくと、次回以降に役立てることができる。

(注) ＯＳＨＭＳ指針第14条では、緊急事態への対応として、「緊急事態が発生した場合に労働災害を防止するための措置を定め、これに基づき適切に対応する」とし、通達では「被害を最小限に食い止め、かつ、拡大を防止するための措置、各部署の役割及び指揮命令系統の設定、避難訓練の実施等が含まれること」（平18・3・17　基発第0317007号）とあるので、最低限としては、これらを満たす規定、手順を定めれば良い、と考えられる。

## 5. 作業手順書を守らせるためには

### (1) 作業手順書を自ら作成させる

　作業手順書を見なくても急所を押さえながら仕事がある程度スムーズにできるようになったら、職長・安責者はその者に、その作業について作業分析を行わせ、「主な手順（ステップ）」に従って作業手順書の作成を命じるのが良い。
　この場合も、最初から全てを作らせるのではなく、ＯＪＴをしながら、作業分解シートを作成させるのである。作成させたら、さらに５Ｗ２Ｈで分解し、作業改善の着想をさせる。
　そして、現在使用している作業手順書と同じか、どこが違うか、どのステップ、急所と理由

が抜けていないかを本人とともに確認し、その抜けている理由も考える。理由を考えるのは「やりにくい」という場合もあり、それは次の「作業の改善」のヒントにもなるので、理由を聞くのが良い。

## （2）メンター（良き先輩、指導者）を経験させる

　部下がいなくても後輩はいる（ができる）。あるいは仕事の引き継ぎがある。その場合、作業手順書に従って、急所も含めて、指導、引き継ぎを行う。その際、自分が職長から習ったＯＪＴの方法（やってみせ、言って聞かせて、褒めて）で行う。

　この場合、手順書を決して自分なりに勝手に解釈して教えてはならない。

　人は、他人に教えるためには、倍の知識と技量が必要となる。そして早い段階から他人に物事を教えることの難しさと楽しさも経験させることは、将来、職長・安責者になるにあたって非常に有意義なものになるはずである。しっかりと作業手順書のやり方を教えたのであるから、忘れないし、当然手順を守るはずである。

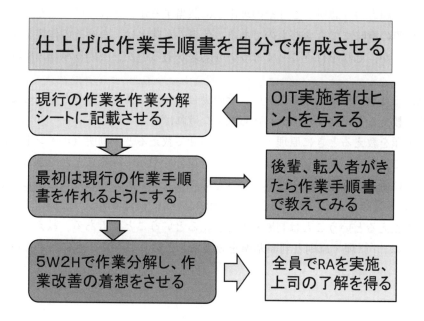

## （3）年上の先輩作業者が作業手順書を守らないでいる場合

　前述したとおり、作業手順書はベテランであろうが新人であろうが、作業の手順が異なって良い、ということはあり得ない。

　したがって、熟練者等が手順を守らない場合は、若い作業員にも悪い影響が出るので、その場合は、その熟練者に前記（1）の作業分析を行わせ、自ら作業手順書を作成させる。あるいは（2）のメンターの役割を与えて、後輩や若い作業員へのＯＪＴを実施してもらうのが良い。

　もちろん、しっかりとした作業手順書が作成できたら、あるいは後輩へのＯＪＴができたら、「承認」(注)を行う。仮に手抜き等の手順書となったら、その手抜き部分は「作業改善」の提案

になるのか、もし改善する場合はリスクアセスメントを行わなければならない、こと等をしっかり伝え、みんなの問題として取り上げることも必要である。

(注)承認については、第4章「労働者の適正配置の方法」で詳述する。

## 6. 作業手順書によるOJT教育

　作業手順書による教育は、OJTで行うのが一般的である。職長・安責者は、作業手順書は「正・早・安・楽・安・喜」であること、特に作業員自身の身を守ることにつながる大切なものであることを十分に伝え、作業手順を遵守することを教える。
　作業手順の遵守自体は正しいが、昨今の若者気質等から、それが時として「マニュアル人間」を創り出すことになる。そうならないよう、以下の方策を講じる必要がある。

### (1) 原理原則と判断基準を教える

　原理・原則とは作業手順書の「急所」と「その理由」に該当するが、それだけでなくもう少し広い範囲で、その**仕事の意味**までも含むものである。仕事の意味とは、なぜその作業をするのか、何のために行うのか、それを行うことでどういう効果があるのか、という原理・原則のことである。
　作業手順だけを教えるとその作業しかできない。その場合、作業が多少変わると手順も変わるが、作業手順だけを教えると毎回1（イチ）から教えなければならなくなる。
　したがって、作業手順を教えるときに原理・原則を合わせて教えると、勘所（ポイント）が分かり、次からは自分で判断し、推測して、教えなくても自分でやってみることができるようになる（ただし、勝手に新たな作業手順で行うという意味ではない。教えられたことから類推し、応用して行う、という意味である。職長はそれで問題がないか、横目でチラリと確認する）。つまり、原理・原則を教えるということは判断基準を教えるということでもある。教えたことをムダにしないためには、「原理・原則と判断基準を教える」ということを丁寧に行わなければならない。

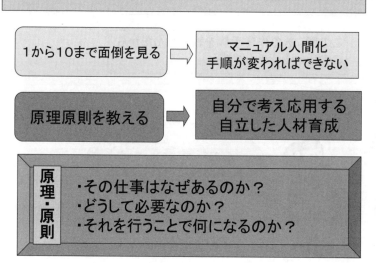

### (2) 初めは繰り返し、納得してスムーズにできるまで丁寧に教える

よく「原理・原則を教えた。判断基準も教えた。だからこの作業手順もできるはずだ」と思っても、それらを咀嚼する力が備わっていなければ、共通点や変更すべき方向が見えず、「この手順については教わっていない」ということになることがある。

人間というのは、必ずしも一度教えればそれで100％できるという者ばかりではない。また、できないのには他の理由や教え方にも問題があるかもしれない。

### (3) 応用ができるように、考えさせながら教える

「やってみせ、言って聞かせて」までが教えるである。「させてみて」が指示に当たる。

職長・安責者はある程度その作業に習熟しているから、原理・原則や判断基準の意味が理解できるが、初めての者には、なぜそれが原理で原則なのか、判断基準となるのかは分からないという状態もある。

したがって、実際にやらせる場合は応用ができるように「例え」を入れたり、別のケースを示して、その共通事項が原理・原則になり、やり方を変更するにはここの点を考えて（判断基準にして）変更する、という教え方をするのが良い。

### 応用が利くかどうかは指示内容で決まる

- この間、あの作業手順を教えたんだからこの手順もできるはず
- この手順については教わっていません
- 一度教えた仕事ができないのには理由がある

　そのためには、一方的に変更した理由を示さずに指示するのではなく、本人にどこが原理・原則なのか、変更するに至った判断基準は何かを考えさせながら指示するのである。

　つまり、何もかも1から10まで教えない。1から3ぐらいを教えて、後は本人に考えさせるのである。

　教えるということは「奪う」ことでもある。何もかも全部教えてしまうと、部下や後輩の自分で考える機会を奪い、単なる「指示待ち人間」にしてしまいかねない。

### 「応用できるように」教えないと意味がない

原理・原則を教える ＝ 後輩が自分で応用できるように教えるということ

※ 教えることは奪うことでもある。何から何まで教えると後輩が自分で考える機会を奪い、単なる「指示待ち人間」にしかならない

「原理・原則」は、部下・後輩が自分で考えて行動するための、判断材料である

## （4）確認すべきは「理解できたか」ではなく、「理解した内容」である

「やってみせ、言って聞かせて、わかったかい？」と確認したところ、「はい」と答えたからと言って必ずしも本当に理解しているとは限らない。

P・F・ドラッカーは、コミュニケーションの4つの原理を述べている。①受け手に認識（知覚）されてはじめて成立する、②受け手に期待されたものだけが受け入れられる（理解される）、③受け手に対して要求を伴う、④コミュニケーションと情報とは別だが、相互依存関係にある。

認識のズレが生じたとき、発信した情報は無効となるか、意味を持たなくなってしまう。そして、部下の理解した情報のみが部下の行動に影響を与えるのである。

どんなに正しい情報を職長が発信しても、相手の理解が間違っていれば、全く意味をなさないのである。だから重要なのは理解できたかではなく、どう理解したのか、その内容を確認することである。（詳細は、第13章第1節4（3）参照）

---

　確認すべきは「理解したか」
　　ではなく「理解した内容」

　「はい」と言ったからといって
　　理解しているとは限らない

　認識のズレが生じたとき、発信した情報は無効となる
　部下の理解した情報のみが部下に影響を与える
　どんなに正しい情報を発信しても、相手の理解が
　　間違っていれば、全く意味をなさない

---

単なる返事だけでは、どう理解したか分からない。特に危険な作業、慎重を要する作業等は、理解した内容が合っているかに不安があってはならない。その場合、上司からだけでなく部下からも、お互いに確認することを求める作業手順書にすべきである。

**(5) 曖昧なまま、仕事を進ませない**

　笑い話のようであるが、現実にあった話である。上司が新人に「B4でコピーをとってきてほしい」と頼んだところ、新人は「ハイ！」と元気よく返事をして部屋を飛び出して行った。しばらくして、「あのー。会社の地下は2階しかないのですか。4階の地下はどこにあるのですか？」と聞いてきた。

　もう一つ。先輩が新人に、「新人たるもの、少し早く出社して、自分の机だけでなく、先輩、上司の机も拭いておくものだ」と言ったそうだ。翌朝、先輩は後輩が机を口をすぼめて、一生

懸命「吹いて」いるのを発見。「何をしているんだ、もっと真剣にやれ」と言ったら、新人は顔を真っ赤にし、ほっぺたを大きく膨らませて、勢いよく机を吹いていた。

こんなことがないように、曖昧な指示はしない。曖昧なまま仕事を頼まないやり方がある。それは、上司の指示にもし曖昧なところがあれば部下のほうから、曖昧さを解消する確認作業ができるよう訓練することも大切である。

例えば、上司が「○○さんコピーとってきて」と頼んだとき、部下のほうから、「何枚ですか？」「いつまでですか？」「両面コピーですか」「パンチしますか、ホチキスで閉じるだけで良いですか」「会議室に持っていきますか？手持ち資料にしますか？」というようなことを、部下のほうから、足りない情報を確認する習慣をつけさせる教育と訓練が必要である。つまり、何のためにコピーが必要なのか、どうしたら良いか、という「原理・原則」に立ち返って指示し応用することを促し、考えさせるのである。

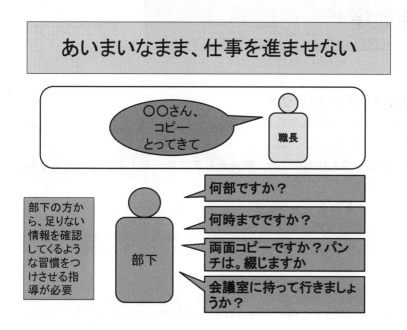

部下のすべてではないが、前述したＢ４事件、机を"吹く"事件のごとく、分かったふりをすることがまま見受けられる。そして、どうでも良いことは話をするが、混乱したりミスをしたりすると相談しに来ない。というより何を聞いたら良いのか、どう聞いたら良いかが分からないため相談しないことが多い。

一般に、ミスをしたり判断に困る時ほど早く報告して善後策を検討するのが社会的常識なのに、若者は良いことを先に言って、悪いことは後にするか場合によっては隠すという傾向がある。

このような行動パターンがあるということを押さえてＯＪＴを実施する必要がある。

```
┌─────────────────────────────┐
│ 押さえておこう、部下にありがちな │
│       行動パターン          │
└─────────────────────────────┘

┌─────────────────────────────┐
│ ①　分かったふりをする         │
└─────────────────────────────┘

┌─────────────────────────────┐
│ ②　相談してこないときは       │
│    何を聞いていいか分からないとき │
└─────────────────────────────┘

┌─────────────────────────────┐
│ ③　良先悪後                 │
└─────────────────────────────┘
```

**（6）ホウレンソウは待っているだけではダメ**

　以上の行動パターンがあるということを前提とするならば、部下がホウレンソウ（報告・連絡・相談）をしてくるのをただ待っていてはとんでもないトラブルに巻き込まれかねない。特に、取り返しがつかない重要な事案については、職長からアプローチすることも大切であるが、アプローチの仕方も工夫がいる。

　例えば、「何か分からないことはないか」と聞いたとしても、部下は、何が分からないかが分からないこともある。その場合は黙りこくってしまう。

　したがって、分からないと思われること、悩んでいると思われることを職長から先に質問するのである。

　「○○は大丈夫か？」

　すると部下は「すみません、○○って何でしたっけ？」と分かっていないことに気づき対応できるのである。

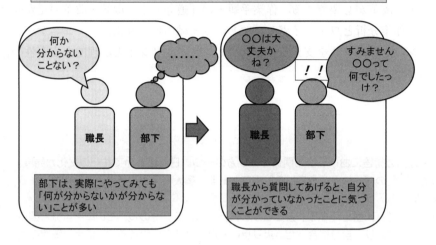

### (7) 守・破・離

　作業分解し作業手順書を自分で作成できるようになると、当然作業手順書を守って作業する。これが「守」である。前述したとおり、「作業手順検討書」で作業分解しながら作業改善をしていくと、改善の着想が浮かぶ。これが、自分の頭で工夫・改善することにつながるので、「マニュアル人間」にはならないで済む。

　この作業改善が「破」である。もちろん、改善した後、作業に関わる作業員全員でリスクアセスメントを実施し、上司の許可・了解を得て実施することが安衛則第24条の11に規定されている。

　さらに、ＩＴやＡＩ、技術革新の波は、作業方法を革命的に変える可能性を秘めている。こ

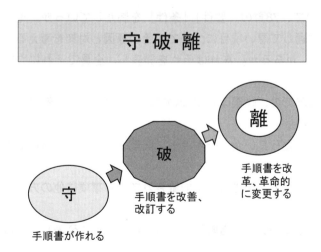

れが「離」である。改革には不断の改善の努力と情報入手の努力、そしてそれを咀嚼できる能力を持つための勉強が必要である。

　企業が、そして自分が生き残るには現状に甘んじてはならない。現状維持は停滞であり敗北につながる。常に改善と改革が必要である。作業手順書の「遵守」が、改善・改革の足かせとならないよう、不断の作業分析とワイワイガヤガヤという組織の壁を越えたコミュニケーションとコラボレーション、そしてそれを支えるワーク・エンゲイジメントと心理的な安全性の確保という風土の構築が望まれる。

**守破離**
　日本での茶道、武道、芸術等における師弟関係のあり方の一つ。日本において左記の文化が発展、進化してきた創造的な過程のベースとなっている思想でもある。個人のスキル(作業遂行能力)を3段階のレベルで表している。
　まずは師匠に言われたこと、型を「守る」ところから修行が始まる。その後、その型を自分と照らし合わせて研究することにより、自分に合った、より良いと思われる型をつくることにより既存の型を「破る」。最終的には師匠の型、そして自分自身が造り出した型の上に立脚した個人は、自分自身と技についてよく理解しているため、型から自由になり、型から「離れ」て自在になることができる。武道等において、新たな流派が生まれるのはこのためである。
　個人のスキル(作業遂行能力)をレベルで表しているため、茶道、武道、芸術等だけでなく、スポーツ、仕事、勉強、遊び等々、世の中の全ての作業において、以下のように当てはめることができる。
・「守」：支援のもとに作業を遂行できる。さらに自律的に作業を遂行できる。
・「破」：作業を分析し改善・改良できる。
・「離」：新たな知識(技術、イノベーション)を開発できる。

(※) 第3章は「第一線監督者のための安全衛生ノート」(労働新聞社　2009年4月号) 及び「効果的な安全衛生教育　指導・講義のコツ」(労働新聞社　第Ⅴ編　7．具体的なOJTの進め方(例))の拙稿、拙著から引用した。

(参考) グループ討議　テーマ(例)
① 自分の職場の作業手順書について、78頁の「要件」「条件」を満たしているか。それぞれについて5点満点で評価し、共通して悪い項目について、その原因と対策を考える。
② テキスト以上の「要件」「条件」があるか。あればそれを発表し、全員でそれについて検討、評価を行う。
③ 作業分解と作業手順書を作成段階での、作業改善について、その必要性、可能性について議論し、その検討結果を発表する。
④ 作業手順書を守らせるにはどうしたら良いか。テキストに記載されている事項に他の方法がないか、議論し発表する。
⑤ 作業手順書によるOJT教育について、テキストに記載されている事項に他の方法がないか、議論し発表する。
⑥ マニュアル人間をつくらない方法について、自職場で行っている方法を発表し、全員で検討し有効性を評価する。

## 作業分解記録用紙

| 作業分解記録用紙 | | | |
|---|---|---|---|
| 作業名　　　　　　　　　　　　 | | 作成年月日　　　　　　　　　　　 | |
| 道具と材料　　　　　　　　　　　 | | 作成者名　　　　　　　　　　　　 | |
| 部品等　　　　　　　　　　　　　 | | | |
| No. | 主な手順（ステップ） | 急所 | 急所の理由 |
|  |  |  |  |

# 作業手順検討書

| 小分類 | 作業名 | | チェック項目 | | | | | | 改善すべき具体的問題点 | 具体的な改善方法（設備や治工具・作業方法の改善） | 検討後 | | |
|---|---|---|---|---|---|---|---|---|---|---|---|---|---|
| | 作業手順 | 作業者 | 手順を省けないか（取り去る） | 結合できないか | 組み替えられないか（順序を変えられないか） | 簡単にできないか（ダラリはないか） | 作業分担は良いか（共同作業でなければならない） | そのコストでよいか（廉価にできないか。節電できないか） | | | No. | 作業手順 | |
| No. | | | | | | | | | | | | | |

# 第3章 作業手順の定め方

## リスクアセスメント作業手順書（例）

| 作業名 | 大分類：両頭グラインダ作業（荒削り、仕上げ削り） | 機械・材料 | 径255mm両頭グラインダ（卓上グラインダ） | 作成 年 月 日 | 平成30年9月30日 |
|---|---|---|---|---|---|
| | 中分類：両頭グラインダ研削作業（荒削り） | 通常時 | 平型255のとぐ、トルクレンチ、六角レンチ、木製ハンマー | 改定 年 月 日 | |
| 作業の範囲 | 小分類：両頭グラインダ準備作業・とぐの点検、取付け作業、試運転 | 免許・資格・特別教育 | 研削といしの取り替え等の業務に係る特別教育 | 改定 年 月 日 | 過去の事故・災害事例 |
| | とぐの点検から試運転作業を終えるまで | 保護具 | 保護メガネ、使い捨て防じんマスク、革手袋、安全靴、チョーク、ウエス、ドレッサー | 改定 年 月 日 | とぐが破裂して胸にあたり擦過傷、不休災害であったが全治14日 |
| 作業人員 | 単独 | その他（備考） | | 改定 年 月 日 | |

| 作業区分 | No. | 作業手順 | 作業者 | 急所 | 危険性又は有害性 | リスクの見積り | | | | リスク低減措置 | 実施計画 | | | | | | 残りリスク | | | 措置すべき事項 |
|---|---|---|---|---|---|---|---|---|---|---|---|---|---|---|---|---|---|---|---|---|
| | | | | | | 重大性 | 頻度 | 可能性 | RP | RL | | 何時までに | どこで | 誰が | どのように | 何を | 費用は | 重大性 | 頻度 | 可能性 | RP | RL | |
| 準備作業 | 1 | グラインダーを使用する | 単独 | ①作業、回転速度にあった砥石を選定する | 運搬中に砥石を落として足の甲に当たり打撲（不休） | 3 | 1 | 2 | 6 | Ⅱ | とぐを運ぶ取っ手付きの容器を使用する | 1週間以内 | ホームセンターで | | 必要数を購入する | | ¥700 | 3 | 1 | 1 | 5 | Ⅱ | あわせて革手袋に滑り止めを塗る |
| | 2 | とぐの外観検査を行う | 単独 | ①ひびの有無、②ブランジの当たり面の異常の有無、③バランスの有無 | 外観検査中にとぐを足の甲に落とし打撲（不休） | 3 | 1 | 2 | 6 | Ⅱ | 作業台の上で外観検査を行う | 即時 | 現場で | 職長が実施 | 作業方法に | OJTで | 0 | 1 | 1 | 3 | Ⅰ | 同上 |
| | 3 | とぐの打音検査を行う | 単独 | ①木製ハンマーを使用する、②45度開脚に支えがけ、③滑かないひびは全面について行う、④手が滑った場合に変わりたらびのあるものとして整備すること | 打音検査中にとぐを足の甲に当たり打撲（不休） | 3 | 1 | 2 | 6 | Ⅱ | 作業台の上で打音検査を行う | 即時 | 現場で | 職長が実施 | 作業方法に | OJTで | 0 | 1 | 1 | 3 | Ⅰ | あわせて革手袋に滑り止めを塗る |
| | | | | | ハンマーで磁石付け側の先を打ち砕手に当たり打撲（不休） | 3 | 1 | 2 | 6 | Ⅱ | | 3日以内 | 現場で | 職長が実施 | 作業方法の変更 | OJTで | ¥500 | 0 | 1 | 1 | 3 | Ⅰ | あわせて革手袋に滑り止めを塗る |
| とぐの取付け | 4 | 片側にとぐを取付けに仮り取付けする | 単独 | ①取付けは、固定フランジと石、移動フランジ、ナットの順で行う、②とぐ左軸とこ下の順に合わせて注意する | 取付け中にとぐが滑って手に当たり擦過傷（不休） | 3 | 1 | 2 | 6 | Ⅱ | 滑らない革手袋か革手袋に滑り止めを塗る。すねには滑り止めを塗る革手袋を装着する | 即時 | 現場で | 職長が作業員に | 作業方法 | OJTで | 0 | 1 | 1 | 3 | Ⅰ | KY時確認 |
| | 5 | バランスをとる（外径にてバランスを見るとくの薄いとぐ次のとはぐバランスを必要ない） | 単独 | バランスをとってから研削といしを手でまわして回転の様子を見、そバランスエイトを元に細かく調整を仕上げる | 回転させたとき、ナットの緩みとぐがはずれ、膝に当たり不休全治（休業30日、通院5回） | 6 | 1 | 1 | 8 | Ⅲ | 回転前に再度ナットの緩み付けを行う、すねには当て革装着 | 即時 | 現場で | 職長が作業員に | 作業方法 | OJTで | 0 | 1 | 1 | 3 | Ⅰ | KY時確認 |
| | 6 | 本締めする | 単独 | ①トルクレンチを使用し、対角線上に締める、②1回目は片ルクの2/3くらい、2回目は本トルクより1目盛り強く締める | 締める時に手が滑ってライドが当たって擦過傷（休） | 3 | 2 | 2 | 7 | Ⅱ | 締める時はゆっくりと確実に。滑らない革手袋か革手袋に滑り止めを塗る。すねには当て革を装着する。長袖の作業服を着用する。 | 即時 | 現場で | 職長が作業員に | 作業方法 | OJTで | 0 | 1 | 1 | 3 | Ⅰ | KY時確認 |
| | 7 | 残ったあに砥石を取付け同様にバランスをとり本締めする | 単独 | 4から6の手順どおりに行う | 4～6に同じ | | | | | | | | | | | | | | | | | |
| | 8 | 最初に行ったとぐについて再度バランスを取り直す | 単独 | 反対側のとぐも取り付けまで行う | 4～6に同じ | | | | | | | | | | | | | | | | | |
| 点検・試運転 | 9 | グラインダの覆いの確認 | 単独 | 傷、ひび、ボルトのゆるみなどがないか目視する | 確認中に腰をひねり腰痛（不休） | 3 | 1 | 1 | 5 | Ⅱ | 作業開始前の準備体操、腰痛体操の励行 | 即時 | 現場で | 職長が作業員に | 作業方法 | 実技指導 | 0 | 3 | 1 | 5 | Ⅱ | TBM時に実施 |
| | 10 | ワークレストを調整する | 単独 | 間隔が1～3mmに調整する | 調整中に指を挟み血豆 | 1 | 2 | 2 | 3 | Ⅰ | 磁石付きドライバーを使用 | 即時 | 現場で | 職長が作業員に | 作業方法 | OJTで | 0 | 1 | 1 | 3 | Ⅰ | TBM時に確認 |
| | 11 | 調整片を調整する | 単独 | 3～10mmになるよう調整する | 調整中に指を挟み血豆 | 1 | 2 | 2 | 3 | Ⅰ | 磁石付きドライバーを使用 | 即時 | 現場で | 職長が作業員に | 作業方法 | OJTで | 0 | 1 | 1 | 3 | Ⅰ | TBM時に確認 |
| | 12 | 回転軸のなめらかさらぐさを確認する | 単独 | 滑らかでない場合注油する | 油分増加でとぐに目入る（休業、通院4日） | 6 | 2 | 2 | 8 | Ⅲ | とぐが破損して破片が目に入る、通院1ヶ月 | 即時 | 現場で | 職長が作業員に | 作業方法 | OJTで | 0 | 3 | 1 | 5 | Ⅱ | TBM時に確認 |
| | 13 | 試運転を行う | 単独 | ①3分間以上、回転させる。②裏側、余熱等がないことを確認して、②とぐの飛散方向に立たないこと、③保護メガネ装着 | とぐが破裂して破片が左手に当たり裂傷2箇所、通院5回 | 6 | 2 | 2 | 8 | Ⅲ | サイドシールズはゴーグルタイプのメガネを使用 | 即時 | 現場で | 職長が作業員に | 作業方法 | OJTで | 0 | 3 | 1 | 5 | Ⅱ | TBM時に確認 |
| | 14 | シールドをセットする | 単独 | シールドは曇っていたり、傷っていれば交換する | | 1 | 2 | 2 | 5 | Ⅱ | サイドシールズはゴーグルタイプのメガネ使用 | 即時 | 現場で | 職長が作業員に | 作業方法 | OJTで | 0 | 3 | 1 | 5 | Ⅱ | TBM時に確認 |
| | 15 | ためし削りを行う | 単独 | ①防じんマスクを装着する、②削り具が悪ければドレッシングを行う | ドレッシング中に手先を砥石に当たり裂傷（休） | 3 | 2 | 2 | 7 | Ⅱ | ドレッシングする場合は、治工具を使用しながら行う | 即時 | 現場で | 職長が作業員に | 作業方法 | OJTで | 0 | 3 | 1 | 5 | Ⅱ | TBM時に確認 |

※ 作業区分欄は準備作業、本作業、後始末作業で区分する
※ リスクの見積りは表5の例1で記入するが、例2～例4を使用する場合は頻度の欄は使用しない
※ RP＝リスクポイント（危険ポイント（危険性・有害性の重大性＋頻度＋可能性）　RL＝リスクレベル

# 第4章

# 労働者の適正配置の方法

## 1. 適性（適正）配置

### （1）根拠規定

　適性を考えた配置については1950年ＩＬＯ・ＷＨＯ<sup>(注1)</sup>合同委員会が「作業者の生理的、心理的特性に適応する環境にその作業者を配置すること」<sup>(注2)</sup>という決議をしている。

　また、女性労働基準規則（第１条～３条）では、女性の坑内労働の禁止や妊産婦の危険有害業務の禁止や規制、年少者労働基準規則（第７条～９条）では満18歳に満たない労働者の時間外労働、深夜労働、危険有害業務の禁止や規制を行っている。

　さらに、安衛法第62条では「事業者は、中高年齢者その他労働災害の防止上その就労に当たつて特に配慮を必要とする者については、これらの者の心身の条件に応じて適正な配置を行なうように努めなければならない」と規定している。

　つまり、国際法的にも国内法的にも適性（適正）な配置を求めていることが分かる。しかし、この職長・安責者教育の項目である「適正配置の方法」は、いわゆる身体的・肉体的弱者に対する対応だけ、という狭い意味ではなく、もっと広い意味、すべての労働者を対象としたものである。

(注１)　ＩＬＯ：**国際労働機関**（ International Labour Organization）は、1919年に創設された世界の労働者の労働条件と生活水準の改善を目的とする国連の専門機関。本部はスイスのジュネーヴ。加盟国は187ヵ国（2016年２月現在）。日本は常任理事国であるが、労働者保護に関わる重要な条約（１号条約（一日８時間・週48時間制）、47号（週40時間制）、132号（年次有給休暇）、140号（有給教育休暇）など）が未批准である。
　　　　ＷＨＯ：**世界保健機関**（ World Health Organization）は、人間の健康を基本的人権の一つと捉え、その達成を目的として設立された国連の専門機関。1948年設立。本部はスイス・ジュネーヴ。
(注２)　これは、仕事や環境に合わせて作業者を配置するのではなく、作業者の特性に合った環境に作業者を配置すべき、という人間優先の考え方を宣言している。後述する「適性」配置の考え方の根拠の一つとなっている。

### （2）「適性」配置なのか、「適正」配置か

　職長教育のカリキュラムでは「労働者の適正な配置の方法」（安衛則第40条第２項）と規定しているだけで、何が「適正」なのかは定義されていない。

　ＩＬＯ・ＷＨＯの「作業者の生理的、心理的特性」は特性と翻訳されていることからも、どちらかというと「適正」ではなく「適性」と判断することが素直な読み方と考えられる。

　中災防の「職長の安全衛生テキスト」では、「仕事の条件に対して一人ひとりの持っている労働能力、知識、経験、体力などを活かすように配慮して、仕事が最も順調に進むように作業割り当てをすることが必要である。この仕事の条件と作業者の能力の両面から最も良い条件を考えて、仕事の割り当てをすることを適正配置という。」と説明している。

　つまり、労働能力、知識、経験、体力などというのは作業者の生理的、心理的特性（個人特性）のことであり、これと作業特性（職場特性）との兼ね合いを十分に考慮して、仕事の割り当てをすることが大切であるということであるが、簡単に言えば、労働者の「適性」を考えて「適正」に配置するということになる。適正とあるので、公平に私情を挟まない配置のことをいう。当然、えこひいき、情実などがあれば「適正」な配置とはいえない。また、性別、国籍、心情、年齢、ＬＧＢＴ（性的弱者）、身障者等の多様性（ダイバーシティ）を認めない配置も「適正」な配置とは認められない。

言い換えれば、職長教育の求めている「適正配置」とは、作業が要求する条件に対して十分な特性を持った、つまり「適性」を考慮して「適正」に作業者を割り当てることと判断される。

## 適正な配置とは

適性とは

個人特性  職場特性
のこと

↓

適正な配置とは

適性を考慮し、公平に私情（情実やえこひいき）を挟まない配置のこと

(注) 広辞苑によると「適性」とは、「性質がその事に適していること。また、その性質」。大辞林によると、「ある事に適している性質や能力。またそのような素質・性格」、とある。
　一方、「適正」とは、「よくあてはまって正しいこと」（広辞苑）、「適当で正しいこと（さま）」（大辞林）、とある。
　また、「適当」という言葉が使用されているが、これは、「よくあたること。ほどよくあてはまること」（広辞苑）、「ある状態・目的・要求などにぴったり合っていること。ふさわしいこと。また、そのさま。相当」（大辞林）とある。
　これらからすると、「適性」配置とは性質、能力、あるいは素質・性格に関して適するように配置する、という意味であり、ＩＬＯ・ＷＨＯの決議に近い意味と思われる。一方、「適正」配置とは、公平に私情を挟まず、基準に従って配置するという意味と思われる。中災防の職長安全衛生テキストの意味からすると、「適性を考えて適正に配置する」が職長教育の一番言いたいことだと考えられる。
　なお、建災防の「職長・安全衛生責任者教育テキスト」では、「適正配置とは、施工工程において、『安全に、早く、やすく、出来映えよく』作り上げるため、作業内容に適合する作業員を配置することである。」と述べている。これは仕事にあった人を配するという考え方であり、ＩＬＯ・ＷＨＯの決議に照らして若干問題であり、かつダイバーシティの発想もあまり感じられない気がする。安衛則第40条の職長教育項目は、「適正な配置の方法」と規定されており、「適正に配置する方法」ではない。

## （3）作業者の適性を考えた配置とは

「個人特性」（「作業者特性」ともいう）とは、作業者の持っている資格・知識・経験・技能・体力・身体、精神疾患・健康状態（メンタルヘルス不調を含む）・ストレス耐性のほか、年齢・性別・職歴、思想・信条、信仰、性的マイノリティ、そして本人の希望等のことをいう。

「職場特性」（「作業特性」ともいう）とは、法令等の資格、教育要件、作業の種類・形態、作業内容、作業環境、作業条件、作業期間、職場風土（文化）などをいう。

「適性」を考えるということは、この「個人特性」が「職場特性」に適合しているか否かということを考えることである。さらに「適正配置」とは、情実とか"えこひいき"、忖度などの、いわゆる「不正」な理由や基準を持ち込まないで配置することをいう。

重要なのは、「個人特性」が「職場特性」に適合しているか否かを考えるのであって、その逆の「職場特性」が「個人特性」に適合するか否かを考えてはいけない、ということである。それは前述したILO・WHOの宣言にも記載されている。

## 適性を考える

| 「職場特性」≦「個人特性」:OK | 「職場特性」>「個人特性」:NG |
|---|---|
| 「職場特性」 | 「個人特性」 |
| ●法令等の資格、教育要件 | ●資格、教育修了、妊産婦、年少者 |
| ●作業の種類・形態<br>　定常・非定常、危険・有害、単独・共同 | ●労働能力　資格<br>　知識、技能、態度、体力、資格 |
| ●作業内容<br>　質=緊急度、複雑性、困難性<br>　量=製品形態、生産量 | ●労働能力　資格<br>　知識、技能、態度、体力 |
| ●作業環境<br>　暑い、寒い、騒音、有害物質、放射線 | ●労働能力　資格<br>　知識、技能、態度、体力、性別、年齢 |
| ●作業条件<br>　作業の激しさ、困難さ、複雑さ | ●健康状態<br>●年齢、性別 |
| ●作業期間、作業時間<br>　期間の長短、納期、深夜、長時間 | ●職歴、経験<br>●本人の希望 |
| ●職場風土（文化）　　　鬼十訓等 | ●ストレス耐性、メンタルヘルス不調 |

「職場特性」とは
○　法令、通達としては、一定の資格、教育を修了していなければ就けない作業、年齢や妊娠の有無・可能性等で禁止される作業
○　作業の種類・形態としては、定常作業か非定常作業か、危険有害業務か、単独作業か共同作業か、が該当する。特に、共同作業に就かせる場合は相性が良いか悪いかが適性配置としては重要な判断項目となる。
○　作業内容には
　　ア　質の問題としては、緊急性、複雑性、困難性等
　　イ　量の問題としては、生産量、販売量、契約数等
　　が判断項目となる。
○　作業環境としては、暑熱、寒冷、湿度、騒音、振動、粉じん、有害物質、電離放射線などが判断項目となる。特に、妊産婦との関わりで考慮が求められる。
○　作業条件としては、労働時間（長時間労働）、深夜労働、作業の激しさ・困難さ・複雑さと時間あたりの作業量、生産性等が判断項目となる。
○　作業期間としては、期間の長短、工期・納期などが判断材料となる。
○　職場風土（文化）とは、主にミッション（任務）に対する取組姿勢とその結果に対する評価姿勢で、「鬼十訓」[注]などがこれに該当する。
　一番重要なことは、「個人特性」が「職場特性」に比べて容量が大きいということが条件と

なる。もし小さければ、その作業や職務を十分に遂行することができず、無理に行えば事故や労働災害を発生させたり、パニックになったりミスを起こし、場合によってはストレスを感じてメンタルヘルス不調となることがあるからである。

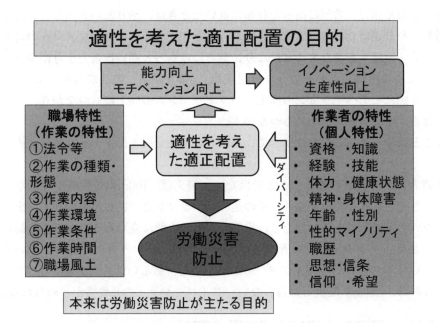

(注) 鬼十訓：広告代理店大手の電通の４代目社長・吉田秀雄によって1951年に作られた電通社員の行動規範とも言える「鬼十則」と呼ばれる非常に有名な言葉。
1. 仕事は自ら創るべきで、与えられるべきでない。
2. 仕事とは、先手先手と働き掛けていくことで、受け身でやるものではない。
3. 大きな仕事と取り組め、小さな仕事はおのれを小さくする。
4. 難しい仕事を狙え、そしてこれを成し遂げるところに進歩がある。
5. 取り組んだら放すな、殺されても放すな、目的完遂までは……。
6. 周囲を引きずり回せ、引きずるのと引きずられるのとでは、永い間に天地のひらきができる。
7. 計画を持て、長期の計画を持っていれば、忍耐と工夫と、そして正しい努力と希望が生まれる。
8. 自信を持て、自信がないから君の仕事には、迫力も粘りも、そして厚味すらがない。
9. 頭は常に全回転、八方に気を配って、一分の隙もあってはならぬ、サービスとはそのようなものだ。
10. 摩擦を怖れるな、摩擦は進歩の母、積極の肥料だ、でないと君は卑屈未練になる。

## (4) なぜ適性を考えた配置が必要か

これには５つぐらいの理由が考えられる。

① 作業によっては法令上、免許、技能講習、特別教育等の資格等が必要なものがある。これらの資格等がなければ当該作業に就くことはできない。資格等が適性の要件となる。

② 法令上の資格等を必要としない作業であっても知識、経験、技能、体力等の労働能力を備えていなければ業務を適切に遂行することは難しい。これら個人特性が適性の要件となる。

③ 心や身体の健康状態が不良の労働者に高所作業・危険作業・精密作業等をさせるのもミスを引き起こす可能性が高くなる。これら健康状態も適性の要件となる。

④　自分の意に沿わない仕事を強制され、ストレスが溜まったりメンタルヘルス不調となる場合もある。このようなストレス耐性、メンタルヘルスの状態も適性の要件となる。

以上①～④のことが適性に配慮されずに就労すれば、ミスや品質・能率の障害、ひいては事故や災害にもつながりかねない。

⑤　一方、自分の能力や体力、希望に沿った仕事に就いたときは、やりがいを感じ、またその仕事を苦労してやり遂げたときは達成感を味わうことができる。これがマズローの言う「自我の欲求」（第4段階）を満たすことになり、さらにはもっと高い技術力を身につけたい、難度の高い仕事に挑戦したいという「自己実現」（第5段階）の欲求も湧いてくる。

それは、ワクワク感、モチベーションの向上、パフォーマンスの向上につながり、結果として工夫・改善、イノベーションにもつながる。

ただし、大事なことは①～④にこだわりすぎて、部下の可能性を引き出すチャンスを狭めてはならない。

適性を考えた配置とは、それほど難しいことではない。例えば、100mの短距離が得意なランナーにマラソンをさせてもうまくいかない。その逆の、マラソン選手に短距離のタイムを求めてもうまくいかないのと同じである。ただし、重要なことは人間は変わることができる動物であるということである（アドラー）[注1]。配置する側が、男はこういうもの、女はこういうもの、外国人はこういうもの、というバイアス[注2]がかかった、あるいはステレオタイプ[注3]で判断して配置するのは、「適正」配置とは言わない。ダイバーシティの必要性が求められる。

（注1）アルフレッド・アドラー（1870年生・オーストリア、精神科医、心理学者）
　　　健常者を対象とするアドラー心理学を創設。「人は変われないのではなく、ただ『変わらない』という決心を下しているにすぎない。いま幸せを実感できない人に足りないのは、能力でもないし、お金でもないし、恵まれた環境でもない。変わること（幸せになること）に伴う『勇気』が足りないだけだ。」（「嫌われる勇気」より）
（注2）バイアス
　　　人は誰でも、まったく悪気なく、無意識で差別してしまっていることがある。これを「バイアス」と呼ぶ。ピンクの色眼鏡でピンクの壁を見ると、その壁がピンクであることに気づかないのと同じように、社会全体に当たり前のように差別が存在していると客観的な評価自体がその差別を前提にしてしまっていることがある、ということ。
（注3）ステレオタイプ
　　　判で押したように多くの人に浸透している先入観、思い込み、認識、固定観念やレッテル、偏見、差別などの類型・紋切型の観念である。（例）性別・身体的特徴、服装・髪型、性的指向、血液型、人種・国籍・肌の色など、地域性、職業や学業の専攻を理由として一定の判断をすること。

## 2. 適性を考えて適正に配置するためには

### 事実と判断を区別する

事実とは、誰もが否定できないこと、誰もが同じ結論となるものである。したがって、客観的である。

一方、判断とは、事実をもとにその人の経験や先入観のフィルターを通して見た意見や感想、推定、解釈のことである。判断は、それぞれの人の経験や先入観によって異なった結果が導かれることがある。したがって、主観的である。

多くの人は、この事実と判断を区別して考える習慣がない。事実と判断の混同に気がつくこ

とが適性を考えた適正な配置に重要な影響を及ぼす。
① 事実を把握する際の留意点
- 現場で、「見る、聴く、調べる」の３現主義で、伝聞ではダメ。
- 事実の表現は原則として、五感で捉えたものを具体的に表現するが、数値で表せるものは可能な限り数値で表現する。
- 「いつ、どこで、誰が（誰に）、何を、どのように、いかにして」の５Ｗ１Ｈの視点より整理する。
- 記録に当たっては、具体的・客観的な表現にする。

② 判断と事実の例

| 判　断 | 事　実 |
|---|---|
| ・彼はネクタイをしているのでサラリーマンだ | ・彼はネクタイをしている |
| ・この部屋は蒸し暑い | ・この部屋は温度30度、湿度85％だ |
| ・あの人は急いでいる | ・あの人は走っている |

## 事実と判断を区別する

> 事実・・・誰もが否定できないこと。誰もが同じ結論となるもの。（客観的）

> 判断・・・事実をもとに、経験や先入観のフィルターを通してみた意見や感想。判断は、それぞれの人の経験や先入観によって異なる結果が導かれる。（主観的）

### 判断＝事実＋経験や先入観

※多くの人は事実と判断を分離して考える習慣がない。事実と判断の混同に気が付くことが、思考力を高める。

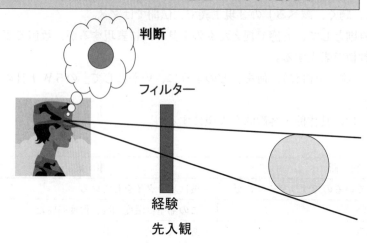

　したがって、適性かどうかを判断するには、事実の収集、つまり、個人面談（ヒヤリング）の実施が必要である（「3．個人特性を正確に把握するには、個人面談が重要」で述べる）。
　次に、適性を考慮して適正に配置するには、情実やえこひいきは論外である。一番重要なのはダイバーシティである（「4．ダイバーシティで適正配置を」で述べる）。

## 3. 個人特性を正確に把握するには、個人面談が重要

　個人特性を客観的に見極めるには、個人面談（ヒヤリング）[注]が重要である。しかし、一部から「毎日会っているからいらない」「いつでも話している」「産業カウンセラーや心理相談員など専門の人がやればいい」「ヒヤリングする時間がもったいない」などと拒否反応や否定的態度を示す人が少なくない。これを放置したままでは、ヒヤリングをやる職長・安責者と、やらない職長・安責者が出てしまい、統制がとれずうまくいかない。
　そこで、次の手順で導入し、実施することが望まれる。

（注）面談とは、「ミーティング」：打ち合わせや連絡のための会合。「ヒヤリング」：聞き取り。公聴会。聴聞会。（以上、大辞林）。「カウンセリング」：言語的及び非言語的コミュニケーションをとおして、健常者の行動変容を試みる人間関係である。（カウンセリング辞典）といろいろある。
　　しかし、本書ではこの個人面談は、単なる会合でもなく、また相手の個人特性を正確に把握することが主であり、変容を必ずしも求めないのでカウンセリングでもない、という立場から、「ヒヤリング」と位置づけた。ただし、これは単なる「聞く」ではなく、積極的な「聴く」という意味での傾聴的ヒヤリングである。

### (1) 実施することを機関決定し、目的を明確にする
　① 衛生委員会もしくは安全衛生委員会等で実施する意義と目的を議論し、機関決定し従業員全員に明らかにする。

② 職長クラスに個人面談の仕方（傾聴、コーチングを含む）の基本研修を行う。
③ 人事担当者は適切に「ヒヤリング」が行われているかどうかをチェックし、問題があれば指導、フォローする。

## （2）ヒヤリングを行う意義と目的
① 意義
　導入する意義と目的は会社によって異なるが、一般的に言えば、部下個人を中心としたヒヤリングの場を設けることにより、
- 部下のキャリア開発
- 部下のパフォーマンス管理・向上
- 部下のモチベーション向上
- 職長として情報収集や理解度の向上
- 部下と職長の良好な関係性の維持

などが意義として挙げられる。

② 目的
- 身上調書の記載内容の確認。
　身上調書は企業によって異なるが、一般的には「最終学歴（専攻）、家族構成、資格、免許等、業務指示研修の受講歴、自己啓発研修の受講歴、人事異動歴、異動希望先もしくは希望する業務、エントリーシートに記載されていた入社希望事項、入社時面接での希望事項、その他自己ＰＲ等」を本人に記載させておく。
- これらを再度確認する中で、本人にどうしたいか、どういう希望、夢があるか（あり続けているか）を再確認させる。
- 現状の仕事、環境、人間関係、労働条件についての不満・問題点等を指摘させ、職場内での職場環境改善の資料を得る。（事実上これがメインとなる）
- 結果として、チームワークのパフォーマンスの向上、言い換えれば現場力の強化、ワーク・エンゲイジメントの形成に寄与するため。

## （3）ヒヤリングの頻度と時間
① 職長の部下の数により頻度は自ずと異なる
- 若い人は多め、ベテランは少なめ
- 状況が変わりやすい職種は多め、それほど頻繁に変わらない職種は少なめ
- 入社直後は多め、その後は少なめ

など、部下の状況や職務、習熟度によって変えていくほうが良いと思われる。
- できれば月1回、最低でも4半期に1回は実施する。できるだけ定期的に予定を入れ、ヒヤリングの終了の都度、次回の実施を予約しておくことが継続しやすい。

② 適切な時間を確保する
　一般的には最低30分から90分以内とするのが良い。これも役職や部下に与えている裁量、開催の頻度により異なる。

ただし、1時間以下だと、部下が持ち出してくる問題等のように、割とすばやく処理できるような簡単なものに限定されがちである。必要に応じて、部下の意見・要望を聞いて次回に長時間取ることも検討する。
③　ヒヤリングはできるだけ所定労働時間内に終えるよう設定する
　　職種によって業務の途中に中断して抜けられない、中断されることで集中力が途切れる、という場合は部下の都合に合わせざるを得ない場合もある。決して職長・安責者の都合に合わせてヒヤリングを強制してはならない。
　　なお、時間外に及んだ場合は、ヒヤリングは機関決定された業務なので「時間外割増賃金」を支払うよう申請させる。裁量労働制の場合は、時間外割増賃金相当分、あるいは時間分の賃金相当額を支払うよう制度化しておく（安全衛生委員会等で決議し事業者に承認させる）。

### （4）ヒヤリングの実施方法
① 　準備を丁寧に（メモを提出させる）
- 身上調書や部下から聞きたいこと、言いたいこと、相談したいこと、アイデア等の「メモ」を事前に提出させる。できれば所定の様式でメールに添付する。
　そうすることで、ヒヤリングが部下のものであることが示せる。また、部下自身も話したいことが話せるようになる。そして、メモを作成することで部下自身も、いま自分で抱えている課題や問題を整理することができる良い機会となる。
- 職長が部下に聴きたいことを部下ごとに作成するのは、部下の人数にもよるが大変な作業となるし、部下も話したいことが話せなくなる。
- 事前にメモを出してもらうことで、場合によっては事前に対策を講じたり、関係資料を準備することができ、効率的にヒヤリングができる。「これは次回に」という持ち帰りが多いヒヤリングは生産的とは言えない。
- 部下も忙しいのでなかなかメモを事前に準備してくれないことも多い。そこで職長・安責者は「私も何を言われるか怖いのです」「事前に準備できると効率的に話が聴けますよ」と伝えたりすると、部下もやらされ感が多少和らぎ協力してくれることもある。

② 　メモを取り柔軟に対応する
- 仮にメモが事前に提出されていたとしても、他に重要な案件が出てくれば本人の了解を得てそれを優先すべきである。
- 話が脱線したり予定したことが聴き出せないこともあるので、それについては次回に話すことをお互いのメモに記載し確認すること。

③ 　キャンセルではなく日程の再調整を行う
- キャンセルが発生することは避けられない。その場合は、キャンセルではなく日程の再調整（リスケジュール）を行う。
- 日程を再調整しないでキャンセルにしてしまうと、「ヒヤリングはいつでもキャンセルしても構わない」と思わせるので、必ず日程の再調整を取りつけること。
- キャンセルを簡単に許すと、ヒヤリングを重視していないというシグナルを部下に送

④　ヒヤリングを開始するときに、前回ヒヤリングした事項、宿題、課題等の解決状況について、前回のメモに沿って確認することから始めるのが良い。ただし、すぐに解決できないことは再確認で良い。

⑤　ヒヤリングでは必ずメモを取る
- 一般的には、相手の提出したメモに朱書き等で書き加える形で進めることが多い。ＰＣの場合はプロジェクターで確認し、上書き、訂正、追加していく。また、④の前回のメモの確認から入ることが多いので、メモは個人別にファイルしておく。
- ヒヤリング時に何を約束したのかをメモしないで忘れてしまうと、部下の信頼を失うことになるので、約束事は「できる、できない、検討する、上司に相談する」等を明確にメモしておく。

⑥　8割以上を傾聴する
- ヒヤリングの基本は"傾聴"である。部下からの質問に対して答えや状況に対するアドバイスなど、効果的にフィードバックする。また、逆に部下へ質問をして考えさせたり、本音を言わせたりするのも、傾聴のテクニックである。
- 場合によっては、沈黙する（間をおく）のも自発的に話すきっかけとなる。
- 話を途中でさえぎったり、アドバイスに終始するヒヤリングはＮＧである。

**傾聴の基本3原則**

1. 「聞き役」に徹する：すぐ本題に入らず、日常的な世間話から入る。上司と部下との関係を脇に置き、一個人として同じ土俵の上に立って話を聞くという姿勢で行う。ただし、普段のような聴き方ではなく、相手が今、どんな状態・気持ちでいるのか、どのような考え・欲求・価値観を持っているのかを読み取る洞察力が必要。
2. 「受容」する：相手の気持ちを受け入れ、その苦悩を理解する姿勢を示す。話を途中でさえぎったり、批判や評価をするのは禁物。例えば、相手が「殴りたい」と言ったら、「それはいけない」と否定するのではなく、「そうか、殴りたいほど辛いんだね」などと、言葉の背後に隠された本音や気持ちを読むことが大切。
3. 「共感」を示す：多少、話のつじつまが合わなかったり、明らかに誤解をしているような場合でも否定したり、自分の考えを押し付けたりせず、一緒に問題を解決していくような姿勢を示す。相手に視線を向けながら相づちを打ったり、うなずきながら、時には相手の言葉を繰り返し、相手が一段落したところを見計らって要点をまとめる。

◎　「頑張れ」「しっかりしろ」などといった叱咤激励は絶対に禁物。本人は頑張りたくても頑張れずに悩んでいるわけなので、かえって本人を追い詰めることになってしまう。また、なぐさめも本人を追い詰める。哀れみと受け取って、情けなく感じたり、屈辱に感じる人もいるからである。

◎　傾聴する上での聴く側の大切な心得として、相手の抱えている問題を「解決しない」という態度に徹することである。
解決しようとすると、解決の答えを無意識に考えてしまう。そうすると、相手の話を全身全霊で聴くことが疎かになる。また、解決の答えを見つけようとすると聴く側もストレスを感じてしまう。

傾聴に当たっては、問題を解決するのではなく、問題を整理するという態度で臨む。そうすると、自然に本人が自分で解決の糸口を探しあてる。あとは、聴く側が「その答えでいいんだよ」と背中を後押しするだけである。

## 傾聴の基本3原則

1.「聞き役」に徹する　　2.「受容」する　　3.「共感」を示す

叱咤激励やなぐさめは逆効果

相談場面の設定にも配慮を

「きく」のいろいろ
訊く(ask)　聞く(hear)　聴く(listen)

## 聴という字は

耳できいて  目できいて

心できくこと

＝ 全身全霊で聴くこと

⑦ 夢や希望の欄を確認、重視する
- 夢や希望の欄に記載されている事項について、「それは無理だろう」とか「君にできるだろうか」などという否定的な態度を取ってはならない。
- 入社して数年間は、誰でも社内での自分の仕事や他の仕事について、漫然としたものであるかもしれないが、夢やビジョンを持っているものである。しかし、忙しさにかまけたりして、いつしか忘れたり心の奥にしまい込んだり、諦めたり、自己否定したりして自然消滅させたりしまいがちである。
- だからこそ、メモに「確かに自分はその夢を持っていた」と本人に書かせることで再認識させることが大切なのである。
- この欄が空欄の場合は、職長・安責者は「何か夢はないのか」、あるいは「かつて夢はなかったのか」「会社で何をしてみたいのか」と聴き出すことが大切である。語らせるには、職長・安責者も自分の夢を話し、部下が話しやすい雰囲気をつくることも必要である。場合によっては、失敗談や夢が破れた理由等を話すのも親近感が湧く。ただし、絶対に自慢話にならないように！
- 人は言葉にするプロセス、文章にして見える化するプロセスで、漫然とした願望が明確な形となってくる。明言したときに、その夢自体が実現の力を与えるものである。

⑧ 開かれた質問をする
- ＹＥＳかＮＯで答えられる「閉じた質問」ではなく、ＹＥＳかＮＯでは答えられない、本人が考えなければ答えられない「開かれた質問」をするようにする。

（例）
- 「ハッキリしないというのは、誰にとってハッキリしないのですか」
- 「柔軟な対応というのは、例えばどのようなことを言うのですか」
- 「何を持って、〜に自信がないと判断しているのですか」
- 「みんなとは、誰のことを指すのですか」
- 部下が「あいつとはうまくいかないんです」と切り出したら、「それはなぜなのですか」と聞くのではなく、「うまくいかないことにあなたはどう思っているのですか」と問い返す。相手が話し始めたら、その流れに沿って話を聞く。決して自分の知りたい方向に質問し相手の邪魔をしないこと。

一旦質疑が終わりそうでも、できればもう少し深い質問をしてみると、意外な情報を聞けることがある。また、部下がもっと本当のことを言いたそうな場合は、少し沈黙というか間をおくことで、言いかけたことを言ってもらうという余裕を持つこともテクニックである。

いずれにせよ、できれば傾聴、コーチング等の研修を受け、場数を踏むと上手になる。

⑨ メンタルヘルスに関わる問題は取りあえず聴くことに専念する
- メンタルヘルスに関わる問題は、かなり微妙な問題もはらんでいるため、うまく対応しないとさらにこじらせてしまうことがある。職長・安責者がメンタルヘルスの４つのケア[注]のうち「ラインによるケア」を行うことにもなるので、必要な研修を受けていない場合や複雑と思われる事案については、事業場内産業保健スタッフ等に相談するよ

う対応する。

(注)「労働者の心の健康保持増進のための指針」に規定されている、「①セルフケア、②ラインによるケア、③事業場内産業保健スタッフ等によるケア、④事業場外資源によるケア」のこと。第9章で詳述する。

⑩ 進捗確認や業績評価だけになるのは避ける
- 個人面談で行うヒヤリングは進捗状況確認のためではなく、部下のキャリア開発やパフォーマンス向上のために行われるものである。進捗状況確認のためのものは、メールやＴＢＭ、スタッフミーティング、小集団活動等で行ったほうがお互いに効率的である。
- ヒヤリングは、もっと個人にフォーカスした話ができる良い機会として利用すべきである。
- 新人や若年者などは進捗管理を兼ねて「どうだい、うまくやれているか？」「慣れてきたかい？」と聞くのも良い。

⑪ 雑談だけにしない
ヒヤリングは単に仲を良くするためのものではない。もちろん、そうした面も全くないわけではないが、基本的には仕事の時間を使ってチームのアウトプットを増加するために、本人が何ができるのか、何をしたいのか、それを妨げる要因は何か等を明らかにし適性を見つけ出すものである。したがって、雑談だけで終わることのないように気をつけること。

⑫ あえて報告しないような事項には注意を払い、潜在的な問題にいち早く気づく
- 問題の兆候を早めに知ることで効果的な対策を打てることも多い。したがって、言葉の端々、ニュアンス、言いよどみなどを踏まえて、さらにその奥に何かがあるのではないか、と注意を払う必要がある。
- ヒヤリングは取り調べではない。どうしても言いにくい場合は別の相談窓口やコンプライアンス室、あるいは事業場内産業保健スタッフ、ＥＡＰ(注)などを紹介する。無理矢理言わせると、誰しも自分が可愛いので、必ずしも真実を言わないこともあるからである。
- ヒヤリングの良いところは、通常の会議等などではあえて口に出さないような、潜在的な問題であったり、何となく思っていること、感じていることを「ポロッ」と露呈することもある。そのチャンスを逃がさないことが大切である。

(注) ＥＡＰ：従業員支援プログラム（Employee Assistance Program）- メンタル面から社員を支援するプログラム。近年増えてきた職場の複雑な人間関係などによってかかるうつ病などを回避させるために企業が外部団体と契約して社員の心の健康をサポートするシステムである。電話による匿名の相談も受け付けていることが多い。また、ＥＡＰではないが、労災病院や都道府県産業保健総合支援センターでも無料電話相談を受け付けている。

⑬ 伝えるべきことは何度でも繰り返し伝える
ビジョンや理念、チームとしての目標などは一度伝えただけでは忘れてしまう。大事な内容は繰り返し伝える必要があるが、ヒヤリングがその良い機会となる。

⑭ 秘密を守る
- ヒヤリングは信頼関係が築けなければ形骸化する。特に、個人情報の保護には気をつけたい。
- 別なヒヤリングで聞き知った情報、「○○さんがこんなことを言っていた」などと話

すと、今度は自分の話したことが他人に伝わるのではないかと疑念を持たれると信頼関係は築けない。
- 部下が他人の悪口や批判をしたら、「事実関係を確かめても良いですか」と確認し、自分でもそうだなと思っていたとしても、決して同調したり、盛り上がったりしないこと。軽く受け流す、深入りしない、とする考え方もあるが、悪口や非難にも真実が含まれていることもある。それを無視するのは信頼関係にも影響するので話を聴いた上で、その根拠、事実関係が証明できるかどうか、本人が相手に対してどのような対応（働きかけ）をしてきたのか、という事実関係を確認するのが良い。
- ⑨で、産業保健スタッフや場合によっては人事担当部署に連絡する必要があったとしても、緊急避難的な事態(注)は別として、本人の同意なしにその情報を伝達してはならない。もし仮に本人が拒否した場合は、ヒヤリングメモにその経緯を記載して、記録として残しておくこと。

(注)「緊急避難的な事態」とは、自殺念慮、自傷傾向、他人に対する暴行・傷害のおそれ、ストーカー行為、DV等のおそれがあり、そのまま放置することが危険と思われる事態。この場合は、個人情報を事業場内産業保健スタッフや関係機関に通報しても罰せられない（個人情報保護法第16条第3項第2号）

## ヒヤリングの実施方法

| | |
|---|---|
| ① 準備を丁寧に（メモを提出させる） | ⑧ 開かれた質問をする |
| ② メモを持ちつつ柔軟に対応する | ⑨ メンタルヘルスに関わる問題は取りあえず聴くことに専念する |
| ③ キャンセルではなくリスケジュールを | ⑩ 進捗確認や業績評価だけになるのは避ける |
| ④ ヒヤリングを開始するときは、前回ヒヤリングした事項、宿題、課題等の解決状況の確認から | ⑪ 雑談だけにしない |
| | ⑫ あえて報告しないような事項には注意を払い、潜在的な問題にいち早く気付く |
| ⑤ ヒヤリングでは必ずメモを取る | ⑬ 何度でも伝えるべきことは繰り返し伝える |
| ⑥ 8割以上を傾聴する | ⑭ 秘密を守る |
| ⑦ 夢や希望の欄を確認、重視する | |

## （5）ヒヤリングの実施例

① ラポールを構築する

ラポールとは、「心の架け橋」という意味で、親密さや信頼感を表すことである。相手に対して、普段から関心を寄せていることを示しておくことが大切である。特に、会話を始める時点で相手に注目していることを知らせる。

- そのためには、ヒヤリングするときは、部屋に入ってきたら、お互いに、にこやかに挨拶する。できればアイコンタクトで「忙しい中、ありがとう」とうなずくのも良い。

決して上から目線で「ご苦労」という態度は取らないこと。また、話しやすさを演出するため、できるだけ正面どうし向き合わないほうが良い。

② 会話への導入
- まず、健康状態を確認する（ＴＢＭ等で確認している場合は不要）。「インフルエンザが流行っていますが、どうですか？」「最近、残業が多くて申し訳ありません。体調はどうですか？」
- 次に、前回宿題となっている事項、確認しておくべき事項等について確認する。これを契機にヒヤリングに入る場合もあるが、引き続き宿題なら別の課題に移る。
- 宿題の次に仕事の話をする。

「先日のプロジェクトの処理結果、お客様が喜んでいましたよ」「今やっている仕事、どうですか？何か問題がありますか？」「今やっている仕事、どうですか？やりがいを感じていますか？」「先日の〇〇、うまくいきましたね」

会話への導入部分では、部下から質問・提案等のメモが提出されている場合は、なるべく事実の確認程度で終わらせ、挨拶程度で短時間で切り上げる。

③ 質問・提案等のメモが提出されている場合は、時間の関係もあり、ヒヤリングの趣旨からもなるべく早くその話題に入る。

④ メモが提出されていない場合は②の話題か、次のやさしい質問から切り出す。
- 「最近、困っていることはないですか？」
- 「最近、気に掛かることはありませんか？」
- 「私（職長・安責者）が聞いておく必要があるものはありますか？」
- 「何か、支援してもらいたいことはありますか？」

この質問で、目標や工期、納期が定められている場合、とかく進捗状況の確認で終わってしまうことが多い。しかし、うまくいっている場合も遅れている場合も状況確認だけでなく、そこに至った原因、理由を述べさせるのが良い。

- 「××さんの支援、アドバイスがあってうまくいきました」
  「そうですか。具体的にはどんな支援でしたか？」
- 「納品ミスがあって、工期が２日遅れとなりました」
  「なぜ納品ミスがあったのでしょうか？ 次はどうしたら良いと思いますか？」
  「２日遅れということですが、回復の目処は立ちますか？ お客様にどのように対応する予定ですか？」

この場合も、決して叱ったり怒ったりせず、できるだけ再発防止、改善措置等の提案をさせるように仕向けることが重要である。

⑤ キャリア確認、キャリア開発につなげる

このヒヤリングは適性配置のためのものであるので、単に仕事のことばかり聞くと進捗管理のためか、という不信感を持たれる。そこで「夢」や「希望」を思い出させ、語らせることが重要である。

- 「身上調書の『夢』『希望』欄には、〜と記載されていますが、その実現に向けて何か努力していますか？」

- 「今の仕事が一段落したら、次は何をやってみたいですか？」
- 「そろそろ後輩が入ってきますが、メンターとして作業手順書でＯＪＴ教育を行ってもらうつもりですが、どう考えていますか？　何か問題はありますか？」

　毎回キャリア開発の話をする必要はないが、今の仕事に満足しているかについては頻繁に聞いたほうが特に若年者の早期退職を防ぐためにも良い。
　また、適性確認で資格についてその有無だけを聴いてはならない。
- 「今度フォークリフトの運転をしてもらおうと思っているのだけれど、最近運転したことがあるの？」
- 「ここ10年ほど運転していません」
- 「大丈夫かな？」
- 「ちょっと心配です」
- 「じゃあ、しばらく慣らし運転しようか？」
- 「そうですね、○○さんにしばらく見てもらい、ＯＫをもらったら作業にとりかかります」

　大事なのは、資格の有無だけでなく、その技量、習熟度の確認が安全管理に大切である。

⑥　フィードバックについて

　フィードバックとは、自分が行った行動がどのような影響（結果）を生み出しているか、また、その行動が他者にどのように映っているかといったデータの交換のことである。

　上司はフィードバックによって、部下の言動や結果に対する観察内容を「情報」として伝える。目的は「部下のパフォーマンスを向上させること」であるから、当然パフォーマンスが上がるように伝達する必要がある。

　フィードバックは評価ではない！　見えたこと、感じたことを"言語化"するだけである。相手にどうなってほしいのか（目標や期待）を育成者＝実施者（職長・安責者等）が明確にし、相手にも伝えることが大切である。

　その際、大事なことは他人と比較しないことである。また、「誉める」、「叱る」こともフィードバックであるが、一番良いのは「承認」することである。

**フィードバックは評価ではない！**

- 見えたこと、感じたことを"言語化"するだけ
- 相手にどうなって欲しいのか（目標や期待）を育成者が明確にし、相手にも伝えること
- 目標に対して、何が出来ていて、何が足りないのかをフィードバックすると、より成長力が増す
- 他人と比較しない
- 「ほめる」、「叱る」もフィードバックである

　必要に応じて、職長・安責者が逆にフィードバックをもらうように心がけることで、次のアクション、ヒヤリングにつながりやすくなる。職長・安責者と部下の相互のフィードバックが情報交換、情報入手に非常に効果的である。

○　職長・安責者がフィードバックを受ける際に気をつける5つのポイント
① 聴き切る（腹が立っても最後まで聴く）
② 感謝する（言いにくいことを勇気を持って言ってくれてありがとう）
③ 具体化する（どういう状況で、どういう行動をとったことが、どのように見えたのか（良かったのか悪かったのか））
④ 対話する（双方の「違い」を見える化するコミュニケーションのこと）
⑤ これからを考える（相手からの耳の痛いことを「言われる」だけでなく、しっかりと、相手からのプレゼントを「未来の立て直し」に役立てること）

　変えられるのは「他者」ではなく「自分」であり、変えられるのは「過去」ではなく「未来」である、とアドラーは述べている。

**承認:承認は英語でいうと「アクノレッジメント」(acknowledgement)になる。**

語源的には「そこにいることに気づく」ということであり、言い換えれば、その人の存在に気がついてそれに光を当てること、そのことを伝えることである。単に認めるのではなく、「認めていますよ」というメッセージを意識的に伝えることが肝要である。すると、承認された人は明るく元気になる。

「褒める」ことと「承認」は似ているが少し異なる。褒め言葉も賞賛も相手のモチベーションを高める効果があるが、「褒める」には相手に対する評価が加わっている。そのため、人によっては受け取りにくかったり（謙遜ではない）、賞賛の言葉がないと、あるいは賞金・賞品がないとヤル気が出ないという効果も与えかねない危険がある。いわゆる「アメとムチ」の「アメ」になる可能性がある。

一方、「承認」は、基本的に評価を加えず、相手の変化や行動、成果を事実として伝えるものである。どちらかというと、「ご苦労さん」「お疲れさん」という褒め言葉より、ねぎらいの言葉が後に付けられるような言い方である。

「褒める」は上司からも部下からも「すごいなぁ」「おめでとう」という気持ちがあれば掛けられるが、「承認」はどちらかというと「上から目線」で、上司や権威のある者が「認める」というニュアンスで使うことが多いのではないかと考えている。つまり、あまり部下のほうから「承認」する言葉は発しにくいのではないかと思われる。だからこそ、ＯＪＴでの活用が効果的である（上下関係のない場合は承認は確認行為となる。）『「効果的な安全衛生教育 指導・講義のコツ」第Ⅵ編６．コーチングのスキル（５）承認』（白﨑淳一郎著 労働新聞社）

⑦ その他

不安や不満、会社や組織全体、チームとして気になっていることを話してもらうのもヒヤリングの重要な役目である。

また、普段「聞いて良いかどうか分からない」、些細なあるいは些末な質問でも、このヒヤリングの場で言ってもらうようにする。このことにより、「心理的安全性」<sup>(※)</sup>を高めた職場づくりになる。

例えば、福利厚生のこと、キャリアパスのこと、あるいは技術的な相談や提案などは、個別のヒヤリングのほうが、全体のミーティングよりも話しやすいことがあるからである。

**心理的安全性**

「心理的安全性」とは、英語のサイコロジカル・セーフティ（psychological safety）を和訳した心理学用語で、チームのメンバー１人ひとりがそのチームに対して、気兼ねなく発言できる、本来の自分を安心してさらけ出せる、と感じられるような場の状態や雰囲気をいう言葉。米グーグルが2012年から取り組んできた労働改革プロジェクトの結果が16年に公表され、この「心理的安全性」をチーム内に担保できるか否かが生産性向上のカギと報告されたことから、にわかに注目を集めている。（第９章で詳述する）

⑧ ヒヤリングを終えるに当たって
・ ヒヤリングの内容を残す
　ヒヤリングの内容（フィードバック、提案、宿題、次回までにやるべきこと等を含む）を確認しメモに記載する。この場合、メモの内容をプロジェクター等で確認し、双方電子データとして保管・持ち帰りするのが効率的である。それができない場合は、メモの交換、もしくはコピーを渡す。
・ 次回のヒヤリングの日程を決める
　定期的に実施している場合は、次回も同じ時間で良いが、もし変更が必要ならば日時を決める
・ できればヒヤリングと次のヒヤリングに時間的余裕（10～15分）を持たせておく
　仮に、ヒヤリング時間を超過しても何とかなる。また、時間どおりに終わったとしても休憩が取れる。必要ならばヒヤリングで行われた実施事項、確認事項、関係部署等への連絡も行える。

　このように、個人面談（ヒヤリング）は、単に本人の適性を判断するのに役立つだけでなく、部下のパフォーマンスを高め、キャリア開発にも効果がある。さらに、ワーク・エンゲイジメントにもつながり現場力強化にもなるということで、最近では「1 on 1 ミーティング」という名前で取り入れる企業が次第に増えてきている。

**1 on 1 ミーティング**
　「1 on 1」とは、上司と部下が1対1で定期的に行うミーティングのこと。米国シリコンバレーでも"1 on 1 meeting"は文化として根付いており、人材育成の手法として今、世界的に注目を集めています。部下は上司に仕事で経験したことや悩みなどを伝えて内省し、上司は部下が成長するようにアドバイスを与え、気づきを促します。会議や査定といったかしこまった場とは異なり、お互いに自然体で話す場を定期的に設けることで、部下の内省による成長や、社内のコミュニケーション活性化が期待されています。

## 4. ダイバーシティで適正配置を

　少子高齢化が加速度的に進み、労働力の絶対的不足は間違いのない事実である。限りある労働力を色眼鏡で見て、「営業は男性でなければ」「生命保険の外交は女性（生保レディ）でなければ」「この件は若者には務まらない」「これは外国人には無理」「これは体育会系でしかできない」などという、「～でなければ」「～しかできない」という固定概念が、どれだけ企業の可能性を狭め、労働力不足に対応できていないかを考えるべきである。
　例えば、子育て期間中に短時間勤務を望む人、介護休職を考えている人、障害がある人、外国で生まれ育った人など、社会には多種多様な人々が存在している。そうした多種多様な人々が、それぞれに異なる特性を最大限発揮できれば、企業の生産性と競争力は飛躍的に高まるは

ずである。

「人材確保」と「つなぎ止め」が急務の課題となっている国内企業の多くで、ダイバーシティ[注]に関する取り組みは重視されはじめており、今後もさまざまな企業で展開されていくと思われる。

(注) ダイバーシティとは
　　ダイバーシティは英語で「diversity」となり、「多様性」を表す言葉。くだけた言い方をするなら「いろいろな人がいる」ということで、多様な人材の就業機会を増やし、積極的に活用していこうとする考え方を指す。ダイバーシティは、もともとアメリカで広がった考え方である。1964年に公民権法が成立し、マイノリティ（少数派）の就業機会の拡大が図られた後、80年代以降になって現代のような多様性に価値を置く考え方が浸透していった。日本で重視されるようになったのは2000年以降のことで、当初は「女性の活用」という文脈でよく用いられていた。

## (1) ダイバーシティの効果

① 労働力の確保

少子高齢化の進展に伴う労働人口の減少によって、労働力の確保が多くの企業にとって重要な課題となっている。新卒の一括採用や終身雇用といったこれまでの雇用システムの継続は難しく、企業戦略としても限界がある。そこで注目されたのが、多様な人材の活用を薦めるダイバーシティの考え方であった。採用する人材の枠を取り払うことで、候補者の範囲が拡大されるからである。

そして重要なことは、採用の段階だけでなく、労働者の「適正配置」を考える際にもダイバーシティでなければならない、ということである。

② アイデアが多様化する

新たな商品やサービスの開発に役立つというメリットがある。多様性を受け入れると、画一的な集団では得られない視点から、アイデアを得られるようになる。例えば、女性をターゲットにした商品を開発するには、女性の視点が必要である。高齢者の客層が増加しているなら、高齢者の気持ちニーズを取り込む必要がある。海外に進出するには、その国の文化やビジネスに通じた人材が求められる。グローバル化が進み、多様化した市場に対応するには、企業も多様化することが重要である。

また、アイデアが多様化すれば、作業改善、創意工夫、改革、イノベーションにもつながる。

③ グローバル化への対応

グローバル化する社会の中で企業が生き残るためには、人的資産も国際化する必要がある。また、画一的な集団よりも多様な人材を集めたほうが、イノベーションを起こしやすいことも、ダイバーシティが重視される理由の一つである。

つまり、激しい競争にさらされているからこそ、企業を強くする経営戦略として多様な人材が求められているというわけである。

自らの望む形で働き、能力を発揮できる環境が得られれば、社員の働きがいも向上し、さらなる好循環が生み出されるであろう。

④ 企業の成長力の強化につながる

ダイバーシティは、本来「diversity & inclusion（ダイバーシティ＆インクルージョン）」が正式な名称で、「inclusion」の意味が含まれている。「inclusion」自体は「含有」「包括」

という意味で、「多様性の受容」などと訳されている。

外見や内面の違い（個人特性の違い）にかかわらず、すべての人を受け入れ、各々の個性や能力を活かせる組織にすることで、企業の成長力強化につながると期待されている。

### （2）ダイバーシティで適正配置を

ダイバーシティは多様性を活かすこと、多様な考え方・視点を仕事に活かすことである。多様な視点を活かすことで、コラボレーションがありイノベーションを生み、お客様に喜ばれる商品やサービスを提供できる。その結果、社会からも認められ、愛され、成長し、持続する。

言い換えれば、さまざまな背景、出身、年齢、性別、人種、障害、価値観、ライフスタイル等から多様な人が採用され、それらの人達が自分の考えを提案したり議論できる場が与えられ、平等な研修機会、平等な昇進機会がある会社、職場にすることである。

どのような背景を持つ人達にも正当な人事評価がなされ、社内でのキャリアの道も開かれ、平等に裁量や出世機会が与えられる。これが「適正配置」でもある。適正配置することで、チームはもとより、企業はもっと強くなれる。

### （3）ダイバーシティ＝身勝手な職場ではない

確かにダイバーシティは多様性を受け入れるものではあるが、仮に「私は昼に帰りたい」「私は音楽を聴きながら仕事をしたい」「私は残業は一切しません」「11時に出社するから21時まで働きたい」などと、フレックスタイム制でもテレワーク制でもないのに、みんなが勝手な要求をしてきたら、それも認める制度、組織なのか。そうではない。働き方改革で、「多様な働き方」が規制改革の目玉となっているが、それはそれらの制度を受け入れるには、目的、つまり「何のために」という理由があり、それに適合しているから導入するのである。

### （4）ダイバーシティ導入の目的

ダイバーシティは自由な働き方、働く人のライフスタイルに対応するためだけにある考え方であろうか。確かにそのような一面は否めないが、真の目的は組織や社会が前進し、その力が最大限に発揮されることにより、持続可能な企業にすることである。

例えば、16時に退社を認める企業があったとする。それは16時までに大きな成果を上げてチームや組織に貢献しているから認められるのである。あるいは16時以降の体験がその人に新しい視点を育み、将来仕事に還元されるかもしれないからである（ただし、ロイヤリティがない場合は？？）。在宅勤務を認めるのは、その人が在宅で仕事をしていても、在宅で仕事をするほうがスキル面でも業務面でも、チームや組織にとってプラスになると思われるからである。

ダイバーシティとは、各人のわがままを許す制度ではなく、それぞれの人の最大限の貢献可能性を引き出すための環境づくりを整える制度である。自分勝手な人を増やすのではなく、全員の最大の力を出す仕組みを構築するのがダイバーシティである。

多様な視点から発想、意見が重要となるダイバーシティ組織では、各労働者からの「視点」が多様性の源泉となるので、自分の「視点」を提供しなければチームに参加していないことにもなりかねない。働き手は各自の立場で、自らを高め、自分の考えをまとめ、提案する力を育

て、組織に貢献することが求められる。「視点」の確認方法の一つが、前述した「ヒヤリング」である。

ダイバーシティという制度、組織は、どんな人でも受け入れられるという事実と、そのためには誰もが貢献する必要があるという事実、その両方が共存してはじめて成り立つ進化した組織である。年功序列の下、穏便にダラダラと会社で働いていれば良かった時代は終わり、自らを高め貢献する時代にシフトしている。

職長・安責者は、作業者の適正配置にあたっては、従来の固定概念にとらわれず、多様な視点でチームや組織にとって良いと思われる配置を考えていかなければならない。

> **一口メモ**
> ISO45001の要求事項3.3に働く人（worker）とあり、組織の管理下で労働する又は労働に関わる活動を行う者、と定義されている。これは使用者、正規又は一時的、断続的又は季節的、臨時又はパートタイム、下請け、派遣、有給又はボランティアなど無給者を問わないという解説がなされている。究極のダイバーシティと言える。本書もそういう立場に立ってダイバーシティの説明を行っている。

本章は、「部下の適性を考えた『適正配置』と『指導・教育法』」（「第一線監督者のための安全衛生ノート　2009年5月号　労働新聞社」）、「効果的な安全衛生教育　指導・講義のコツ　第Ⅳ編Ｂ問題解決法、第Ⅴ編6．フィードバックについて、第Ⅵ編3．コーチングの基本プロセス」（労働新聞社）の白﨑淳一郎著及び「実践！フィードバック」「フィードバック入門」（ＰＨＰビジネス新書　中原　淳）、「効果的な１ｏｎ１ミーティングのためにマネージャができること」（Ｔａｋａ　Ｕｍａｄａ）、「日本人の大多数はダイバーシティの意味を誤解している」（佐々木かをり　ダイアモンド・オンライン　2015.4.28～7.31）等を参考にした。


（参考）グループ討議　テーマ（例）
① 自社の「適性」を考えた「適正」配置がなされているか。適性と適正に分けて5点満点で評価し、共通して低い項目（事項）2つについて、その原因と対策を検討する。
② 個人面接（ヒヤリング）について実施されているか、実施されていない場合はその理由と対策を検討する。実施されている場合はテキストのヒヤリングの実施方法（①～⑭）に照らしてどの程度実施されているか5点満点で評価し、共通した弱点があれば、その2つについて、原因と対策を考える。
③ ダイバーシティの取組について、それぞれ自職場の取組を発表し、問題があればその原因と対策を述べる。
④ 103頁の図について、⇒の太さについてどう考えるか、それぞれ意見を述べ合い、グループとしての意見を表明する。

# 第5章

# 指導及び教育の方法

## 1. 指導と教育について

　指導とは、「ある意図された方向に教え導くこと。」（大辞林）、「ゆびさし導くこと。団体などの組織・方針・政策などを決定し、成員をその目的に向かって率い導くこと。児童・生徒の学習に有効適切な刺激を与えて学習を望ましい方向へ発展させること。学習指導。」（広辞苑）と記載されている。

　これを踏まえると、指導は一般に、指導される側に一定レベルの知識・技能・体力等があり、指導する側は、一から教えず、「こちらの方向だよ」「こうやってみたら」と相手側に行くべき、あるいは進むべき方向を示唆・案内する、いわゆるコーチとしての働きをする。

　教育とは、「他人に対して、意図的な働きかけを行うことによって、その人間を望ましい方向へ変化させること。広義には、人間形成に作用するすべての精神的影響をいう。その活動が行われる場により、家庭教育・学校教育・社会教育に大別される。」（大辞林）、「教え育てること。導いて善良ならしめること。人を教えて知識を開くこと。成熟者が未成熟者に、心身の諸性能を発育させる目的で、一定の方法により一定期間継続して及ぼす影響。その作用の主体には、家庭・学校・社会・国家その他の別がある。」（広辞苑）と記載されている。

　これを踏まえると、教育の場合は、どちらかといえば、教育される側は未熟で知識・技能・体力等のレベルが低く、教える側は逆にそのレベルが高く、その高い知識・技能・経験を伝達するという意味が強い。いずれにせよ、指導と教育は若干意味合いが異なるので、本書では分けて記述することにする。教育された者がその後指導を受けるという順序から、本書では教育の方法を先に記述し、指導はその後に記述する。

### 指導と教育

| 指導 | 教育 |
|---|---|
| 指導とは一般に、指導される側に一定レベルの知識・技能・体力等があり、指導する側は、一から教えず、「こちらの方向だよ」「こうやってみたら」と相手側に行くべきあるいは進むべき方向を示唆する、いわゆるコーチとしての働きをする | 教育の場合は、どちらかといえば、教育される側は未熟で知識・技能・体力等のレベルが低く、教える側は逆にそのレベルが高く、その高い知識・技能・経験を伝達するという意味が強い（上から目線的である） |

## 2. 教育とは

### （1）教育に関する日本と欧米との考え方の違い

日本では、前述したように教育は「他人に対して、意図的な働きかけを行うことによって、その人間を望ましい方向へ変化させること」という字義より、どちらかというと"上から目線"で、望ましい方向に「変えてやる」という意味合いが強い。

英語で教育はEducationと綴るが、これはラテン語のeとduca、英語でいえばout（引き出す）とlead（導く、その気にさせる）という意味である。ドイツ語のErziehenもerとziehen（引き出す）という意味である。つまり、欧米では「教育」とは、「才能を引き出す」という意味が強い。

確かに、何も分かっていない者から才能を引き出すのは難しいことである。しかしながら、すでに社会人となっている部下は義務教育や高等教育を受け、社会の中で生きてきたのである。当然何らかの経験があるはずである。ダイバーシティは「年齢・経験で差別をしない、人間として尊重する」という考え方を取り入れるなら、たとえ職業経験が十分ではないからといって、頭ごなしに「俺の話を黙って聞け」という態度はいかがなものであろうか。

### （2）教えるとは

教育という言葉は「教える」と「育てる」という字から成り立っている。

「教える」とは「①知識や技芸を伝えて、身につけさせる。教授する。②相手のために自分の知っていることを告げる。③生き方・善悪などについて、わからせる。④そそのかす。」（大辞林）。「＜おしう＞の口語。①知っていることを告げ知らせる。さとし知らせる。できるように導く。②さとす。戒める。教訓する。訓戒する。」（広辞苑）と記載されている。

どちらかというと、教える側が上から目線で、知識・技能・技術等を伝達する、という感じがする。教えるとは、一般に小中学校の初等中等教育、基礎教育で、知識やルールの基本を知るために用いられる技法である。山本五十六の「やってみせ」に該当するもので、教える側が繰り返しそれらの見本を見せたり、暗唱させたりするのが一般的である。英語のTeaching（ティーチング：教える）も同様の意味合いがある。

### （3）育てるとは

「育」は訓読みで音読みは「そだつ」である。意味は、「①生物が成熟に向かって進む。大きくなる。成長する。②（技能などを身に付けて）一人前になっていく。③大きな規模にまで発展する。」（大辞林）、「①そだてること。養育。②しこみ。しつけ。」（広辞苑）と記載してある。

そして育てる方法にもいろいろある。動物の子育てを例にとる。

① ネコ型、サル型、タカ型の育て方の違い
- ネコ型：親ネコは子ネコの首をくわえて運ぶ。子ネコは自分では何の努力もしない……努力する必要がない。
- サル型：子ザルは親ザルのおなかに下から抱きついて、落ちないよう必死でしがみついている。

- 　タカ型：巣立ちを促し、必要があれば巣から蹴落としてでも羽ばたかざるを得なくしている。子タカは慌てるが、羽根をバタバタさせて必死で飛び、自分の行きたい方向に飛んでいく。

　では、もう少し詳しく述べてみたい。

○ネコ型の場合、親ネコが次はどこに行くべきかを考える。子ネコに自助努力の機会を与えていない。したがって、逃げた先に危険があり危害を加えられたとしても、子ネコの責任とはならない。結果として子ネコに主体性は育たない、と考えられる。

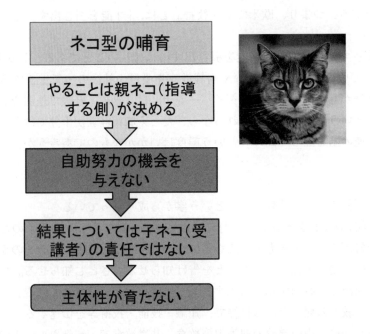

○サル型の場合、どこに行くか、逃げるかは親ザルが決める。その意味ではネコ型と同様だが、子ザルには手を離すという選択肢がある。そのため、自助努力の機会を一部与えられている、と判断される。したがって、危険や危害の結果については、部分的には子ザルも負っているということができる。しかし、どこに行くべきか、逃げるべきかを自ら判断している訳ではない。

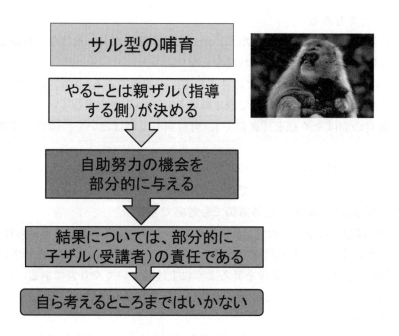

○タカ型の場合、巣から飛び立つべきか否かは子タカが決めている。言い換えれば、自助努力の機会を与えられている。うまく飛べずに地上に落下してケガをするかもしれない。地上にいる他の動物に襲われるかもしれない。その結果、責任は大半は子タカにある。主体的に自己責任の意識が育つ。

どれが良いか、悪いかではなく、親である職長・安責者は部下に対してどのような部下になってほしいかで、育て方に違いが出てくる、ということを言いたいのである。早く自立してもらうためには、ＯＪＴはタカ型哺育で行うべきである。

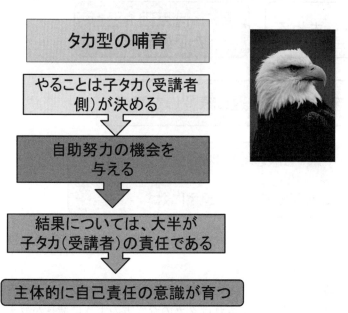

② 「育」は学習のことでもある

　育つためには、親のマネをして、歩いたり、走ったり、跳ねたり、飛ばなければ成長しない。そのためには繰り返し練習しなければならない。

　「学」は「まなぶ」であるが、もともとは「まねる」が語源である。「習」は、羽の下に百の字からなり、鳥が繰り返し羽ばたいて飛ぶ練習をしている様を表している。

　タカの子は、親鳥の羽ばたく様を「真似て」、何百回も「羽ばたいて」練習して初めて巣立ちできる。

　これは一般的に「階段型学習法」といわれている。基本的な知識をたくわえるには効果的な手法であるが、多くの場合、受講者ではなく指導者の持っているスキルの程度が課題となる。階段型学習法は社外研修や社外講師でも対応できる。

　階段型学習法は、初等から中等の教育、予備校やスポーツの教習の場で多く見られるが、指導者はどちらかというと、上から目線で受講者を見ることが多い。一方、受講者は指示どおり行えば、初級、中級、上級と階段を昇るように上達していくやり方である。ただし、受講者は指導者の意見等を取り入れることに専念しがちで、多くの場合、指導者のレベルを超えることは少ない。

　安全衛生教育でも仕事の仕方でも、作業手順書を活用したＯＪＴで職長のやり方を真似て何百回も練習させ、巣立ちを促して初めて「守・破・離」の「守」が可能になるのである。しかし、守だけではマニュアル人間であり問題があることはすでに述べた。

```
育＝学習

学（まなぶ）・・・まねる    習・・・何百回も羽ばたきの練習

師の技をまねて繰り返し練習して育つ

階段型：初級・中級・上級とスキルの取得には効果的
但し、これだけでは師を超えにくい
```

③ 「教えること」と「育てること」とは

　業務の面でまとめると、「教える」ということは、業務知識や技術などを伝承することであり、「育てる」ということは、できればタカの育て方のように職長が教える（エサを

与える)だけでなく、部下も技術の伝承のために「真似て」、「練習して」努力することも含むものが望ましい。それだけにとどまらず、自ら創意工夫・改善を行い、さらに人間としても成長することを促すことでもある。

繰り返すが、育てるということは、一人ずつの成長を見て指導するので、一般には体系立てて教えることは難しいが人材育成には核となるものである。

## 「教えること」と「育てること」

教えること ⇒ 業務知識や技術などを伝えること

※ 社外研修や社外講師でも対応できる。

育てること ⇒ 技術の伝承だけでなく、仕事に関する考え方や人との関わり方など、人間としての成長を促すこと

※ 1人ずつ成長を観て指導。体系立てることは難しいが、人材育成には核となる

④ 職長等の教育の方法

職長・安責者が部下を教育するにあたって、学校の講義のように部下を前にして教壇に立ち黒板等を使って行うのは、新規入場者教育を行う時ぐらいであろう。多くの場合、実際に仕事をしながら作業手順書を使って行うOJT教育が主体であると思われる。以下、新規入場者教育とOJT教育について述べる[注]。

(注)市販されている多くの「職長教育テキスト」では、教育する目的・目標の明確化、教育計画の立案、準備、実施、評価等について記載している。しかし、教育計画等は多くの場合、安全管理者や衛生管理者、RSTトレーナーやインストラクターが原案を作成し、安全衛生委員会等で承認され決定している。職長や安責者はその教育計画に基づいて、OJT教育やコーチングを行っている。したがって、本書では教育計画等についてはOJT教育の項で記載し、講義法での技法である「教えるときの8原則」については、あえて記載しないこととした。

## 3. 新規入場者教育

### (1) 根拠

新規入場者教育について法令には直接の規定はないが、「元方事業者による建設現場安全管理指針」（平7・4・21　基発第267号の2）の第2の9『新規入場者教育』に次のとおり記載されている。

「元方事業者は、関係請負人に対し、その労働者のうち、新たに作業を行うこととなった者に対する新規入場者教育の適切な実施に必要な場所、資料の提供等の援助を行うとともに、当該教育の実施状況について報告させ、これを把握しておくこと」。

この指針の規定は、安衛法第30条第1項第4号の「**関係請負人が行う労働者の安全又は衛生のための教育に対する指導及び援助を行うこと。**」及びこれを受けた安衛則第638条の「**特定元方事業者は、法第30条第1項第4号の教育に対する指導及び援助については、当該教育を行なう場所の提供、当該教育に使用する資料の提供等の措置を講じなければならない**」という規定を具体化したものといえる。

このことから、関係請負人は新規入場者教育を行うことが求められている。

なお、「製造業における元方事業者による総合的な安全衛生管理のための指針」（平18・8・1　基発第0801010号）第2の5『関係請負人が実施する安全衛生教育に対する指導援助』にも「**元方事業者は、必要に応じ、関係請負人が行う労働者の雇入れ時教育、作業内容変更時教育、特別教育等の安全衛生教育について、場所の提供、資料の提供等を行うこと**」とあり、新規入場者教育は、特別教育等の「等」に含まれると解されているので、製造業でも新規入場者教育を行うことが求められていると判断される。

### (2) 実施

関係請負人が実施する場合、実施者は安責者が選任されていれば安責者が、選任されていない場合は下請事業者が指名する者（一般に現場代理人、安全管理者や職長）が教育を実施する。

新規入場者教育には、次の2通りの場合があるので、入場の形態に合わせて元方事業者と下請事業者とが協力して教育を行う。

① 下請事業者が当該工事現場に初めて乗り込む時
　ア．乗り込み時教育
　　　対象の全作業員に対して、自社の事務所等で、乗り込み時の2～7日くらい前に実施。安全管理者・安責者等が実施
　イ．送り出し教育
　　　実際に乗り込む作業員に対して、送り込む前日に、安全管理者等が、自社の会議室等で実施
　ウ．受け入れ時教育
　　　実際に乗り込む当日に作業現場の指定された場所で、当該乗り込む作業員に対して、元方事業者の職員（主任または工事担当者）と安責者（下請の現場代理人）が実施

② すでに新規入場者教育を受けた作業員が退場し、長期間を経過後再度入場した時
　ア．送り出し教育
　　　実際に乗り込む作業員に対して、送り込む前日に、安全管理者等が、自社の会議室等で実施（ただし、現場の状況等に大きな変更等がない場合は必ずしも実施する必要はない）
　イ．受け入れ時教育
　　　実際に再入場した当日に、作業現場の指定された場所で、当該再入場する作業員に対して、安責者（下請の現場代理人）が、工事現場の状況等が著しく変更している場合などは必要に応じて元方事業者の職員（主任または工事担当者）と一緒に実施

## （3）内容

次の項目について、主に現場内の状況や場内の規律を教える。
- 安全衛生計画の概要（重点実施項目）
- 安全衛生に関する規定
- 担当する作業内容と労働災害防止対策（リスクアセスメントを含む）
- 作業者が作業を行う場所
- 作業者が混在して作業を行う場所の状況
- 危険・有害箇所と立入禁止区域
- 混在作業場所において行われる作業相互の関係
- 退避の方法
- 自社及び自社以外の指揮・命令系統
- その他、現場としての約束事（清掃・交通ルールその他近隣住民のものも含む）

## （4）資料等

　新規入場者教育は、教育内容を分かりやすくまとめたパンフレット、チラシ等を元方事業者で作成しておいて、担当する作業内容、独自な部分のほかは、統一的な内容で実施するのが望ましい。
　教育内容や資料は現場ごとに異なり、それぞれ独自のものを作成することが多いが、標準的な項目・資料等は以下のとおりである。
① 現場の概要
- 作業所名、工事名、発注者名
- 施工場所、工事の規模、内容
- 工事の概況（配置図、基準平面図、断面図や主要構造図）
- 総合施工計画図（総合仮設配置図、工法・手順図、クレーン、車両系建設機械等の作業計画の概要）
- 工事の進捗状況（全体工程表と現在の進捗状況）
- 安全管理（安全衛生計画・重点施策、約束事（安全帯未使用者の一発退場等）、リスクアセスメント実施結果と残留リスク対策）

② 現場の構成
- 自社の組織図（組織図、工事担当者の周知、顔写真などを活用）
- 関係請負人の編成と担当工事
- 元方事業者等上位の発注者と所属下請業者の指揮命令系統

③ 現場の案内
- 玉掛け、場内交通ルール等
- 安全通路、トイレ、喫煙場所、休憩所、防火（消火）設備、避難経路（場所）等の場内仮設物及び出入り口（人、車）、危険物置き場（使用済みを含む）、火気使用の禁止場所、立入禁止区域等の表示
- 事故・災害時の緊急体制、避難合図の確認

## 4. OJT教育

　職長や安責者が行う教育は、新規入場者教育を除くと、座学による講義方式よりはOJT教育が主体であると思われる。そこで、ここではOJT教育について述べる。

### (1) OJT (on the job training) とは

　ある仕事、役割を体験させる中で、必須な教育・訓練を行う手法である。
　言い換えれば、OJTとは、職長・安責者が部下に対して、仕事を通じて計画的に必要な知識、技能、態度及び問題解決法等の能力向上のための教育訓練を実施することである。
　OJTについては、「職場内教育」「職場教育」「職制による教育」と呼称する場合がある。これらの呼称は、教育の場所、指導者、教育の機会のいずれかの視点に立って考えるものであると思われる。
　いずれにしても、「仕事に就けたまま行う教育・訓練」手法であり、現在担当している仕事、近い将来担当する仕事に直結する問題解決能力、業務遂行能力の向上を目指した教育といえる。

### (2) OJT教育の意義

　OJT教育は、部下が仕事をする上で職長や先輩達（メンターという）の行動を模倣し、試行錯誤を繰り返しながら必要な知識、技術を身に付けていくため教育効果が高い。また、機会教育といわれるように、部下と職長・メンターが接触する職場生活の場が教育訓練の場として機能する。そして、職長・メンターにとっても教えることは学ぶことであり、OJT教育を進める中で自らの指導能力について知ることができる等の特徴を持っている。

## OJT教育の意義

指導者の行動を模倣し、試行錯誤を繰り返しながら、必要な知識、技術を身に付けていくため、**教育効果が高い**

指導者にとっても教えることは学ぶことであり、OJT教育を進める中で、**自らの指導能力について知ることができる**

### （3）OJT教育のメリット
① 職場（現場）で直接、機械・設備・材料等を教材として利用するため実務的な教育ができる。
② 単に知識・技能だけでなく、心構え等、態度教育も同時にできる。
③ 教育訓練の結果がすぐに仕事に反映される。
④ 受講者自身が教育訓練の成果を確認でき、達成感を味わうことができる。
⑤ 受講者と指導者の間に相互理解ができる。
⑥ 教育訓練の場が、職場（現場）であり、他の教育手法と比較して実施上の負荷が軽い。

### （4）現状のOJT教育の問題点
　従来のOJTは「オレの背中を見て仕事を覚えろ！」が一般的であった。しかし、これではきちんとしたOJT教育計画が立てられていれば別であるが、そうでない場合や不十分な場合には、各職場で具体的に誰が、どのようなスキルや態度を学習すべきか（誰に何をどう教育すべきか）が明確に定義されていないことが多いことと、多くを語らない非教示的な徒弟制度が部分的に温存されてきたが故に、学習する側も教育する側も「成り行き任せ」で「仕事の経験を積み重ねる」ことがOJTであると錯覚している場合が多い。

> **従来のOJT**
>
> 俺の背中を見て仕事を覚えろ！
>
> 各職場で具体的に誰がどのようなスキルや態度を学習すべきか（誰に何を教育すべきか）が明確に定義されているとは限らない
>
> 多くを語らない非教示的な徒弟制度が部分的に温存されてきたが故に、学習する側も教育する側も、「成り行き任せ」で「仕事経験を積み重ねる」ことがOJTであると錯覚している場合が多い。

しかも従来のOJTの内容は、職能専門的なスキル（主に暗黙知）と態度（心構え）に重きが置かれている。

しかし、これからのOJTはさまざまな業務遂行に共通して求められる汎用的なスキル（主に暗黙知）(注)、態度（心構え）に関する実際の生産活動を通してなされる幅広い教育も視野に置かなければならない。

> **これからのOJT**
>
> 様々な業務遂行に共通して求められる**汎用的なスキル（主に暗黙知）、態度（心構え）**に関する、実際の生産活動を通してなされる**幅広い教育**
>
> （例）「コミュニケーション能力」や「課題解決能力」、及び「変化への柔軟な対応」など
> …どのような仕事にも共通して求められる汎用的なスキルや態度であり、長期的なスパンで様々な仕事経験を通してしか習得できない暗黙知や心構え

(注) 暗黙知（あんもくち）：経験や勘に基づく知識のことで、主観的で言語化することができない知識。例えば、個人の技術やノウハウ、ものの見方や洞察が暗黙知に当てはまる。

第5章 指導及び教育の方法

## (5) OJT教育を行う準備と心構え

OJTを行うには当然準備が必要である。それはOJTを行うための**動機づけ**と、何のためにという**目的**、どこまでという**目標**と、どうやって行うかという**手段**を明確にしなければならないのは通常の講義、プレゼンテーションと同じである。

ただし、OJTは誰のために行うのかで目的、目標、手段が若干異なるので注意する必要がある。

「オレの背中を見て覚えろ」、「仕事は人から盗んで覚えろ」は論外としても、一般的には、OJTを受ける側のためにOJT教育が行われると考えがちである。

確かに第一義的には、OJTを受ける部下や後輩のためであることは間違いない。しかし、それを意識すると、無意識に「上から目線」となり、嫌がられたり、憎まれたりしかねない。

むしろ、OJTのスキルを高め、部下が望みどおりにスキルが上がり会社の戦力となれば、上司にも喜ばれ、職長・メンターの負担も減り、チームとしての業績や成果も上がることになる。

つまり、職長やメンターのOJTスキルアップにより、自分のチームや自分自身も成長し発展し、業績を上げることで、結果として部下や後輩も成長するというプラスの効果が生まれることになる。諺の"情けは人の為ならず"(注)である。

(注) 情けは人の為ならず：情けを人にかけておけば、それがめぐりめぐって自分にも良い報いが来る。人には親切にせよ、との教え。

```
OJTは誰のために行うのか
    ↓
第一義的…部下や後輩のため
    ↓
OJTスキルを高めると
    ↓
自分自身が成長 → 部下や後輩も成長
```

## (6) 動機づけ

動機づけとは、目標が「単に作業手順書どおりに仕事ができれば良い」ならば、OJTを受ける側も「なんだ、それだけか」となり、モチベーションも高まらず、動機づけとしては弱い。人は理屈だけでは動かない、感動が必要である。

動機づけに当たっては、ベースとなる仕事、作業手順をマスターしたら「さらにチャレンジナブルな仕事での成功を体験してもらうぞ」「ＯＪＴ指導者（職長・メンター）の成功体験や失敗体験等成長過程における苦労したことや、他の模範的な上司や先輩とのコンタクトの機会を与えて、そこから何かを感じてもらいたい」――そしてどのような人間に育っていってほしいか、期待される役割や目標を示すことで、心に何かを感じさせることが動機づけには必要である。

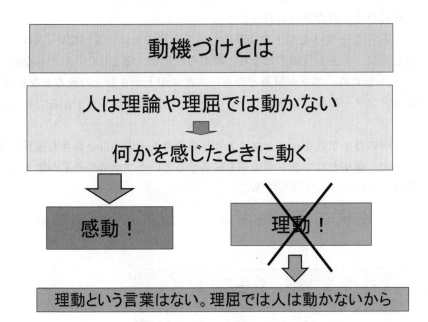

### （7）目的は何か
　ＯＪＴは確かに作業手順書や仕事のやり方を覚えてもらうために行うがそれだけでは不十分である。人はロボットではない。ＯＪＴを実施するのは作業者の能力向上だけでなく、仕事を通じて一定の成果を上げてもらうために行うのである。
　経営者が社員に求めるのは単なる労働（インプット）だけでなく、仕事＝成果（アウトプット）である。ＯＪＴ実施者（職長・メンター）は、部下に確実に仕事を覚えさせることを前提に実務能力を高め、それぞれの段階に応じた成果を出せるようにサポートしていくことが大切である。
　ここで注意しなければならないことは、部下が育成していくにしたがってＯＪＴ実施者の心の動きである。
　思いどおりに部下が成長していくのを見て、「そのうちに部下に追い越されるのではないか」という不安である。しかし、後述するコーチングにもあるが、実施者（コーチ）はコーチされる側を支援するという気持ちを持つべきである。いつかは自分を乗り越えてほしい、という気持ちを持つべきである。

## OJTの目的

OJT＝目先の仕事のやり方を教える

⬇

OJT＝能力向上＋成果

∴ 経営者が社員に求めるもの＝成果

※部下に確実に仕事を覚えさせることを**前提**に、実務能力を高め、段階に応じた**成果を出せるようにサポート**していく

しかしながら、なかなかそのような境地には立てないという人には、もっと物理的な利益があることに目を向けていただきたい。

まず、仕事は通常チームで行っている。その部下が育ち、より大きな成果をチームとしても上げることができるようになれば育てた人の評価はどうであろうか。

また、部下や後輩の成長が早く、手にかからないことになれば自分のやりたいことができる場面や機会も増え、次のステップの扉が早く開く可能性も高くなる。後輩を育てることは自分自身を育てることになり、結局は会社に貢献することにつながるのである。

## 職長が乗り越えるべき心の壁

| 後輩を育てるには | → | 「後輩に成長して欲しい」という思いの強さと支援する気持ちが必要 |

| 管理職の仕事 | → | 部下を使ってよりグループとして大きな成果を出していくこと。 |

部下や後輩の成長が早いほど、自分の次のステップへの扉は早く開く → 後輩を育てることは自分自身を育てること

後輩が育つ → 成果が出る → 会社が成長する

## （8）目標を立てる

　目的が明確になれば目標を立てて到達点から逆算してスケジュール、つまり教育計画を立てることになる。

　ＯＪＴもトレーニングであるので教育計画＝メニューが必要である。スポーツなどの一流選手は自主トレでも思いつきで行っているのではなく、きちんとしたトレーニングメニューに従って行っているのである。

　ＯＪＴの場合も、3か月後、1年後にどのような人材に育ってほしいかをヒヤリング時に本人と話し合って、計画的に着実に実施できるＯＪＴ教育計画を作成することが重要である。そのためには、現在のレベルをできるだけ客観的に評価し、話し合って達成目標を決め、それに合った手段＝メニュー＝教育計画を立てることが必要である。

---

**トレーニングにはメニューが必要**

一流の選手…きちんとしたトレーニングメニューに従ってトレーニングする（思いつきではやらない）

ＯＪＴの場合も、3か月後、1年後にどのような人材に育ってほしいかを考えて、計画的に、着実に実力を付けさせる

そのためには、部下の現在のレベルを把握し、達成目標を決め、それにあった手段＝メニュー＝教育計画を立てることが必要

---

メニュー作成にあたっては、

① 失敗を前提としたものにはしない

　　初心者を教育すると分かるが、最初は失敗する確率が高い。昔のＯＪＴは失敗することを前提として、失敗経験の積み重ねが進歩につながると信じられていた。

　　確かに、「失敗は成功の元」、「艱難汝を玉にす」という諺もある。じっくり育てるにはそれなりの意味があるが、現代はかなりのスピードで仕事をこなさなくてはならなくなっている。少子高齢化で労働力も潤沢とはいえない。

　　また、一般に失敗を繰り返しながら成長させるには時間を要する場合が多い。失敗してもゆっくり待っている余裕がなくなってきている。また、失敗が顧客に多大な迷惑をかけたり、高価な機器類を破損させたり、場合によっては労働災害につながりかねない。さらに、失敗の繰り返しはモチベーションを下げるだけでなくメンタルヘルス不調も招きかね

ないのである。特に、未熟なまま「いきなりやらせる」のはうまくいけば良いがそうでない場合は本人にとって打撃が大きく、労働災害や退職にもつながることがある。すぐにも戦力にしたい気持ちは分かるが、本人の能力等に合わせた指導で一歩ずつ進めることが大切である。

> **「失敗の繰り返し」は成長につながらない**
>
> ① 失敗してビジネス上の損失を被ることがある。
> ② 成長に時間がかかる。
> ③ モチベーションが低下し、反発を生む。
> ④ 場合によれば、労働災害（メンタルヘルス不調を含む）につながる。

> 「いきなりやらせる」のは、うまくいかなかったときに打撃が大きいだけでなく**労働災害につながる**。
> 部下・後輩の能力に合わせた指導で、一歩ずつ進める。

② 納期を前提にしない

　早く新人を一人前にしたい気持ちを抑えていても、顧客の都合等でどうしても納期等が押して、猫の手も借りたいような状況になると、ついつい「もう間に合わない。新人にあれもこれも教えて、すぐにやってもらおう」と職長・メンターは思うことがある。

　しかし新人にとっては、ほとんどが初めて見ること聞くことが多いので、「いろいろ教えられたがよく分からない」という状態になり、場合によっては損害や労働災害を引き起こすことにもなりかねない。

　急いでいても、仕事は「積み上げ方式」で教えていかなければならない。急ぎの仕事はあくまで「猫の手」「お手伝い」と割り切ることが必要である。

## （9）手段（OJT教育計画の策定）

　OJTとは、作業手順書による実地（実務）教育が主ではあるが、それだけでは教育効果を上げにくい。特に、新人の場合は集合教育（講義法）と組み合わせて実施すると効果が上がりやすい。

　言うまでもなく、OJTとは、職長やメンターが部下や後輩に必要な能力（知識・技能・態度）の向上・改善を目的として仕事を通じて行う計画的かつ組織的な教育活動である。集合教育も当然実施することが必要な場合もある。

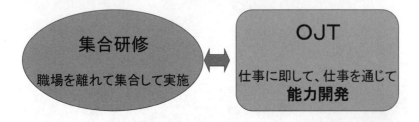

① ＯＪＴはＰＤＣＡで実施する

　すでに述べたように、ＯＪＴを成功させるには教育計画を立て（Ｐ）、実施し（Ｄ）、それをチェックし（Ｃ）、見直し・改善する（Ａ）という手法を用いるのが良い。決して新人が来たからまずは○○を教え、何か分からないことを聞きに来たら○○を教え、という場当たり的なやり方ではその教育効果は疑問と言わざるを得ない。

② 計画を立てる場合、目標に従ってマイルストーン（一里塚）を設置する

　最終目標を「自立して自主的に判断し活動できる」社員とするならば、それをいつぐらいまでに育てるかを本人と相談しながら取りあえず決める。仮に２年とか３年としたら、それから逆算して３か月後、６か月後………というように、四半期ごとの目標（マイルストーン）を設定し、それを計画書に書き込むのである。

　ＯＪＴ実施者（職長・メンター）は、焦らずにこの計画書に従って育てれば良い。

　作業者を雇い入れたときには、一定の素地もあるので、雇入れ時教育（安衛則第35条）を実施した後に本人と話し合った上でＯＪＴ教育計画書を策定する。話し合いは前述した（ヒヤリング）の場を活用する。

③ ＯＪＴ教育計画に入れるべき３つの要素

　ア）６Ｗ２Ｈが網羅されていること。

　　計画であるため、なぜ・何のために（急所　Why）、いつ（When）、どこで（Where）、誰が（Who）、誰に対して（Whom）、何を（What）、どうやって（How to）教えるかが記載されていなければならない。

　　また、実習や実技教育では消耗品が生ずる場合もあるので予算措置（How much）も必要な場合がある。

　イ）ＰＤＣＡが回せるように、結果の振り返りと次のステップが分かるものであること。

　　評価と結果の確認は、ＯＪＴ実施者（職長・メンター）と本人がヒヤリングの場で確認の上、記載するようにすることが重要である。最低でも４半期に１回は行いたい。

　　また、計画はその達成度に従って変更できるものでなければならない。

　ウ）課長（上司）、ＯＪＴ実施者（職長・メンター）、ＯＪＴ対象者（部下）がいつでも計画を見ることができ、現状がどの段階にあるのか共通認識が持てるものであること。ＰＣでいつでも見られるようにしている企業が多い。

　　なお、ＯＪＴ教育計画書は関係者が目的を共有するためのツールであり、分かりやすいものであることが必要である。

## OJT計画書に入れるべき3つの要素

- 6W2Hが網羅されていること
- 課長、職長、OJT対象者が共通認識を持てるものであること
- PDCAが回せるように、結果の振り返りと次のステップが分かるものであること

OJT計画書は、関係者が目的を共有するためのツール。
パッと見で概要が分かるように、漏れなく簡潔につくろう

### （10）OJT教育成功のポイント

① 最初の基礎（雇入れ時教育）が重要

　売り手市場の中で昨今の新入社員の傾向は、自己実現を求める、個人主義的傾向が強まってきている感じがする。自己実現を求めること自体は非常に良いことだが、新入社員にとっては「自分は面接指導の時、自分のやりたいことを述べたのに、配属された部署は自分の望むものではない、こんなことばっかりやっていて果たして成長が望めるのか」と悩み、自己実現が満たされないとモチベーションが下がり、いくらOJTで動機づけをしようとしてもうまくいかないということがある。

　この場合は、雇入れ時教育の段階で、「仕事というものは楽なものではない」「仕事と労働とは違う」ことなどをしっかり教育しておく必要がある。

　お客様の「手に入れたいこと」「解決してほしいこと」をお客様自身ができれば問題ないが、その技術がない、時間がかかる、面倒だということで、お金を払って、自分の会社にやってもらうのが商売の基本である。

　このお客様が「できないこと」「やりたくないこと」をお金をもらってやることが「仕事」である。その仕事をどうやって自分の「やりたい仕事」に結びつけるのかは本人次第であるが、それを気づかせるのはOJTの実施者である職長・メンターと指導者である上司の役目である。

　会社で賃金を支払ってもらい生活している以上、自己実現は、成果＝利益を出した先にしか存在しないということを最初の段階で教育しておくことがOJT教育成功のための第一歩である。

第5章 指導及び教育の方法

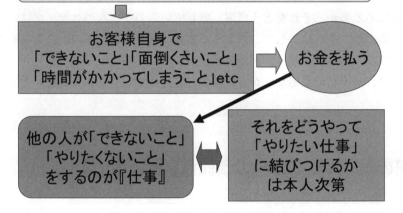

② 価値観を押しつけない

一般に、OJTは作業手順書に沿って行うことが多いが、手順書にはない作業や一定の価値観を伴うものもある（例、営業活動でのノウハウ、お客様への対応等）。

しかし、現代の若者の価値観は多様でありモチベーションの源泉となるものも人によってさまざまである。賃金、出世、やりがい……等々であり、もしも「認められたい」ということに生きがいを感じている人に給料の話をしてもあまりピンとこないかもしれない。

それを見極めて、叱咤激励、褒める、承認、叱責を行わなければ逆効果にもなりかねない。
　つまり、OJTでの教育は働くことについて自分の価値観を押しつけてはならない。なぜなら働く目的に絶対の正義はないからである。ただし、「企業とは、お客様に喜ばれる仕事、サービスを提供している社会的に意義のある存在である」ということだけをしっかり共通認識しておけば、本人が何のために働くのかの正解を持たなくても、現在は教育計画でどの段階にあるのか、それをどう理解し感じているのか、次のステップにいくために何を求めているのか、それに対してどのような支援の言葉を掛けるのかに気を配るのがOJT成功の第二歩である。ヒヤリングの重要性がここにもある。
　仮に、声かけ、励ましに反応がなかったとしても、必ずしもヤル気がないとは限らないのである。

> 「何のために働くのか」の価値観を押しつけない
>
> 働く目的に絶対の正義はない
>
> ①何のために働くのが正しいのかは、ここでは関係ない。
> ②本人が今どの段階にあり、どのように感じているのか？
> ③それに合わせた、声のかけ方がある。
>
> 職長等の励ましに反応がなくても、やる気がない、とは限らない

③　充実感を承認する
　誰でも自分の仕事の本当の意味を知ったとき、あるいは自分が社会の中で（職場で）必要だとされたとき、上司やお客様に褒められたとき、難しい仕事をやり遂げたとき、失敗を取り返しリベンジできたときに、「充実感」「達成感」「やりがい」を感じ、「モチベーション」が上がるものである。
　しかし多くの上司、OJTの実施者は「まだまだ未熟」と思っているのかこの充実感を軽視しがちである。このことが結果的に部下からやりがいを奪い、モチベーションを低下させることにつながっている。承認するという行為をOJTに取り入れることが成功の秘訣の第三歩である。

第5章　指導及び教育の方法

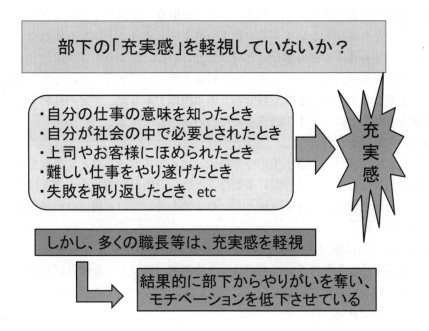

④　優しさは極力控える
　ＯＪＴを行う上で、少しずつステップアップしていくと一人でやらせなければならない場面も出てくる。場合によっては失敗やお客様にある程度のご迷惑をおかけすることになるかもしれない。また、本人のストレス状況からメンタルヘルス不調を起こすこともあるかもしれない。時間がかかり効率的でないこともある。

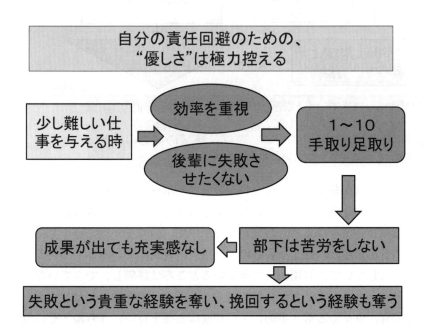

それらの問題を回避するため1～10まで手取り足取り、段取りしてしまうと、部下は苦労するということを経験しないままその仕事を終えてしまうことになりかねない。そのため仮に成果が出ても達成感が湧かないということになる。何よりも"失敗"という貴重な経験をする機会を失い、リベンジするという経験も奪ってしまうことになりかねない。

　冒頭の「未熟なまま、いきなりやらせる」のは問題があるが、一定の経験を踏んだ上で失敗の経験をさせるのは、ＯＪＴの成功のための第四歩である。

⑤　達成度の評価を適切に行う

　ＯＪＴ教育計画に基づいてＯＪＴを行う場合、マイルストーンごとに評価を行い達成度を確認しなければならない。その際に重要なことは、評価が客観的かつ適正に行われているかである。とかく実施者の評価は厳しく、ＯＪＴを受けている側の自己評価は高めに出ることが多い。

　教育計画書の作成段階である程度客観的な評価基準が示されている場合はそれに従うが、評価基準が曖昧なときやない場合には、その都度「何ができなければならないか」ということを具体的かつ明確に示してやらせた上、客観的にどうであったかを示し、本人にも確認させる方法が良い。

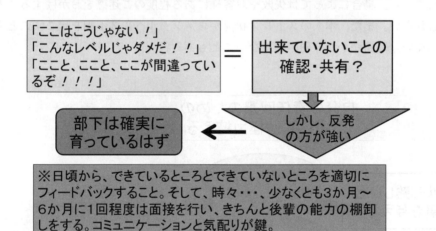

　一方的なダメ出しは反発を生みかねない。評価はサポート（支援）のためでもある。できていないことを共に確認し、どうやったらできるかを考えさせるきっかけにつながるものでなければならない。少なくとも自分が目をかけて、労力をかけてＯＪＴを実施してきたのである。めざましくとは言えないものの、確実に成長しているはずである。

　放りっぱなしにしないで、日頃からできているところは評価し、できていないところは適切にフィードバックを行うことが大切である。さらに、定期的にヒヤリングを行い、それができなくても、少なくとも4半期に1回程度は面接を行い、きちんとその能力の棚卸しをする、そういうコミュニケーションと気配りが求められる。

⑥ 承認することが更なる人材育成につながる

OJTでの日常もしくはマイルストーンでの評価で、良かったことは正直に公正に認めることが大切である。「ありがとう、助かったよ」「イヤー大変だったね。これができたのも○○さんのお陰だよ」「君がいてくれて本当に良かった」

このように、こまめに感謝の言葉を伝えるだけで部下のモチベーションは上がるものである。成果を出しても無視されたり、関心を持たれないのは大変辛いものである。

認めるためには、まず部下・後輩に関心を持つことが大切である。日頃のどんな些細なことでも見逃さずに評価して、褒める、ねぎらう、感謝する。特に成果に対してはきちんと評価、承認することが何よりも重要なことであるので、これらもOJT教育計画書等でルール化しておくのが良い。

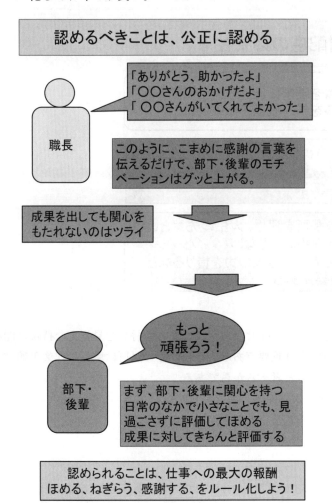

### (11) OJT教育実施上の留意点

企業には、新人、中堅、高年齢社員といろいろ存在する。OJT教育は「仕事の中で教育を実施する」だけに、その採用に当たっては対象者の特性により配慮しなければならない点がある。

ア）　新入社員に対するOJT教育では、仕事の指示事項を確認する習慣化と、仕事を学ぶ姿勢を教えることがポイントとなる。新入社員時代に身につけたことは良い習慣だけでなく悪い習慣も容易には抜けないものである。
イ）　中堅社員にあっては、職場の担い手であり、その立場・役割を正しく認識させ、どんどん仕事を与え必要に応じて権限委譲を行っていく。
ウ）　高年齢労働者にあっては、実施者が年下の場合が多くなり、一般的に遠慮がちになるが、本人の長所を認め、人生の先輩として接し、原則特別扱いはしない。必要に応じて、しかるべき人の力を借りるなどの対応を考えておく必要がある。

いずれにしても、対象者ごとに配慮することが望まれる。

## 対象別配慮の必要性

新入社員：作業手順書を理解し、仕事の指示事項を確認する習慣化、仕事を学ぶ姿勢を徹底的に

中堅社員：職場（チーム）の担い手であり、その立場・役割を正しく認識させ、どんどん仕事を与え、必要に応じて権限委譲を行っていく

高年齢労働者：本人の長所を認め、人生の先輩として接するが、原則的に特別扱いはしない（ダイバーシティ）。必要に応じて、しかるべき人の力を借りるなどの対応を考えておく必要がある

　以上、OJTについて詳しく述べた。なぜなら、これからの将来を見据えた持続可能な会社にするためには人材育成が急務であり重要である。そしてその双肩は職長の作業手順書をメインにした、新しいOJT教育にあると考えるからである。
　OJT教育の極意は、山本五十六（元帥）の「やってみせ　言って聞かせて　させてみて　譽めてやらねば　人は動かじ」にあるということができる。

**山本五十六　語録**
　第二次世界大戦の大日本帝国海軍の連合艦隊司令長官（大将、戦死後、元帥）。全文は「やってみせ、言って聞かせて、させてみせ、ほめてやらねば、人は動かじ。話し合い、耳を傾け、承認し、任せてやらねば、人は育たず。やっている、姿を感謝で見守って、信頼せねば、人は実らず。」
　これは、上杉鷹山（江戸時代中期、米沢9代藩主を17歳で継ぎ、35歳で隠居後も現役で2代の藩主の後見人として、藩政改革・財政再建を行った。米沢藩中興の祖）の「して見せて、言って聞かせて、させて見せる」を基に、「ほめてやらねば………」を付け加えたといわれている。

## 5. 指導について

繰り返すが、指導とは指導される側が一定の水準、基本知識等を持っていて、指導者はそれをさらに高いレベルに引き上げる。あるいは正しい方向に進むよう手伝いとしての役割を担うものである。

手伝いの方法としては、大きく「コーチング」と「アクティブラーニング」に分けることができる。

### （1）コーチングとは

コーチングを一言で言うと「人を育てるための1つの方法」である。モチベーションを重視し、人が自ら学習し育つような環境をつくり出し、個人を伸ばし、そして職場の問題に当たり、自ら解決する力をつけることを目的としている。

別の言い方をすれば、コーチングとは、相手が望む目標を達成できるように本人の特性と強みを活かして、本人の持っている能力と可能性を最大限に引き出すためのコミュニケーションサポート（支援）のことをいう。

人は関心や期待を寄せられると、それに応えようとするものである（ピグマリオン効果）[注]。上司から関心を払われ期待を寄せられると、「期待されるような人材になれるかもしれない」と思い、「よし、一丁やるか」と発奮するのが一般的な心情である。

```
コーチングとは

人を育てるための一つの方法

目的
モチベーションを重視し、人が自ら学習し育つような環
境を作り出し、個人を伸ばし、そして職場の問題に当
たり、自ら解決する力をつけることにある

ピグマリオン効果を活用
```

（注）ピグマリオン効果：1964年春アメリカの心理学者ローゼンタール（ハーバード大学教授）が行った実験である。小学1年生から6年生までの全生徒に知能テストを実施した。ローゼンタールは知能テストの結果は全く無視し、無作為に選んだ子供について将来知能が伸びると、担任の先生に伝えた。1年後再び全員に知能テストを行うと、知能が伸びると伝えられた子供たちは他の子供たちと比較して、知能指数が著しく伸びていた。

ローゼンタールらの研究では、知能が伸びると判定された子供に対しての先生の期待が教え方や誉め方などに影響を与え、実際に知能を伸ばすことにつながったと考えられる。能力は生まれつきの要素だけでは決まらない。親や教師、そして自分が期待をすることが大切であるとしている。

コーチングとは、部下に対する「期待」「関心」を持ち、成長に必要なポイントを気づかせることで自己啓発させ成長を促すことである。伸ばしていく方向性や手法に多少のやり方の違いがあるが、どのような手法でも、人間に生まれながらに備わっている「自己成長欲求」を刺激し、その能力を引き出させることがコーチングである。

山登りの例で言うならば、立ち止まったときに今までの努力の成果を共に確認するとともに、どうしたら新しいルートを見つけ出し、どうすれば一歩でも二歩でも前進できるかを自分で考え、答えを出させるやり方である。その際、指導者（コーチ・職長）は答えは出さない、示さない。答えを出せるようヒントを与えたり、過去に成功した事例を思い出させたり、自分で気づくまで待つという態度が指導者（コーチ・職長）に求められる。ただし、明らかに間違った場合、危ない場面が生じそうなら、必要に応じて指示・命令する。

また、オリンピック等を目指すスポーツアスリートとコーチとの関係などは、気づくまで待つのではなく、お互いにどうしたら金メダルが獲れるかを切磋琢磨し二人三脚で工夫・努力しているが、これもコーチングの一手法である。

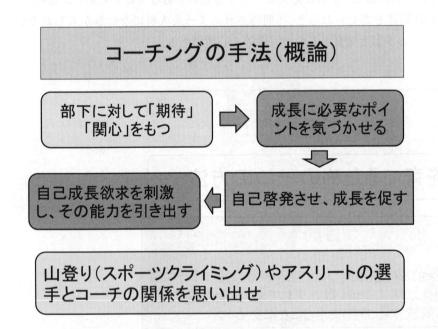

ティーチング（教える）とは前述したとおり、仕事のやり方を知らない人に、仕事のやり方、組織のルールを教え、本人が目標を持って仕事ができるように教えることである。

一方、仕事のやり方を知らない人にはコーチングはできない。なぜなら、コーチングは相手の可能性を引き出すためのコミュニケーション方法の一つだからである。また、ルールややり方を知っている人に対して、相手の主体性を奪わずに一層のやる気と自主性を引き出すという意味で、同時にマネジメント手法の一つでもある。

マネジメントとは、組織を維持するための「統率する行為」であることから、当然、指示・命令が必要となる場面もたくさんある。しかし、「コーチングによる指示・命令」とは、組織において従来から行われている上司の部下に対する指示・命令と異なり、部下自らが仕事の解答を見つけることに価値を認めることにある。したがって、コーチングを導入するということは、リーダーが統率力を諦め手放すことではない。明確なマネジメントが存在する組織にこそ、コーチングは活かされる。

これらのことから、職長・安責者には「教え込もう」とすることではなく、部下の能力を認め、その能力が発揮できる環境をつくることが期待される。

### ティーチングとコーチング

> ティーチング：仕事のやり方を知らない人に、仕事の仕方、組織のルールを教え、本人が目標を持てるように教えること。

> コーチング：仕事のやり方を知らない人にはコーチングはできない。なぜなら、コーチングは相手の可能性を開くためのコミュニケーション方法の一つだから。相手の主体性を奪わずに、一層のやる気と自主性を引き出すという意味で、同時にマネジメント手法の一つである。

> マネジメントとは、組織を維持するための「統率する行為」であることから、指示・命令が必要となる場面がたくさんある。従って、コーチングを導入するということは、リーダーが統率をあきらめ、手放すことではない。明確なマネジメントが存在する組織にこそ、コーチングは活かされる。・・・例、野球

## （2）コーチングが必要な理由

成長を求める企業は、少数精鋭で高成果・高業績を求めている。それにはチームメンバーのやる気と潜在能力を引き出し、最終的にはパフォーマンス（各個人が起こした行動の「結果への影響度」）やチームでの仕事のプロセス（過程）とプログレス（進行状況）から生み出される「結果」＝「業績」を改善すること、言い換えれば「現場力の強化」「生産性の向上」が求められている。

これまでの職長の役割と機能は、①先取りの安全衛生管理＋②情報管理だけでよかった。そして、それを担保するための職長教育は「問題点を早期に見つけ、解決する技術力」と「リーダーシップ能力の習得」で十分と考えられてきた。

しかし、これからの30代～40代のプレーイングマネージャー（リーダー）でもある職長の役割と機能は、

① テクニカル・スキル（専門的技術・技能）
② コンセプチュアル・スキル（問題解決・改善能力）

③　ヒューマン・スキル（対人間関係能力）

の３つの能力を持たなくてはならなくなってきた（カッツの理論）(注1)。

　そして一番重要なのが、③のヒューマン・スキル（対人間関係能力）である。なぜなら、メンバー（部下）は前述したとおり多様な価値観を持ち、かつそれを主張しているからである。

　従来の企業は労働者を底辺にしたピラミッド組織を目指したが、これは簡単に言えば、今までの職長が「部下は管理しないと働かない」と決めつけて指示・命令、管理・監督をするものだ、と考えていたからである（Ｘ理論）(注2)。

　これをデュポン社やフォード社など先進的な企業では、Ｙ理論を使い、職長（上司）は部下が良い仕事をするために「支援（サポート）する役目を担うべき」という考え方に企業風土を変えた。

　これからは従来以上に帰属意識の薄い、自己中のマニュアル人間的な多様化した部下を、コミュニケーションの改善＝コーチングの手法を使ってチームの一員としてまとめあげ、改善や改革意識を持たせ、安全衛生や生産で成果を達成することが求められている。つまり、コーチングにより自主的・自律的に責任意識を育て、職長が適切なフィードバックを与えることにより、その過程でパフォーマンスを改善するための結果測定を行い、「進み具合」と「期待される結果」との関連性（リンク）を見いだし、効果的にモチベーションをアップさせて期待する結果に近づけていくことが諸外国で求められ、日本の企業でも取り入れられてきている。

　ヒューマンスキルのさらなる向上のため、これからはＲＳＴトレーナー、職長・安責者、そして企業内各種教育のインストラクターもコーチングの手法を学ぶ必要性がますます重要となってきているのである。

（注1）カッツの理論：ハーバード大教授、ロバード・カッツが1995年発表した、管理職の人材評価システムや人材育成理論は、さまざまな人材育成理論の中で基盤的な役割を担っているということができる。
　カッツの理論では、管理職に求められるスキルとして「テクニカルスキル」、「ヒューマンスキル」「コンセプチュアルスキル」を挙げており、経営層になるに従って「コンセプチュアルスキル」の割合が多くなり、トップでは「テクニカルスキル」はゼロとなっている。
　一方、管理者層より下位にある監督者層は「テクニカルスキル」の割合が大きくなり、最下位の監督者（例えば「職長」等）は「コンセプチュアルスキル」がゼロという考え方を示している。
　しかし、この考え方について、「効果的な安全衛生教育　指導教育のコツ」（労働新聞社　拙著）では、職長もコンセプチュアルスキルが経営者層もテクニカルスキルが一定必要である旨の修正意見を述べている。

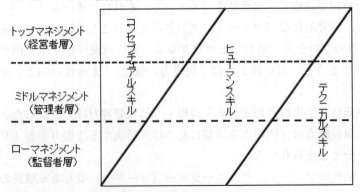

（注2）マクレガーのＸ理論Ｙ理論：Ｘ理論Ｙ理論とは、1950年代後半にアメリカの心理・経営学者ダグラス・マクレガーによって提唱された人間観・動機づけにかかわる２つの対立的な理論のこと。マズローの欲求段階説をもとにしながら、「人間は生来怠け者で、強制されたり命令されなければ仕事をしない」とするＸ理論と、「生まれながらに嫌いということは

なく、条件次第で責任を受け入れ、自ら進んで責任を取ろうとする」Y理論とがあるとその理論を構築している。

X理論においては、マズローの欲求段階説における低次欲求（第1段階の生理的欲求や第2段階の安全の欲求）を比較的多く持つ人間の行動モデルで、命令や強制で管理し、目標が達成できなければ処罰といった「アメとムチ」によるマネジメント手法となる。

Y理論においては、マズローの欲求段階説における高次欲求（第3段階の社会的欲求や第4、5段階の自我・自己実現欲求）を比較的多く持つ人間の行動モデルで、魅力ある目標と責任を与え続けることによって、従業員を動かしていく、「機会を与える」マネジメント手法となる。

Y理論では、企業目標と従業員個々人の欲求や目標とがはっきりとした方法で調整できれば、企業はもっと能率的に目標を達成することができると示している。つまり、企業目標と個人の欲求が統合されている場合、従業員は絶えず自発的に自分の能力・知識・技術・手段を高め、かつ実地に活かして企業の繁栄に尽くそうとするようになると、マクレガーは指摘している。

社会の生活水準が上昇し、生理的欲求や安全欲求などの低次欲求が満たされている時には、X理論の人間観によるマネジメントは管理対象となる人間の欲求と適合しないため、モチベーションの効果は期待できない。低次欲求が十分満たされているような現代においては、Y理論に基づいた管理方法の必要性が高い、とマクレガーは主張している。

## （3）コーチングの基本プロセス

職場でのコーチング手法には定型的なものはないが一般に、①ラポールの構築、②会話へ導入、③現状の確認、④問題・課題の特定、⑤「望ましい状態」をイメージする、⑥解決方法の検討、⑦課題を達成するための計画書を作る、⑧プランの確認、⑨力づける、という9段階の手順を踏むことが多い。以下、簡単に説明する。（①ラポールの構築、②会話へ導入については、第4章（5）ヒヤリングの実施例で述べたので割愛する。）

③**現状の確認**：現在の状況を確認する。あくまでも事実確認を中心に話を進め、それに対して相手がどう感じているのかを尋ねる。その際のポイントは、相手とその状況を十分に理解すること。曖昧な場合は「〜ということですか」と確認する。

④**問題・課題の特定**：相手が問題を抱えている場合は何が問題かを特定する。特定されなければ問題解決できない。同時に、特定を間違えるとコーチングの焦点がズレてしまう。相手の話にじっくり耳を傾け、現状を正確に把握し、その上で問題を特定する。

特に問題がない場合でも成長課題を探求し特定する。問題が特定され複数ある場合は、紙やホワイトボード等に書き出し、見える化して整理する。ＰＣとプロジェクターでも良い。

⑤**「望ましい状態」をイメージする**：問題を解決した後、どのような状態になることが望ましいかを相手と確認する。あるいはイメージする。それは、相手の目標を明確にするということである。

「金メダルを獲ろう」「1時間以内でやれるようにしよう」——指導者（コーチ）は、目指す状態を具体的に描くだけでなく、相手にもそれが具体的にイメージできるようサポートする必要がある。これが、通常の指導や指示と異なるところである。

重要なことは、コーチする側の"思い"を強制するもの、押しつけるものであってはならない、ということである。あくまで本人の意思で目標をイメージできるようコーチはサポートに徹することが大切である。

⑥**解決方法の検討**：問題を解決するため必要なことは何か、どうすれば解決できるか、最初は相手に自由に考えてもらう。次に、それで解決できるか、お互いにイメージを出し合うというより、イメージを語ってもらう。

そして、解決法、解決案は必ず複数出すようサポートする。できれば文書化、見える化する。

⑦**課題を達成するための計画書を作る**：この場合、５Ｗ１Ｈではなく、前述した６Ｗ２Ｈで計画（プラン）を立てることが肝要である。予算（How much）がなければ計画倒れになるからである。この計画には必ずマイルストーンを策定しておく必要がある。

Whyから始めることが、自主的に考え行動するきっかけとなるのでコーチングにおいても重要なことである。

⑧**プランの確認**：③〜⑦までのコーチングを振り返り、取組の意思を確認する。特に⑦の６Ｗ２Ｈをスケジュール表にし、期中管理（マイルストーン）として自分に対する"ご褒美"を書き込むように仕向けると楽しく実行できる。

⑨**力づける**：相手が行動を起こすことに対してエールを送る。その際、"好子"や"魔法の言葉"を使うと効果的である。

好子とは、相手の成果や取組み状況を「承認」し、何が成果を上げる要因だったかを一緒に「確認」することである。魔法の言葉とは、"がんばってるね"、"がんばったね"と「認める」「確認し合う」ことである。

「認める」という言葉の語源は、相手の良いところを「見て」＋「心にとめる」ことである。悪いところについては「見とがめる」という。

仕事のよくできる上司から見ると、部下のできていないところ、不十分な部分ばかりが目に入ってくる傾向がある。一人ひとりの部下の持ち味や細かい進歩・成長は、よほど意識していなければ見逃してしまうものである。「美点凝視」というように部下の長所を認めて伸ばすのがコーチング的な発想である。

結局、コーチングとはヒヤリング時の一つの手法でもある。

## （４）ＯＪＴとコーチングの関係

ＯＪＴでもコーチングの手法が使える。コーチングをＯＪＴに取り入れて実施するにあたって、試行的にトライアルとして行うのを別として、事業場として取り組むためには次のような方策を講じる必要がある。

① 組織（事業場）としてＯＪＴにコーチングを取り入れることを組織決定する。

② コーチングの研修を受けたＲＳＴトレーナー、特別教育インストラクター等教育指導者がＯＪＴ実施者（職長等）に対して、コーチングを取り入れたＯＪＴの研修を実施する。研修では、ＯＪＴ実施計画案を作成させ、併せてコーチングの手法（パックトラッキング、意味への応答等）を取り入れた声かけ、支援の方法についても実習を行う。

③ 研修が終了したら実際にＯＪＴ対象者を決定し、対象者ごとのＯＪＴ実施計画書を策定する。その際、ＯＪＴ指導者と対象者とのコミュニケーション、実施計画書原案に対するＲＳＴトレーナー等指導者とＯＪＴ実施者（職長・メンター）とのコミュニケーションを密にする。なお、実施計画書はなるべく電子媒体、社内ＲＡＮ等を利用するのが良い（訂正と取り出し、保管が楽）。

④ ＯＪＴを実施するが、１か月若しくは３か月等ごとの期中管理として同様に対象者、実

施者(職長・メンター)、RSTトレーナー等OJT指導者の意見交換(調整)、評価、見直しを行う。
⑤ 評価、効果の高かったOJTの計画、実施結果を水平展開するとともに、評価の高かったOJT実施者(職長、メンター、コーチ)を表彰、顕彰する。

つまり、OJT教育でコーチングを取り入れる場合でも、できるだけ教育計画をOJT指導者、実施者、対象者のコミュニケーション(3者ヒヤリング)の有無が、成功の鍵を握るのである。

### (5) コーチングの人間観

これは第6章の「作業中における監督指示の方法」にも関係するが、職長は監督・指示する立場でもあり、その際コーチの立場でもある。二重人格と受け止められないよう、次の4つの人間観を持つことがコーチング成功の秘訣である。

① 育つ環境を整えるのが仕事(自らもバージョンアップを)

指示・命令関係は、支配する人と従属する人に分かれ、力は指示する側(管理職)に集中する。部下は上司が指示してくれるのを待ち、自ら動くことをしなくなる(指示待ち人間)。そのような組織では理念も目標も人も育たない。

人は潜在能力を備えた存在であり、できる存在である、人はより良い仕事をすることを望んでいる、といういわゆる性善説(Y理論)に立つことがコーチングの前提となる。したがって、OJTを行うにあたってもこの前提で行うことが求められる。

そのことから、OJTの指導者=コーチ・職長は、相手(部下)が良い仕事ができるようになれる「環境を整える」のが最大の仕事だということをまず押さえておかなければならない。

### コーチングの人間観

- 人は潜在能力を備えた存在であり、できる存在である
- 人はよりよい仕事をすることを望んでいる

その環境を提供するのがコーチの仕事

種=可能性のプログラム
発芽・成長・開花・結実

⇒ 大木に育つ…水、光、肥料等結実させるための**環境整備**が必要

② 忍耐と柔軟性を持つ

忍耐とは、望んでいることが起こるまで待つ心のことである。早く成果を上げたくてコーチ（職長）は焦るが、「急いては事をし損じる」の諺のとおりである。

しかし、同じことの繰り返しではなかなか変化が現れないこともある。その場合は、やり方を変えることも考えなくてはならない。従来のやり方に固執せず、新たな方法がより良いと思われることなら"何でも挑戦しよう、試してみよう"という柔軟性もコーチは持たなくてはならない。コーチ（職長）も不断の勉強をして新しい方法を学習し工夫していく必要がある。

**コーチングを機能させるコミットメント**

忍耐：望んでいることが起こるまで待つ心

＋

柔軟性：そのためには何でも試みようとする心

Commitment：関わり合うこと、参加、約束、委任、公約、言質

③ 指導される者に合わせたコーチングを（コーチングに魔法はない）

人間は一人ひとり持ち味があり、得意不得意な分野が異なる。したがって、「全員一律に同じ内容と同じ方法で教える」ティーチングの手法には限界がある。

コーチングは「相手に合わせて指導内容と指導方法を変える個別のアプローチ」方法である。基本的なコーチングの手法は同じであるが、相手を見て、バリエーションを変えていく柔軟性が必要である。一人ひとりの得意分野を伸ばし、弱点を補強していくカスタマイズが重要である。しかも、人間には学習能力があるので相手の状況を把握し、それに合わせて常にバージョンアップしていくことが大切である。

**コーチングの語源**

Coachとは名詞形では「公式馬車」「四輪大型の駅伝乗合馬車」「バス」のことで、動詞形では（家庭教師が）「受験指導する」、（競技監督者が）「コーチする」と新英和大辞典に記載されている。

この動詞形は「大切な人を、その人が現在いる所から、その人が望む所まで送り届ける」という意味から生まれたもので、相手が望まない所に無理矢理連れて行くのは、「誘拐、拉致」となる。

普通、人は自分の足で目的地まで行くことができるが、馬車を使って確実に早く着けるようにするのがコーチングということができる。

```
┌─────────────────────────┐
│   バージョンアップが必要   │
└─────────────────────────┘
```

| 原則 | 相手を見て、バリエーションを変えていく柔軟性が必要 | 人間には学習能力があるので、相手の状況を把握し、それに合わせて常にバージョンアップしていくことが大切 |
|---|---|---|
| 相手に合わせて指導内容と指導方法を変える、個別のアプローチ | 一人ひとりの得意分野を伸ばし弱点を補強していくカスタマイズが必要である | |

④ 切磋琢磨・崖から突き落とす厳しい心も必要

　松下幸之助翁は「人間は磨けば光るダイヤモンドの原石のようなもの」と述べている。ダイヤモンドではなくサファイヤとかルビーの人もいるかもしれない。

　一見、ただの「石ころ」に見える人材にも、その内側には素晴らしい可能性が秘められている。ただし、輝くためには磨きをかけることが必要。このことを中国の古典「詩経」では、「切磋琢磨」と言っている。

　コーチ（職長）と指導される者、あるいは指導される者同士の直接・間接的な接触（基本はコミュニケーション）によって、お互いに内なる輝きを引き出し合うのが、人間的成長の根本である。場合によっては、「獅子の子落とし」のようにあえて苦難の道を歩ませて鍛える厳しい心も持つことがコーチ（職長）には求められることもある。

### （6）アクティブ・ラーニングとは

① 学校教育で導入が決まった

　アクティブ・ラーニングという言葉は大学教育から使われ始めた。2012年8月28日の中教審（文部科学省中央教育審議会）の答申では、「従来のような知識の伝達・注入を中心とした授業から、教員と学生が意思疎通を図りつつ、一緒になって切磋琢磨し、相互に刺激を与えながら知的に成長する場を創り、学生が主体的に問題を発見し解答を見いだしていく能動的学習（アクティブ・ラーニング）への転換が必要である」と述べている。

　その後、2014年11月20日の初等中教審の諮問で「自ら課題を発見し、その解決に向けて主体的・協働的に探求し、学びの成果等を表現し、更に実践に活かしていけるために必要な力を子供たちに育むためには、『何を教えるか』という知識の質や量の改善はもちろんのこと、『どのように学ぶか』という、学びの質や深まりを重視することが必要であり、課題の発見と解決に向けて主体的・協働的に学ぶ（いわゆる『アクティブ・ラーニング』や、

そのための指導の方法を充実させていく必要がある)」として、アクティブ・ラーニングの波は小中高にも来たのである。

② アクティブ・ラーニングとは

日本語訳では「能動的学習方法」となるが、「身体を動かしながら学ぶ」という意味ではなく、学ぶ姿勢や態度が受動的ではなく能動的だという意味である。つまり、従来の学習方法は、教師が上から目線で黒板等を使い、一方通行的に教えるスタイルであったが、これは生徒達がグループ討論・ディスカッションして、場合によってはA論とその反対のB論の立場に立って議論し一定の結論を導く、というもので正解が出ない場合も認めるという授業方法である。

知識偏重、記憶重視ではなく、議論しながら（協働しながら）自分たちの頭で考える力がつくとして導入が求められている。

③ 企業もアクティブ・ラーニングが必要

少子高齢化で労働力が減少していく中、質の良い製品を大量生産して成功する時代は終わりに近づいている。アジアやアフリカのBRICSといわれる国々は経済成長を遂げ、これまでの日本のお株を奪う質の良い製品を安く生産するようになった。今までの生産の下請という立場から、日本のライバルになり、消費大国にもなり、日本のグローバル戦略も見直しが求められている。

これからの日本に期待されることは、安いコストで大量に生産することではなく、新しい価値を生み出すこと、つまり、イノベーションが求められている。

また、企業経営は経営理念や方針に基づいて行われているが、具体的な戦略や戦術はＴＰＯで行わざるを得ない。例えば、売上を増やすという問題の答えも、良い製品を作る、価格を上げる（下げる）、営業の方法を変える、インターネットを活用する、動画でのＰＲを重視するなどたくさんあり、状況を調べてからどの答えを選ぶかを考えなければならないことが多数ある。つまり、絶対の正解はなく、常により良い答えを探すべく、工夫・改善しているのである。

これからの時代に私達が求められているのは、既存の知識を一杯詰め込むことではなく、その知識を使って新たな問題を発見したり解決したりすることであり、さらにこれまで世の中になかったような新しい知識（これを知恵というが）を創造する力である。

実際に、「理化学研究所」「ほぼ日」「ディズニー」「ホンダ」「テッセイ」等でワイガヤも取り入れて実施している企業が多数ある。ワイガヤとは、立場の相違にかかわらず同じ組織に属する者たちが気軽にワイワイガヤガヤと話し合うことをいう。

④ グループ討議とアクティブ・ラーニングの違い

グループとは単に個々人が集まっている状態で、多くの場合、その集団には共通の目的や目標はない。そこで話される会話やブレインストーミング(注)も多くの場合、共通のベースとなる共感がないと、最初から最後までディベート（異なる立場に立った討論）の世界で終わってしまう。新しい価値感や知恵、イノベーションを生み出すことは非常に少ない。

一方、チームとは集まった個々人に共通の目的、目標等があり、ベースとなる共感があ

る。初めはお互いに言っていることが違っていても、これを掘り下げていくと、地下水脈のような感性で共有する部分に行き当たることが多い。「俺とおまえ、意外と一致するところがあるなぁ」と、いわば共感が生まれる。

　新しい価値や知恵、イノベーションというのは、お互いの共通事項、共感するところを一生懸命発見し、それを膨らませていくことによって生まれることが多い。ただし、完全に同質化しているときにはイノベーションは起こりにくい。お互いに個性があって異なった主観を持っていることが条件となる。異なる主観がぶつかり合い、コラボレーション（干渉）しながらピンときたときに共感が成立する。そのことが、イノベーションを創発においては本質的に重要である。そのための方法がアクティブ・ラーニングである。

　職長が最初に取り組むべきことは、「いかにチームとしての相互主観をつくるか」である。チームとしての相互主観とは、個々人の主観（一人称）をなぜ（Why）、何のために（What）でコミュニケーションをするなかで共感を探し当て（二人称）、それを組織の相互主観（三人称）に持っていくことであるが、三人称に持っていくところからイノベーションは生まれる。ファシリテーターとしての力量が試される。

（注）ブレインストーミング：自由な雰囲気で、他を批判せずに自分の意見を述べることだが、多くの場合「責任を持たない」ということが条件となっている。人間の生き方、チームの行くべき方向などを問うには不向きで、それだけでは何も生まない。グループでのブレインストーミングは話し合った、意見を出したという形式化する儀式である。一方、チームでのアクティブ・ラーニングの議論はブレインストーミングも取り入れるが、それは共通の目的、目標で共感を得て、お互いに切磋琢磨し、共振し、触発され、ひらめきを求めるためのものである。そのことが新しい知恵やイノベーションを生むキッカケとなる。

**指導と教育**

　現在市販されている多くの「職長教育テキスト」では、「指導・教育」と区別せずに一括りにしてある。それは、職長はある場面では指導を、別の場面では教育をせざるを得ず、しかもそれが渾然一体となされている現状から、使い分けることができないということで「指導・教育」としているものと思われる。しかし、その渾然一体、使い分けができないことが職場教育、指導に混乱を持ち込み、知識偏重、指示待ち人間、自分でものを考えられない職場を創り出してきているのではないだろうか。また、教える側の職長も、何が指導で何が教育かが分からないまま行う、ことで不安であろう。そこで本書では、前述したとおり受講者のレベルが一定水準にあるのか、あるいはその形成段階にあるのかという点に着目して、「指導と教育は異なるものである」という前提で、これを踏まえた指導及び教育の定義を明確にしたのである。

**仕事と労働（作業）**

仕事とは、目的と目標があって、人が働くことによって生まれた結果（成果）のこと。アウトプットであり、価値を届ける相手（お客様等）がある。

労働（作業）とは、人の活動そのもの。手や身体を動かしていること。インプット。多くの場合言われたこと、指示されたことをひたすら実行しているだけ。

「仕事」と「労働」の両立は難しい。例えば、生産的だが人間的でない職場、みんな元気で働いているけれど生産性の低い職場など。「仕事」と「労働」をどう両立させるかが生産性を高めるポイントであり、真の「働き方改革」である。

**新入社員の意識傾向**

2018年6月21日、日本生産性本部発表。「働き方は人並みで十分」が61.6％と過去最高となった。また、「若いうちは進んで苦労すべきか」では「好んで苦労することはない」も過去最高の34.1％となった。「経済的に豊かな生活を送りたい」（昨年26.7％⇒30.1％）、「楽しい生活をしたい」（42.6％⇒41.1％）、「人並み以上に働きたい」（34.9⇒31.03％）、「残業を選ぶ」（71.0％⇒68.5％）、「デートを選ぶ」（28.7％⇒30.3％）、「若いうちは好んで苦労することはない」（29.3％⇒34.1％）、「どのポストまで昇進したいか」（どうでもよいが17.4％で第1位。専門職が16.5％で第2位、社長は過去最低の10.3％）であった。

　本章は、「第一線監督者のための安全衛生ノート」【部下の「配置」と「指導・教育方法」の勘どころ】（労働新聞社　2009年5月号　拙稿）、「効果的な安全衛生教育　指導・講義のコツ」第Ⅴ編ＯＪＴについて、第Ⅵ編コーチングについて（労働新聞社　拙著）、「教え方」教えます（荒巻　基文　著）、「イノベーションの本質は『共感』にあり」（野中郁次郎・一橋大学名誉教授に聞く BizHint HR）、他を参考にした。

（参考）グループ討議　テーマ（例）
① 指導と教育の違いについて事例を挙げて説明し、その効果等についても評価する。
② 自分が行っている、ＯＪＴ若しくは自分が受けたＯＪＴ教育について、その長所（良かったところ）と短所（悪かったところ）を発表し、どうすればよいか議論する。
③ コーチングについて、その問題点と対策について議論する。
④ アクティブラーニング、ワイガヤについて、どう評価するか議論する。

# 第6章
作業中における監督及び指示の方法

## 1. 監督と指示の定義

「監督」とは「①とりしまること。また、その人。②或る人又は或る機関が、他の人または他の機関の行為を不法・不利に陥らせないためにこれを監視し、必要の場合には指揮・命令または制裁を加えること。」(広辞苑)、「①物事を取り締まること。また、その人。②演劇・スポーツなどで、現場を取り仕切ったり、そのグループの成員を指揮・指導したりする立場の人。③法律で、ある人またはある機関が、他の人または他の機関の行為について監視し、必要とする時には指揮・命令などを加えること。」(大辞林)と定義している。どちらかというと、"上から目線"で監視し、必要ならば指揮・命令、制裁を加えることもできるというイメージである。

「指示」とは、「ゆびさし示すこと。②指図(さしず)すること。」(広辞苑)、「①さし示すこと。②指図すること。また、その指図・命令。」(大辞林)、これも命令調で"上から目線"である。(注)

確かに、作業中における監督及び指示であるので、緊急性や危険回避のためにも"上から目線"で、強圧的に行わなければならない場面もあろう。

しかし、少子高齢化社会で労働力不足の時代に、旧態依然の"上から目線"の監視や指揮・命令をし続けることは難しくなってきている。また、指示通りすることはできるが、指示がなければ動かない、という指示待ち人間や、監視されなければ動かない、言われたことだけを行うという人間ばかりでは、チームも企業も成長しない。旧来の辞書に記載されているような監督・指示はごく緊急、危険回避のために行われるべきで、これからの監督はリーダーシップと、指示はコミュニケーションの仕方に変えていくべきと考える。

### (1) 職長はマネージャーか、リーダーか

① マネージャー

マネージャー(manager＝支配人、監事、監督)とは一般的に部下がいて、**部下がルールに従っているかどうかを管理する人**である。国語辞典に記載されている監督と同じイメージである。そこには部下の行動を規定するルールが存在していることが前提となる。そして、マネージャーは自らもルールを守って、部下と共に仕事を遂行していく人でもある。これを「プレーイングマネージャー」という。

マネージャーの仕事は、部下の才能を業績に結びつける一番の方法を見つけ出し、部下一人ひとりの特色を発見し、それを有効に活用し(適性を考えた適正配置を行い)、チームの目的・目標を達成することにある。

マネージャーの目的は現状を安定・効率化させること。そのためにどちらかと言えば、現在・短期志向となりがちで、権限・ポジションパワーで人を率い、分析・論理を重視し、規則に従い、調和を重んじる傾向が強い。

安責者の場合はマネージャーとしての役割が大きいが、一般の職長はプレーイングマネージャーとしての役割が多いといえる。

② リーダー

　リーダー（leader＝先導者、指導者、首領）とは、部下がいる場合もあるし、同僚の中からも選ばれることがある（キャプテン（主将）など）。一般に仲間を指導し引っ張ってその気にさせ、部下もしくはチームのメンバーの能力を最大限に発揮させて、その結果として目標に到達することを目指すのが任務である。

　場合によってはルールよりも目標が先行することもある。目標に向かって進むので、そこには予想されない問題との遭遇が待っている。もちろん、原則はルールに従って対処するが、予想されない問題に遭遇した時にはリーダーの持っている知識ではなく、問題解決能力が問われる。より良い未来に向けて、チームのメンバーを一致団結させることが主要な任務で、リーダーの目的は創造と変革にある。そのために、未来志向で、カリスマ性で人を率い、直観を重視し、規則を破ったり攻撃的になったりすることもいとわない傾向もある。

③ マネージャーとリーダーの違い
- マネージャーは「管理」し、リーダーは「革新」する。
- マネージャーは前例の「模倣」で、リーダーは常に自らが「オリジナル」である。
- マネージャーは「維持」し、リーダーは「発展」させる。
- マネージャーは「秩序に準拠」し、リーダーは「秩序を創り出す」。
- マネージャーは「短期的視点」を持ち、リーダーは「長期的な見通しを持つ」。
- マネージャーは「いつ、どのように」を、リーダーは「何を、なぜ」を問う。
- マネージャーは「損得」に、リーダーは「可能性」に目を向ける。
- マネージャーは現状を「受け入れ」、リーダーは現状に「挑戦」する。
- マネージャーは「規則や常識通り」に行動し、リーダーは最善の結果のためなら「規則を破ることも辞さない」。
- マネージャーは「能吏」であり、リーダーは「高潔な人格」が求められる。

　一般に、「マネージャー」は、ヒト、モノ、カネ、情報、知恵といった企業のリソースをうまく調整し、目の前にある目標を達成していく力が求められる。

　一方、「リーダー」は、革新的で目標を定め、判断し、それを周囲に伝えて人を動かし、自分も先頭を走ることが求められる。最善のためなら規定にとらわれない行動をとることもある。

　ただし、この２つは対立する存在ではなく、実際に多くのリーダーは「マネージャー（管理者）の中で特に仕事ができる人物」ととらえられている。つまり、マネージャーに＋αが加わったものがリーダーである。

　どちらかというと、マネージャーがＸ理論をベースにした考えでビジョンを実行する（How）のに対して、リーダーはＹ理論に基づいた考え方でビジョンを示す（What）ものであるが、軽重は別として職長はマネージャーとリーダーの両面を有しなければ、その職務は全うできないものと思われる。よって、本書ではその両面について述べるが、マネージャーについて述べる前に、まず管理とは何かについて説明する。

## 職長はマネージャーとリーダーの両面あり

| マネージャー | リーダー |
|---|---|
| ・「管理」<br>・前例の「模倣」<br>・「維持」<br>・「秩序に準拠」<br>・「短期的視点」<br>・「いつ、どのように」<br>・「損得」<br>・現状を「受け入れ」<br>・「規則や常識通り」に行動<br>・「能吏」 | ・「革新」<br>・「オリジナル」<br>・「発展」<br>・「秩序を創り出す」<br>・「長期的な見通しを持つ」<br>・「何を、なぜを」<br>・「可能性」<br>・現状に「挑戦」<br>・「規則を破ることも辞さない」<br>・「高潔な人格」が求められる |

しかし職長は軽重の差はあれど両方の側面を有する

**リーダーシップとキャプテンシー**

厳密には違う。キャプテンのいるところには、監督やヘッドコーチのようなリーダーがいる場合が多い。その場合、リーダーは嫌われても良いが、キャプテンは嫌われたら成り立たない。キャプテンは中間管理職のような立場で、リーダーが考えていることと、選手の考えていることの間に立って、組織がスムーズにいくことを考える。リーダーは自分でこうやりたいと考えたら、基本的にはそれを貫き通す。キャプテンシー（Captaincy）はリーダーシップとはそういう意味で若干異なる。たとえ勝負に負けても、リーダーは責任を取るが、キャプテンは基本的には勝敗についての責任を取ることはない。

**マネジメントとリーダーシップの主要な学説**

「マネジメントとは物事を正しく行うことであり、リーダーシップとは正しい事を行うことである。」（P．F．ドラッカー）。
「マネジメントは手段に集中しており、どうすれば目標を達成できるかという質問に答えようとするものである。一方、リーダーシップは、望む結果を定義しており、何を達成したいのかという質問に答えようとするものである。」（スティーブン・コビー）

### （2）管理（マネジメント）とは何か

品質管理、工程管理、原価管理、生産管理、在庫管理、人事管理、労務管理、安全衛生管理等々、「管理」と名が付く言葉が多数ある。共通していることは、「あるべき姿に向かって、主体的、意識的、計画的に働きかけ、現状の問題を解決しながら好ましい状態が永続する体制を築いていく」ことである。そして、「管理ができている」とは、①あるべき姿（目標）が明確

になっていること、②計画的に働きかけ、永続的に改善が蓄積されていること、③将来のことを念頭においていること、にある。別の言い方をすると、Plan（計画）、Do（実施）、Check（検証）、Action（見直し・改善）のＰＤＣＡサイクルが回っているということでもある。そして一番重要なことは、どう計画を立てるかである。計画があいまいで不十分ならば実施は困難となるか未達成になるからである。

① 計画の立案

具体的には、ア）経営環境や現場の状況を把握し、イ）経営の基本的な考え（ポリシー）に基づいて会社や事業場としての目指すべき方向と目標を定め、ウ）その目標達成のために重点的に実施する項目を決めて、エ）各項目に対して具体的な実行計画を立てる、のが一般的で共通的なやり方である。

また、安全衛生計画の場合は原案は別として、通常は安全衛生委員会や役員会議等の機関決定を受けて作成される。その場合、次の点に留意する必要がある。

ア）決定すべき課題を明確にする、イ）課題をどの程度まで達成するかを示す目標値を確定する、ウ）課題を達成するためには複数の具体案を策定する、エ）最適なものを選び出すための評価基準をつくり、見える化する──の４点である。

この計画を組織で行う場合、図示すると次のようになる。

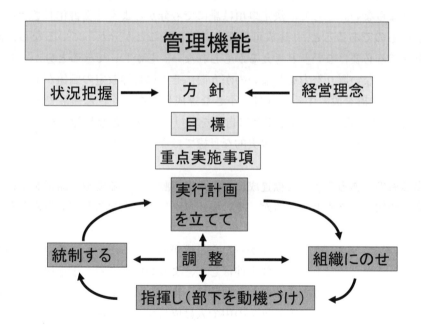

② 安全衛生方針を明確に示す

ア）安全衛生管理を進めるにあたって、基本的な考え方（方針）、ポリシーを明確に示す。

イ）管理監督者にそれぞれの生産活動の中で、安全衛生に関する役割・責任・権限を明らかにし、事業場全体で安全衛生管理活動を計画的、継続的に取り組ませる。

ウ）職場の実態を把握し、労働者の意見を聴取して安全衛生管理活動に反映する。
　　このような一連の流れをスムーズに機能させる仕組みを「安全衛生管理体制」という。
③　目標の立て方
　　目標を立てるのは「行動する」ためである。通常は目標を立て、達成までの期間を設定する。そのスケジュールを逆算して計画を立案する。そうすればやるべきことが見えてくる。実行に移さない目標は目標ではない。単なる"夢""希望"である。
　　目標設定は人・モノ・カネ・情報・時間を管理するために行う。したがって、優先順位を考えなくてはならない。
　　まず目標設定に当たって次の3つのバランス感覚を持つ必要がある。
　　ア）　今までの利益や技術、資源を投資すれば実現できそうか
　　イ）　近い将来の目標と、遠い将来の目標の整合性に無理はないか
　　ウ）　優先的に取り組むべき目標はどれか
　　これら3つのバランスを考えてマネージャーは目標設定する。
④　目標は「ぐ・た・い・て・き」に
　　ヒヤリング時に部下の個人目標を立てるときは、「ぐたいてき」に行うのが良い。
「ぐ」：具体的な目標を立てる。職長は部下がいつまでに、何を、どうするか、はっきりした具体的な目標を立てられるようサポートする。目標は夢や希望ではなく、「宣言」でなければならない。そして、決定事項は誰にでも分かるよう「文書化」させる。
「た」：達成可能なものであること。「達成可能なものであることが分かっているなら、何も目標を立てる必要はない」と考えるかもしれない。しかし、できると分かっていても、目標にしない限り努力をしないのが人間。そこに目標設定の価値がある。
　　　新入社員が目標を設定するときは、小さな達成目標をたくさん体験できるように配慮する。「できた」を重ねるごとに自信をつけ、より大きな目標にチャレンジする姿勢が育つ。そのためには非現実的な目標ではなく、本人の実力に合った目標を立てさせることが重要である。
「い」：意欲の出るものであること。目標達成に向かって行動している姿や、結果を手にしている姿を想像してみると分かるが、その姿がワクワク感を起こしているかどうかが重要。
　　　もし、たいしてワクワクしていなかったら目標が低すぎるかもしれない。その場合はストレッチが必要である。身体を伸ばして、より高いところへ手を届かせる必要がある。達成可能な目標であることと同時に、自分をストレッチさせることも重要である。何よりも、そのストレッチの中で人は成長するのである。
「て」：定量化できるものであること。数値化することで、達成したかどうか、達成していない場合は今後どのような努力が必要かを具体化する。
　　　また、目標とスローガンを混同しないこと。
　　　　スローガン・・・「より多くのお客様とコミュニケーションをかわす」
　　　　目標・・・「毎週3人のお客様に『使用上でお困りのことはありませんか』と尋ねる」

　　　　目標の場合、今週は達成したかどうか、できていない場合はその原因は何か、どうすれば問題を解決できるかを考えたり発見したりできる。
「き」：**記録可能なものであること**。努力してきたプロセスを記録することで、情報として残すことができる。その情報は、組織にとって財産であるし、一旦記録したものは原則として再現可能である。
　（例）成果を上げた人・・・必ずそれなりの訳がある。成功の法則を見つけ、それを他者と共有することで、チームとしての効果が上がる。同時に、うまくいかないやり方も学ぶことができる。
⑤　安全衛生目標に必要とされる要件
　ア）達成状況が評価できること
　イ）安全衛生方針に基づいていること
　ウ）リスクアセスメントの調査の結果を踏まえること
　エ）過去における安全衛生計画の実施、運用状況、安全衛生目標の達成状況等を考慮すること
　オ）過去における労働災害の発生状況を考慮すること
　カ）労働者の意見の反映
　キ）関係部署ごとの目標の設定
　が考えられる。

## (3) 新しいマネジメント

　従来のマネジメントは、仕事を部下にやらせ、それを管理するという評論家タイプであった。例えば方針や目標を示すより、部下の提案を評価して△、□も検討したらというようなコメントを出す（場合によっては単なるダメ出しで終わることも）というやり方が古いマネジメントである。マネジメントを人事・労務管理から発想するとこうなる。
　しかし、本来のマネジメントは使命を「果たす」、目標を「達成する」、課題を「やり遂げる」ことにある。したがって、マネジメントするためには少なくとも次の3つのスキルが必要となる。
　①　仕事を遂行する上での目標設定
　②　実施に至る合理的方法論
　③　人を管理するためのスキル

## これからのマネジメント

監視するボス

**正しく合理的な
マネジメントの確立**

・目標の達成
・使命を果たす
・リーダーシップ
・困難の克服

## （4）マネジメントの役割

マネジメントの役割は、組織やプロジェクトの目的、使命、目標を明確にし、それを達成することである。

限られたリソース（資源）、時間的な制約の中で目標を達成するためには、仕事を企画・設計し、組織チームを構成し、計画を立案し、優先順位を付けて適切に進めなければならない。そのためのリソースの調整、人に対する方向づけ、指示、指導が適宜必要となる。

### マネジメントの役割

**組織やプロジェクトの目的、使命、
目標を明確にし、それを達成すること**

➢ 限られたリソース（資源）、時間的な制約の中で目標を達成するためには、仕事を企画し、設計し組織チームを構成し、計画を立案し、優先順位を付けて適切に進めなければならない。
➢ そのためのリソースの調整、人に対する方向づけ、指示、指導が適宜必要となる。

基本的な流れ： 計画 → 組織化 → 方向づけ → 制御 → 評価

### (5) マネジメントの心構え

① 仕事に対する情熱、誠実さ、責任感

マネジメントは非常に困難な仕事で、その結果はやり方によって大きく変わってくる。マネージャーは仕事に対する情熱と強い責任感、誠実さを持っていなければならない。

② 信頼される人、物、部下に対する思いやり

仕事に対するスキル以前の問題として、全人格的に信頼されている人物であることが必要。

マネジメントはほとんどの場合、部下を介し、部下を通じ、部下と一緒に行われる。

部下と心を一つにし協調できるかにかかっている。部下は「人」である。

マネージャーは部下に対して、愛情を持って思いやり、気遣う心が必要である。この気持ちが部下の仕事に対する取り組み、誠意、熱意にも影響する。

③ 仕事に対する合理的な取り組み

マネジメントは非常に高度な判断を必要とする創造的な仕事である。

経験と勘が意味を持つこともあるが、極力、合理的手法・方法論を用いて、論理的な判断と説明を心がけなければならない。そのための取り組みがマネジメントプロセス[注]である。

(注) マネジメントプロセス：マネジメントの結果だけを注目するのではなく、その経過・プロセスも評価するという考え方。

## 2. マネージャーとしての職長

マネージャーとしての職長は、現場でPDCAをスムーズに回し続けることが主要な任務となる。言い換えれば、マネージャーは自分のチームの成果や部下の安全衛生について責任を持つ人ということができる。昔はボス的な側面が多い者が多かったが、昨今では会社に対して貢献する責任をより大きく持つことが求められるようになってきた。

### (1) マネージャーに求められる任務は2つ

① 安全衛生に留意して、生産性が高まるように（成果が上がるように）自部署（チーム）を導くこと（指揮者としての任務）。部下に働きかけ、仕事を統合し、工夫・改善を促しながら仕事を完成させる。重要なのは強みを活かし、弱みをなくすことに気を配ることにある。

② 現在と未来、短期と長期の両面からリスクの種類と大きさを判断し、リスクを最小限にとどめる（リスクマネジメントの任務）。

### (2) マネージャーに求められる資質

カッツの理論で求められている、①コンセプチュアルスキル、②ヒューマンスキル、③テクニカルスキルのほかいろいろあるが、一番重要なことは「真摯さ」であるといわれている。つまり、正しいと信じることに対して正直であり、誠実であるということである。仮に上司から不正な要求（例、資料の改ざん、隠蔽等）があったとしても、毅然と立ち向かう姿勢である。

ここがリーダーと若干異なるところである。たとえいつも仏頂面で気難しい人物でも、信念があり志が高く公正な判断ができるならば、その人物はマネージャーの資質を持っているといえる。

### (3) マネージャーの仕事は目標による管理

「目標による管理」とは、会社全体の目標に基づき一人ひとりが自分の目標を考え、自律的な行動を促すことである。一方、「目標管理」とは、ノルマ管理の言い換えで、結果を管理することである。とかく上司は叱咤・激励、叱責・詰問となりがちで旧来の監督の姿である[注1]。したがって、管理しているだけで部下のパフォーマンスの向上を支援していない。

目標による管理をするためには、マネージャーはチーム全体の目標を定めなければならない。できれば「ワイガヤ」等で部下と議論をして目標を決定する。決して、上からの命令・指示だからということだけで目標を策定してはならない。なぜなら、多くの部下が押しつけによるものだと判断し、部下のモチベーションが下がるからである。目標が策定されればマネージャー自身もまた自己管理しやすくなる。

新しい目標による管理では、一人ひとりのパフォーマンスの向上を支援するもので、マネージャーには「管理者」から「支援者」に役割の変更が求められることになる[注2]。

定めるべき目標は、売り上げアップ、生産性向上、コストカット、業務改善、新規プロジェクトの立ち上げ、人材（後継者）育成、社会的貢献、労働災害ゼロ等いろいろある。それをできるだけ見える化し、ヒヤリング時に部下と話し合い、各人に目標を作成させ、自己管理を促すのである。

(注1) 目標管理：成果主義を取り入れている企業の80％近い企業が目標管理システムを採用している。その目的も多様で、人事考課の一環として採用する、部下の能力開発に用いる、組織目標の達成手段として利用しているが、目標による管理を実施している企業はそれほど多くない。

(注2) ピープルマネジメント：個々人に応じた成長とパフォーマンス向上を支援するためのマネジメントのこと。一部のリーダー候補だけを育てるのではなく、すべてのメンバーの成長を対象とする。ピープルマネジメントスキルは、部下とのコミュニケーションを実施し、その経験を振り返って気づきを得て、それを踏まえてさらに実践するというサイクルを繰り返す、経験学習を重ねることが不可欠である。

## 「目標管理」と「目標による管理」

**目標管理＝**
ノルマ管理の言い換え。結果を管理すること
上司の役割･･･叱咤・激励、叱責・詰問

**目標による管理＝**
会社全体の目標から個々が自分の目標を
考え、自律的な行動をうながすこと

### （4）エンパワーメント（権限の委譲）

どんなに優れた職長でも、何でも一人ですべてを完璧にこなすことはできない。したがって、仕事や権限の一部を役割分担して業務を遂行せざるを得ない。権限を持たせることは、創造的な仕事、専門的な仕事、サービス業務、安全衛生業務に非常に有効な手段である。

スピードが要求される中で、中央集権的に上位者だけがマネジメント権を持っていたのでは要求を満たすことはできない。仕事がますます高度化し複雑さを増す中、仕事の内容及び顧客のニーズは、顧客に直接接している担当者が一番理解している。

担当者に権限を与え、直接判断と決定（decision）を任せてしまうほうが満足度も上がる。スピード、サービス、責任感等の能力向上の教育手段としても有効である。

このことにより部下も育つし、職長も少しは楽になり、他のやりたい仕事もできるようになる。ただし、権限を委譲したからといって責任が部下に移るわけではない。その仕事全体の責任は、あくまで職長にあることを忘れてはならない。

また、権限を委譲した場合は、必ず結果を報告させ、それに対してフィードバックを行うこと。フィードバック（第4章3（5）⑥参照）は承認が一番有効である。

### （5）部下の支援（部下を育てる）

権限の委譲と同じであるが、コーチングの技術を使い、悩みがないか、迷っていることはないか、ヒヤリングの場以外にも気にかけて支援していくのが部下の成長につながる。ストレスチェックでは、上司の支援の有無・程度も調査項目となっている。集団分析結果が手に入るならそれを参考に、手に入らないとしても「ワイガヤ」等の機会等を利用して、「逆ピラミッドの組織」をイメージして、職長として支援が十分かどうか点検することが大事である。

## 3. リーダーとしての職長

　多くの人は、「リーダーとは、権限を持っている者＝経営者のことであり、リーダーシップとは、経営者や管理職が持つべきスキルと知識である」と理解している[注]。しかし、職長に課長や係長のような権限がなくてもリーダーシップは必要である（ここでは、職長なので部下がいるリーダーをイメージして述べる）。なぜなら、職長を中心とした部下との集団は、"グループ"ではなく目的と目標を持った"チーム"だからである。

　なお、チームとは、1つの目的に向かって一致団結して協力し合う統率のとれた組織を指し、グループとは、それぞれがバラバラの方向を向いている単なる個人の集まりのことである。

　拡大し成長する組織と衰退する組織の違いは、単なるその場限りの仲良しグループなのか、それとも1つの目標に向かって協力し合えるチームなのかによる。グループではなくチームであるために必要不可欠なのは、リーダーシップの存在である。リーダー不在のチームは統率力を失い、いずれグループとなり、確実に崩壊していくであろう。仮にリーダーがいたとしても正しいリーダーシップを発揮せず、リーダーとして機能していなければ結果は同じである。

[注]「海外の先進国では、リーダーシップは、組織の上位階級だけでなく、すべての従業員が発揮すべきスキルという認識が趨勢となっています。なぜなら、急激な環境変化に即応したり、イノベーションを創出したりするには、権限者や役職者によるリーダーシップでは限界があるからです。そのため、権限や役職に関係なく、目標を達成するために、自然発生的に他者を巻き込み行動するリーダーシップが、世界標準になりつつあるのです。メンバーが10人いれば10人、100人いれば100人が、皆リーダーであってかまわない。かまわないどころか、真のリーダーシップを備えた人材が多いほど、組織の成果は出やすい。」（プレジデント　Online 2018.3.14　同趣旨「権限、役職、カリスマ性がなくても発揮できる　職場と学校をつなぐ「リーダーシップ教育」の新しい潮流」（日本の人事部　2016.2.21）、「リーダーシップ教育の新しい潮流」　日向野　幹也　早稲田大学教授）

### (1) リーダーシップとは

　多くの説があるが、一般には「ある一定の目的に従い目標に向けて人々に影響を与え、巻き込んだりして、その実現に導く行為」とされている。そしてリーダーシップを構成する共通の基本要素は、①目標設定、②率先垂範、③同僚支援の3つである。

① 目標設定とは、明確な目標を決めて、周囲（部下）と共有することである（ビジョンを伝える力）。

② 率先垂範とは、権限があってもなくても、周囲を動かすには自ら進んで行動することが求められる（行動力）。

③ 同僚支援とは、周囲の人（部下も含む）たちには、行動したくてもしづらい事情が大抵あるので、それを取り除く支援をすることである。

この3つのどれが欠けてもリーダーシップとは言えない。

このほかにも、

④ レジリエンス（柔軟性）：目標を決めて走り出した後に、状況の変化に応じて目標を修正する態度（力）。また、メンバーはさまざまな価値観や背景を持っているため、それぞれの価値観を尊重しながら互いに高め合っていくことができる柔軟性、ダイバーシティも必要である。

⑤ 持久力：うまく進まないときでも粘る力。

⑥ モチベーションを高める力：リーダーシップには、他のメンバーのモチベーションを高める力も必要である。他のメンバーに自発的に動いてもらうことで生産性が向上する。他のメンバーのやる気を出すためには、いつもポジティブな言葉を発することや、メンバーの長所を見つけ出し承認欲求を満たす必要もある（コミュニケーション力、ポジティブ・エネルギー）。

⑦ 決断力：目的達成のための過程で、複数の選択肢があるときに決断し方向性を示す決断力がリーダーシップに含まれる。決断が下されない状況下では、チームに不安や混乱が生じる可能性が出る。決断を下すための正確な情報収集力や起こりうるリスクマネジメント（管理能力）も併せて決断する能力が必要である。

　しかし、繰り返すが、基本の3要素（目標設定、率先垂範、同僚支援）をすべて発揮できなければ、リーダーシップとはいえない。

（例）日常的なリーダーシップの例。「電車が遅れた日の深夜の駅前タクシー乗り場」を想像する。長蛇の列ができ、みんなイライラしているときに、その場の全員が早く帰れるようタクシーの相乗りを呼びかける行為は立派なリーダーシップである。そこには、「早く帰宅する」という目標設定、「自ら相乗りを募る」という率先垂範、「続く人も相乗りを募りやすく、声を掛ける」という同僚支援の3つの基本要素が揃っている。

## （2）リーダーシップはなぜ必要か

　グローバル化し、混沌とした世界趨勢の中、企業を取り巻く環境、ステークホルダーの経済状況は刻一刻と変化している。このような環境下で、企業は上司の指示命令に従うだけでなく、自ら考えて行動する能動的な人材を求めている。

　リーダーシップは良い意味で周囲の人を巻き込む行動である。チームのメンバーは天才・秀才の集まりであることは珍しい。凡人であっても、一人ひとりの力は弱いが、メンバー一人ひとりがリーダーシップ、フォロアーシップを発揮し、周囲を巻き込んでいくことでチームの力はより強固となる。そのためには、職長にはリーダーシップを持ってもらうことは必要だが、メンバー個々人もリーダーシップが発揮できるような能動的人材になってもらいたい、それを企業は求めているのである。

　ただし、リーダーシップは自然に身につくものではない。一定の教育訓練と経験、そしてそういう人材を生み出そうとする環境、企業風土の醸成も必要である。

## （3）リーダーシップは職長や役職者だけのものではない

　職長や安責者、部・課長、重役、社長は役職、役割であってリーダーシップではない。そういう役職者でもリーダーシップのない者もいる。リーダーシップは組織を動かすための要素であり方法である。リーダーシップはトップや役職者のみではなく、メンバーも持つべきものである。メンバー一人ひとりがリーダーシップを意識することで、目標達成だけでなく、お互いを思いやる心が芽生えたり、組織をより良くしようと行動を起こしたりする。職長も自身のリーダーシップスキルを向上させながら、他のメンバー、部下と共に成長することを意識すべきである。

## （4）部下もリーダーシップを持つべき理由

① リーダーシップは優れたメンバーになるための要素でもある

ビジョンを掲げ組織を動かしていくことの大変さを知った者こそがメンバーとしても成果を上げることができる。つまり、「リーダーシップ」とは優れたメンバーになるための要素でもある。

② その場の空気を読むことで組織を円滑にできる

リーダーシップがある人は仕事に限らず、さまざまな場面で組織を円滑にすることが多い。どのような行動をすればうまくいくのかということを熟知しているからである。

## （5）リーダーシップとは管理することではない

前述したとおり、リーダーシップは管理（マネジメント）することではない。リーダーは部下に明確なビジョンを示し、分かりやすく伝える。部下が自ら能動的に動くことができるようサポートしたり共に行動したりすることがリーダーの仕事である。タスク（任務・仕事）を割り振ったり、進捗を管理したりするマネジメントとは異なる。

## （6）フォロアーシップと対に。できれば相棒がいるとうまくいく

フォロアーとはフォローする人、つまり、リーダーを補佐・支援する人のことをいう。どんなに優れたリーダーでもフォロアーシップを得ることができなければ、リーダーとして成功する可能性は極めて低くなる。

フォロアーは、リーダーの指示に従って成果を上げるだけでなく、自発的に意見を述べたりリーダーの間違いを訂正することも期待される。監督、ヘッドコーチに対する主将（キャプテン）的な役割である。組織・集団・チームの利益を最適化するためにはフォロアー自身の実力のみならず、チームの目的・目標に対する達成意欲及びリーダーとの信頼関係が必要である。なお、主将（キャプテン）がリーダーの相棒となれば、相乗効果が増すだけでなく、他のフォロアーとのクッションの役割を果たし、行動力が増すといわれている[注1]。

フォロアーシップは単独では影響力を発揮できない。リーダーによるリーダーシップとの関係の中で効果を発揮する。

また、ヒエラルキー（階層）の中で、職長は対上司の関係では、フォロアーシップを発揮する場面も出てくるので、リーダーシップスキルだけでなくフォロアーシップスキルも磨いておく必要がある[注2]。

[注1] 米国カーネギーメロン大学ロバート・ケリー教授の調査によると、組織が出す結果について、「リーダー」の寄与度が1～2割、対する「フォロアー」の及ぼす影響力は8～9割であるとしている。企業の成功事例を見ても多くのフォロアーの活躍がなければ達成しないことが多い。

[注2] 例えば、チーム内でリーダーシップを発揮している部下がいたなら、権限の一部を委譲し「決定」を委任し、タスクの成功に向け、「提言する」「健全な批判をする」という支援をすると、部下はさらにやる気を起こしモチベーションが上がる。部下に十分な経験や知識があればリーダーを任せ、職長が意識的にフォロアーシップを発揮すれば、部下はストレッチできチームとしても強くなる。また、そうすることで職長もフォロアーシップの技術を取得することができる。

フォロアーシップスキルの取得には、次の3つは欠かせない。

① リーダー（職長）の考えを、フォロアーに理解してもらう

　フォロアーがリーダーを自律的に支援するには、リーダーが何を考えているかをフォロアーが理解していることが大前提となる。しかし、企業という組織において多くの場合、フォロアーからの"視界"とリーダーからの"視界"は異なり、必然的に考えることが違ってくる。何も材料がない状態で、フォロアーからリーダーの"視界"を創造することは難しい。

　そこで、リーダーは自分が担っている役割と、その役割を実行するための考え等をフォロアーに説明し、理解してもらう必要がある。企業の立ち位置や企業の戦略が、どのように各チームにブレイクダウンされ、それが自分のチームの目標や部下の行動目標にどのようにつながっているのか、ということを理解してもらうことも、リーダーの考えを知ってもらうには有効である。

② リーダーが何を欲しているかを、フォロアーに知ってもらう

　指示がなくてもフォロアー自身がリーダーが何を欲しているのかを判断できるようにするためには、チームとしての目標達成のためにリーダーが何を必要としているのか、リーダーは何に困っているのかを知る必要がある。また、そのニーズは日々変化していくことも頭に入れておかなくてはならない。

　そのためには、コミュニケーションを密にすることが大切である。たとえ相棒のように関係が近くなって、お互いの判断や進捗状況を"察する"ことができるようになっても、それが行き過ぎてしまうと馴れ合いの姿勢が生まれ、結果としてリーダーの意図を読み誤ってしまい、些細なズレが後で取り返しのつかない大きなものになってしまうことも考えられる。

　リーダーとフォロアーが親しくなっても、明確な言葉で適切なコミュニケーションをとることが大切である。

③ リーダーの欠点をフォロアーに知ってもらう

　人には長所と短所、得手・不得手がある。それはリーダーも同様である。また、リーダーは多忙なことが多く、手が回らないことがあるとチームの働きに"穴"が生ずることになる。

　欠点は誰しも他人には知られたくないもので、相手が部下達ではなおさらである。しかし、チームの"穴"をフォロアーに補ってもらおうと考えるならば、そうした不得手な部分や手が回らないところもフォロアーと積極的に共有すべきである。フォロアーにとっては、それがリーダーの人間的な理解にもなり、距離がより近づく効果も生まれるかもしれない。

| | リーダーシップ | フォロアーシップ |
|---|---|---|
| 役割 | 模範となる ⇔ | 補佐する |
| 方向 | ビジョンを示す ⇔ | 翻訳して具体化する |
| 焦点 | 決定する ⇔ | 提言する（健全な批判をする） |
| 人 | 影響を与える ⇔ | 貢献する |
| 結果 | 責任を負う ⇔ | 当事者になる |

（中央の双方向矢印に沿って「相乗効果」と記載）

### （7）リーダーシップの身につけ方

　リーダーシップは、他のメンバー（部下）やフォロアーをまとめながら、目的・目標達成のために導いていくスキルである。このスキルを生まれ持った才能であると考える人もいる。しかし、あるチームではリーダーシップを発揮できたが、別のチームでは十分発揮できなかったというケースもある。もしもリーダーシップが先天性の才能や資質であれば、たとえ状況やチームの構成メンバーによってその能力が左右されることは少ないはずである。逆にリーダーシップを1つのスキルであると捉えるなら、学習や経験によってその能力を向上させていくことは可能である。以下にリーダーシップを身につけるために実践できることを挙げる。

① 後悔しない

　仕事でもプライベートでも、日々私たちはさまざまな決断をする機会に遭遇する。例えば、カレーライスかオムライスか、蕎麦かうどんか、行くか行かないか、些細なことでも決断を迫られる。決断とは文字通り、他の選択肢を断ち心を決めることである。自分で決めたことに対して後悔しない。もし、目標が達成できない等の結果が悪かったなら潔く謝り、その結果は判断ミスによるものなのか、そうであった場合なぜ判断ミスをしたのか等の原因と対策をフォロアーとともに講じるという態度こそが重要である。

② 意思やこだわりを持つ

　さまざまなことに意思やこだわりを持つ習慣をつける。明確な意思やこだわりがあることで、困難に思えることでも実行する行動力が身につくことが多い。例えば、「海外で事業展開するプロジェクトに参加したい」と思えば、ＴＯＥＩＣ650点以上を目指して、塾や対策スクールに通う、毎朝1時間早く起きて勉強するということは、強い意思やこだわりがなければできない。

③ 他のメンバーを信頼する

　リーダーシップを発揮するためには、他のメンバーから信頼を得て、フォロアーシップを受けることが重要である。そのためには、まず自ら相手を信頼することが大切である。「自分のことを信頼していない」と感じるリーダーを信頼することはフォロアーにとって難しい。信頼を得るためには、権限の一部委譲を行い、リーダーがフォロアーシップを発揮し支えるとうまくいく。仮に、結果がうまくいかなくても失敗と決めつけず若干の成長と失敗の原因を一緒に追求し、育てるという態度を見せることが大切である。他のメンバーもその様子は見ていないようで見ている。それが、今後のリーダーの影響力に大きく関わるのである。

## (8) リーダーに最も必要なもの

　リーダーに最も必要なものは、突き詰めていけばメンバーへの「影響力」である。優秀なリーダーは例外なく強い影響力を発揮して人々を感化し、動かしていく。その影響力の源泉は何か。次の5つが考えられる。

① 専門性

　メンバーに「すごい」と思われるリーダーである。人は一定の専門家の助言や指導を素直に聞き入れる。例えば、プロゴルファーにゴルフのスイング等を教わるとき、反論する人はほとんどいない。医師からの指示は基本的に受け入れ、処方された薬はほとんど疑いを抱くことなく服用している。これらは、プロゴルファーや医師というある分野の「専門性」に対して、人は一定の信頼を置いているからである。

　リーダーが人を動かす場合にも、「自分たちを取り巻く環境により精通している」「当該業務の権威である」「メンバー以上に経験が豊富である」などの、メンバーから見た「専門的信頼」がリーダーシップ発揮の前提となっていることが多い。

　すべての領域でメンバーを上回る専門性を身につけようとすることはナンセンスであるが、リーダーシップを発揮しようとするならば、何らかの専門性を身につける必要がある。人は、自分の認める分野で高い能力や豊富な経験を持ったリーダーから影響を受ける。そしてその指示を受け入れて、自らの思考や行動を変えるものである。

② 人間性

　メンバーに「すてき」と思われるリーダーである。人は①の「専門性」とは別に、人間的魅力のある人からの指示を受け入れる傾向がある。人間的魅力を形成する要因は大きく分けて4つある。

ア) 第一に「身体的魅力」である。顔立ちや表情、髪型から服装、スタイルにいたるまで、多くの人は外見的な魅力によって相手に好意を抱く傾向がある。メラビアンの法則[注1]と同じである。

イ) 第二に「態度の類似性」が挙げられる。これはある特定の事象に対する「賛成」や「反対」という態度が自分と似ている人に共感を覚えるという傾向を示す。巨人ファン同士が仲良くなる、喫煙者同士が親密度を増すというものがこれに当たる。

ウ) 第三に「相手からのポジティブな評価」である。人は自分を認めてくれる相手を好き

になるというのは自然な感情である。自分に対して高い評価を下し、ポジティブに受け入れてくれる相手には、人間的魅力を感じてその人からの影響を受けやすい。

エ) 第四は「空間的近接」である。日常的な言葉に置き換えれば「身近な存在」と解釈できる。よく顔を合わせる（接触頻度が高い）人や同郷の人、同窓の人に親近感を覚え、人間的な魅力を感じる傾向がある。

もし、①の「専門性」に欠けるリーダーなら、ここで述べた「人間性」という影響力を手に入れるためコミュニケーション力も含め、自ら磨き続けなければならない。

③ 返報性

メンバーに「ありがたい」と思われるリーダーである。人は恩義を感じる人に対して、どうにかしてその相手に報いたいという信条を抱く。いわゆる「借りを返したい」「期待に応えたい」という心理のことである。

「三顧の礼」[注2]という諺があるが、何遍も足を運んでもらうと、その努力、苦労に応えたいという気持ちになる。多くの人が抱く「親孝行をしたい（しなくては）」という気持ちも両親に対する返報性の心理がその根源にある。相手のために一生懸命に尽くすリーダー、親身になって相談にのるリーダーは、その相手やチームに対して一定の影響力を発揮する。人は自分が借りを感じている相手を受け入れ、貢献したいと考えるからである。

仮に、①の「専門性」、②の「人間性」に自信がないとしても、「返報性」を追求することで、チームへの影響力を高めることは十分可能である。ただし、返報性をニンジンをぶら下げるように取引の材料、手段として使用すると、信頼性は失われ、嫌われることを肝に銘じておきたい。

④ 一貫性

メンバーに「ブレない」と感じさせるリーダーである。メンバーはリーダーの一貫した態度に大きな影響を受けるとともに安心する。リーダーの掲げるビジョンが揺るぎなく、そのビジョンを実現するための戦略が明快で、戦略とリンクした決断を下し、その決断に至った理由も明確で、その決断と日常の行動が一致しているのであれば、メンバーはそのような首尾一貫したリーダーの姿勢に強く感化され、自らの行動を変化させる傾向がある。

例えば、「お客様重視の姿勢でクレームを撲滅する」「適性を考えたダイバーシティで人材の抜擢を行う」「組織の壁を越えて、川上、川下との連携を強化する」など、自ら掲げたスローガンに対して徹頭徹尾ブレることのないリーダーの姿勢は、メンバーを強く巻き込む力を発揮する。

一貫性のあるリーダーは、常に同じことを繰り返し言い続け、どんな時でも判断軸が変わらない。リーダーに一貫性があると、メンバーはリーダーに相談する前から「きっとこの件に関しては、リーダーは〇〇と答えるだろう」という予測がつく。そして、自分自身の言動をリーダーが導く方向に同化させる。たとえ、リーダーに①専門性、②人間性、③返報性などの要素が欠けていたとしても、人は「一貫性」のあるリーダーに強く惹かれるのである。

ただし、その「ブレ」が誤りであったり、時代に合わない古いものである場合、あるい

は改善、イノベーションにマイナスの影響を与えかねない場合には、メンバーと十分話し合い、訂正・変更する柔軟性も併せ持たないと、単なる「頑固者」「保守」と受け取られ影響力が低下するので注意すること。

⑤ 厳格性

メンバーに「怖い」と思われるリーダーである。人は、恐れを抱くような人に素直に従う傾向がある。マキャベリの君主論に「君主は恐れられるよりも慕われる方が良いか、それとも逆か。人はそのいずれでもありたいと答えるであろうが、それらを併せ持つことはおおよそ困難であるから、二つのうち一つを手放さなければならないときは、慕われるより恐れられた方が、はるかに安全である。」と述べている。ある意味、「恐怖心」というものに逆らえない人間の弱さを現実的な目で見極めた、15世紀の思想家の含蓄ある記述である。

確かに、リーダーシップを発揮するには、ある程度メンバーから畏怖の念を抱いてもらう必要がある場合もある。しかしこれは、「恐怖政治」を意味するのではなく、「泣いて馬謖（ばしょく）を斬る」(注3)のごとく、信賞必罰を迷いなく実行できる「怖さ」「厳しさ」と捉えるべきである。「怖さ」「厳しさ」を持ったリーダーはチームにおいて強い影響力を発揮し、成果に向けてチームを統合する力を持つ。

ただし、リーダー自身が誰よりも自分に対する厳しさを持ってはじめて「厳格性」の本当の影響力が発揮できるのである。なお、この力は、①専門性、②人間性、③返報性、④一貫性に比べて更に強い影響力を与える可能性が高いが、これだけだと昔の監視し叱咤激励する「マネージャー」とほぼ同じになってしまうので、「厳格性」だけを強めるのは避けたほうが良い。

「リーダーシップを発揮すること」＝「影響力を発揮すること」だと考えると、リーダーはここで述べた5つの影響力の源泉のいくつかを持たなければならない。一流のリーダーを目指すなら、この5つについてさらに高いレベルにしていくべきである。そのために、自分に備わっていない影響力の強弱を分析して、自分に足りない影響力の源泉を手に入れるよう努めなければならない。しかし、自分一人ではなかなか難しい。だから何でも直言しアドバイスしてくれる「相棒」が必要である。

**相棒の例**
・シャーロックホームズとワトソン、杉下右京と冠城亘（又は亀山薫、甲斐亨）など

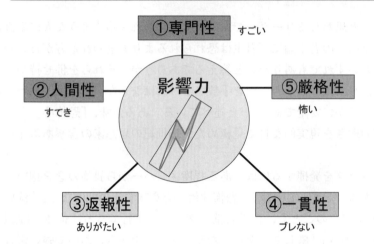

(注1) メラビアンの法則
　アメリカUCLA大学の心理学者アルバート・メラビアンが1971年に提唱した法則。人への第一印象は初めて会った時の3～5秒で決まり、その情報のほとんどは「視覚情報」から得ていて、相手に与える影響が発信するメッセージ自体より、その際の表情や口調といった視覚や聴覚情報のほうが強い影響力を持つという概念。特に、数秒でその人への印象が決まってしまう視覚情報は重要だということである。

(注2) 三顧の礼
　三顧の礼とは、地位ある人や目上の人が、賢人に礼を尽くして物事を頼むことのたとえ。また、目上の人がある人物を見込んで、特別に優遇することのたとえ。「三顧」は三度訪ねるの意。中国の三国時代、蜀の劉備が無位無冠の諸葛孔明を軍師として迎えるために、礼を尽くしてその草庵を三度も訪ねたという故事に基づく。

(注3) 泣いて馬謖を斬る
　泣いて馬謖を斬るとは、全体の規律を守るためには、たとえ愛する者であっても私情を捨て、涙をのんで処分すること。三国時代、蜀の諸葛孔明が魏と戦ったとき、親友の弟で腹心の部下だった馬謖が命令に背き、布陣したため大敗を喫した。孔明は軍法に従い、涙を流して馬謖を斬罪にしたという『三国志・蜀志・馬謖伝』にある故事に基づく。

## (9) リーダーになってはならない3つのタイプ

### ① 全責任型のリーダー

　責任を取らないリーダーも困りものだが、「全責任は私にある」とするタイプである。「最後はリーダーが全責任を取る」という日本的な「美学」を持っているリーダーである。「敗軍の将、兵を語らず」をモットーとして、プロジェクトやタスクが失敗したときにも、「すべては自分の不徳のいたすところです」といった、極めて観念的かつ抽象的な反省で終わってしまうリーダーである。

　こうしたリーダーの態度は潔く純粋なのだが、困ることは組織全体として学ぶことができない、ということである。なぜなら「すべて自分の責任です」と言われてしまうと、多くの場合「二の句」が継げないからである。それ以上「原因」を追究しにくくなる。

これを避けるには、「原因」を追究することと、「責任」を追及することを混同させないことにある。したがって、このように潔いリーダーに対しては、「責任」問題はさておき、「原因究明」に協力をお願いすることと、「原因究明」に当たっては、公正と思われる機関（例：第三者委員会等）が行っている、という認識を組織内で持てるかどうかにかかっている。

② 清算主義型のリーダー

　失敗したプロジェクトやタスクについて「すべて清算して、ゼロからやり直す」式の対処をするリーダーである。そのプロジェクトやタスクについては、当然良い部分もあったはずであるが、「すべてに問題があった」と考え、「ご破算で願いましては」としてしまうのである。

　確かに、プロジェクトやタスクが失敗したとき、メンバーの多くの心の中に生まれる反省的な気分や悲観的な心境ともあいまって、チーム全体を巻き込む雰囲気となることがある。これもやはり日本人の好きな「裸一貫から出直し」と同じ発想である。

　しかし、この清算主義も、ある意味では「いまこそ徹底的に反省しよう」や「これを機会に、すべてを見直してみよう」という前向きな姿勢から発してはいるのだが、当のリーダーが考えているほど、チームのメンバーにとっては学べるスタイルにはなっていないことが多い。なぜならこれには、以下の3つの問題があるからである。

ア）組織として学ぼうとするとき、そこに「ああ、すべてが間違っていた……」という厭世的な後悔の念を強く持ち込んでしまうため、メンバーが理性的に反省することができなくなる。

イ）懺悔のように、あれもこれもと問題点を表に出すことによって、一体何が最も大切な反省点であったかが分かりにくくなってしまう。

ウ）良い点もあったはずであるが、それを評価されることがないため、次にチャレンジするモチベーションにつながらない。

　①と②に共通していることは、失敗から学べるような意思決定をしていない、ということである。「敗北した軍隊は、よく学ぶ」という諺があるが、しかし敗北には「よく学ぶことのできる敗北」と「あまり学ぶことのできない敗北」の2通りがある。

　そして、両者を分けるのは、実は意思決定のスタイルである。前者は、「組織全体で判断根拠が共有される意思決定」であり、後者は「組織全体で判断根拠が共有されない意思決定」である。

③ "黙って俺について来い"型のリーダー

　親分肌のリーダーで、常に意思決定はシャープであり、部下に対する指示も明確である。部下からも親父のように慕われている。そして、一般に仕事のパワーにあふれた頼り甲斐のあるリーダーであることが多い。しかし、部下にとって困ることが1つだけある。リーダーにいろいろな意思決定の判断を求めるとき、あまり説明してくれない。

　多くの場合、極めて正しい判断なのだが、なぜその決断に至ったかを話してくれない。常に「我が胸中に秘策あり」といった雰囲気であるため、部下はリーダーの指示に従って動いていれば仕事は進むが、ひとたびリーダーが不在となると「お手上げ」状態になる。

出張先、あるいは自宅などに電話をし、その都度細かい指示や、トラブル解決策の方法を聞くという状況になる。

各自に指示された仕事は明確なのだが、仕事の全体像、すなわち、仕事の目的、目標やそれを実現するための戦略、戦術が共有されていない。

これは典型的な「チーム全体で判断基準が共有されていない意思決定」を行うタイプのリーダーである。意思決定の前提となるビジョン、戦略、戦術が、「特定個人」の中に囲い込まれてしまっており、「チーム全体」で共有されていないのでメンバーはなぜリーダーがその意思決定をした理由が分からない。その結果、仕事が失敗したときにも明確な「評価基準」が持てず、その原因を正しく分析できない、メンバー全体で反省することもできないという事態に陥る。

このリーダーの意思決定の前提であるビジョン、戦略、戦術は、その本質はあくまでも「仮説」である。ＶＵＣＡ<sup>(注)</sup>時代の市場に対してのいろいろなタスクや仕事は、ある意味「仮説」に基づいている行為である。たとえ、それが優れた直感力に導かれたものであるとしてもそれは実践してみない限り、やはり「仮説」にすぎない。

したがって、失敗から学ぶということは、この「仮説」を検証することに他ならない。仮説が共有されず、失敗の検証もできず、失敗から学ぶこともできないチームが成長するわけがない。

①〜③で共通していることは、意思決定とその判断基準の共通認識の重要性である。だからリーダーは自らの胸中にあるビジョン、戦略、戦術を分かりやすい言葉にして、メンバーに伝え続けなければならない。

これは「周知徹底」して頭の中に叩き込むことではない。「衆知結集」して、メンバーの全員の声に「耳を傾ける」ことであり、メンバー全員の「知恵を集める」ためである。ヒヤリング、ワイガヤ等のコミュニケーションの重要性が改めてクローズアップされるのである。

（注）ＶＵＣＡ（ブーカ）：Volatility（変動性・不安定さ）、Uncertainty（不確実性・不確定さ）、Complexity（複雑性）、Ambiguity（曖昧性・不明確さ）という４つのキーワードの頭文字から取った言葉で、現代の経営環境や個人のキャリアを取り巻く状況を表現するキーワードとして使われている。ＶＵＣＡはもともと1990年代にアメリカの軍事領域において用いられてきた言葉で、一言でいうと「予測不能な状態」を意味する。VUCA時代とは、経済、企業組織、個人のキャリアに至るまで、ありとあらゆるものを取り巻く環境が複雑さを増し、将来の予測が困難な時代であるということ。

④　その他「要注意リーダー」のチェックポイント
・　忙しいアピールが多い
・　成果物を出さない
・　馴れ馴れしい
・　無駄なプレッシャーをかける
・　過去の業績を誇る

**まとめ**
- 部下はリーダーの"言う"とおりにはならない⇒しかし、"する"とおりにはなる。
- 人を指導するということは、自分の生きていく姿勢を確立することでもある。
- だからこそ、スキルの使い方、人間としての姿勢が真にリーダーという名にふさわしいか、日々厳しく自己省察する態度が必要である。

## 4. 指示について

　職長はマネージャーであり、リーダーであり、コーチでもある。そして、それらの職務を達成するために自分の意思等を伝達する方法として、「指示」という手段をとることが多い。指示がなくても、部下が職長の意を汲んで（場合によれば忖度して）自主的に行動する場合もあるが、普通は「言語」による意思の伝達であることが一般的である。これを「バーバル（言語による）コミュニケーション」という。

　コミュニケーションには言語以外の、身ぶり、手ぶり、目配せ、アイコンタクト、うなずき、強調などの非言語的（ノンバーバル）コミュニケーションがある。以心伝心、あうんの呼吸、忖度などもそうであるが、必ずしも自分の意思が正確に伝わっているのか誤解されることも少なくないが、本音が分かるという面もある。

　コミュニケーションはＯＪＴ、コーチング、ヒヤリング、ワイガヤなどの場面でも使われる。
　この章の冒頭で、「（強制的な）指示はごく緊急、危険回避のために行われるべき」であると述べた。それは次のケースである。指示は裏側に命令権限があるものが行う場合が多く、指示に従わなければ「命令違反」、あるいは「命令違背」となり、企業によっては、懲戒事由、降格事由ともなり得る重いものである。指示の手前が「注意」「忠告」「指導」である。

　なお、「命令」とは、上司が部下一人ひとりに特定の業務を割り当てることで、この割り当てた業務について、その方法や手順を示すことを「指示」という。

　「注意」には「〜をしてはダメ」という注意と、注意力や闘争力等を喚起させるもの（柔道の注意）と、「さらに考えて」あるいは「慎重に」行うことを求めるものがある。いずれも、指示よりは強制力が弱いとされている。

　「忠告」とは、「〜すると……のおそれがあるかも」「〜すると……の処分が出るかも」と警告を伴った注意である。当然、実行者はその危険・リスクを認識して慎重に行動するか、別な行動を選ぶかの選択権を有している。

　「指導」とは、前述したコーチングであり責任は行動する者にあるが、指導した者はサポート（支援）するのが一般的である。できれば、指示より注意、忠告、指導で済ますほうが穏便であり、チームとしても角が立たず、和が取りやすい。

### （1）指示の仕方

　指示とは、割り当てた業務について、その方法や手順を示すことであるが、それには注意事項や禁止事項も含まれる。また、指示は動機付け、すなわち相手にヤル気を起こさせたりモチベーションを高めるためのものでもある。したがって、指示の内容と相手によっては、時・場

所の使い方、態度に配慮する必要がある場合もある。
① 業務指示の大前提条件
・ 適切な業務指示を出すこと
・ その業務指示を部下に正しく理解させること
・ 部下が業務指示を実行するために必要な環境を整えること

　チームにおいて、上司である職長の役割は求められている成果を出すこと。つまり、部下に成果を出してもらえるように働きかけることである。昭和時代ならいざ知らず、労働力減少の条件下で、いくら命令・指示だからと言って上から目線で「これやっておいてくれ」的な指示はもはや通じなくなると心得るべきである。これからの指示とは、部下の目線に立つ指示である。

② 部下の反応を想定する
　職長は部下に指示する前に、部下はどんな反応を示すかをイメージしてみる。同じ条件、同じようなことであっても、部下によって反応が全く違うことがある。明らかに嫌がるそぶりを見せる者もいれば、「喜んで！」と反応する者もいる。

　だからこそ、部下一人ひとりの「能力・価値観」、現在担当している業務の状況、場合によっては家庭事情などを「ヒヤリング」等でしっかり把握して、各人に応じた「業務指示」を出す必要がある。これが適性を配慮した適正配置である。

ア）部下が嫌がると思ったら
　嫌がってもやらせる、やってもらう必要があるならしっかり動機付けをする必要がある。それは５Ｗ３Ｈ(注)で行う。
　「なぜ、この仕事をやる必要があるのか」（Why）、「この仕事をやることで、本人にとってどんなプラスになるか」（How much）といった部下本人にとっての意味、等々をしっかり説明し、納得を得ることが大事である。
　また、嫌がる理由を聞き出し（積極的に言わない場合もあるが）、その障害を取り除く方法を一緒に考えることも大切である。

イ）部下が喜ぶと思ったら
　「喜んで！」と反応する部下なら、職長からの「動機付け」はあまり気にする必要はない。むしろ、本人から前向きの気持ちや達成したい目標などを言ってもらうことで、自発的にモチベーションを高める方向にリードするのが良い。
　ただし、部下の能力や性格から気をつけなければならないことは、本人に考えさせたり、職長からも具体的に注意しておく必要がある。
　このように、部下に対する「業務指示」は、画一的・一方的ではなく、案件の内容と部下一人ひとりの能力や性格などを考えて、それぞれに適した内容にカスタマイズして与えることが肝要である。簡単に言うと、指示内容は同じだけど、部下によっては言い方と内容を変えるということである。

(注) ５Ｗ３Ｈ：ア) Why：(なぜ)、イ) When：(いつ)、ウ) Who：(誰が)、エ) Where：(どこで)、オ) What：(何を)、カ) How to：(どのように)、キ) How much：(いくらで)、ク) How many：(いくつ)。重要なのは、Whyから始まることである。

③ 指示（命令）が持たなければならない要件
　次のどれを欠いても指示（命令）にはならない
・直接に　・一人ひとりに　・目的を明示　・原則1つの指示。多くても3つまで　・具体的に　・結果は数値で表現　・期限を設ける　・途中の確認　・できないときは反省させる（一緒に原因追究）　・できたときは「承認」する　・報告させる（できる）

④ 途中の確認が重要（部下と関わり続ける）
　「しっかりとできているかどうかを確認し、必要に応じてテコ入れをする」こと。つまり、業務指示において部下と関わり続けることが大事である。職長も自らの仕事を持って忙しいが、部下を早く育てるためにも密に働きかけることが必要である。
　部下によくある不満として、「人にアレやれ、コレやれって命令するだけで、本人は何もしていない」というのがある。部下の立場からすれば、上司は業務指示を出すものと分かってはいても、「丸投げ・ほったらかし」だと、仕事に対して「やらされ感」が高まるものである。
　さらに、上司本人が「業務指示したことを忘れていた」などは最悪で、部下としては一気にやる気がなくなり、上司に対する不満は膨れ上がる。これは絶対に避けなければならない。これらを防ぐためには、上司から部下に働きかけることが大切である。
　タイミングを見はからいながら、上司から部下に「その後、どう？」と声をかけることを忘れないようにしたい。

⑤ 進捗報告事項と期限を提示する
　③の要件に「途中の確認」があるが、進捗状況の期中管理と期限については忘れずに確認する。職長が頻繁に「どうなってる？」って聞けるほど時間に余裕はないし、部下にとっても変なプレッシャーをかけられているようで迷惑な話である。
　そこで、一番最初に業務指示を出すときに、1回目の進捗報告事項と期限を提示しておくのである。
　例えば、「指示内容を企画書にまとめて3日後、報告に来るように。それまでに迷うことがあったら、いつでも遠慮なく相談に来なさい」と伝えるのである。そして、3日後に報告に来た際に、「次は、○○について、実際に取り掛かる前に（または、○月○日に）」というふうに、次回のテーマとタイミング（日時）を決めておく。その合間に「どう、進んでる？　困ったことはないか？」と声をかけると、さらに細やかな進捗把握ができるし、少なくとも部下の「やらされ感」は少なくなるはずである。

⑥ テコ入れが重要
　できていないところを見つけ、なぜできていないのかを考え、それをできるように手を打つことである。場合によっては、部下に成り代わり、職長や先輩が対応することもある。
　このテコ入れも、「部下の目線」に立つことが大切である。特にできていない場合、「何でこんなことができないのか！」と叱責してはダメである。頭ごなしの叱責は、上司にとってただの憂さ晴らしか、「オレだったら簡単にできているぞ」と裏返して自慢しているだけだから何の解決にもつながらないどころか、部下にとっては気分を損ねたり、重圧になるだけである。同じ意味で、「がんばれ」などの叱咤激励もやり過ぎないよう気をつけ

たほうが良い。(第3章「作業手順の定め方」参照)
⑦　環境を整える

　最後に、業務指示において上司に必要なのは、部下が「できないことをできるようにする」ための環境を整えることである。労力や時間、予算などが不足しているのであれば、それらをどう補えば良いのか、他の選択肢も含めて検討・導入する。場合によっては計画の見直しもあるかもしれない。対外的な折衝において、部下の役職では不十分であれば、職長や上司が代わりに行ってやれば良い。

　もし、部下がサボっていてできていないのであれば、なぜサボったか、どうすればサボらなくなるのかを冷静に話し合い、本人から意見を述べるようにすべきである。これは、上司から怒鳴られるよりもよっぽど怖いので効果てきめんである。

⑧　その他、気をつけるべき3つのポイント

ア）優先順位を付け、原理原則と判断基準を伝えて指示する

　部下の仕事ぶりを見て、「そんなの後でいいのに。どうしていま指示した急ぎの業務を先にやらないんだ」とイライラすることがある。それは自分が思っている以上に、部下は優先順位が付けられないことが原因であるからである。優先順位の指示がないと、部下は職長に言われた順番に仕事をしようとするか、あるいは今やっている仕事の後でも良いという勝手な判断をしてしまう。指示が複雑なら優先順位となぜその順番なのか、仕事の意味の原理原則を踏まえて指示する。

　指示は原則1つ。多くても3つと述べたが、まとめて伝えることで時間を節約したつもりが、伝達不明瞭でかえって仕事が遅くなることもある。

イ）口頭での指示の注意事項

- 十分にやり方・考え方を理解させる必要があるときはメモをさせる。
- やさしい仕事、短時間でできる仕事、すでに経験している仕事の場合に行う。
- 受け取り方、聞き取り方に間違いが起こりやすい場合は復唱させる。相手の表情から理解の程度を読み取り、不十分らしいと感じたら質問したりして確かめる。

ウ）文書（書面）での指示の注意事項

- 仕事の正確性を要するとき、特に数字が関係する場合は文書で行う。
- 施主の関係や公共的な仕事の場合等で客観的な資料として必要なときも文書で指示する。
- 仕事が各部門に関連したり、場所や時間が輻輳している場合も記録として文書で指示する（労災事故、事件等が発生すると重要性が増す）。

## (2) 指示が徹底しない場合

上記の対策を講じても指示が徹底されない場合がある。その場合は次のような問題がないかチェックする必要がある。

① 部下の能力の問題

ア）やり方を知らない。

イ）技能的にできない。しばらくやったことがない。未熟練。

ウ）十分な時間がない。
エ）部下の力ではどうにもならない問題がある（資格がない等）。
② 態度、価値観の問題
ア）つまらない、面白くないのでやる気が出ない。
イ）自分のやり方が正しいと思っている。
ウ）今やっていることがそんなに悪いとは思っていない。
エ）自分では指示通りにやっていると思っている。
オ）コンプライアンス上問題だと思っている。
③ 管理のまずさ
ア）自分だけがムリな仕事をやらされていると思っている。
イ）人間関係がうまくいっていない（一緒にやりたくない）、組織に反発している。
④ 個人の問題
ア）心配事がある。
イ）非常に疲れている。
ウ）精神的・肉体的な健康上の問題がある（発達障害等）。

これらの問題は日頃からよく観察して、なぜそうなっているか原因をよく確かめてから対応を考えることが大切である。ヒヤリングやワイガヤの機会、コーチングスピリットで支援するとき、あるいはフォロアーシップを求めるときなども、良い人間関係を築く場となり得る。良い人間関係をつくり上げ、快適職場、ワーク・エンゲイジメントをつくるのは、職長とその部下との共同作業である。モチベーションが上がり生産性も上がる、お客様にも喜ばれる、そういう強い「現場力」の職場ができるなら、その職長とチームは高く評価される。

## （3）叱りながら指示をする場面は2つ

普通、指示・命令は冷静に穏やかに行われるが、大声を出して叱りながら指示することもたまにはある。しかし、その場合は、①緊急事態と、②他人やお客様に迷惑をかけ続ける状態、の2つである。

① **緊急事態**とは、その行動がセキュリティー上、あるいは労災事故や大きな事件につながる場合である。「立入禁止区域に入るな！」「そのメールを送るな！」など、相手の思考を停止させてでも止めなければならない。これは鉄則である。例えば、上から鉄骨が落ちてくるような緊急事態に、「大変恐縮ですが、今、上から鉄骨が……」なんて悠長に話し掛けていられない。相手に寄り添っている場合ではないので、とにかく叱ることで強制的に行動を止める。もちろんその後に説明するというフォローは大切である。

ただし、これに該当するシチュエーションはめったにない。普段の仕事で重要なのは②の「他人やお客様に迷惑をかけ続ける状態」のほうである。

② **他人やお客様に迷惑をかけ続ける状態**には主に、以下の2種類がある

ア）組織としての生産性やモチベーションを下げる行動とは、お互いのモチベーションを下げるような仕事のやり方である。ここでの指示では、他者目線で視野を広げてやる伝え方をするのがポイントである。「そういう応対の仕方だと、お客様が戸惑うのじゃな

いかな」「そういう聞き方だと、取引先様が見積りできないよ」といった、相手の目線に立った言い方で叱責したり注意したりする。

イ）本人の得にならない行動とは、常に仕事を丸投げしたり、あからさまに口の利き方がなっていないなど、本人自身が損をするような仕事の進め方である。こういう仕事を続けていると、多くの場合、社内でも社外でも、いい人やいい仕事が回ってこない状況になってくる。

　この場合は、「そういう仕事のやり方だと、あなたは仕事ができない人だと思われてしまうよ。相手に評価されなくて、チャンスを与えてもらえないよ」というメッセージをどう伝えるかが重要である。あくまでも「あなたのため」「あなたが損をするよ」という姿勢で話す。

## 5. 怒る、叱るについて

前述したとおり、マネージャーにしてもリーダーにしても、チームの仲間に自分の意思を伝達しなければ、言い換えればコミュニケーションが成立しなければ、その意図した方向へは行動できない。

指示したのに部下が指示通り動かない。指示に反した行為を行う、という状況に対して、その是正のための行動は、その権力の表出や強制力の程度から、怒鳴（どな）る、怒（おこ）る、叱責する、叱（しか）る、命令、指示、注意、忠告、指導等の順となる。一番良い是正指示の仕方は、指導（コーチング）、忠告、注意、指示、命令、叱る、怒る、怒鳴る、の順である。

そして、「叱る」はパワハラになり得る場合があり、「怒る」はパワハラに認定されやすく、「怒鳴る」はほとんどパワハラに認定されている。いずれもこの3つは感情がこもっていて、それ以外とは区別して考えることにする。

「叱（しか）る」とは、部下の言動に対して、欠点等などを指摘して、強くとがめることであり、「叱責する」はそれに併せて責任も追及する意味も込められていることが多い。

「怒る」とは、「感情が高まる」の意味から、不満・不快なことがあって我慢できない気持ちを表している。腹を立てる。いかる。よくない言動を強くとがめる。強く叱ることであるが、怒鳴るほど大声は出さない。腹を立てているので自分の感情の高ぶりであり、怒鳴ると同じく相手のことはほとんど考えていない。

「怒鳴る」とは、声高に叱りつけることであるが、感情的な人であることが多く、カッとなって怒る人は要注意である。職長のとる態度、コミュニケーションとしては不適切である。怒った時の怒鳴りようは想像を絶する大声をあげたり、怖い形相をしたり、物を投げたり壊したりと相手に恐怖心さえ与えてしまうのが一般的で、自分の感情＝腹の虫を収めるためであることが多く、相手のことはほとんど考えていない。

### （1）「怒る」と「叱る」の違い

違いは、①主役の違いと、②理性的か否かの違いで分けることができる。

① 主役の違い

「怒る」という行為には、けしからん、許せん、何をやっているのだ、なぜ言うことを聞かない、といった気持ちがあり、自分が主役となっている。

「叱る」という行為には、相手に気づいてほしい、相手を育てたい、相手に良くなってもらいたい、という気持ちが叱る側にある。つまり、相手が主役となっている。したがって、仮に同じ叱責の言葉でも、この気持ちがなければ「怒っている」という状態に認定される。

② 理性的か感情的かの違い

理性とは、人間性の持つ「感情に溺れずに筋道を立てて物事を判断する能力」のことである。すなわち、冷静に相手のことを考えて指導や注意ができる。

しかし、「怒る」は感情的なので、本能のまま相手に怒りをぶつけるだけになってしまう。相手のことなど考える余裕がなくなるのである。

ところで、「叱る」は理性的なものだとしても、そこに全く「怒り」の感情はないのであろうか。「叱る」の中にも幾分か「怒り」の感情はあると考えられる。問題はその沸き上がっている「怒り」の感情が、部下の「ミス」に対してのものなのか、ミスを犯した「その部下」=「人」に対してのものなのかが重要なのである。

怒りがミスに対してのものなら、怒りの爆発を防ぐ方法と、怒るのではなく効果的な叱り方を身につける方法がある。

一方、その部下に対しての怒りが強い場合は、部下に対する見方（認知）に片寄りや誤解があることが多いので、その認知の歪みを自覚することが大切である。認知の歪みは誰にでもあるが、自分では気づきにくく、その歪みを放っておいたり大きくすると、パワハラ等職場の人間関係にも大きな影響を与える。

怒りの管理（アンガー・マネジメント）については後述する。

## （2）叱り方の7つのポイント

叱るときは「かりてきたねこ」で行うのが良い。

か……**感情的にならない**
り……**理由を話す**
て……**手短に済ませる**
き……**キャラクター（性格や人格）に触れない**
た……**他人とは比較しない**
ね……**根に持たない**
こ……**個別に伝える**

もう少し具体的に説明しよう。

① 「感情的にならない」・・・上司が気持ちを押し殺さなければいけないという意味ではない。部下を叱ろうとするとき、感情をそのままぶつけると「怒る」と同じになるからである。アンガーマネジメントをすることで、自分が部下にどんな行動、態度を改めてほしいと思っているのか、冷静に客観視することがポイントである。

② 「理由を話す」・・・なぜ叱るのかの理由を話すことが大切である。理由や事実、目的等を明確にしないまま叱ってしまうと、部下に「八つ当たりされた」「嫌いだからだろう」などといった誤解を抱かせてしまう。理由を話すためにも一呼吸し、怒りの感情を押さえるマネジメントが必要である。

③ 「手短に」・・・くどくどと同じことを繰り返したり、芋づる式にそのほかの不満や過去のミス等を述べたりするのは良くない。叱るときはポイントを絞って「手短に済ませる」のが肝要。そのためには、話を切り出す前に「10分ほど話したい」などと終わりを決めておくのも有効である。

④ 「キャラクターに触れない」・・・部下の行動やミスを指摘はしても、「キャラクター(性格や人格)には触れないこと。例えば、会議に遅刻することについて「君はだらしないから遅刻するんだ」とか、ケアレスミスを「あなたはいつも不注意だ」「男の腐ったような」「女性ならもう少し優しく」と言ったりすることである。キャラクターを否定したりあげつらったり、性差を問題にするような言い方は反発を招く。

　また、主語をYou(君、あなた)などの2人称にすると、叱られているというより責められていると感じる。したがって、主語をI(私)にして、「私は君の遅刻が残念だ」「私はあなたにきちんと確認してほしいと思っている」と一人称で話すように意識するのが良い。

⑤ 「他人とは比較しない」・・・「○○さんはできて、どうして君はできないのだ」と他人と比較されながら叱られれば、誰でも自尊心が傷つく。特に、最近の若い人は自己効力感(注1)が高いので、できている点を認めたり、誉めたりして、「遅刻やミスなど部下ができていない点を改善してくれるならもっと評価が上がるよ」といった言い方で伝えるのが良い。

⑥ 「根に持たない」・・・ミスをいつまでも覚えていて、ことあるごとに責めたり、懐疑的な態度をとったりすると、部下は信頼されていないと感じる。叱った後は、その場をさっと離れて、②の叱った理由を反芻させる時間を与えたり、松下幸之助は夜に全く別の話題(今テレビ見てたんだけど………)で電話を掛けて、気持ちのフォローをはかったりしたと言われているが、こうするのも良い方法である(注2)。

⑦ 「個別に伝える」・・・同僚や後輩のいる場で叱ると、貝のように口を閉ざしたり、恥をかかせられたと思いはむかったり、恨みを根に持ったりすることもある。叱るときは会議室などほかの人がいない場所で二人きりで行う。

◎ そのほかに留意すべき事項
・ 叱らなければならないときは、真剣に誠意をもって行う。ニヤついたり、笑いながら、茶化した言い方はしない(冗談にとられたり、馬鹿にしていると受け取られかねない)。
・ 教育計画、OJT計画があるなら、指導育成を目標にし、目標に照らしてどうなっているか等、相手を失望させないように言葉を選んで行う。

(注1) 自己効力感とは、人が何らかの課題に直面したとき、こうすればうまくいくはずだという期待(結果期待)に対して、自分はそれが実行できるという期待(効力期待)や自信のこと。

（注２）まったく別の話題が出てくることが常であった。私のほうが注意されたことを気にして、「誠に申し訳ありませんでした」とお詫びしても、「わかればいい。身体に気を付けるんやで」と、励ましてくれた。幾度も叱られ幾度も電話をもらったが、私はそのたびに感激を心の中で味わうのが常であった。「叱り方がうまかった松下幸之助――上司も感じる叱責後の"気まずさ"」（ＬＩＦＥ2016.4.13 江口克彦）

## （３）叱ったことに対して部下が反論してきた場合（否定形ではなく肯定形で対応）

②の場面で、事実や理由を告げた際に、部下が「そうは言いますけれど……」と反論や言い訳を試みたり、黙り込んでしまったりすることがある。

これは、「部下には部下の現実の捉え方、見方があるから」やむを得ないことである。したがって、理由や事実を伝えた後に「問題行動の腹落とし」、つまり、そういう事実のため周囲やお客様にどういう影響を与えたのかということを、対話によって部下の考えを探りながら、それを踏まえつつ職長である上司の考え方、経験則、見える化されたデータ等で伝え、部下との考え方・思考とすり合わせをしていくことが重要である。ここまでくれば怒りはなくなり、冷静に話せるはずである。

ただし、ここでしてはならない対応がある。部下が反論したり言い訳をしたときに、「でもね」と相手の話の流れを遮り、こちらの言い分をまくし立ててしまうことだ。こういう否定形で対応すると、部下もカチンときてしまい、更なる言い訳や反論を呼ぶという悪循環に陥ってしまう。

望ましいフレーズは、「そうか、××というふうに考えているのか。でもね……」と一旦相手の言い分を肯定形で受け止め、リピートしてから切り返すのがポイントである。

例えば、いつも納期に遅れる部下が、「今年は花粉症が特にひどくて仕事に集中できず、納期に間に合わなかった」と言い訳してきたときに、まずは「そうか、花粉症がひどくて集中できないんだね。大変だよね」と部下の発言をリピートする。すると部下は上司であるあなたに「受け入れられているかも」という感覚を持ち、ウインウインの関係を持ってもいいかなと思う。そのタイミング、チャンスを捉えて「でもね」と、こちらの言い分を聞いてもらうのである。（注）

「病院に行ってるの？　最近は良い花粉症の薬やグッズがあるよね」「集中できないと分かっているなら、もう少しスケジュールに余裕を持たせたり、サポートの手配をお願いしたりできたのではないの？」などと、部下のなすべきことを伝えれば、職長が一旦受け入れたことが効いているので、多くの場合は部下は聞く耳を持ってくれるチャンス、可能性は高まるであろう。「フィードバック」とは、まず受け入れてから攻めることである。

指摘した問題点に部下が納得したようなら、次に立て直し策を考える。ここで役に立つフレーズは、「どうすれば○○せずに済むだろうか？」である。重要なことは職長が一方的に対策案を示して押しつけるのではなく、部下自身がどうしたら良いかと解決案を考えることができるよう、職長はサポートすることである。前述したコーチングの手法を使うのである。

サポート（支援）に当たっては、①過去と現在を振り返る。②何が良くて何が悪かったのかを考えさせる（お客様、周囲に対して）。③どう行動を変えたら良いのか――という手順で進めていく。

この場合、対策案は必ず複数考えさせる。対策案にはすぐやるべきものとある程度の時間を

必要とするものがあるが、後者についてはゴールから遡って現在までのタイムスケジュール（計画）も立てさせる。ヒヤリングを行ってチェックし、期中管理を行う。行動の改善が認められなければ再びフィードバックの場を設定し、ステップバイステップで改善を図っていくことが大切である。

（注）部下が明らかに嘘をついたりごまかしたりしたときの対応。恐縮している態度での嘘なら、とりあえずその嘘や言い訳を受け入れて上記の対応を行う。嘘を言っている自分のことが許せないので、今後は改善しようと密かに思うことが多い。また、職長を馬鹿にして、あるいは嘘を見抜けないだろうと高をくくっている場合は、1回だけは騙された振りをする。しかし、若干の不信感をにおわしておく。2回目以降は、事実を確認した上で嘘であることを指摘し、強めの注意を行うのが良い（「仏の顔も三度まで」と3回目までは騙された振りをするのが良い、というのもある）。

### （4）自分は変われるが相手は変われない。でも変えてほしい場合

人を他人が変えるということは不可能で、人は自分の意思のみで変わる。だから、人は思い通りに動いてくれない。これが当たり前なのは分かっていても、どうしても性格は変えられなくても、行動は変えてもらわなければならないことがある。

また、自分と意見の違う人や、おかしなことを言ってくる相手に、「あなたの意見は間違っています。私はそうは思いません」と真っ向から否定すると、上司と部下の関係であっても、たいていマズイことになる。

この場合は「なるほど、そういう考え方もあるなぁ」「あっ、そうなんだ」と、まずは相手の意見を肯定的ではなくてもニュートラルに引き受ける。異論があっても、いきなり否定的な態度をとらないのは、前述の（3）と同じである。その後で、「でも、それについてちょっと検討したいことがあるのだが……」と交渉するのは一旦受け入れた後のことである。

気持ちに余裕があれば、「君が提案するプランはここが素晴らしい」「ここが魅力的だな」と一旦部下の意見・提案を誉めてあげるとなお良い。自分にとっては、取るに足りないおかしな意見や提案であっても、部下がいろいろ考えた結果かもしれないからである。全く考えていない単なる思いつきや言い訳であっても、取りあえず受け止める。

そうして、相手の意見について「いいところ」や「魅力」を理解していると伝えてから、「その考え、やり方には××というデメリットがありそうではないかな」「実施（実行）するには、△△の点などが難しそうだけれど、どう考えているの？」というようにすると、角が立たない。

「良いプランだが、この場合はどうなるのかな？」「こういうケースでは過去にこういうことがあった。同じようなケースは考えられないか？　これを克復するにはどうしたら良いのかな？」などと、一緒に考える振りをしながら、その案の弱点や問題点を部下に気づかせ、改良を促すのである。

この場合、全く検討の価値もないくだらない提案や意見であっても、第一声はポジティブに。誉めるポイントが見つからなくても、「ユニークだな」「目の付け方が面白い」などと言った後、「ただ、少し唐突で奇抜なので、人によってはビックリするかも……。今回はもう少しソフトでいきたいと思うが、どうかな？」と改良を促す方向に話を進める。

間違った意見や、少し考えの甘い意見が出た場合、あるいはその考えに基づいて行動した人は、自分の提案や行動の詰めの甘さに気づいていないことも多い。そこに頭ごなしに「ダメ。やり直し」「却下！」「ボツ！、おかしい」と言われると、「自分自身の性格やアイデンティ

ティが否定された」という気持ちになり、反発するかモチベーションが下がりかねない。

　部下の意見や行動を変えさせたい職長も、「あなたはおかしい」とその人の存在、アイデンティティを全面的に否定したかったのではなく、「部下の意見や行動におかしいところがある（間違っているところがある）」と分かってもらいたいだけである。しかし、意見や行動を否定されると人格やアイデンティティまで否定されたような気分になる人が多い、ということは知っていたほうが良い。

　ただし、このように職長が対応しているにもかかわらず、部下が一向に考え方や行動を改めない場合は、さらに上司の協力を仰いだり、怒りを伴わない「命令」という強権を発動し、その命令にも従わない場合は就業規則の懲戒規定で対応するのもやむを得ないと考える。しかし、一連の経過は記録に残しておく必要がある。

## 6. アンガーマネジメント

　アンガーマネジメントとは、アンガー（イライラ、怒りの感情）をマネジメント（上手に付き合う）することで、怒りのエネルギーを一律に「ダメ」なものと否定せずに、モチベーションを高めるとか、もっとポジティブに使おうという考え方、行動である。

　アンガーマネジメントは、1970年代にアメリカで始まった心理教育である。アンガーをコントロールするだけでなく、その怒りの根本原因を探るのも目的の一つである。

　前述の「怒る」と「叱る」の違いで述べたとおり、「怒る」上司は感情的な人として評価が低い。職長は「怒り」をコントロールして「叱る」ようにしなければ、評価は高まらないし、即「パワハラ」と認定されかねない。

### （1）怒りのメリット、デメリット
　① アンガーとは
　　「仕事のできない、のろま（とろい）部下を見てイライラする」
　　「上司のあの言い方がムカつく」
　　「突然の怒りをつい『チッ』と口に出してしまう」
　　「言い合いをして、注意されて、思い切りドアを『バタン』と閉めてしまった」
　　「テーブルをドンドン叩いたり、机やくずかごを蹴ったり、言ってはいけないこと（バカヤロー、人間のクズ、ハゲ……的なこと）を言ってしまったりする」
　　これが怒り（アンガー）であり、こういうことが起こるのはそもそも怒りをうまくコントロールできていないからである。
　② 怒りのメリット
　　怒りにはメリットもある。「スッキリする」「相手にはっきり意思が伝えられる」のほか、「モチベーションにつながる」がある。「悔しいから頑張る」「負けたくないから努力する」などの源となるアドレナリンは、怒りのエネルギーがないと強まらない。怒りが向上心を生むことも多々ある[注1]。

③　怒りのデメリット

　デメリットとしては、「相手と気まずくなる」「後で後悔する」「パワハラで訴えられるかも」など対人関係、メンタル面を指摘する人が多い。しかし、実際は、「本人の身体に及ぼす悪影響」、例えば、血圧、血糖値、筋肉の緊張と弛緩等、身体のあらゆる機能が落ち、通常の7～8倍ぐらいのダメージがあるといわれている[注2]。

(注1) 青色発光ダイオードでノーベル賞を受賞した中村修二氏は、「自分のモチベーションは怒りだった」と述べている。

(注2) 怒りを感じると、筋肉や関節は緊張し、血行が悪くなり、神経や循環機能、ホルモンの自然なバランスは阻害され、心拍数とテストテトロン値の上昇に伴って血圧は上がり、脳の活動、特に前頭葉と側頭葉にも影響し、胆汁も過剰に分泌されることになります。具体的には不整脈、肝臓・胆のうへのダメージ（胆汁増加）、筋肉痛（けいれん）、下痢、胃炎、皮膚炎等。（みんなの健康）

## (2) アンガーマネジメント

　怒りをマネジメントするのは簡単でない。それは家庭教育や学校の教育課程、あるいは社会人教育で感情をどうコントロールするかを教わっていないからである。せいぜい「我慢しなさい」とか「こういう態度をとれるほうがいいですね」とか、理由もなく「ともかく怒っちゃダメ」などと教わる程度なのと、個人の資質（怒りっぽい）にも関係することなので、コントロールの仕方が分からないのである。怒りを抑えてしまって、うつ状態になったり、家庭でＤＶや怒鳴り散らしたり、その反対のパターンの人もいる。

　教育を受けていないので、「知ってはいる」が、本当に「理解」はしていないし、理解できていないのである。

①「マネジメントとは」

　　怒るべきときは怒る、怒らなくていいときは怒らないようにすることである。この線引きを自分の意思でできるようにすることである。「あのとき怒っておけば良かった」「あんなに怒らなくても良かったのに」。そんな怒りの感情で後悔をしない方法を学ぶ必要がある。

　　怒りの感情は誰もが持っている。怒りは伝達手段であり、防衛感情でもある。人は敵に攻撃されたとき、生き延びるために逃走するか、逆に闘争するかのどちらかの「とうそう」を選ぶが、いずれを選んだとしても身体をリラックスさせてはできない。怒りがアドレナリンを出し、筋肉を緊張させて行動するのである。その意味において、怒りは身を守るのに必要なものである。だから、怒りの感情をなくすとか抑え込むことはやめる。怒りの感情自体は悪いものではないということを理解した上で、怒りをコントロールする技術を身につけることが大切である。

②「問題となる4つの怒り」

　　怒りにもさまざまな性質がある。社会生活を営む上で問題となるのは次の4つである。
　　・　強度が強い……激高して怒ってしまう。一度怒り出すと止まらない。手が付けられない。
　　・　持続性がある……いつまでも怒り続ける。根に持つ。
　　・　頻度が高い……いつもイライラする。カチンとくることが多い。

・攻撃性がある……他人を傷つける。自分を傷つける。モノを壊す。モノを投げる。バットやモノを凶器に使う。

怒りには宗教戦争のように長い持続性のものもあれば、怒りの感情がこじれてストーカー行為に走るタイプもある。

③「衝動のコントロール」

怒りの感情のピークである「最初の6秒をやり過ごす」。人は怒ったときに最初の6秒でアドレナリンが強く出るといわれている。だから、6秒間、指を開いて「ガマン、ガマン」と心の中で唱えるというアンガーマネジメントを励行することが大切である。

また、イラッとしたりムカッとしたら、指でそのことを書くのも良い。身体を使って時間を待つことを覚えるのが一番効果的である。慣れてくれば、頭の中でカウントもできるが、多くの場合、怒っているときは手を強く握りしめていることが多いので、指を1本ずつ立ててカウントすると身体に連動させやすい。さらに、100、98、96、94、92、90、88と逆に、かつ一つ置きに数字をカウントダウンさせる方法もある。3つ置きや4つ置きだと、考えながら数えるので、6秒間ルールの他にも怒りを瞬間忘れさせる。

次に、その怒りに、0は穏やかな状態、10は人生最大の怒りというふうに10点満点の点数を付ける。点数を付けることで、冷静になれるし、対処法を考えることができる。これがアンガーマネジメントの第一歩である。10段階と言ったが、できれば怒りに、激怒、激高、憤怒、怒気、怨念、悲憤……etcの名前を付けてランク分けすると客観的に分類しやすい。

④「思考のコントロール」・・・・「べき」の境界線を広げる

自分が怒っていてもそれが相手に伝わらないことがある。相手が意識して無視する場合と本当に気がつかない場合がある。態度の場合は分かりやすいが、言葉の場合は言葉に対する温度感が異なるからである。言葉は記号であり、記号を解読するのに誤差が生じるからである。だから、コミュニケーションする相手側とは同じ暗号解読表を用いるか、フィードバックして訂正させるしかない。

私たちは自分が考えるこうある「べき」という考えに対して、相手側とのギャップを感じる人に怒りを感じることが多い。例えば、夫は家事を手伝ってくれる「べき」、子供は早く寝る「べき」、挨拶は若い者が先にする「べき」など、自分の持っている「べき」に反すると、怒りが生じるのである。言い換えれば、怒りの正体は「べき」である。「べき」は、自分の願望・希望・欲求を象徴する言葉である。自分の「べき」は何か、相手の思っている「べき」は何か、自分の周囲の「べき」を理解しておくと、相手の怒りも理解できるようになる。

ただし、この「べき」は、知識、経験、学習、加齢等の状況によって変わるものである。他人に対して怒る場面が多ければ、自分の「べき」は狭いのではないか、もう少し広げられないのか。広げるにはどうしたら良いか、と悩み、学習、経験していくのがアンガーマネジメントの重要なステップである。そして、対人関係においても自分と同じ「べき」の範囲の人、自分とは少し違うが許容可能な範囲の人、自分とは全く違う許容できない「べき」の人を区分できるようにするのが大切である。

違う価値観を持った人を許容できるようになることが望ましいが、自分の許容範囲は他人には見えないし、他人の許容範囲も見えない。したがって、自分の許容範囲を広げる努力はしても、どうしてもという場合は、「君子危うきに近寄らず」の諺のとおり、接触を可能な限り避けられれば、怒りの感情は湧かない。必要なら人事異動を申し出たり、退職・転職もやむを得ない。

　できれば、自分の「べき」を少なくするために、「そもそも」「ちゃんと」「しっかり」という言葉を使わないようにする。また、相手と何か約束やお願いをする場合にも、「せめてこれくらい」「少なくともここまで」と、どうしてもしてほしい最低限のラインを具体的に伝えることが、怒りを最小限にコントロールする方法でもある。

　また、認知行動療法(注)の手法を用いて、少しずつ慣れることにより、広げるという方法がある。

（注）認知行動療法：出来事の受け取り方によって、人の感情や行動は変化するという考え方に基づき、気づきの基礎となる心理教育を重視している。行動を通して気づきを広げ、次第に考えの偏りに目を向けさせる。そして当事者に寄り添いながら、主体的な気づきを手助けする形で進める。例えば、満員電車に乗れない（恐怖を感じる）場合、まずは空いている電車から順次混んでいる電車の経験を、しかも初めは1駅、次は2駅というように、心身を順応させていくやり方が認知行動療法の1つである。

⑤「行動のコントロール」・・・・できるものだけコントロールする

　怒りの原因に関して、自分が怒りを爆発させて相手が変わる、事象が変わる可能性があるかどうかで怒りをコントロールするのである。しかし、怒ることで変えられないことやコントロールできないこと、重要でないことは放っておいてよいと考えるのがアンガーマネジメントである。

　例えば、帰省時に渋滞にはまったら、「なぜこのときに帰省しようと考えたのか」と自分に腹を立てても問題は解決しない。そのときは渋滞を受け入れて、行く先に連絡したり、音楽を聴いたり、子供達としりとりゲームをしたりする。自分が変えられないことは、「受け入れる」。受け入れてから「今度こそ」、「次には何とかしよう」と考える。決して「あきらめる」「我慢する」「服従する」という表現は使わないこと。そうでないと心にしこりができ、よけいイライラする。「人生にはそういうこともあるのだ」「ケセラセラ：なるようになれ」と受け止めるだけでいい。これがアンガーマネジメントの極意である。

## 7. 「困った部下」に対する指示と対応

### （1）人は「説得」ではなく、「対話」で動く

　人（部下）を動かすために「説得」や「指示」をすることが多いが、一般に職場の"困った部下"は、「説得」や「指示」だけでは素直に動かない、あるいは動けないことが多い。それは、反発している、理解できない、理解しているがその能力がない、あるいは発達障害などいろいろな理由がある。

　しかし、職長はとりあえず、「Y理論」に立ち、「～してくれ」「～しなさい」と自分の考え

を押しつけるのではなく、対話（コミュニケーション）によって「何が問題なのか」を部下に気づかせるようにすることが大切である。そうすることにより、部下は、上司が何を求めているかは完璧ではないが理解でき、上司も部下の小さな変化や行動に気づくことができ、良いところを見つけ、承認もしくは褒めることにもつながる。具体的には次の5つの方策をとることが多い。

① 「仕事の意味」についてのすり合わせを行う

　部下・後輩には、その作業、仕事の意味を理解させることをまず基本に据える。場合によっては企業の理念、チームの仕事の意味、お客様の要望、あるいはこの仕事が次の下流の仕事にどのような影響を与えるのかをまず考えさせ、不十分であったら補足・説明する。作業手順の原理原則を教えるのと同じである。

② 「具体的な行動指示」についてのすり合わせを行う

　実際の仕事のやり方を具体的に確認する。一般に、ⅰ）なぜ、ⅱ）誰が（誰に）、ⅲ）いつまでに、ⅳ）どのような行動を、ⅴ）どのような点に注意しながら伝えるべきか（行動すべきか）を、これも本人の口から言わせる。不十分なら補足するが、ここでも重要なことは原理原則と判断基準を確実に伝えることである。

③ 「期待水準」についてのすり合わせを行う

　職長は部下がこの程度までできていて、あと何パーセントのスキルアップを望んでいる。あるいはこの仕事ができたら何パーセントのスキルアップと認められる。したがって、いつまでに、どのレベルまで終了してほしいか、適宜ホウレンソウ（報告・連絡・相談）することを確認する。

④ 適宜行動等を見守り、相談があればアドバイスする

　仕事や作業が順調にいっている様子なら、そのまま見守る。大変そうなら、声を掛け、問題となっていることを推測して、考えさせる。依頼があれば必要に応じて、同僚やメンター（先輩）に手伝うよう声かけする。

⑤ 結果を正確に評価する

　①〜③ですり合わせた事項について、達成状況をお互いに確認する。達成できたら承認（場合によって褒める）する。達成できなかった場合、その理由と対策を考えさせ、職長の評価も伝え、記録し、上司に伝えることを伝達する。

　したがって、仕事のできない「困った部下」に対しては、新人に対するOJTとほぼ同様のやり方で対応する。決して、怒ってはならない。

## （2）それでも直らない場合の対応

　組織のリーダーである職長の一番の役目は、チームのミッション（任務）を実行することにある。確かに「部下を育てる」ことも重要な任務ではあるが、それは部下が育ちチームに貢献することを期待してのことである。しかし、チームのお荷物の部下を育てることに頭が行きすぎてしまっているリーダーがいる。リーダーは「困った部下」よりも「優秀な部下」に時間をかけるべきである。その具体的方策は次のとおりである。

① この仕事（任務）は部下の能力のレベルに合わせた低いものであることをしっかり本人に認識させる

　職長に求められているのは、任された（期待された）成果を出すことにある。その成果を出し続けるために部下を育てる。部下の育成はあくまでも成果を上げるための手段であり、目的ではない。

　したがって、ヒヤリング等で部下の能力・経験レベルを見極め、「困った人」に対しては、より低いレベルの仕事を任せるのを原則とするのが大事である。忙しくて人手が足りない時に、レベルの低い仕事を依頼するのは気持ち的には納得できないかもしれないが、できるかどうか分からないことを心配し、できなかった場合を心配し、指導・教育し続けることは、時間と予算等に余裕がなければ、職長自身が疲れ果てて壊れてしまうか、アンガー状態、パワハラ状態になりかねない。

　だから、仕事の任せ方はY理論ではなく、「確実に」できるレベルのものを与えるのである。それがたとえ、チーム内でどんなに小さな仕事であってもである。

　そして、ここで重要なことは、本人のレベルに合った仕事であるということを、本人にはっきりと伝えることである。そして、この仕事は「入社〇年程度」の仕事、あるいは「3分の1人程度」の仕事であるということも嫌みを交えず、誠意を持って事実として伝える。チームとしての生産性は落ちるかもしれないが、職長は、余計な管理工数（頻繁な仕事のチェックや指導）をかけないで済むし、本人も余計な工数（できない業務に取り組むことによる無駄な努力）が発生しないで済む。

② 100点満点の成果を期待しない

　たとえレベルの低い仕事を与えたとしても、「困った部下」のアウトプットを100％信用してはならない。もちろん本人に「信用できない」などと言ってはならない。しかし、彼（彼女）には、これまで何回となく痛い目に合わされてきたはずである。60～70点の成果でも、チームが回るよう、あらかじめバックアッププランを考えておくことが現実的な対応といえる。

　「困った部下に期待するな」とは言わないが、過剰な期待をすべきではない。出来の悪い部下や後輩は、近くにいるだけでイライラすることがあるが、それは本人の力量を超えた、つまり過剰な期待をしているからである(注)。

　その場合は次のように考える。世の中には学歴は立派でも「仕事のできない人」は一定数職場にはいる、という認識を持つ。学歴はあくまで入試で高得点を取る能力が優れていただけのことであり、仕事とは関係ない。アドラーは、人は自分で変わろうと思えば変えられるが、思わなければ変わらない。他人が変えようとしても無駄である。そして変わろうと思う場合も時間が掛かることが多い、と述べている。そもそも人間の特性はそんなに簡単に変わらないものである。空気の読めない人も一定数はいる、そういう認識を持つべきである。

　また、職長やメンターは「困った部下」に対しては、「いい人に思われたい」という承認欲求は捨てるほうが良い。イライラする相手に好かれたい、いい人に思われたい、とする行為はさらなるストレスを生むことになる。

これからは、日本人であろうが外国人であろうが、仕事のできない人であろうが、仕事を任せる時は、適性を考え、仕事の内容が具体的に明確に分かるよう伝えなければならない。それがビジネス・コミュニケーションである。

（注）過剰期待の例
・「時間を取って教えたんだから、これくらいきちんとこなしてほしい」
・「もうベテランなんだから、それくらいやってほしい」
・「もはや新人じゃないんだから、それくらいは気を利かせてほしい」

### ③　改善の機会を一度は与える

　過剰な期待はチームにとっても、本人にとっても不幸な結果を招くことになるが、周りもあきらめて無視するようになると、「困った部下」はますます困った存在になってしまうことが多い。パフォーマンスが悪いからといって、会社はその人を特別扱いしてくれないし、人件費が掛かっている限りは、「何とかうまく使ってくれよ！それがリーダーである職長の仕事だ」と言われかねない。

　ただし、期待値を下げたまま放置してしまうと、「困った部下」は下げてもらった期待値にも届かない状態に陥る可能性が高い。「単に能力が低いだけなのか」「やる気をなくしたきっかけは何だったのか」「前の上司や同僚との間に何があったのか」「自信をなくしているだけか」「セルフイメージが低いのか」あるいは発達障害など疾病等を持っているのか、などパフォーマンスが発揮できない、その人なりの原因が存在するはずである。

　ヒヤリングの場で、そうなった原因を傾聴し、どうしたら改善できるか話し合ったり、相談にのることが大切である。もしかしたら、今回任せた仕事やタスクが行動や態度の改善につながるきっかけになることも十分考えられる。

　上司から"ダメ出し"を出されている人でも、上司が代われば復活する社員も少なくない。上司としては、期待値は下げたとしても、改善の可能性やきっかけについては常日頃から意識しておきたい。ただし、見極めは迅速にしなければならない。改善が難しいと判断すれば、レベルの下げた仕事の成功を第一に考えるように切り替えなければならない。

### ④　困った部下の指導やフォローに時間をかけない

　多くのリーダー（職長）は、困った部下に時間をかけ過ぎている。特に真面目で部下の面倒見の良い上司ほどその傾向は強い。部下育成に対する強い思いを否定するものではないが、新任職長研修、新任管理者研修で習ったとおり行おうとするのは、限られた時間内ではかなり難しい。

　就任当初は、部下の指導の時間配分について、平等に行い、少し慣れてくるとパフォーマンスの低い困った部下により多くの時間を割いてしまいがちになる。確かに、優秀な部下は放置していてもそれなりのパフォーマンスを出してくれるので、あまり時間をかけなくても良いからである。しかしそれは誤りである。期待値の高い優秀な部下ほど多くの時間とチャンスを与えてでも早く自分の補佐的な立場になってもらい、より高度な仕事、高い任務を遂行してもらうのがチームにとって一番である。

### ⑤　任せた結果は人事評価にしっかり反映

　任せた仕事がどうなったかについては、結果がどうであれ、本人にきちんとフィードバッ

クしなければならない。うまくいったのなら、良かった点を確認し承認ししっかりフィードバックする。うまくいかなかったら、その理由と対策を考えるよう課題をフィードバックする。仕事を他人がやむなく引き取った、担当を変えざるを得なかった、経費がかさんだ等々についても、レベルを下げてある仕事についてなぜできなかったのか、それによってどういう事態になったのか、レベル・評価の低い人なりの責任についても、きちんと伝え、そのことは直属の上司を通じて人事等のしかるべき部署に伝えることもしっかりと話す。

　ここでリーダーが犯しがちなミスは、この「責任」を理解させるプロセスなしに、部下の下がったレベルに見合った新たな任務、目標値を設定してしまうことである。

　「目標による管理」ではなく「目標管理」システムを導入している企業は、個々人の目標レベルの違いを無視して、目標をどれだけ達成したかで、業績評価をしている。となると、新たに低い目標値に設定し直して仮にそれが100％達成したからといって、それが正しい評価であろうか。部下の処遇を決める人事評価は公平・公正な運用をしなければならない。つまり、その社員の今のレベルと人事評価で求められる目標達成率との関係は、達成率だけでなくその職務評価に見合った責任のある仕事をしているのかも十分加味しなければならない、ということである。

　いずれにせよ、「困った部下」がどう困っているのか、それがチームのパフォーマンスやモチベーション、生産性にどう関わるかを、上部に適切に伝達できる仕組みがワーク・エンゲイジメントには不可欠である。

※本稿はWisdom　モチベーション・リーダーシップ、小笹宜央、PRESIDENT Online 2017.11.29　困った部下をうまく動かす「５つの鉄則」を参考にした。

**（参考）グループ討議　テーマ（例）**
① リーダーシップについて、本誌172〜173頁の①〜⑦について自己採点し（５点満点評価法）、共通して成績の悪いもの２つについて、その原因と対策を考える。
② リーダーシップの身に付け方（176〜177頁）の３つの実践事項について、自己採点（５点満点評価法）し、共通して弱点であるものについてその原因と対策を考える。
③ リーダーシップの影響力の源泉（177〜179頁）の５項目について、自己採点し（５点満点評価法）、共通して成績の悪いもの２つについて、その原因と対策を考える。
④ リーダーシップとフォロアーシップについて、自職場の現状を分析し、問題があればその解決法を皆で考える。
⑤ 自職場の指示について、「怒る」と「叱る」のどちらが多いか、分析するとともに、叱り方の７つのポイント（189頁）に照らしてどうか、自己採点し（５点満点評価法）、共通して成績の悪いもの２つについて、その原因と対策を考える。
⑥ アンガーマネジメントの３つのコントロール（195〜196頁）について、自己採点し（５点満点評価法）、共通して弱点であるものについて、その原因と対策を考える。
⑦ 困った部下に対する指示と対応について、自職場での例を出し合い、その解決方法を共有する。

# 第7章

# 危険性又は有害性等の調査の方法

## 1. 安全、危険の概念

### (1) 安全と危険

　建設現場や製造工場等において、管理監督者は「もっと安全に気をつけて」とか、「危険だから注意して行ってほしい」と言うが、安全とか危険という言葉は非常に曖昧な概念で、人によって捉え方が違うはずである。例えば、映画やテレビのスタントマンの安全・危険の概念と一般人のそれとは明らかに異なる。慣れることが危険に対する意識を低下させることも一因であるからである。慣れなくても経験することで安全や危険に対する認識は異なる。例えば、平成23年3月11日に発生した東日本大震災で福島第1原発がメルトダウンしたが、この事故の前と後では原子力発電に対する安全性や危険の意識は多くの人に明らかに異なる考え（認識）・判断を求めることとなった。

　話を戻すが、「安全に気をつけて」「危険だから注意して」に対する対応策は、「（安全）作業手順を示しそれに基づいて作業をすれば良い」と解説する人がいる。しかし、その作業手順自体に危険源が隠されており、リスクの程度が不明ということもある。

　安全や危険に対して個々人の受け止め方が異なれば、安全対策や安全管理が従来どおりで良いのか、見直しが必要なのか検討する必要がある。

### (2) 安全の定義

　国際的には「Freedom from unacceptable risk」（ISO／IECガイド51:2014）、つまり「受け入れ不可能なリスクから自由になること」（直訳）、「受容できない（許容不可な）リスクがないこと」（JIS訳）と定義されている。

---

**安全の定義**（ISO／IECガイド51:2014）

- Freedom from unacceptable risk
- 受け入れ不可能なリスクから自由になること（直訳）
- 受容できない（許容不可能な）リスクがないこと（JIS Z 8051 訳）

**国際標準化機構**（*International Organization for Standardization*）、または略称 **ISO**：電気分野を除く工業分野の国際的な標準である国際規格を策定するための民間の非政府組織。本部はスイスのジュネーヴ。

**国際電気標準会議**（International Electrotechnical Commission、**IEC**）：電気工学、電子工学、および関連した技術を扱う国際的な標準化団体である。その標準の一部はISOと共同で開発されている。

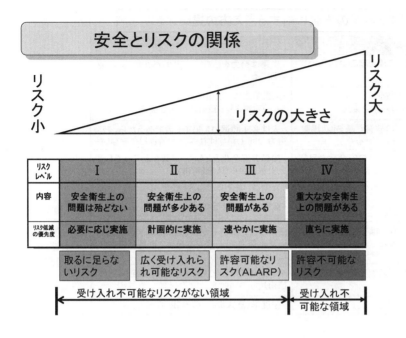

　これは多少のリスクがあっても、それが受け入れられるかどうかで、安全を考えるということを認めるということである。言い換えれば、安全と言っても、人によってリスクの受け入れ程度に差があるということであり、安全には非常にリスクの小さい安全と、ある程度リスクがある安全があるということである。絶対の安全は存在しない(注)。利便性のあるものには必ず危険性が潜んでいるという考えに立った定義であり、危険性の有無ではなく、リスクの程度が問題であるという考え方でもある。

　日本では一般的に「安全」というと、全く危険な状態がない「絶対安全」を思い浮かべる人が多いが、この国際定義では、許容できないリスクがない状態＝リスクを許容できるまで低減させた状態を「安全」だとしているのである。

　このように「安全」に対する意識は国間、民族間、時代、経験、文化等で異なり、その違いを認識し受け入れることによって、あらゆることがグローバルに展開し、ダイバーシティを許容する現代においては特に重要な考え方の基礎となる。日本人の「絶対安全」の意識が、安全といわれたシステムで事故が発生すると非難が集中し、「安全神話の崩壊だ」とマスコミが書き立てるようなことになるのである。

　一方、欧米では絶対安全は存在せず、リスク（危険性）の程度が問題であると考えるのが主流である。安全といっても事故は起こりうると考えており、安全とは、起こりうる可能性のある事故や災害の危険性が低い（少ない）ことである、という意味で使われているようである。

　なお、安衛法第2条の「定義」には、安全や危険（リスク）についての定義が規定されていないし、第3条第1項では「事業者は、単にこの法律で定める労働災害の防止のために最低基準を守るだけでなく、……（略）……労働者の安全と健康を確保するようにしなければならない。」と規定しているが、安全の定義もなく解釈例規もない状態である。

### 日本と欧米の安全に対する考え方の違い

| 日本の考え方 | 欧米の考え方 |
|---|---|
| 災害は努力すれば、二度と起こらないようにできる | 災害は努力をしても、技術レベルに応じて必ず起こる |
| ・災害の主原因は人である<br>・技術的対策よりも人の対策を優先 | ・災害防止は、技術的問題である<br>・人の対策よりも技術的対策を優先 |
| 管理体制をつくり、人の教育訓練をし、規制を強化すれば安全は確保できる | 人は必ず間違いを犯すものであるから、技術力の向上がなければ安全確保はできない |
| 安全衛生法で、人及び施設の安全化を目指し、災害が発生するたびに、規制を強化 | 設備の安全化とともに、事故が起こっても重大災害に至らない技術対策 |
| 安全は基本的に、ただである | 安全は、基本的にコストがかかる |
| ・安全にコストを認めにくい<br>・目に見える「具体的危険」に対して最低限のコストで対応し、起こらないはずの災害対策に、技術的深掘りはしなかった | ・安全にはコストをかける<br>・危険源を洗い出し、そのリスクを評価し、評価に応じてコストをかけ、起こるはずの災害の低減化努力をし、様々な技術、道具が生まれた |
| 見つけた危険をなくす技術(危険検出型技術) | 論理的に安全を立証する技術(安全確認型技術) |
| 度数率(発生件数)の重視 | 強度率(重大災害)の重視 |

**日本人の安全意識**

　日本人と欧米との安全意識の違いを知らしめたのは、イザヤ・ベンダサンの著書「日本人とユダヤ人」であるといわれている。その本では、「ユダヤ人は大切な自分の命を守るためならば高額な費用を払ってでもホテルに居住するのに対して、日本人はこれまで『安全は自然と守られているもの、又は誰かが守ってくれるもの』として、あまり意識する必要がなかった」という記述がある。
（注）「安全とは人の心の内にある」（ネブラスカ大スミス教授）

### (3) 労働災害の防止か、危険の防止か

　国際的には、前述したとおり安全は危険（リスク）が小さいことであり、安全対策とは危険（リスク）をいかに減少させるかということである。

　一方、労働災害がゼロということは、安全になったためにゼロである場合と、安全ではないがたまたま結果としてゼロになったという場合もある。つまり、労働災害ゼロは必ずしもリスクが小さいことを意味していない。リスクが大きくても、全く安全対策を講じていなくても偶然災害が発生しないこともある。

　しかし、安全対策は偶然や僥倖（予想もしなかった幸運）を期待することではない。地道にリスクを低減することである。リスクは完全にゼロにはできない。繰り返すが、安全対策の基本は労働災害の防止ではなく、危険（リスク）を最大限に減少させることである。

**安衛法の安全の概念**

　安衛法では、第3条第1項で「労働災害の防止のための」、第2項「労働災害発生の防止に資する」、第4条で「労働災害を防止するため必要な事項」「労働災害の防止に関する措置」、第11条第2項で「労働基準監督署長は、労働災害を防止するため必要があると認めるときは」、第14条で「労働災害を防止するための管理を必要とする作業で……（略）……作業主任者を選任し」と、リスクの低減ではなく、結果としての労働災害が防止されれば良い、と言う考え方と、第10条第1項第1号の「労働者の危険又は健康障害を防止するため」、第17条第1項第1号「労働者の危険を防止するための基本となるべき対策」、第20条「次の危険を防止するため」、第21条「掘削、採石……（略）……の業務における作業方法から生ずる危険を防止するため」と、危険防止、すなわちリスクの回避・低減措置を求める、両方の記述がある。安衛法全体の構成から見ると、結果としての「労働災害防止」と、労働災害の原因となる「リスクの防止（回避・低減）」の双方を認める記述となっているようである。その意味において、日本の安衛法は必ずしも危険の防止（リスクの回避・低減）というグローバルスタンダードに立ちきっていない、発達途上の法制度ということができるのではないだろうか。

## （4）リスクの定義

① ハザード（危険源）

　リスクとは危険源（ハザード）が存在し、その危険源に人が近づいて（接触して）ケガや疾病に罹患する可能性のことをいう。したがって、まずハザードを確認し（危険源の特定＝同定）、それに人が接触するかを確認することから始まる。

　左の絵ではライオンという危険源があるが、人がいないのでこれだけでは危害の発生に結びつかない。右の絵ではそこに人がいることで、柵がない、手を出す等により、空腹のライオンに襲われるという危害発生の可能性が生じる。また、左の絵は「ハザード＝危険源」が存在していることを意味しているのに対して、右の絵は「リスク」が存在する状態であり、明確に区別して理解する必要がある。

② リスクとは

リスクとは、「危害の発生確率およびその危害の程度の組み合わせ」と定義されている。つまり、

　　　　　リスク＝"危害のひどさ"と"危害の発生確率"

ということである。(注)

(注) 厚労省リスクアセスメント指針3では、「危険性又は有害性によって生ずるおそれのある負傷又は疾病の重篤度及び発生する可能性の度合い」をリスクと定義している。また、中災防のＪＩＳＨＡリスクアセスメント指針（以下、「ＪＩＳＨＡ方式」という。）では、「危険性又は有害性によって生ずるおそれのある負傷又は疾病の重篤度及び作業者が危険性又は有害性に近づく（が発生する）頻度及び危険性又は有害性に近づいたとき（危険状態が発生した時）に負傷に至る可能性の3つでリスクを判断している。

## (5) 安全・安心、危険・恐怖について

マズローの欲求5段階説では、第2段階の「安全の欲求」は苦痛、恐怖、不安、危険を避けて安心・依存度を求める欲求であり、この**安全欲求は安心のことである**。しかし、安全を確保しても、必ずしも安心が得られるわけではない、との説明がある。

前述したとおり、安全も危険（リスク）も確率論であり、正確に確率できるかは別として、一応客観的に判断しうる。つまり評価ができる。一方、安心も不安も恐怖も心の中に生ずる現象で、人それぞれ感じ方が違う主観的なものである。つまり評価ができない。

確かにマズローの言うことも一理あるし、「安全なくして安心なし」という言葉もあるが、安全であっても不安・恐怖を感じる場合もある（例、閉所恐怖症、高所恐怖症、バンジージャンプ、風評被害など）。逆に、実際は危険であっても安心感がある場合もある（例、喫煙、飲酒、薬物依存、高名な医師による難度の高い手術など）。

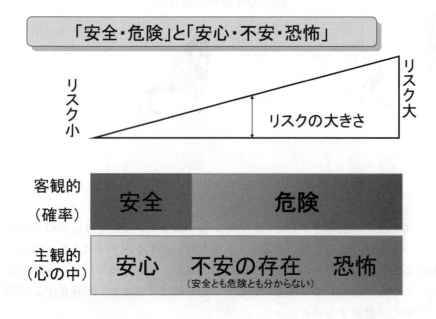

また、安心と不安は知識量と非線形[注]の関係にあるといわれている。何も知らなければ不安を感じることはまずないが、何か少しでも知識や情報が入ると不安は急速に増すのが一般的である。

いわゆる恐怖や不安の概念は、知識の量を上げていくと不安が高まり、あるピーク（恐怖）を超えると不安感は下がっていく。しかし、パーフェクトに知識量を高めることはできないので完全に「不安ゼロ＝安心」とはならない。例えば、福島第1原発事故で汚染された地域が除染され避難解除となり、人間が通常の生活ができるようになったとする。勉強して放射線の知識が高まり安全だと理解して帰宅したとしても、不安はなくならない。逆に放射線についての知識が少なければ不安のままで帰宅しない、ということになる。

一般には産業安全衛生活動において、安心、不安、恐怖という概念を持ち込むのは客観的でなく、できるだけ確率、統計を用いたリスクアセスメントの手法を取り入れた安全対策＝危険防止対策（リスク低減措置）を行うべきである。

ただし、不安は安全活動には有意義なものでもある。「臆病者と言われる勇気を持て」とはＪＡＬの松尾（初代）社長の言葉である。「臆病者と言わない社風をつくれ」はカンタス航空の社是である。危険予知も、リスクアセスメントも不安（危険感受性）を大切にし重視する活動でもある。従業員や部下に不安を与えないよう安全衛生管理活動に力を入れるとともに、「リスクは必ずある」、「事故は起こるかもしれない」という意識を植え付けるために普段から安全衛生教育を行う必要がある。

（注）非線形：直線ではないこと。曲線、放物線、波線等いろいろある。

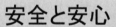

| 安全と安心 | |
|---|---|
| 安全＝リスクが十分低い |  RA実施＝統計的・確率的手法＝客観的 |
| 安心・不安・恐怖＝個人の心の問題 |  主観的（知識量が増えると不安が増す） |

安全であっても不安・恐怖を感じる場合もある（例、閉所恐怖症、高所恐怖症。バンジージャンプ、風評被害など）。逆に、実際は危険であっても安心感がある場合もある（例、喫煙、飲酒、薬物依存、高名な医師による難度の高い手術など）。

産業安全衛生活動において、安心、不安、恐怖という概念を持ち込むのは客観的でなく、できるだけ確率、統計を用いたリスクアセスメントの手法を取り入れた安全対策＝危険防止対策（リスク低減措置）を行うべきである。

## 2. リスクアセスメントについて（化学物質のリスクアセスメントは4で述べる）

### （1）安衛法第28条の2について

リスクとは前述したとおり、「危害の発生確率およびその危害の程度の組み合わせ」のことである。アセスメント（assessment）は、「評価、査定、開発が環境に及ぼす影響の程度や範囲について、事前に予測・評価することなどをいう」（大辞林）。

したがって、リスクアセスメント（以下「ＲＡ」という）とは、リスクを事故・災害が発生する前に、その影響の程度を事前に予測、評価することである。

安衛法第28条の2では「事業者は、（安衛則第24条の11）で定めるところにより、建設物、設備、原材料、ガス、蒸気、粉じん等による、又は作業行動その他業務に起因する危険性又は有害性等（化学物質を除く）を調査し、その結果に基づいて、この法令の規定に基づく措置を講ずるほか、労働者の危険又は健康障害を防止するため必要な措置を講ずるよう努めなければならない。」と規定しているが、これが日本のＲＡの根拠条文である。

文中の「調査し」には、事前にという修飾語はないが、安衛則第24条の11では、すべて事故・災害前の状況を規定しているので、事前に行うのは当然のことと判断される。

この安衛法第28条の2に基づき、安衛則第24条の11が定められ、この規定に基づいて「危険性又は有害性等の調査に関する指針（ＲＡ指針）」（平18・3・10　指針公示第1号）（以下「指針」という）と関係通達「危険性又は有害性等の調査等に関する指針について」（平18・3・10　基発第0310001号）（以下、「通達」という）が示されている。

### （2）ＲＡの基本的手順

指針第3にＲＡの仕方（実施方法・手順）が記載されている。
① （手順1）　危険性又は有害性を特定する（ハザードの特定）。
② （手順2）　特定された危険性又は有害性によって生ずるおそれのある負傷又は疾病の重篤度及び発生する可能性の度合（以下「リスク」という）の見積りを行う。
③ （手順3）　見積もったリスクを低減するための優先度の設定及びリスクを低減するための措置（以下「リスク低減措置」という）内容を検討する。
④ （手順4）　手順3の優先度に対応したリスク低減措置を実施する。

なお、職長教育の項目である「危険性又は有害性等の調査の方法」は、前記①、②を言い本章で述べる。「危険性又は有害性等の調査の結果に基づき講ずる措置」は③、④のことを言い、第8章で述べる。なお、両方合わせてＲＡという。(注)

（注）両方合わせてＲＡなのに、安衛則第40条第2項の職長教育項目は、「危険性又は有害性等の調査の方法」と「危険性又は有害性等の調査の結果に基づき講ずる措置」と分けて記載されている。安全管理者選任時講習のカリキュラムでは「危険性等の調査及びその結果に基づき講ずる措置等」と法第28条の2に沿った書き方となっている。通達では、「危険性又は有害性等の調査等の実施は職長等が重要な役割を担うことになることから、職長等の教育の事項に、これまでの事項に加えて、危険性又は有害性等の調査及びその結果に基づく措置等に関することを含めることとしたこと。」（平18・2・24　基発第0224003号）とこれも条文と同じ説明である。労働政策審議会等の議事録を見ても2つに分けた理由が明確でない。そこで、ＲＡに関する通達の実施体制を見ると、「リスク低減措置の決定及び実施は、事業者の責任において実施されるべきであるものであることから、職長等に行わせる事項には含めていない。」（平18・3・10　基発第0310001号）から、厚労省の考え方は職長には必ずしも③④の実施を求めていないようである。したがって、③、④についてはそれ程

深く教育しなくても良い、という趣旨から２つの教育項目となったと思われる。しかし、ＲＡ指針には「職長に危険性の特定、リスクの見積り、リスク低減措置の検討を行わせるよう努めること。」とあるので、この通達がどういう根拠で記載されたかは不明であるが、低減措置の検討は、作業の工夫・改善にもつながるので上司だけでなく職長やその部下も含めて行うべきと考える。ただし、費用対効果等もあるので上司の判断は当然必要となる。低減措置の実施も、実際に低減措置を行うのは職長を含めた現場であるので、あえて職長等を外す必要はないと考えられる。ということで本書では第７章と８章に分けて記載しているが、職長教育項目・内容は同程度に重要であるという姿勢で記載している。なお、「調査の方法」と記載されているが、「方法」の具体的説明がないので、法の条文に従って単なる「調査」と理解して記載している。

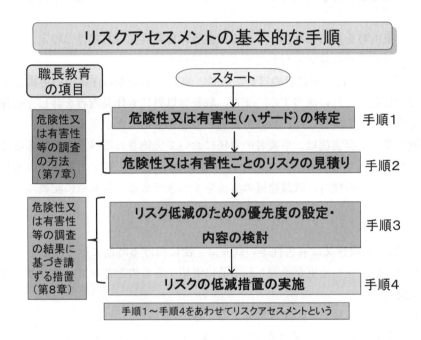

## （３）ＲＡを行うべき業種

法第28条の２但書きによれば、化学物質等のＲＡは全業種、それ以外のＲＡは施行令第２条第１号と第２号の業種とあるので、「林業、鉱業、建設業、運送業、清掃業、製造業（物の加工業を含む。）、電気業、ガス業、熱供給業、水道業、通信業、各種商品卸売業、家具・建具・じゅう器等卸売業、各種商品小売業、家具・建具・じゅう器小売業、燃料小売業、旅館業、ゴルフ場業、自動車整備業及び機械修理業」という、安全管理者を選任すべき事業場、安全委員会を設置すべき事業場が対象となる。実施は努力義務規定となっている。（その他の業種はＲＡを実施しなくても法違反とはならない）

## （４）ＲＡの実施体制

事業場の安全衛生に関わる人が実施体制を構築する。職長・安責者は一番現場を知っているので、実施者の中心人物と位置づけられている。

① 実施を統括管理する者：総括安全衛生管理者等、事業の実施を統括管理する者（事業場トップ）、統括安全衛生責任者。また、総括安全衛生管理者等の選任義務のない事業場においては、事業場を実質的に統括管理する者。

②　調査等の実施を管理する者：安全管理者、衛生管理者、安全衛生推進者。
③　参画者：安全衛生委員会等（安全衛生委員会、安全委員会又は衛生委員会をいう）の意見。安全衛生委員会の設置義務のない事業場において実施される関係労働者の意見聴取の機会を活用。また、機械設備等（電気設備も含む）に係る調査等の実施に当たっては、当該機械設備等に専門的な知識を有する者を参画させるように努める。なお、調査等の実施に関し、専門的な知識を必要とする場合等には、外部のコンサルタントの協力を得ることも差し支えない。
④　調査の実施者：作業内容を詳しく把握している職長等に危険性又は有害性の特定、リスクの見積り、リスク低減措置の検討を行わせるように努める。

なお、「職長等」とは、職長・安責者のほか、班長、組長、係長等の作業中の労働者を直接指導又は監督する者がこれに該当する。また、職長等以外にも作業内容を詳しく把握している一般の労働者がいる場合には、当該労働者を参加させることが望ましい。

リスク低減措置の決定及び実施は、事業者の責任において実施されるべきものであることから、職長等に行わせる事項には含めていない（通達4）、との記述があるが、前述したとおり職長等も低減措置の検討、低減措置の実施をすべきである（第8章に記載）。

### (5) RAの実施時期

安衛則第24条の11では、「危険性又は有害性等の調査は、次に掲げる時期に行う」とし、指針及び通達では、作業状態に変化や変更が予測される前に実施するものとされている。カッコ内は、指針、通達の概要。
①　建設物を設置し、移転し、変更し、又は解体するとき。（計画の段階で）
②　設備、原材料等を新規に採用し、又は変更するとき。（設備には、足場等の仮設のものも含まれるとともに、設備の変更には、設備の配置替えが含まれる。）
③　作業方法又は作業手順を新規に採用し、又は変更するとき。
④　前3号に掲げるもののほか、建設物、設備、原材料、ガス、蒸気、粉じん等による、又は作業行動その他業務に起因する危険性又は有害性等について変化が生じ、又は生ずるおそれがあるとき。
⑤　（労働災害が発生した場合であって、過去の調査等の内容に問題がある場合。地震等により、建設物等に被害が出た場合、もしくは被害が出ているおそれがある場合が含まれる。）
⑥　（前回の調査等から一定の期間が経過し、機械設備等の経年による劣化、労働者の入れ替わり等に伴う労働者の安全衛生に係る知識経験の変化、新たな安全衛生に係る知見の集積等があった場合。「一定の期間」とは、実施した調査等について、設備の経年劣化等の状況の変化に対応するため、定期的に再度調査等を実施し、それに基づくリスク低減措置を実施することが必要であることから設けられた。ここでいう「一定の期間」については、事業者が設備や作業等の状況を踏まえ決定し、それに基づき計画的に調査等を実施すること。「新たな安全衛生に係る知見」には、例えば、社外における類似作業で発生した災害や、化学物質に係る新たな危険有害情報など、従前は想定していなかったリスクを明らかにす

る情報があること。)

なお、建設業においては、通常は作業開始前の計画・設計の段階でRAを実施するが、その後に作業等を行う場合、同じ事項に重ねて調査等を実施する必要はない。また、既に設置されている建設物等や採用されている作業方法等であって、まだ調査等が実施されていないものに対しては、できるだけ現場で安全衛生計画を作成し、その中で計画的に調査等を実施することが望ましい。

## 3. RAの実施方法(手順)

### (1) 危険源(ハザード)の特定

① 対象の選定

RAを行う上で一番大事なことは、どこに、どんな作業や機械等にハザード(危険源)があるかを見つけることである。発見できなければRAは始まらない。そのため、指針では、「6．対象の選定」として次のように規定している。

ア) 過去に労働災害が発生した作業、危険な事象が発生した作業等(労働災害を伴わなかった危険な事象《ヒヤリハット事例》のあった作業、労働者が日常不安を感じている作業、過去に事故のあった設備等を使用する作業、又は操作が複雑な機械設備等の操作)、労働者の就業に係る危険性又は有害性による負傷又は疾病の発生が合理的に予見可能(負傷又は疾病を予見するために十分な検討を行えば、現時点の知見で予見し得ることをいう)であるものは、調査等の対象とすること。

イ) なお、平坦な通路における歩行等、明らかに軽微な負傷又は疾病しかもたらさないと予想されるものについては、調査等の対象から除外して差し支えないこと。ただし、たまたま軽微な負傷又は疾病しか発生しなかったというものは含まれない。

② 情報の入手

どういう作業、機械等をRAの対象とすべきかは、①の「対象の選定」で分かったが、どこにハザードがあるかはすぐには分からない。一般には、法令、社内規程、作業手順書等、取扱説明書、メーカーからのRAの保護措置及び残留リスクの情報はもちろん、日頃使用している機械・設備や作業行動で把握した不安全状態・不安全行動、ヒヤリハット報告、さらには実際生じた労働災害、同業他社での労働災害、当該作業に従事した時間、頻度、作業環境、KYK、パトロール結果、過去に実施したRA結果等、危険防止の観点から洗い出していく。なお、指針7及び通達(7)は表のとおり。

| |
|---|
| 7（1）．情報の入手：事業者は、調査等の実施に当たり、次に掲げる資料等を入手し、その情報を活用するものとする。入手に当たっては、現場の実態を踏まえ、定常的な作業に係る資料等のみならず、非定常作業に係る資料等も含めるものとする。 |
| ア　作業標準、作業手順書等（操作説明書、マニュアル） |
| イ　仕様書、化学物質等安全データシート（SDS）等、使用する機械設備、材料等に係る危険性又は有害性に関する情報（例えば、使用する設備等の仕様書、取扱説明書、「機械等の包括的な安全基準に関する指針」に基づき提供される「使用上の情報」、使用する化学物質の化学物質等安全データシート（SDS）があること。） |
| ウ　機械設備等のレイアウト等、作業の周辺の環境に関する情報（例えば、周辺の機械設備等の状況や、地山の掘削面の土質やこう配等があること。また、発注者において行われたこれらに係る調査等の結果も含まれること。） |
| エ　作業環境測定結果等（例えば、特殊健康診断結果、生物学的モニタリング結果があること。） |
| オ　混在作業による危険性等、複数の事業者が同一の場所で作業を実施する状況に関する情報（例えば、上下同時作業の実施予定や、車両の乗り入れ予定の情報があること。） |
| カ　災害事例、災害統計等（例えば、事業場内の災害事例、災害の統計・発生傾向分析、ヒヤリハット、トラブルの記録、労働者が日常不安を感じている作業等の情報があること。また、同業他社、関連業界の災害事例等を収集することが望ましいこと。） |
| キ　その他、調査等の実施に当たり参考となる資料等（例えば、作業を行うために必要な資格・教育の要件、セーフティ・アセスメント指針に基づく調査等の結果、危険予知活動（KYK）の実施結果、職場巡視の実施結果があること。） |
| 7（2）．情報の入手に当たり留意すべき事項 |
| ア　新たな機械設備等を外部から導入しようとする場合には、当該機械設備等のメーカーに対し、当該設備等の設計・製造段階において調査等を実施することを求め、その結果を入手すること。 |
| イ　機械設備等の使用又は改造等を行おうとする場合に、自らが当該機械設備等の管理権原を有しないときは、管理権原を有する者等が実施した当該機械設備等に対する調査等の結果を入手すること。 |
| ウ　複数の事業者が同一の場所で作業する場合には、混在作業による労働災害を防止するために元方事業者が実施した調査等の結果を入手すること（これは、同一の場所で混在して実施する作業を請け負った事業者は、混在の有無やそれによる危険性を把握できないので、元方事業者が混在による危険性について事前に調査等を実施し、その結果を関係請負人が入手することを定めたものであること）。 |
| エ　機械設備等が転倒するおそれがある場所等、危険な場所において、複数の事業者が作業を行う場合には、元方事業者が実施した当該危険な場所に関する調査等の結果を入手すること（これは、建設現場においては、請負事業者が混在して作業を行っていることから、どの請負事業者が調査等を実施すべきか明確でない場合があるため、元方事業者が調査等を実施し、その結果を関係請負人が入手することを定めたものであること）。 |

③　危険性又は有害性の特定

　　RAをすべき機械や作業が決まり、そのハザードの情報を入手したら、次に作業者がそのハザードに近づくおそれがあるか否かを判断する。

　　一般には、②で得られた情報をもとに正常な状態や基準から「ズレ」ていれば、危険性又は有害性の洗い出しの端緒となり、RA実施の「切り口」となる。ただし、基準自体が誤っている場合もあるので、基準もRAの対象とすることがある[注]。

　　この特定作業は、一人で行うと見落としや偏りが生じやすいので、当該作業に関係するチームのメンバーによる小集団活動として行うのが良い。

(注) 2012年12月2日に山梨県大月市笹子町の中央自動車道上り線笹子トンネルで天井板のコンクリート板が約130mの区間にわたって落下し、走行中の車複数台が巻き込まれて9名が死亡した事故。当時の天井板の点検は打音検査等ではなく目視検査で良いという基準であった。点検基準には違背していなかったが、基準自体に問題があった事例である。

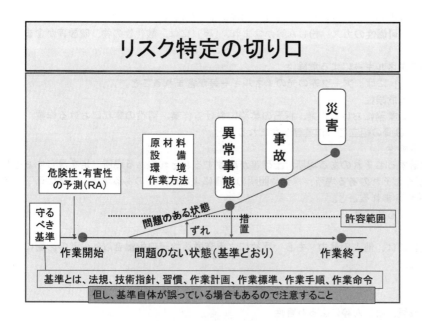

また、指針では「8．危険性又は有害性の特定」について以下のように規定している。
ア) 事業者は、作業標準等に基づき、労働者の就業に係る危険性又は有害性を特定するために必要な単位で作業を洗い出した上で、各事業場における機械設備、作業等に応じてあらかじめ定めた危険性又は有害性の分類例（次頁表参照）に則して、各作業における危険性又は有害性を特定するものとする。
イ) 事業者は、アの危険性又は有害性の特定に当たり、労働者の疲労等の危険性又は有害性への付加的影響を考慮するものとする。

具体的には、作業の洗い出しは、作業標準、作業手順書等を活用し、危険性又は有害性を特定するために必要な単位（主な手順＝ステップ）で実施する。なお、作業標準等がない場合には、当該作業の手順を書き出した上で、それぞれの段階ごとに危険性又は有害性を特定する。

また、各事業者が設備、作業等に応じて定めた独自の分類がある場合には、それを用いることも差し支えない。

なお、労働者の疲労等により、負傷又は疾病が発生する可能性やその重篤度が高まることを踏まえて、危険性又は有害性の特定を行う必要がある場合もある。したがって、リスクの見積りにおいても、これら疲労等による可能性の度合と重篤度の付加を考慮する必要がある。この「疲労等」には、単調作業の連続による集中力の欠如や、深夜労働による居眠り等が含まれる。

> **危険性又は有害性の分類例**
>
> 危険性
> (1) 機械等による危険性
> (2) 爆発性の物、発火性の物、引火性の物、腐食性の物等による危険性
> 　　「引火性の物」には、可燃性のガス、粉じん等が含まれ、「等」には、酸化性の物、硫酸等が含まれること。
> (3) 電気、熱その他のエネルギーによる危険性
> 　　「その他のエネルギー」には、アーク等の光のエネルギー等が含まれること。
> (4) 作業方法から生ずる危険性
> 　　「作業」には、掘削の業務における作業、採石の業務における作業、荷役の業務における作業、伐木の業務における作業、鉄骨の組立ての作業等が含まれること。
> (5) 作業場所に係る危険性
> 　　「場所」には、墜落するおそれのある場所、土砂等が崩壊するおそれのある場所、足を滑らすおそれのある場所、つまずくおそれのある場所、採光や照明の影響による危険性のある場所、物体の落下するおそれのある場所等が含まれること。
> (6) 作業行動等から生ずる危険性
> (7) その他の危険性
> 　　「その他の危険性」には、他人の暴力、もらい事故による交通事故等の労働者以外の者の影響による危険性が含まれること。
>
> 有害性
> (1) 原材料、ガス、蒸気、粉じん等による有害性
> 　　「等」には、酸素欠乏空気、病原体、排気、排液、残さい物が含まれること。
> (2) 放射線、高温、低温、超音波、騒音、振動、異常気圧等による有害性「等」には、赤外線、紫外線、レーザー光等の有害光線が含まれること。
> (3) 作業行動等から生ずる有害性
> 　　「作業行動等」には、計器監視、精密工作、重量物取扱い等の重筋作業、作業姿勢、作業態様によって発生する腰痛、頸肩腕症候群等が含まれること。
> (4) その他の有害性

## (2) リスクの見積り

　リスクの見積りとは、そのハザードに近づいたときに、「ケガ（疾病も含む）の程度（重篤度）」はどの程度か、近づいて「ケガをする可能性と頻度」はどれくらいあるか、を本来ならば科学的に統計的に確率を出して計算する。しかしながら、通常の作業では、統計的に算出して行うのではなく、過去に起きた事故や事象、災害等や学習・経験等をもとにして、まだ発生してはいないが当然予想されるものについても見積ることになる。（指針9）

　なお、中災防方式（JISHA方式）では、ハザードに近づいて「ケガをする可能性」を、さらに「危険状態が発生する頻度」と「危険状態が発生した時に災害に至る可能性」の2つに分類している。

　どちらを使ったら良いかであるが、厚労省の指針のほうが「重篤度」と「可能性」の2つで判定するので簡単である。一方、中災防方式は、「重篤度」「頻度」「可能性」の3つで判定するので若干煩雑であるが、より詳しく見積ることができる[注]。

　定常的な作業で、災害発生件数、確率等が大まかに統計的に把握できているなら中災防方式

で行う。非定常作業が多く、災害発生件数、確率に変動あるいは不確定要素が多ければ（予測しにくければ）厚労省方式で行ったらどうであろうか。なお、中災防方式は、3つで評価するため、マトリックス化しにくく、多くの場合数値化している。

また、この見積りであるが、危険感受性に個人差があり、科学的な知識量や情報量の差で見積りの結果が当然異なる。甘い見積りの場合は「想定外」という判断にならざるを得ない。それについては、後述する。

(注) 新型インフルエンザの感染について考えてみる。重篤度（重大性）は同じとする。厚労省方式は感染する「可能性」だけを考えるが、中災防方式では、感染する可能性だけでなく、保菌者に近づく頻度まで考える。そのほうがより効果的な対策が可能という考え方である。

**新型インフルエンザのリスク**

- 重大性＝死亡（10点）、重症（休業7日以上・・・6点）、軽症（休業1〜6日・・・3点）、微症（不休・・・1点）
- 保菌者に近づく頻度＝毎日満員電車に乗る（4点）、時々満員電車に乗る（2点）、ほとんど電車に乗らない（1点）
- うつる可能性＝全く予防していない（6点）、普通のマスクと手洗い（4点）、インフルエンザ用マスクと消毒薬による手洗い（2点）、ワクチンの摂取とインフルエンザ用マスクと消毒薬による手洗いとうがい（1点）

① 数値化しないで見積る方法

建災防方式が代表的である。厚労省の指針に沿って「災害の重大性（重篤度）」と「災害発生の可能性」に分類し、さらに災害の重大性を「軽微」、「重大」、「極めて重大」に、災害発生の可能性を「ほとんど起こらない」、「たまに起こる」、「かなり起こる」の3つにそれぞれ分けて、9個のマトリックス（基板、碁盤の目）で見積る。建災防の場合は、○△×と感覚的に分かりやすく誰でも評価でき、使いやすい。ただし、判定基準が示されないと簡単にリスクレベルが評価できない。

そして、その評価と判定基準、リスクレベルは5段階に分けて評価する。

## 建災防（新CFT）で行っている例

| 災害発生の可能性(度合＝頻度) ＼ 災害の重大性(重篤度) | ○軽微<br>（不休災害） | △重大<br>（休業災害） | ×極めて重大<br>（死亡・障害） |
|---|---|---|---|
| ○ほとんど起こらない<br>（5年に1回程度） | ○○<br>極めて小さい | △○<br>かなり小さい | ×○<br>中程度 |
| △たまに起こる<br>（1年に1回程度） | ○△<br>かなり小さい | △△<br>中程度 | ×△<br>かなり大きい |
| ×かなり起こる<br>（6ヶ月に1回程度） | ○×<br>中程度 | △×<br>かなり大きい | ××<br>極めて大きい |

## 危険性・有害性の評価と判定基準（新CFT）

| 危険性の見積り | 危険性の評価 | 危険度（リスクレベル） | 判定 |
|---|---|---|---|
| ×× | 極めて大きい | 5 | 即座に対策が必要 |
| ×△、△× | かなり大きい | 4 | 抜本的対策が必要 |
| ×○、△△、○× | 中程度 | 3 | 何らかの対策が必要 |
| △○、○△ | かなり小さい | 2 | 現時点では必要なし |
| ○○ | 極めて小さい | 1 | 対策の必要なし |

② 数値化しないで、マトリックスを用いた例（建災防と同じやり方）

## マトリックスの例（建災防と同様）

| 重大性＼発生の可能性 | 軽傷（かすり傷程度・不休災害） | 重傷（完治可能な休業災害） | 重度の障害（後遺症を伴うもの・死亡） |
|---|---|---|---|
| ほとんどない：A | Ⅰ | Ⅱ | Ⅲ |
| 可能性がある：B | Ⅰ | Ⅲ | Ⅳ |
| 可能性が高い：C | Ⅱ | Ⅲ | Ⅳ |

| 可能性の定義 | A：効果的な安全措置がある、特別に注意していなくともケガをしない |
|---|---|
| | B：安全措置されているが不備、うっかりしているとケガになる |
| | C：安全措置がない、高い注意が必要 |

| リスクレベルと内容 | リスク低減のための優先度 |
|---|---|
| Ⅳ 安全衛生上、重大な問題がある | リスク低減措置を直ちに行う<br>措置の実施まで、作業を中止する／十分な経営資源を投入する |
| Ⅲ 安全衛生上、問題がある | リスク低減措置を速やかに行う<br>措置の実施まで、使用しないことが望ましい |
| Ⅱ 安全衛生上、多少の問題がある | リスク低減措置を計画的に行う<br>措置の実施まで、適切に管理する |
| Ⅰ 安全衛生上の問題は、ほとんどない | 費用対効果を考慮して、リスク低減措置を行う。 |

③ 数値化しないで枝分かれ（リスクグラフ）とした例

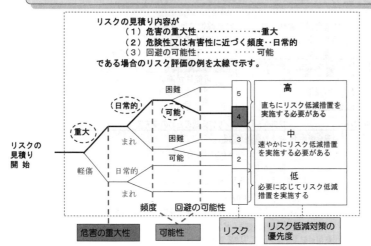

④ 数値化した例（重大性と可能性の２つで見積り・評価）

## 数値化した例（重大性と可能性）

| 危害の重大性の見積り基準 | 重大性の区分 | 重大性の内容 | 点数A |
|---|---|---|---|
| | 重度の障害 | 後遺症を伴うもの・死亡 | 9 |
| | 重傷 | 完治可能な休業災害 | 5 |
| | 軽度の障害 | かすり傷程度・不休災害 | 1 |

| 労働災害発生の可能性の見積り基準 | 可能性の区分 | 可能性の内容 | 点数B |
|---|---|---|---|
| | 可能性が高い | 安全措置がない／高い注意が必要 | 6 |
| | 可能性がある | 安全措置されているが不備 うっかりしているとケガする | 3 |
| | ほとんどない | 効果的な安全措置がある 特別に注意していなくともケガしない | 1 |

| リスクレベルの評価基準 | | |
|---|---|---|
| リスクレベルと内容 | A+B | リスク低減のための優先度 |
| Ⅳ 安全衛生上、重大な問題がある | 12〜15 | リスク低減措置を直ちに行う 措置の実施まで、作業を中止する／十分な経営資源を投入する |
| Ⅲ 安全衛生上、問題がある | 8〜11 | リスク低減措置を速やかに行う 措置の実施まで、使用しないことが望ましい |
| Ⅱ 安全衛生上、多少の問題がある | 5〜7 | リスク低減措置を計画的に行う 措置の実施まで、適切に管理する |
| Ⅰ 安全衛生上の問題は、ほとんどない | 2〜4 | 費用対効果を考慮して、リスク低減措置を行う。 |

リスクポイント ＝ 危害の重大性＋災害の可能性 ⇒ リスクレベルの決定

⑤ 数値化した例（重大性と頻度と可能性の３つで見積り・評価）

## 数値化した例（重大性・頻度・可能性）

| 1) 危害の重大性（ケガの大きさ） | | 2) 作業者が危険性又は有害性に近づく頻度 | | 3) 危険性又は有害性に近づいたときにケガをする可能性 | |
|---|---|---|---|---|---|
| 重大性 | 点数 | 頻度 | 点数 | 可能性 | 点数 |
| 死亡・重傷 | 10 | 頻繁 | 4 | 確実である | 6 |
| 休業災害 | 6 | | | 可能性が高い | 4 |
| 不休災害 | 3 | ときどき | 2 | 可能性がある | 2 |
| 微傷 | 1 | めったにない | 1 | 可能性がほとんどない | 1 |

| リスクレベル | リスクポイント | リスクレベルの評価／リスク低減のための優先度 |
|---|---|---|
| Ⅳ | 12〜20 | 安全衛生上、重大な問題がある リスク低減措置を直ちに行う／措置の実施まで作業を中止する |
| Ⅲ | 8〜11 | 安全衛生上、問題がある リスク低減措置を速やかに行う／措置の実施まで、使用しないことが望ましい |
| Ⅱ | 5〜7 | 安全衛生上、多少の問題がある リスク低減措置を計画的に行う／措置の実施まで、適切に管理する |
| Ⅰ | 3〜4 | 安全衛生上の問題は、ほとんどない 費用対効果を考慮して、リスク低減措置を行う |

リスクポイント ＝ 危害の重大性 ＋ 危険源に近づく頻度 ＋ 近づいたときにケガをする可能性

ア）重大性の基準（例）中災防方式

### 「危害の重篤度（重大性）」の基準例

| ケガの程度 | 評価点 | 内容 |
|---|---|---|
| 致命傷<br>（死亡重症） | 10点 | ●死亡や永久的労働不能に繋がるケガ |
| 重傷<br>（休業災害） | 6点 | ●重傷（休業1月以上）及び障害の残るケガ |
| 軽傷 | 3点 | ●休業災害（休業1月未満）及び不休災害<br>　（いずれも完治可能なケガ） |
| 微傷 | 1点 | ●手当後直ちに元の作業に戻れる微少のケガ |

リスクポイントを危害の重大性、作業者が危険性又は有害性に近づく頻度および近づいた時にケガをする可能性の3つの視点から数値化を図り、リスクレベルの大きさを評価する。

イ）頻度の基準（例）中災防方式

　頻度とは、作業の頻度ではなく、作業者が危険性又は有害性に接する（ばく露される）ことにより、負傷又は疾病につながるような危険状態が発生する頻度のことである。

### 「作業者が危険性又は有害性に近づく頻度」の基準例

| 近づく頻度 | 評価点 | | 内容 |
|---|---|---|---|
| 頻繁 | 4点 | 頻度 | ●頻繁に立ち入ったり接近したりする。<br>　（1日に数回以上） |
| | | 方法 | ●突然に、不意に、予期せぬ時に、無防備で、等の状態で立ち入ったり接近したりする。 |
| 時々 | 2点 | 頻度 | ●トラブル・修理・調整等で立ち入り・接近する。<br>　（1日に1〜2回程度） |
| | | 方法 | ●一定のルールの元で、これを遵守しながら立ち入り・接近することとなっている。 |
| 滅多にない | 1点 | 頻度 | ●一般的に危険領域に立ち入ったり接近する必要はほとんどない。（数回／週） |
| | | 方法 | ●立ち入りあるいは接近が事前に分かるので、周到に準備した上で実行する。 |

ウ）ケガをする可能性の基準（例）中災防方式

### 「危険性又は有害性に近づいた時にケガをする可能性」の基準例

| ケガの可能性 | 評価点 | | 内　容 |
|---|---|---|---|
| 確実である | 6点 | ハード | ●安全対策がなされていない。表示や標識はあっても不備が多い状態。 |
| | | ソフト | ●安全ルールを守っていても、よほど注意力を高めないと災害に繋がる。安全のルールや作業標準すらない状態。 |
| 可能性が高い | 4点 | ハード | ●防護柵や防護カバー、その他安全装置がない。たとえあったとしても相当不備がある。非常停止装置や表示・標識類は一通り設置されている。 |
| | | ソフト | ●安全ルールや作業標準はあるが守りにくい。注意力を高めていないとケガに繋がる可能性がある。 |
| 可能性がある | 2点 | ハード | ●防護柵・防護カバーあるいは安全装置等は設置されているが、柵が低いとか隙間が大きい等の不備がある。危険領域への侵入や危険源との接触が否定できない。 |
| | | ソフト | ●安全ルールや作業標準等はあるが、一部守りにくいところがある。うっかりしているとケガに繋がる可能性がある。 |
| 可能性はほとんどない | 1点 | ハード | ●防護柵・防護カバー等で囲われ、かつ安全装置が設置され、危険領域への立ち入りが困難な状態。 |
| | | ソフト | ●安全ルールや作業標準等は整備されており、守りやすい。特別に注意しなくてもケガをすることはほとんどない。 |

職場の「リスクアセスメントの実際」(中災防発行)より抜粋

## （3）リスクの見積りの仕方

　リスクの大きさは、「負傷又は疾病の重篤度（重大性）」と「発生の可能性の度合い」の組み合わせである。組み合わせには、足し算と掛け算があるが、一般に足し算することが多い。その理由は、掛け算の場合だと、中災防方式ではリスクポイントが1×1×1＝1から10×4×6＝240までとなりリスクレベルを分けるのに困難が生ずること。また、数字が多いと暗算しにくく計算間違いを起こしやすいからである。

　さらに掛け算の場合、重篤度（重大性）が死亡に至る10点であっても頻度や可能性が1点だと10×1×1＝10点でリスクレベルがⅡにすぎないが、重篤度（重大性）が1点で、頻度が4点、可能性が6点だと1×4×6＝24点でリスクレベルⅣとなる。つまり、死亡重大な事故に対する対策より、かすり傷の対策に重点を置くということになってしまう。

　一方、足し算の場合は、前者が10＋1＋1＝12点（リスクレベルⅣ）に対して、後者は1＋4＋6＝11点（リスクレベルⅢ）となり、死亡重大災害に至るリスク低減措置が優先され、納得感が得られるからである。

　中災防方式の重篤度（重大性）が、なぜ死亡・重症が10点、休業災害が6点、不休災害が3点、軽傷が1点か、についてであるが、本来なら4点、3点、2点、1点でも良い。しかし、一応次のような計算式で近似値をとったという説明がなされている。

| なぜ重篤度が、10、6、3、1なのか |

| | |
|---|---|
| 不休災害 | 1 |
| 休業1日 | $2+\log_e 1 = 2$ |
| 休業4日 | $2+\log_e 4 = 3.39$ |
| 休業約3か月 | $2+\log_e 100 = 6.61$ |
| 身体障害等級9級 | $2+\log_e 1000 = 8.91$ |
| 死亡災害（7500日） | $2+\log_e 7500 = 10.92$ |

この数値をまるめて自然数にした結果が、致命傷10点、重症6点、軽傷3点、微傷1点という重大性の配転の根拠である（平成20年9月中災防技術支援部）

## （4）リスクの見積りを行うにあたっての留意事項

① 負傷または疾病の対象者及びその被害（ケガ）の程度を具体的にイメージする。

予測に当たっては、後述の（6）に留意し、対象者は関係請負人の労働者、第三者を含め、内容は単に「ケガをする」ではなく、その部位（手・足・顔等）、ケガの内容・程度（擦過傷、打撲、骨折等）を具体的に予測する。

② 想定される最も重い重篤度（重大性）を見積る。

重篤度については、爆発や土砂崩壊など多数の人命が一度に危険にさらされる場合は当然重い重篤度とする。しかし、どのケースでも最も重い場合を想定すると、転倒でも死亡災害が想定される可能性が高くなる。すべての災害が「死亡」となった場合は重篤度を見積っていることの意味がなくなるので、常識的な範囲で想定される最も重い重篤度を見積ることが必要である。

③ 重篤度については共通尺度であることが望ましいので、休業の場合は休業日数を尺度とするのが良い。また、身体障害が残る場合は、仮に休業（療養）日数が短くても障害等級8級以上（障害年金対象）は10点とカウントするのが良い。

④ 有害性についてはＳＤＳ等の情報があれば、化学物質等のＲＡで行うが、ＳＤＳ等がない場合であっても、一定の有害性を指摘する情報があれば、有害性があるものとして見積るよう努める。

## （5）見積りの類型例ごとに行うのが良い

① 墜落・転落、はさまれ・巻き込まれなどの物理的な作用によるもの
② 爆発、火災などの化学物質の物理的効果によるもの
③ 中毒などの化学物質の有毒性によるもの（化学物質等のＲＡで行うことが多い）

④　振動障害、騒音障害、電離放射線などの物理的因子の有害性によるもの

（6）上記（5）の類型ごとの見積りにあたっては、次の事項にも留意すること
　①　安全装置の設置、立入禁止措置、その他の労働災害防止のための機能または方策の信頼性及び維持能力
　　　安全装置等の故障頻度やメンテナンス状態、使用する労働者の教育訓練状態、熟練度、立入禁止措置の徹底度（トラロープか、安全柵なのか等）とその周知状況などに留意して見積ることが必要である。
　②　安全機能等を無効化する、または無視する可能性
　　　生産性の低下などに対する危惧等の動機面と機能等の無効化のしやすさについて留意して見積ることが必要である。
　③　作業手順の逸脱、操作ミスその他の予見可能な意図的・非意図的な誤使用または危険行動
　　　作業手順の周知状況、近道行為などの人間の行動、監視の有無等による危険行動のしやすさ、スイッチ類の配置や操作方法の不統一など人間工学的な面から誤使用等の誘発のしやすさ（ヒューマンエラーの観点）、作業者の資格や教育状況、熟練度などについて留意して見積ることが必要である。

（7）具体的な見積りの仕方（進め方）
　①　ＲＡの対象作業に従事する作業員全員（数が多い場合は分割する。最大でも８人程度）と職長、必要に応じてその上の管理監督者も含めて、話し合いで見積る。
　②　各人がそれぞれ重篤度、可能性の点数を付ける（中災防方式の場合は頻度も含める）。その際、会社で定めた重篤度、可能性、頻度の基準（以下、「見積り要素」という）に照らして評価を行う。
　③　評価は、作業を全員熟知している場合は作業手順書を見ながら行う。作業に熟知していない場合は、できるだけ実際に作業をしながら、仮に多数で見にくい場合や危険と思われる場合はビデオで作業を見ながら各人が見積り要素ごとに評価していく。
　④　各人が持ち寄った見積り要素ごとに確認する。食い違いがなければその点数を評価点とする。
　⑤　食い違いがあれば、その理由を確認し合い、話し合いを行う。合意すればその点数を評価点とする。話し合いは次のように行う。まず、一番高い点数を出した者の意見を全員で確認し、それに合意できればその点数を採用する。合意できなければ次に高い点数を出した者の意見を聞き、それに合意できればその点数とする。それでも合意できない場合は三番目に高い点数を付けた人の意見を聞き同様の作業を行って決定する。

　なお、ＲＡ導入当初は、メンバーの見積り結果にかなりのバラツキが発生するが、繰り返し何度も実施していくことで徐々に集約されていく。併せて、次のことに留意して進めると結果のバラツキが少なくできる。

① 見積り要素の評価基準を分かりやすく、イメージしやすいものとする。
② ＲＡを行った後は安全衛生委員会等で集約し、基準の再検討、水平展開を行う。
③ ①、②を含め、ＲＡに関する教育を関係者に実施する。

## リスクの見積り（まとめ）

(1) リスクの見積りは、職長と作業者を中心に行い、場合によっては管理者を加えて実施する。原則は作業手順書に沿って行う。

(2) 見積りの仕方

① 重大性は、常識の範囲で通常思い浮かぶ最も大きいケガ・重い健康障害とする。

② 頻度は、作業の頻度ではなく、危険性・有害性に人が近づく危険状態の生じやすさなどで見積りをする。

③ 可能性は、危険状態が生じた時に労働災害を避けることができるかを、安全方策の状況や作業者の行動から判断する。

(3) 点数にバラツキが生じた場合は取りあえず一番大きな点数者の意見を聞き合意できたらその点数を、合意できなかったら順次点数の高い者の意見を聞いて判断し、合意点を探る。

## グループで行うリスクの見積りの例

| NO. | リスク内容（5人で検討） | ケガの程度 | | | | | | ケガの可能性 | | | | | | 危険の頻度 | | | | | | 決定 | |
|---|---|---|---|---|---|---|---|---|---|---|---|---|---|---|---|---|---|---|---|---|---|
| | | A | B | C | D | E | 決定 | A | B | C | D | E | 決定 | A | B | C | D | E | 決定 | 合計 | レベル |
| 4 | パレットを手で動かすとき、ポールに手を挟まれる。 | 1 | 3 | 3 | 1 | 1 | 3 | 4 | 4 | 1 | 2 | 1 | 4 | 2 | 2 | 2 | 2 | 2 | 2 | 9 | 3 |
| 6 | 端末ステージ上に品質チェックパネルがあるので、パネルが落下して足を切る。 | 3 | 1 | 1 | 1 | 3 | 3 | 4 | 4 | 4 | 4 | 4 | 4 | 1 | 2 | 2 | 1 | 1 | 2 | 9 | 3 |
| 7 | 仮置き中の空パレットが崩れて、作業者がつぶされる。 | 6 | 6 | 6 | 6 | 6 | 6 | 4 | 4 | 6 | 6 | 6 | 6 | 1 | 2 | 4 | 1 | 1 | 話し合い2 | 14 | 4 |

## 4. 化学物質等のリスクアセスメント

### （1）法令、指針の改正の概要

　化学物質等のリスクアセスメント（以下「化学物質ＲＡ」という）は、もともと安衛法第28条の２に基づく、化学物質ＲＡ指針（平18・３・30　公示第２号）とそれに関する通達（平18・３・30基発第0330004号）で実施されてきたが、平成26年の安衛法改正で、安衛法第28条の２から化学物質ＲＡが除かれ、新たに同法第57条の３が規定された。それに基づき旧指針は廃止され、平成27年９月18日指針公示第３号として新たに化学物質ＲＡ指針（以下「新指針」という）が策定され、平成28年６月１日施行となっている。通達も同様に旧通達が廃止され、平成27年９月18日基発0918第３号（以下「新通達」という）として施行されている。

　基本的な実施方法等には変更はないが、新法では、化学物質を新規に取り扱う場合は、すべての事業者は業種及び規模の大小にかかわらず化学物質ＲＡを実施しなければならない（義務規定）となったことと、中小零細事業場向けに「コントロール・バンディング」という簡易な方法でも可としたことである。また、新指針では、実施管理者は安全管理者、衛生管理者、安全衛生推進者、衛生推進者とし、これらの選任義務のない事業場は職長等が実施管理者になることとされた。

　その意味で、本書は初めて部下を持つリーダーなどが対象となっていることから、化学物質ＲＡは中小企業向けのコントロール・バンディングを中心に述べることとする。本格的な化学物質ＲＡを実施する場合には、労働衛生コンサルタント等の活用が望まれる。

### （2）安衛法第57条の３について

　前述したとおり、安衛法第28条の２では、名称の表示すべき化学物質やＳＤＳ文書での通知対象物質は除くとされ、これらの化学物質ＲＡは安衛法第57条の３第１項で、「危険性又は有害性等を調査しなければならない」と規定し、同条第２項で「（第１項の）調査の結果に基づいて、法令に基づく措置を講ずるほか、労働者の危険又は健康障害を防止するため必要な措置を講ずるように努めなければならない」と規定された。

　第１項は義務規定で、第２項は努力義務規定である。なお、義務規定ではあるが罰則はない。なぜ化学物質ＲＡを安衛法第28条の２で一緒に規定せずに、わざわざ新しく安衛法第57条の３を規定したかであるが、安衛法第28条の２が全文努力義務規定であるからである。国際的な流れ（圧力）で、化学物質等に限り、企業の規模に関係なくすべての事業者がＲＡを実施しなければならないとされたのである(注)。

　しかし、義務規定で罰則がないことに安堵はできない。なぜなら化学物質の多くは、安衛法第22条を受けて、特定化学物質障害予防規則、有機溶剤中毒予防規則などの省令が定められ、これらの規定は罰則付きの措置義務となっているからである。

(注)　欧米のＲＡは、序章でも述べたとおり、化学物質等以外の機械・設備等のＲＡもすべて義務規定でしかも罰則付きである。

(3) 化学物質等のリスクアセスメントの基本的手順

新指針3に化学物質ＲＡの仕方が記載されている。

〔手順1〕化学物質等による危険性又は有害性を特定する。

〔手順2〕手順1により特定された化学物質等による危険性又は有害性並びに当該化学物質等を取り扱う作業方法、設備等により業務に従事する労働者に危険を及ぼし、または当該労働者の健康障害を生ずるおそれの程度及び当該危険又は健康障害の程度（以下「リスク」という）を見積る。

〔手順3〕手順2の見積りに基づくリスク低減措置の内容を検討する。

〔手順4〕手順3のリスク低減措置を実施する。

〔手順5〕リスクアセスメント結果について労働者に周知する。

手順1、2を本章で、3～5を第8章で述べる。

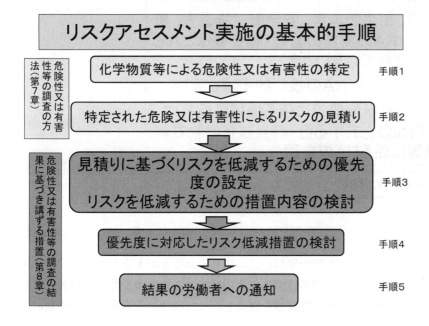

※ 新指針で「化学物質等」とは、製造、取扱い、貯蔵、運搬等に係る化学物質、化学物質を含有する製剤、その他の物で、労働者に危険又は健康障害を生ずるおそれのあるものをいう。

※ リスクとは、特定された危険性又は有害性によって生じるおそれのある負傷又は疾病の重篤度（ひどさ）と、発生する可能性の度合いを組み合わせたものである。

## （4）実施体制等

　ＲＡ及びその結果に基づく措置は、次の体制で実施する。化学物質ＲＡはかなり煩雑なので、職長等（作業主任者、班長、組長、係長等）は安全管理者、衛生管理者が選任されていない50人未満の事業場で実施管理者となることが指針に記載されている。もちろん、安全管理者、衛生管理者がいても事業場の判断で、職長等を実施管理者とすることは問題ない。

　なお、これらの者に対する必要な教育を行うことが求められている。

---

**リスクアセスメントの実施体制**

- 総括安全衛生管理者、事業の実施を統括管理する者（事業場トップ）・・・ＲＡの実施を統括管理
- 安全管理者、衛生管理者、安全衛生推進者、衛生推進者・・・ＲＡの実施の管理（職長等はこれらの者が選任されていないとき）
- 化学物質管理者・・・ＲＡの技術的事項を実施
- 化学物質等、化学物質等に係る機械設備等について専門知識を有する者・・・当該化学物質等、機械設備等に係るＲＡの参画

※これらの者に対する、必要な教育の実施

---

## （5）実施時期

　基本は、事業場におけるリスクに変化が生じ、又は生じるおそれがあるときに、リスク低減措置に必要な時間を十分に確保した上で実施する。新指針では「化学物質等を原材料として**新規**に採用し、又は変更するとき」、「化学物質等を製造し、又は取り扱う業務に係る作業の方法又は手順を**新規**に採用し、又は変更するとき」となっているため、法施行日（H28・6・1）時点で使用している化学物質等については改めてＲＡは実施しなくても良いこととなっている。しかし、これらの既存の作業方法で取り扱う場合、過去にＲＡを実施したことのない場合、またはＲＡの結果が残っていない場合は**「実施するよう努める」**ことと、新指針5（2）ウに記載されているので計画的に実施することが望ましい。

## リスクアセスメントの実施時期（義務規定）

- 化学物質等に係る建設物を設置し、移転し、変更し、又は解体するとき
- 化学物質等に係る設備を新規に採用し、又は変更するとき
- 化学物質等である原材料を新規に採用し、又は変更するとき
- 化学物質等に係る作業方法又は作業手順を新規に採用し、又は変更するとき

## リスクアセスメントの実施時期（努力義務）

- ✓ 化学物質等による労働災害が発生した場合であって、過去の調査等の内容に問題があるとき
- ✓ 化学物質等による危険性又は有害性等に係る新たな知見を得たとき
- ✓ 前回の調査等から一定の期間が経過し、化学物質等に係る機械設備等の経年による劣化、労働者の入れ替わり等に伴う労働者の安全衛生に係る知識経験の変化、新たな安全衛生に係る知見の集積等があった場合

（6）対象作業の選定
① ＲＡ等は、対象の化学物質等を製造し、または取り扱う業務ごとに行う。ただし、当該業務に複数の作業工程がある場合に当該工程を１つの単位としたり、当該業務のうち同一場所において行われる複数の作業を１つの単位とするなど、事業場の実情に応じて適切な単位で行うことも可能である。
　例えば、引火性のある塗料を用いた塗装作業と設備の改修に係る溶接作業との混在作業がある場合に、溶接による火花等が引火性のある塗料に引火することによる労働災害など

がこれに該当する。
② 元方事業者にあっては、その労働者及び関係請負人の労働者が同一の場所で作業を行うこと（以下「混在作業」という）によって生ずる労働災害を防止するため、当該混在作業についてもＲＡ等の対象とする。

### （7）情報の入手等
情報の入手は、定常的な作業に係る資料だけでなく、非定常作業に係るものも入手する。例えば次のような資料である。
・ 化学物質等安全データシート（ＳＤＳ）、仕様書、化学物質等に係る機械設備に係る情報、等
・ 化学物質等の取扱いに係る作業標準、作業手順書、等
・ 化学物質等に係る機械・設備等のレイアウト、作業の周辺の環境に関する情報、等
・ 作業環境測定結果、等
・ 複数の事業者が同一の場所で作業を実施する状況に関する情報、等（混在作業における化学物質等による危険性又は有害性、等）
・ 化学物質等による災害事例、災害統計、等

### （8）危険性又は有害性の特定
・ 基本は、対象となる業務を洗い出した上で、原則としてＳＤＳ[注1]に記載されているＧＨＳ[注2]分類結果で特定する。
・ 日本産業衛生学会または米国産業衛生専門家会議（ACGIH）の化学物質等のばく露限界値で特定する。
・ 過去に化学物質等による労働災害が発生した作業や、化学物質等による危険又は健康障害のおそれがある事象が発生した作業等により事業者が把握している情報等で特定する。

これらの情報は、使用している化学物質等にＳＤＳが添付されていればそれを見ると分かる。添付されていない場合は譲渡元、あるいは販売元にＳＤＳの交付を求めるか、製品名が分かればその成分を調べ、厚労省ＨＰの「職場のあんぜんサイト」で調べる。

(注1) ＳＤＳ
　　ＳＤＳとは、「安全データシート」のSafety Data Sheetの頭文字をとったもので、事業者が化学物質及び化学物質を含んだ製品を他の事業者に譲渡・提供する際に交付する化学物質の危険有害性情報を記載した文書のこと。安衛法第57条の2では、化学物質を安全に取り扱い、災害を未然に防止することを目的に、化学物質を譲渡・提供する場合には、その化学物質の危険有害性等を記載した文書（SDS）を交付するなど情報の提供が義務づけられている。なお、危険有害性に関しては、化学品の分類及び表示に関する世界調和システム（GHS）に基づく分類を行い、その内容をSDSに記載することになっている。現在672物質ある。

(注2) ＧＨＳ
　　ＧＨＳとは2003年7月に「化学品の分類および表示に関する世界調和システム」（The Globally Harmonized System of Classification and Labelling of Chemicals：GHS）が国連勧告として出されたもの。GHSは化学品の危険有害性を一定の基準に従って分類し、絵表示等を用いて分かりやすく表示し、その結果をラベルやSDS（Safety Data Sheet:化学物質等安全データシート）に反映させ、災害防止及び人の健康や環境の保護に役立てようとするものである。なお、GHSの日本語版への翻訳（改訂初版）は関連省庁が共同で作業を行い、厚生労働省、経済産業省、環境省などのWebサイト等で閲覧あるいはダウンロードできるようになっている。

## SDSの2つの目的

### (1) 危険有害性情報の伝達

一定のルールに基づいた危険有害性の情報を①危険性（引火・爆発性等の物理的危険性と異常反応等による化学危険性）、②有害性（化学物質等の急性毒性、反復ばく露による慢性毒性等の健康影響）、③環境影響（環境経由での人への健康影響、陸生動植物、水生生物等への影響等）に分類してある

### (2) 労働安全衛生管理に必要な情報

取扱い方法や保管方法、緊急時の対応の情報で、16項目で区分（上記①～③を含む）

## ラベル絵表示の意味

| | 絵表示 | 具体的な危険性・有害性 | 注意事項 |
|---|---|---|---|
| 危険性 | | ・爆発、火災。爆風、飛散危険性 | ・火気厳禁<br>・着火源（火花、裸火、熱、電気スイッチなど）から遠ざける<br>・周囲の静電気除去<br>・防爆型機器の使用<br>・冷所保管 |
| | | ・可燃性・引火性<br>・自己反応、自己発熱による火災<br>・空気、水により自然発火 | |

第7章

| | 絵表示 | 具体的な危険性・有害性 | 注意事項 |
|---|---|---|---|
| 危険性 | | ・自然発火による火災、爆発、爆発酸化性物質：火災を助長（支燃性） | ・着火源（火花、裸火、熱、電気スイッチなど）から遠ざける<br>・可燃物から遠ざける |
| 危険性 | | ・高圧ガス：熱すると爆発<br>・深冷液化ガス：噴出ガスに触れると凍傷 | ・冷所保管<br>・日光から遮断する<br>・皮膚、眼につけない<br>・保護衣、保護手袋、保護眼鏡を使用 |
| 健康有害性 | | ・金属を腐食<br>・重篤な皮膚の薬傷<br>・眼に重篤な損傷、失明 | ・指定の耐腐食性容器を使用<br>・皮膚、眼につけない<br>・粉じん、ミストを吸入しない<br>・保護衣、保護手袋、保護眼鏡を着用 |

| | 絵表示 | 具体的な危険性・有害性 | 注意事項 |
|---|---|---|---|
| 健康有害性 | | ・飲み込む、吸い込むまたは皮膚に付くと生命に危険<br>・有害（急性毒性） | ・口に入れない<br>・皮膚につけない<br>・蒸気、ミスト、ガス、粉じんを吸入しない |
| 健康有害性 | | ・遺伝子の損傷（遺伝性疾患）/発がん/生殖機能または胎児への悪影響/アレルギー、喘息、呼吸困難/各種臓器/誤嚥性肺炎 | ・換気する<br>・防じん・防毒マスク、保護衣、保護手袋を着用 |
| 健康有害性 | | ・飲み込む、吸い込むまたは皮膚に付くと有害/皮膚、眼の刺激/アレルギー性皮膚反応/呼吸器を刺激/眠気やめまい | ・口に入れない<br>・皮膚、眼につけない<br>・蒸気、ミスト、ガス、粉じんを吸入しない<br>・保護具を着用 |
| 環境有害性 | | ・オゾン層を破壊 | ・回収またはリサイクルについて<br>・製造者または供給者に問い合わせ |
| 環境有害性 | | ・水生生物に非常に強い毒性（短期・長期） | ・環境に放出しない |

## SDSの記載16項目

| 記載事項 | 記載事項の概要 |
|---|---|
| 1. 化学品及び会社概要 | 化学物質等の名称、SDSを作成した事業場の名称と連絡先 |
| 2. 危険有害性の要約 | 最小限知っておかなければならない化学物質の重要な危険性・有害性の情報、GHS分類、ラベル要素及び特有の危険有害性の情報等 |
| 3. 組成及び成分情報 | 化学物質の組成、成分などの情報 |
| 4. 応急措置 | 吸入した場合など非常時の応急措置等 |
| 5. 火災時の措置 | 使用できる消火剤など火災時の措置等 |
| 6. 漏出時の措置 | 人体や環境に対する注意など漏出時の対応等 |
| 7. 取扱い及び保管上の注意 | 化学物質の適正な取扱い方法、保管の方法等 |

| 記載事項 | 記載事項の概要 |
|---|---|
| 8. ばく露防止および保護措置 | 化学物質を取り扱う場合の局所排気装置などの設備、使用すべき保護具の情報。管理濃度、許容濃度等 |
| 9. 物理的および化学的性質 | 化学物質の形状や色、臭い、沸点、融点など基礎的な情報。引火点、爆発範囲などの危険性に関する詳細な情報 |
| 10. 安定性および反応性 | 化学物質の反応性、化学的安定性、危険有害反応の可能性などの情報 |
| 11. 有害性情報 | 急性毒性、慢性毒性、発がん性などの健康障害に関する詳細な情報 |
| 12. 環境影響情報 | 化学物質が環境に流出した場合の水生動物への影響、残留毒性等 |
| 13. 廃棄上の注意 | 廃棄上の方法、注意 |
| 14. 輸送上の注意 | 輸送のための国際規制、国内規制、注意 |
| 15. 適用法令 | 化学物質が関係する法令 |
| 16. その他の情報 | 上記には記載されていない重要とする情報、引用文献、災害事例等 |

## 記載項目から読み取れること

「2. 危険有害性の要約」の「危険有害性情報、注意書き」から、ばく露防止措置の参考となる情報がある。なお、この項目を軸としてそれぞれの項目が関連しているので、この項目を理解することが重要である。

「8. ばく露防止及び保護措置」からは、許容濃度、TLV－TWA等が設定されている場合は、その旨の記載がある。一概には言えないが、その物質自体の有害性の程度を判断することができる。

「15. 適用法令」を見ると、リスクアセスメント実施義務の672物質に該当するか（法57条の2、令18条の2）どうかが分かる。

### （9）リスクの見積り（コントロール・バンディング）

指針に基づいた正式な見積り方法は、かなり煩雑で一定の専門的研修を受けなければ実施しにくい。そこで新指針では、ＩＬＯの「化学物質リスク簡易評価法（コントロール・バンディング）」等を用いてリスクを見積る方法も認めているので、これについて説明する。

## コントロール・バンディングとは

化学物質のリスクアセスメントの定性的な手法として、評価項目をいくつかのバンド（一定の幅）に分け、簡単なマトリックスを用いてリスクを評価する手法のこと

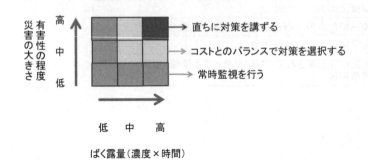

バンディングとは一定の「幅」のことで、簡単なマトリックスにしてリスクを評価する方法である。これは、ILOが、開発途上国の中小企業を対象に、有害性のある化学物質から労働者の健康を保護するために、簡単で実用的なRA手法を取り入れて開発した化学物質の管理手法である。

**次の4つのステップで行う**

① **ステップ1**：RAを行う対象作業を選ぶ。前述した「（6）対象作業の選定」のことである。HP上で選ぶ。このとき使用する化学物質等を選び自動的にSDS情報も得ることとなる。
- どこで行っているか、どんな作業か
- 何人で作業しているか
- 取り扱っている化学物質は何か、その性状はどのようなものか

を入力する。

### Step1 の表示画面
（それぞれ必要事項を入力 ※は必須）

|  |  |
|---|---|
| タイトル | |
| 担当者 | |
| 作業場所 | |
| 作業内容 ※ | （14作業の中から選択する） |
| 作業者数 ※ | （5区分から選択する） |
| 液体・粉体 ※ | ○液体　○粉体　どちらかの○にチェックを入れる |
| 化学物質数 ※ | （　）使用している化学物質の種類の数を入れる |

次へ

作業内容：貯蔵及び保管、野積み、粉じん処理、充填及び輸送、移送及び輸送、充填、軽量、混合、選別、塗装、洗浄及びメッキ、乾燥、成形、その他

作業者数：①10人未満、②10～49人、③50～99人、④100～299人、⑤300人以上

注意：液体と粉体を同時にリスクアセスメントはできない。混合の場合はそれぞれ別個にリスクアセスメントを行う

② **ステップ2**：作業条件を入力する。具体的には前述した「(7) 情報の入手等」でこれもHP上で選ぶ。

---

**ステップ 2**
**作業条件を入力する**

①化学物質の有害性の入力
SDS⇒GHS分類区分⇒ランク

②化学物質の揮発性・飛散性の入力
SDS⇒物性・形状、温度⇒ランク

③化学物質の取扱量の入力
1回・1日あたりの使用量⇒ランク

---

**Step2 の表示画面**
（それぞれ必要事項を入力 ※は必須）

| 政令番号：化学物質名称 | ※ | (　　　　　　　　)「一覧から選択」「反映」 |
|---|---|---|
| GHS分類区分 | ※ | 選択（GHS分類区分を入力するための表が開く） |
| 沸点 | ※ | ℃ |
| 取扱い温度 | ※ | ℃ |
| 取扱量単位 | ※ | ○ KL（取扱量：多量）<br>○ L（取扱量：中量）<br>○ mL（取扱量：少量）　どれかにマークを入れる |

　　　　　　　　　　　　　　　　　　　　　　　　　　　　　次へ

---

政令番号：化学物質名称

下記2通りの方法がある
その1：ユーザーが化学物質名を入力する（この場合、以降のGHS分類区分はユーザーが入力する。政令番号は物質名が特定されると自動で入力される。
その2：「一覧から選択」ボタンを押し、「化学物質名称選択画面」を表示させる。この中で五十音順に並ぶ化学物質（672物質）を選択する。このリストにない物質はGHSで調べて自分で入力する。
「反映」の欄をクリックするとGHS分類区分、沸点が自動入力される。

### トルエンを選択した場合Step2 の表示画面

| 政令番号：化学物質名称 | ※ | （9－407：トルエン　）「一覧から選択」　「反映」 |
|---|---|---|
| GHS分類区分 | ※ | 選択（GHS分類区分を入力するための表が開く）<br>皮膚腐食性・刺激性　～区分2<br>生殖毒性　～　区分1<br>吸引性呼吸器有害性　～区分1 |
| 沸点 | ※ | 110.6 ℃ |
| 取扱い温度 | ※ | 60 ℃ |
| 取扱量単位 | ※ | ○ KL（取扱量：多量）<br>○ L（取扱量：中量）<br>◉ mL（取扱量：少量）　どれかにマークを入れる |

取扱い温度：その化学物質を取り扱う際の作業場の温度を入力するが、その温度より化学物質の温度が高い場合はその温度を記入する

取扱量単位：連続作業では1日の使用量、バッチ作業では1回の使用量を記入。選択を迷う場合は、より量の多い方を選ぶ

③　ステップ3：化学物質のランク及びリスクレベルの表示。これは前述した「（9）リスクの見積り」と同時にリスクレベルの評価までを行う。①、②の情報を入力すると自動的にリスクレベルが表示される。

### Step3 の表示画面

ステップ2を入力し「次へ」をクリックすると自動的にステップ3の画面が出る。

| ＜作業名＞ | 混合 |
|---|---|
| リスクレベル | 3．S |

| ＜化学物質名＞ | 9－407：トルエン |
|---|---|
| 有害性ランク | D．S |
| 揮発性ランク | 大 |
| 取扱量ランク | 少量 |
| リスクレベル | 3．S |

次へ

《それぞれの意味》
- **有害性ランク**：ランクA～Eまでは、その物質を吸い込んだ場合の有害性の程度を表す（Eのほうが高毒性）。ランクSは、その化学物質が皮膚や眼に触れると障害を起こす可能性があることを示す。

- **揮発性・飛散性ランク**：揮発性・飛散性の程度を大・中・小の３ランクで表す。
- **リスクレベル**：有害性ランクと揮発性・飛散性ランク及び取扱量ランクをもとに、リスクの高さを１～４で表す（４のほうが高い）。また、眼や皮膚へのリスクがある場合はＳも表示する。

ここで表示内容を確認し、「次へ」をクリックすると④が表示される。

④　**ステップ４**：作業のリスクレベルと対策シートの表示

### Step4 の表示画面

その作業のリスクレベルと対策すべき事項を表示する。
また、レポート及び対策シートをPDFで提供する。

| リスクレベル | 実施すべき事項 |
|---|---|
| 3 | 囲い式局所排気装置及び封じ込めの実施<br>１）肯定の密閉化<br>２）囲い式局所排気装置の設置と維持管理　など |
| S | 皮膚や眼に対する保護具の使用　など |

| レポート | PDF |
|---|---|

| 作業名 | 対策シート表題 | シートNo. | |
|---|---|---|---|
| 一般原則 | 封じ込めの一般原則 | 300 | PDF |
| 一般原則 | グローブボックスの設計と使用 | 301 | PDF |
| 一般原則 | 皮膚や眼に有害な化学物質に対する労働衛生保護具 | SK100 | PDF |
| 一般原則 | 呼吸用保護具の選び方と使い方 | R100 | PDF |

《それぞれの意味》
- **レポート**：入力されたデータに基づき簡易なＲＡを行った結果をまとめたもの。
（ファイル名がランダムに付いているので、名前を変えて、自分のパソコンに保存する）
- **対策シート**：事前に作成されたもので、リスクレベルと作業内容に応じて、選択されたものが表示される。対策シートに示された措置は、推奨される措置であるが、これ以外にも同様の効果が考えられる措置も実施する（例：局所排気装置とあるが設置が困難な場合には、全体換気装置＋呼吸用保護具によるばく露量の低減等の実施＋教育の実施と徹底でも良い）。

コントロール・バンディングは実際に入力してみると、それほどの知識がなくても非常に簡便にＲＡの調査と分析、評価と実施すべき参考例が示される。しかし、いくつかの長所と短所がある。

【コントロール・バンディングの長所と短所】
（長所）
- 化学物質の有害性について、安全データシート（ＳＤＳ）のＧＨＳ分類が利用できる。
- 許容濃度等、化学物質のばく露限界値の知識がなくても使用できる。

- 化学物質の作業環境測定を行わなくても、使用量や使用温度などの簡易な情報でリスクの評価ができる。

（短所）
- かなり安全側にリスクが評価される。
- 重篤な健康影響のある化学物質については専門家のアドバイスが必要となる。
- 工学的対策（換気設備）の効果が考慮されていない。

## （10）望ましいコントロール・バンディング利用法
- コントロール・バンディングは、化学物質ＲＡの義務化に伴い、中小零細企業向けの簡易なものであることを認識して使用すること（ただし、ＧＨＳ分類区分はそのまま利用できる）。
- リスクレベルが４の場合は、改めて厚労省もしくは中災防の「化学物質のリスクアセスメント指針」に沿ったＲＡを実施すること。
- その際には、作業環境測定が必要なので、必ず作業環境測定を実施してからＲＡを実施すること。

（参考）グループ討議　テーマ（例）
① 安全、危険、安心、不安、恐怖について、それぞれ自分が今まで感じてきたイメージについて述べ、併せて欧米の考え方についても述べ、それらを踏まえて、今後、安全衛生管理活動でどう定義していったらよいかをグループで討議する。
② 自社でＲＡを実施していない場合は、その理由と対策。実施している場合は危険源の発掘は十分かについて討議し、十分でない場合はその理由を述べ、対策を考える。
③ 化学物資等のＲＡ（コントロール・バンディングも含めて）を実施しているか。問題はないか、あればその原因と対策を考える。

**リスクの語源**

　リスクについて書かれた名著『リスク：神々への反逆』によれば、リスクの語源は「勇気を持って試みる」ことだそうである。もともと受動的な意味はなく、能動的に未来を選択する意味をもつ。リスクの語源には様々な説がある。イタリア語で「勇気をもって試みる」「断崖絶壁を航行する」「危険を冒す」という「risicare」や、スペイン語の「切り立った険しい岩礁」を意味する「risco」、アラビア語で「今日の糧を得る、明日の糧」といった意味の「risq」である。それぞれの意味は微妙に違うものの、共通するエッセンスもあり、全ての言葉を総合すると、リスクとは「目的を持って厳しい状況に身を置く」、あるいは「その環境」を意味していることが分かる。どうなるか分からないという、結果の不確実性という意味合いも含まれていたようである。これからすると良い方向や悪い方向の双方の不確実性を含有するのでISO45001のリスクの定義もこのことを意味しているのではないかと思われる。

# 第8章

# 危険性又は有害性等の調査の結果に基づき講ずる措置

## 1. リスク低減措置の検討

　本章は、第7章で述べた下図の手順3（リスク低減のための優先度の設定・内容の検討）と手順4（リスクの低減措置の実施）のことである。

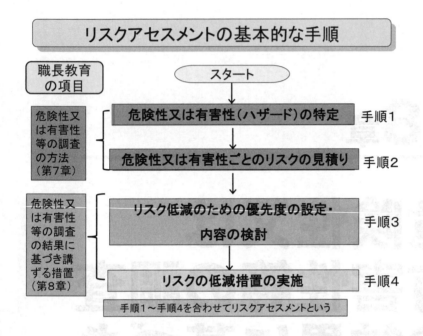

　そして、この手順3について「危険性又は有害性等の調査等に関する指針」（平18・3・10指針公示第1号、以下「指針」という）の【10　リスク低減措置の検討及び実施】では次のように述べている。

　事業者は、法令に定められた事項がある場合にはそれを必ず実施するとともに、次に掲げる優先順位でリスク低減措置内容を検討の上、実施するものとする。

ア　危険な作業の廃止・変更等、設計や計画の段階から労働者の就業に係る危険性又は有害性を除去又は低減する措置

イ　インターロック、局所排気装置等の設置等の工学的対策

ウ　マニュアルの整備等の管理的対策

エ　個人用保護具の使用

これを図示すると次のようになる。

## リスク低減措置の検討

法令に定められた事項の実施（該当事項がある場合）

↓

**ア　本質的対策**
危険な作業の廃止・変更、危険性や有害性の低い材料への代替、より安全な施工方法への変更等

↓

**イ　工学的対策**
ガード、インターロック、安全装置、局所排気装置等

↓

**ウ　管理的対策**
マニュアルの整備、立ち入り禁止措置、ばく露管理、教育訓練等

↓

**エ　個人用保護具の使用**
上記ア～ウの措置を講じても、除去・低減しきれなかったリスクにのみ実施

（右側：リスク低減措置の優先順位　高→低）

　なお、図の中で、アの本質的対策とイの工学的対策を「ハード対策」、ウの管理的対策とエの個人用保護具の使用を「ソフト対策」と呼ぶこともある。

### （1）低減措置の検討にあたって留意すべき事項
① リスクレベルの高い順位の事項について防止対策等を検討する。
② 法令等に定められている事項は、確実に措置を実施する。
③ 安易に、管理的対策や個人用保護具の使用に頼るのではなく、危険な作業の廃止・変更等をまず検討し、次に工学的対策を検討するというステップを踏むこと。
④ 措置を講じることにより新たなリスクが生じる場合もあるので、措置を講じた後のリスク（残留リスク）についても見積り、低減措置の検討、実施を行うこと。

　次に、「本質的対策」のうち、「危険な作業の廃止・変更」については、通達等で特段の説明がなされていないのでこれについて述べる。

### （2）危険な作業の廃止・変更に係る判断基準
　手順2でリスクの見積りを行うが、その結果、次のように低減措置等を考えるのが良い。
① まずリスクが許容されるか否かを考える。許容できるならそのままとする。
② 許容できないものは、ア）低減措置対策を講ずる、イ）リスクを移転させる（保険を掛ける）、ウ）リスクの回避（作業中止や機械等の廃止等）を考える。図示すると次のようになる。

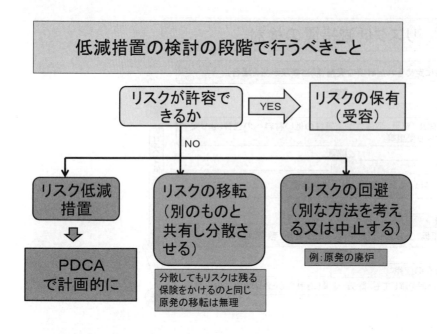

ア）の**リスク低減措置対策**は指針のとおり、本質的対策、工学的対策、管理的対策と個人用保護具の使用の順で対策を検討する。

イ）の**リスクの移転**であるが、低減措置対策に費用対効果を考えると明らかに問題がある場合や、社会的に許容している場合に適用となる。例えば、自動車の運転であるが完全自動運転の技術も進展したが、費用が莫大（購入価格が高価）だと現状の自動車の運転も認めなくてはならない。その場合に自賠責保険だけでなく任意保険も掛けて、何かあったら保険で賠償するという考え方である。これでリスクがなくなったわけではないが、自動車の運転者もリスクを分散して対応している。

ウ）の**リスクの回避**であるが、全く別な方法にするか中止してしまうという判断である。産業用ロボットによる無人化とか原発の再稼働停止とかである。脚立を廃止して高所作業台（立ち馬等）に変更するというのもこれに該当する。

では、イ）やウ）を判断する尺度、基準はどう考えるべきなのか。

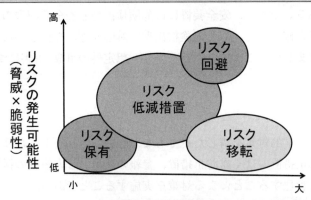

　ここでリスクの発生可能性とは、発生確率のことと同意義であり、損害の大きさは重篤度（重大性）と同意義である。なお、「脅威×脆弱性」や「情報資産の価値」(注)はコンピュータのネットワークを利用した際のリスクを評価するときの指標である。
　この図で明らかなように、圧倒的にリスクレベルが高い場合はリスク回避、つまり、廃止や別の方法に切り替える。リスクの可能性はあまり高くないが重篤度や損害の影響が大きければ、代替措置や保険を掛けながら当該作業を続けるということになる。
　指針でも、作業の廃止、変更を本質的対策の一番最初に記載しているので、リスクの見積りが終わったらまずこのことから真剣に検討すべきである。
　なお、通達ではこの本質的対策について、「設計や計画の段階から危険性又は有害性を除去又は低減する措置をいうものである」としている。したがって、工事の受注や定期検査を行う場合には必ずＲＡを実施して、本質的安全対策について検討すべきである。この検討は企業の経営判断や経営方針にも深く関わってくる。このことから、通達ではこれらの作業の実施者に職長等を含めなくても良いとしているのである。

(注) 情報資産の価値：情報資産には，①機密性（confidentiality）：権限のある人だけがその情報資産を扱うことができること。許可されていない人などには非公開にする特性。要するに情報が漏れないようにすること。②完全性（integrity）：情報資産の状態が完全かどうか。情報そのものならばその正確さを保護するための性質。情報が改ざんされたり、情報を持っているシステム自体が勝手に変えられたりしないようにすること。③可用性（availability）：その情報資産の使用を許されている人が使いたいときにすぐに使えたり、それにアクセスできるかどうかの性質。事故や台風などの災害によって使えなくなることがないようにすること、の３つがある。これらが失われたり毀損された場合をリスクととらえ、サービスや業務に与える影響を考えるときに活用する。

## （3）工学的対策について

指針では、「インターロック、局所排気装置等の設置等」が記載されているが、これは本質的安全対策によってもまだ除去しきれないリスクに対し、ガード、安全装置、赤外線人感センサー等の措置を実施することである。ただし、安全装置には危険検出型と安全確認型の二つがあり、より安全を求めるならば安全確認型を、もし危険検出型で対応せざるを得ないならば複数の安全装置を設置することが望ましい。これについては、「7．想定外の事故・災害について」で詳述する。

## （4）管理的対策について

管理的対策とは、本質的対策、工学的対策を講じた後でもなお除去しきれなかったリスクに対し、マニュアルの整備、立入禁止措置、ばく露防止措置、警報の運用、2人組制の採用、教育訓練、健康管理等の作業者等を管理することによる対策を実施することである。

指針・通達に従えば、まず本質的対策を検討し実施する。実施できなかった場合や実施してもリスクが残っている場合は工学的対策を検討・実施する。それでもリスクが残る場合には管理的対策を実施するとしているので、低減措置を検討する場合には、本質的対策、工学的対策についてどのように実施し、どのようなリスクが残っているかを記録として残しておく必要がある。間違っても、最初から管理的対策の検討から始めてはならない。

なぜなら、管理的対策の多くは「人に頼る対策」であるため、マニュアルがあっても守らない（守れない）、立入禁止措置を無視する、教育しても忘れる等、個人の対応で無効となることがあるからである。可能な限り赤外線人感センサー、ドライブレコーダー、あるいは最新の電子工学、ＡＩ（IoT）等の技術で工学的対策を検討すべきである。

## （5）個人用保護具の使用

以上の本質・工学・管理的対策を講じてもなおリスクが残留している（除去されない）場合にのみ、呼吸用保護具や保護衣、防振手袋、耳栓等の個人用保護具の使用を義務づけるものである。したがって、これらの対策を講じない場合は、個人用保護具の使用の検討はしてはならない。これら前段の対策や実施をきちんと検討したかどうかについて把握できるよう、リスク低減措置の検討結果を記録しておく必要がある。

現代のＡＩ等の技術では、個人用保護具について装着し使用しているかどうかのセンサーを組み込むことができるものも少なくない。また、自動車のシートベルトも装着していない場合はアラームが鳴るほか、エンジンが始動できないものも開発されている。これら最新の科学技術を作業員の命と健康を守るために活用してほしい。

## （6）その他

これらのリスク低減措置を検討するに当たって、大気汚染防止法等の公害その他一般の公衆災害を防止するための法令に違反しないよう十分配慮すること。

## リスク低減措置　1
### 本質安全化

危険、有害なものの使用を中止
より危険、有害性の低いものへ変更

## リスク低減措置　2
### 安全防護策＝工学的対策

安全装置、フェンス等の設置

## リスク低減措置　3
### 管理的対策

立入禁止、教育訓練等により作業者を管理

## リスク低減措置 4

## 個人用保護具の着用

### (7) リスク低減措置に関する注意事項
① 低減措置の検討だけで終わらせない。
② 改善計画（実行計画）は職長・安責者を含め作業員全員で検討する。
③ 費用がかかるものもあるので、必ず上司の許可を得てから確定する。
④ ５Ｗ２Ｈで計画を立てて、未実施事項がいつでも分かるように記録する。
⑤ 実施着手前は危険源やリスクレベルの表示をしておく。

### (8) 費用対効果について
① 低減措置は全てのリスクについて検討するが、費用対効果の観点から実施することが著しく合理性を欠くと判断される場合を除き、低減措置を講じなければならない。
② リスクが大きく優先度の高いリスクについては可能な限り低減措置の実施方法で行う。できない場合は、前述したとおり作業の廃止か保険を掛けることも検討する。
　　一方、非常に小さなリスクで、優先度が低く見積もられたリスクについては、費用対効果の観点から、管理的対策と個人用保護具等、比較的費用がかからない措置等の実施も考えられる。

## 2. 低減措置の効果の確認＝残留リスクの確認

　指針では、リスク低減措置を検討した後は、すぐに低減措置の実施となっている。しかし、低減措置の検討で本当にリスクが低減したのか、低減したとしても新たなリスクが発生していないかを確認してからでないと実施できないはずである。また、作業手順の変更を伴う場合もあるので、その場合は改めてリスクアセスメント（以下「ＲＡ」という）を実施しなければならない。

## （１）低減措置の効果の確認と残留リスク対策

① 頻度や可能性のポイントが下がっても重篤度（重大性）は原則変更しない。頻度や可能性が低くなっても事故・災害が発生してしまえば結果として重篤度は同じである。

　ただし、安全柵がないところに安全柵を設けて体全部が入らない（手・指は入る）なら、死亡・重大な災害に至らないと考えられるので、重篤度のポイントは下がる。

② 管理的対策と個人用保護具の使用等「人に頼る対策」は原則としてリスクレベルは下がらない。なぜなら使用しないこともあるからである。ただし、保護具の着用や立入禁止措置がリレースイッチやインターロック等と連動している場合は頻度（可能性）は下がる。

③ 普通の保護眼鏡をゴーグルタイプにすると、粉じんや切削屑が絶対に入らないならば別だが、入る可能性があれば眼の障害の重篤度は変わらない。ただし、危険に近づく頻度は下がることも考えられる。

④ 手すりを設けたり、回転部分にカバーを取り付けた場合、落下したり、手が巻き込まれる頻度は下がるが、落ちてしまえば、あるいは巻き込まれてしまえば重篤度は変わらない。

⑤ 工学的対策であっても、取り外しが容易なものは頻度は下がることがあるが重篤度は変わらない。取り外しが困難（イネーブルタイプのビス、ボルトの使用等も含む）、あるいは取り外すとリレースイッチが作動して機械が止まる場合は、重篤度も頻度も下げて良い。

⑥ いずれにしても意図的にリスクレベルは下げない。

⑦ 下げることのできなかったリスクは"残留リスク"として明確にし記録に残すとともに、みんなで共有することが大切である。

⑧ ソフト対策の徹底については、日々の災害防止活動（ＫＹＫ、指差呼称、保護具の相互確認等）に力を注ぐ必要がある。

### リスク低減措置に関する注意事項

① 意図的にリスクレベルを下げない。
② 作業者に依存する対策（ソフト対策）は、原則としてリスクレベルを下げない。なぜなら保護具を使用しないことも考えられるのでその場合はリスクは変わらないから。
③ ただし、保護具が完全に着用されることが確実に担保されていればレベルを1ポイント下げることも考えられる。
④ 囲い、覆いで粉じん、切粉が目に入るのを防止する措置の場合、完全に囲っている場合は別として、目に入ることがあり得るなら、ケガの程度は変わらない。しかし、危険に近づく頻度は下がると考える。
⑤ 邪魔板を取り付けることにより、手を滑らせて巻き込まれる頻度は下がる、しかし手が巻き込まれればケガの重篤度は変わらないと考える。

## （2）低減措置の実施方法

リスクの低減措置内容が決まると、①いつまでに改善するのか具体的な計画を作成し（Plan）、②必要な措置を確実に講じる（Do）、③措置が講じられたら、改めて作業者を含めてリスクを見積り、講じた措置の有効性や改善効果を確認する（Check）、④残留リスクがある場合も含めて、追加する措置があれば追加して改善する（Action）、⑤作業者に対して、これら一連の措置内容について教育訓練などを通じ、周知徹底を図る。

つまり、RAの低減措置の実施とは、PDCAを回す、労働安全衛生マネジメントシステムを現場で行うということである。以上を図示すると次のようになる。

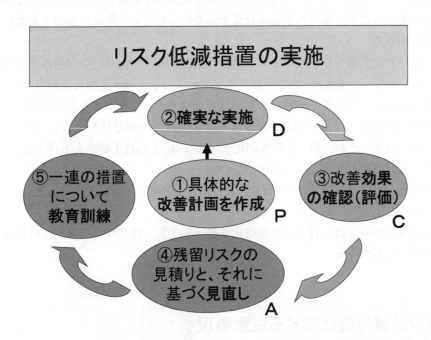

## （3）適切な措置と暫定的な措置

死亡、後遺症または重篤な疾病をもたらすリスクレベルの高いものについて、適切なリスク低減措置を行うにあたって、実施着手に時間がかかる場合もある。その場合、これを漫然と放置することは許されない（知っているのに対応しない場合は故意とみなされ傷害罪となり、業務上過失致死傷罪には認定されないことがある）。

したがって、ただちに現状で実施可能な暫定的な措置を講じる必要がある。例えば、設備を入れ替え、ロボットを導入したいが資金や技術上等の困難により無理な場合は、カバーを設ける。カバーを設けることも困難な場合は、保護具の使用、監視人の配置などの措置が考えられる。

# 第8章 危険性又は有害性等の調査の結果に基づき講ずる措置

```
┌─────────────────────────────┐
│     適切な措置と暫定的な措置      │
└─────────────────────────────┘
    ┌───────────────────────────┐
    │ リスクレベルの高いもので、低減措置を実施 │
    │    するのに時間がかかる場合       │
    └───────────────────────────┘
              ↓
    ┌───────────────────────────┐
    │     現状をそのまま放置しない      │
    │  実施可能な暫定的な措置を直ちに実施する │
    └───────────────────────────┘
    ┌───────────────────────────┐
    │（例）設備の入れ替え⇒費用やその他の理由で困難 │
    │ ⇒カバーを付ける。保護具を使用させる。リスクレベ │
    │ ルが高い旨の表示をする等            │
    └───────────────────────────┘
```

### （4）メンテナンスとパトロールについて

① 「人に頼る」ソフト対策は、いつか大きな労働災害が発生する可能性が残されていると理解することが重要である。したがって、できるだけ速やかにハード対策を講じるべきである。しかし、できるだけ速やかにと言ってもなかなか難しい。労働災害が発生した時はもちろん、ヒヤリハットが発生した時には、後述する方法で必ず実施するということを文書で定めておく必要がある。また、「人に頼る」対策の多くは躾教育の徹底が重要である。職長・安責者はパトロールを実施して不安全行動がないかチェックしコーチング等を行う必要がある。

② ハード対策であっても、その機能を失えばリスクは高まる。例えば、「リスク低減対策が作業に支障を及ぼし、または生産性に大きな影響を及ぼす」ような場合は、作業者が安全装置を取り外したり機能を低下させたりすることがある。職長・安責者は定期的にパトロールを行い、措置状況が維持されているかどうかを確認する必要がある。また、必要に応じて、作業者とともに作業手順の見直しや機械装置の改善を行い、再度ＲＡを実施する必要がある。

### （5）低減措置を実施するにあたっての留意事項

① ＲＡを行い、職場に潜む危険性又は有害性等を洗い出して特定し、リスクを見積り、リスク低減措置を検討するなど、その役割・機能を明らかにしたルールを作ること。

② ＲＡ結果などをもとに、事業場の安全衛生計画を具体化した現場の安全衛生実行計画を作成・実施すること。

③ ①、②を部下が確実に実施できるように、役割分担、手順を定めること。

④ ①、②を部下が継続的に維持・展開するために、③で定めた役割分担、手順等を職場内

の要領、作業標準書等の文書により明確にすること。

これは、OSHMS指針の、第7条（体制の整備）、第8条（明文化）、第9条（記録）、第12条（安全衛生計画の作成）、第13条（安全衛生計画の実施）と同じである。

以上、（2）と（5）の内容を見ると、OSHMSとほとんど同じ内容である。なぜ職長教育カリキュラムにOSHMSが入らなかったのか、安衛法第28条の2の条文を「調査の方法」と「調査の結果に基づき講ずる措置」の2つに分けたのかは、この低減措置の実施を留意事項に則ってきちんと行えば、OSHMSはあえて教えなくても良い、という考えに基づくものと思われる。

## 3. リスクアセスメントの意義と効果

RAは、安全衛生スタッフの協力を得て、ライン長（課長、係長等）を責任者とし、職長・安責者が中心となって関係する作業員全員で行うのが基本である。また、電気、化学物質等の専門的な観点からのRAが必要な場合には、社内外の専門家の協力を得ることも考慮しなければならない。

### (1) RAを実施する意義

RAを適切に実施し、本質安全化に向けた低減措置を講じていくと、下記の理由により確実に安全衛生水準の向上が図られる。

① 本質安全化は作業設備の改善を行うことで達成する。
② 作業設備の改善は、一人ではなく職場のみんなで関心を持たなければできない。
③ 職場での関心が高まるということは、職場のどこに問題があるか発見することができる。
④ 多くの問題を発見すればするほど、効果的な解決策が必要となる。
⑤ 解決のためには創意工夫を行う。そうすれば作業者一人ひとりの想像力も高まる。

### (2) RAを実施する効果

① リスクに対する認識が共有できる
　　作業員が参加して実施するため、RAに対する認識が職場全体で共有できる。
② 本質安全化を主眼とした技術的対策への取組みができる
　　リスクレベルを下げていくということは、本質安全化を目指すことでもある。そのためには、作業の見直し、改善、改革、AIやロボット等の科学技術（イノベーション）の知識や知恵が必要となる。
③ 安全衛生対策の合理的な優先順位が決定できる
　　リスクを許容可能なリスク以下になるように低減措置を実施する必要があり、どのリスクから対策を講じていくか、その優先順位を決定すると合理的かつ計画的な対応ができる。
④ 費用対効果の観点から有効な対策が実施できる

優先順位の決定に際しては緊急性と人材、技術、資金などの必要な経営資源が具体的に検討されるので、費用対効果の観点から合理的で有効な対策を実施することができる。
⑤　残留リスクに対して「守るべき決めごと」の理由が明確になる
　技術的、時間的、経済的等の理由により、すぐに本質安全化によるリスク低減措置が実施できない場合には、2．（3）で述べた「暫定的な措置」を講じた上で、対応を作業者の注意（ソフト対策）に委ねることになる。この場合であっても、リスクの見積りや低減措置等の検討作業に参加していると、なぜ注意の表示があるのか、なぜ立入禁止措置がなされているのかが理解でき、結果として「守るべきこと」が守られるようになる。

## 4. リスクアセスメントがしにくい場合と、建設業のリスクアセスメントの仕方

### （1）RAがしにくい場合
　RAは危険性又は有害性の除去や変更、さらにハード面で改善していくことが基本であるが、次のケースでは、この考え方による対応が困難であり、リスクの低減措置の進め方について工夫が必要である。
①　自ら危険性、有害性をなくすことができない場合
　（例）小売業、鉄道業などの接客業
②　自ら改善を進めにくい場合
　（例）・自動車運転など危険有害要因をハード面で改善できない場合（最近は自動ブレーキ等いくつかの低減措置が可能となってきている）。
　　　　・親会社が管理権限を持っている機械等（安衛法第30条の2に基づく「製造業における元方事業者による総合的な安全衛生管理のための指針」では、協議することを求めている）
③　改善する時間的余裕がないまま作業を進めなければならない場合
　（例）・緊急復旧工事、緊急補修工事など、突発的有期工事の作業

### （2）建設業のRA
　建設業では工事を受注し、施工計画を立てる段階で安全衛生実施計画書を作成し、基本的には工事計画書の中で、作業標準書に基づいてRAを行う。作業標準書は作業手順書の元となる基本的な作業パターンを記したものである。したがって、本社あるいは支社（支店）段階で、作業標準書に基づくRAは実施可能である。しかもそれは文書としてデータとして残しておける。
　工事計画書にはリスクの少ない計画を立ててあるはずである。しかし、残留リスクは必ずあるので、施工現場ではこの残留リスク対策を実施することがメインとなる。なお、指針では一度RAを実施すれば、現場で再度RAを実施しなくても良いとしている。
　問題は、実際の工事の施工に当たってどうするかである。実際の作業では作業標準書ではなく作業手順書（マニュアル）に基づいて作業を行う。したがって、RAの結果のリスク低減措置が現場の作業手順に合致しているかどうかの確認は、職長・安責者が行う。問題がなければ

ソフト対策の確認と残留リスクの確認をTBMで行う必要がある。場合によってはKYK（危険予知活動）で確認することでも良い。

問題があれば、職長・安責者は再度作業員とともにRAを実施しなければならない。

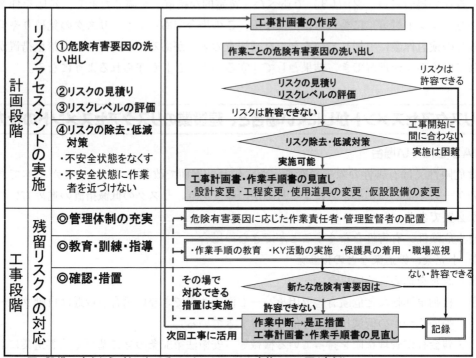

図　設備工事を行うT社におけるリスクアセスメント実施フロー図（事例）

**まとめ**

① 対策実施後のリスクを予測し、よりリスク低減効果の大きい措置を採用する。併せて、費用対効果を確認する。

② 単なるアイデアではなく、実現可能な方法を検討して措置を講ずる。

③ 権限のある管理者を責任者とし、職長や作業者と相談して計画を立てる。

④ リスク低減措置の検討は、（イ）本質安全化（危険源をなくす）を、次いで（ロ）安全防護対策（人が危険源に近づけないようにする）を優先する。

⑤ 法令をはじめ、自社の規程などの基準に合っているかを確認する。

⑥ リスクが低減されていないものは、未対策であることを記録し、さらに見える化し安全な作業方法・手順の徹底、適切な保護具の使用方法を作業者に教育する。

⑦ 漏れがないように決められたフォーマットを作成し、記録する。

⑧ 対策実施後は作業者の意見を聞き、リスクの見積りを行い、リスク低減措置の効果を確認する。

⑨ 作業管理台帳へ記録し、周知する。

## 5. 化学物質のリスクアセスメント（低減措置の検討と実施について）

　化学物質ＲＡの低減措置の実施に当たっては、基本的には機械や作業等のそれと異なるものではない。特に職長・安責者が携わる場合は、コントロール・バンディングが多いので、基本は厚労省の「職場のあんぜんサイト」で示された低減措置例を参考に実施すれば良い。しかし、前述したとおり、「職場のあんぜんサイト」のコントロール・バンディングはかなり甘い基準となっている。その甘い基準でさえリスクレベルが「4」と高く出たら、作業環境測定を実施して本来の指針のやり方で見積りをすべきである。

　建設現場における化学物質のＲＡの実施は、工事を受注して工事計画書を作成する段階で、本社もしくは支社（支店）等の担当部署で、使用予定の化学物質等のＳＤＳを入手し作業標準書に従って、予想使用量、全体換気装置の設置、保護具の使用等の条件を踏まえてＲＡを実施する。まだ作業環境測定が実施されていない場合は、コントロール・バンディングで良しとする。ダイオキシン等作業環境測定が行われている場合は、安衛則第592条の2と関係通達及び化学物質等ＲＡ指針に基づいたＲＡを実施する。ただし、作業環境測定の結果、第1管理区分の場合はコントロール・バンディングで良しとする。第2、第3管理区分の場合は、指針に基づいたリスクアセスメントを実施する。

　※第1管理区分・・・作業環境濃度が適切であると判断される状態。
　　第2管理区分・・・作業環境濃度には点検や改善の余地があると判断される状態。
　　第3管理区分・・・作業環境濃度が適切でないと判断される状態。ただちに点検や改善を実施する必要がある。

　これらの検討結果を工事計画書に記載し、「送り出し教育」や「新規入場者教育」の際に周知徹底する。
　また、建設現場で実際に化学物質を使用するときは、ＳＤＳに記載された絵表示の意味とソフト対策の徹底についてＴＢＭ等で教育指導を行う。化学物質を取り扱うときは、特に作業者に知識がないと安全作業が守れないため教育して周知することが必要なのである。
　なお、化学物質等ＲＡ指針では手順5として、次のような一般のＲＡ指針にはない項目があるので紹介する。
　①　化学物質等を製造し、又は取り扱う業務に従事する労働者に次の事項を周知する。
　　ア　対象となる化学物質等の名称
　　イ　対象業務の内容
　　ウ　リスクアセスメントの結果
　　　（ア）特定した危険性又は有害性
　　　（イ）見積もったリスク
　　エ　実施するリスク低減措置の内容
　②　①の周知は、次に掲げるいずれかの方法によること。
　　ア　各作業場の見やすい場所に常時掲示し、又は備え付けること。

イ　書面を労働者に交付すること。
　　ウ　磁気テープ、磁気ディスクその他これらに準ずる物に記録し、かつ、各作業場に労働者が当該記録の内容を常時確認できる機器を設置すること。
　③　雇入れ時教育及び作業変更時教育においては、リスクアセスメント等の手順全てについて教育すること。
　④　リスクアセスメントの対象業務が継続して行われ、①の労働者への周知等を行っている間は、事業者は①に掲げる事項を記録し、保存しておくことが望ましい。

## 6. リスクアセスメントのマンネリ化防止について

　ＲＡは安衛則第24条の11（危険性又は有害性等の調査）に基づいて行われることが多いため年に1～2回程度という事業場が多い。しかも取り扱う設備、機械、作業等がそれほど多くなければ、数年経つと全て実施済みとなり、新たな危険源も発掘できず、作業員も次第にＲＡの仕方を忘れてしまい、マンネリ化、有名無実化に陥っている事業場も少なくない。

　しかし、職場は必ずしも安全ではない。たまたま労働災害が発生していないだけかもしれない。つまり、リスクはなくなってはおらず、単に見えないだけ、発見できないだけかもしれない。

　そこで、ＲＡのマンネリ化を防ぎ、新たな危険源（ハザード）を見つける方法が、ヒヤリハットを活用する方法とＫＹを利用する方法である。

　従来は、ヒヤリハットとＫＹ、ＲＡを別個のものとして取り扱っていたが、これからはヒヤリハットからＲＡへ、ＫＹからＲＡへと有機的に関連づけ、一体として行うことが結果としてＲＡのマンネリ化を防ぐという考え方である。

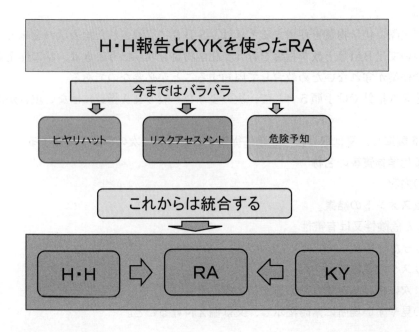

## （1）ヒヤリハットについて

　ヒヤリハットとは、事故が起こりそうであったが、幸いにも回避できた出来事、実際には事故や災害に至らなかったヒヤッとしたりハッとした出来事で「インシデント」と呼ばれる体験のことをいう(注)。なお、実際に発生した事故や災害のことを「アクシデント」という。

　インシデントとは、一般に、①幸いにもアクシデントに至らなかった事例、②アクシデントを未然に防いだ事例、③アクシデントになりそうな状況（環境）を見つけた事例、④なんとなく気がかりな事例、もしくはなんとなくやりにくい、うまくいかなかった事例（以上をまとめて「不具合」という）をいっている。不具合をインシデントに含めることについては若干異論もあるが、ここではとりあえず含めておく。

　ヒヤリハットを安全衛生資料収集の手段として、制度的に採用している企業は数多くあるが、定着しうまく活用している事業場、ＲＡと絡めている事業場はまだそう多くはないようである。

　この節では、いかにしたらヒヤリハットとＲＡを結びつけ、ヒヤリハット運動を定着させるだけでなく、ＲＡのマンネリ化を防ぐことができるかについて述べる。

```
┌──────────────────────────────┐
│     ヒヤリ・ハット≒インシデントの事例      │
├──────────────────────────────┤
│ ① 幸いにもアクシデントに至らなかった事例      │
│ ② アクシデントを未然に防いだ事例           │
│ ③ アクシデントになりそうな状況（環境）を見つ   │
│   けた事例                         │
│ ④ なんとなく気がかりな事例、もしくはなんとな   │
│   くやりにくい、うまくいかなかった事例        │
└──────────────────────────────┘
                │
                ↓
         ┌──────────────┐
         │ 以上まとめて「不具合」 │
         └──────────────┘
```

（注）インシデントとヒヤリハットの違い
　　ヒヤリハットはそれを感じる人と感じない人がいる。感じない人であっても、後で考えたら「危なかった」、よく考えてみれば「ヤバかった」ということがある。ヒヤリハットとはインシデントのうち、人間に主観的に感じられた事象のことであり、インシデントとはヒヤリハットも含むが、人間が感じなかった不安全状態、不安全行動等の災害ポテンシャルのことである。したがって、気がかりも含まれる。

### （2）ヒヤリハットは潜在災害ではなく、顕在災害である

　事故や災害の原因は、一般的にはいろいろな要素が複雑に絡み合っているが、事故や災害の原因を分析すると、直接的な原因として「不安全な状態」と「不安全な行動」で分類することができる。そして、事故や災害が起こる可能性、すなわち「不安全な状態」と「不安全な行動」のことを「災害ポテンシャル」といっている。なお、「不安全な状態」と「不安全な行動」を引き起こした安全衛生管理上の欠陥を間接的な原因といっている。

　事故や災害を火山活動にたとえるならば、地中深いマグマが、災害の直接原因である不安全状態・不安全行動であり、火山の噴火が労働災害という目で見える事象で現われたといえる。言い換えれば「マグマ」が「災害ポテンシャル」である。

　ところで、潜在災害とは、まだ実際には事故や災害が発生していない状況のことで、顕在災害とは、実際に事故や災害の事象が明確になった状況のことをいうが、ヒヤリハットは、たまたま事故や災害に至らなかっただけで、事象は発生しているので、「顕在災害」に分類される。

　火山の噴火にたとえれば、火山性地震だけで済んだとか、噴火はしたが噴煙だけの軽微なもので物的人的被害がなかったというのがヒヤリハットといえる。したがって、ヒヤリハットは④の「気がかり」を除いては、潜在災害に比べて特段の能力や経験がなくても誰もが見たり、感じたり発見することができるものではあるが、人により気がつかなかったり、危険だと思わなかったりする場合もある。

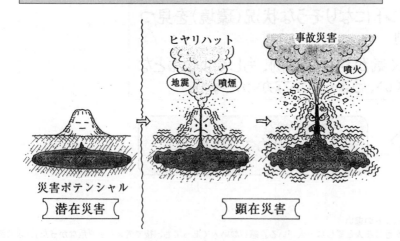

**潜在災害と顕在災害**

### （3）ヒヤリハット活動の有効性と限界点

　① 　安全管理の第一歩は、職場の危険要因（ハザード）を発見し、これを取り除くことによって災害の発生確率を低下させる危機管理にある。ヒヤリハット活動は、この危機管理の実践的な手法であり、その効果が大きいものである。現場で働く労働者が自らの手で触り、

感じ、目で見て、体験した危険を発見して報告する。

ここで重要なのは、「発見して」ということである。発見するためには、労働者に危険感受性（危険なものを危険と感じる感受性）を鋭くして、潜んでいる危険や小さな異常を的確に発見できる目（危険を見る目）を育てることが必要である。

そのためには一定の教育訓練と、発見したことを上司あるいは仲間が確認し承認することが大切である。経験豊富な先輩が、ヒヤリハットは人間なら誰でも感じるはずだと思って部下を教育訓練しないと、何が危険かが分からず、ヒヤリハット報告が「できない」、「しない」ということになる。ましてや、なんとなく気がかりな事例、もしくはなんとなくやりにくい、うまくいかなかった事例の不具合を見つけることは至難の業（わざ）である。

② ヒヤリハットは自分の不安全行為が原因となっている場合が多い。また、不安全状態であっても、そんなに神経質にならなくてもいいのにとか、既にたくさんの同様の報告があり、しかも立入禁止とか一旦停止等の一定のソフト対策が講じられているものも報告している、ということもある。

そのような報告であっても、報告自体は有用で役に立つ情報である。「守らなかったあなたが悪い」として、いわゆる制裁を加えたり、「こんなつまらないことを」とか、「それはすでに○○さんが報告しているよ」、「教育したではないか」などと言って、作業員のモチベーションや意欲を下げるようなことがあってはならない。

また、多くの企業で実施しているヒヤリハット活動は、部下が報告した事項について、上司（管理者）が、こうした「危険」が実際の事故や災害に結びつかないように、ただちに応急措置を講じ、優良な企業では速やかに基本的・本質的な安全対策を講じている。

ただし、ここで問題なのは、ア）報告する人と受け取って処理する人が異なっていること、イ）応急措置を講じるのは良いが、多くの場合、基本的・本質的な安全対策が計画的に実施されていないケースが多い、ということである。

労働災害防止活動は"全員参加"が基本である。ヒヤリハットも、提案する人と対策を講じる人が分離されていれば全員参加とはならない。また、対策の計画的実施はＰＤＣＡサイクルを回さなければならない。

## （4）ヒヤリハットをＲＡに結びつける意義と効果

前述したとおり、ＲＡは安衛則第24条の11とそれに基づく指針、通達で実施することが多いので、多くても年２回程度である。何回か実施しているうちに、リスクレベルも固定化し、低減対策も出尽くしてしまい、次第にマンネリ化してしまう。それを回避するには新しいハザードを発掘しなければならない。

すでにＲＡを実施し低減措置対策を行っているのに、ヒヤリハットがあったということは低減措置が不十分であったということを意味している。そこで新しいハザードの情報源として、新たな低減措置対策の手掛かりとして、ヒヤリハット報告が役立つのである。その意義と効果は次の３つである。

① 作業者の危険感受性が向上する

事故や災害に遭うおそれのある危険な状態を、常に予測しながら行い、万一、ヒヤリハ

ットするような事態になっても余裕を持って回避できるか、あるいは漫然と作業を続け、ヒヤリハットするような状況に直面してから慌てて回避しようとするかで事故や災害に遭遇する確率は大きく変わる。

　ヒヤリハットに取り組むのは、作業者の危険感受性を向上させるためである。作業中のさまざまな危険な場面や状況を作業者が「これは危険である」と認識することが、危険への気づき、つまり危険感受性が高まることであり、そのことにより事故や災害の防止に貢献することが期待される。ヒヤリハット報告の義務づけによって、日頃は気づかなかった些細なミスや事象についても意識するようになる。それが新たなハザードの特定（発掘）の訓練にも役立つという効果を生む。

② 他人のヒヤリハットを共有化できる

　他人が経験したヒヤリハットを知ることで、日常、問題視していなかった業務（作業）の中に潜在的な（実際は顕在化しているのだが）危険があることに気づく。そのためには、少なくともチーム単位で定期的にヒヤリハット報告を行い、それに対してＲＡの手法を取り入れて、ハザードの共有と低減対策を一緒に考える必要がある。

　さらに、その共有したヒヤリハット体験、低減措置対策や残留リスクについて、ＴＢＭや指差呼称などで徹底すれば、より一層の危険感受性の向上も図られ、更なる事故・災害防止効果が期待される。職場会議（小集団活動）の活性化、全員参加のゼロ災運動にも寄与する。

③ 事故リスクのアセスメント（事前評価）の基礎資料として活用できる

　ヒヤリハットの起こる状況の統計・分析によって、傾向と対策が行われれば、実際の事故や災害の削減を図る上で有力となる。この一連の取組みを事業場のリスクマネジメント（危機管理）の一環として位置づけ、日常化することができれば安全作業実現の効果は一

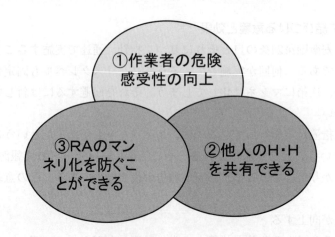

層高くなる。その際には、事故・災害リスクのアセスメント（事前評価）の基礎資料としてヒヤリハット報告を活用することが最も有効である。

つまり、ヒヤリハット報告について担当部署の全員でリスクの見積りを行い、低減措置の検討までを行うことが重要である。低減措置や対策案を上司（管理者）もしくは別な部門だけで行っては全員参加とはならないし、ハザード、対策、残留リスクの共有化にはならない。ヒヤリハット報告をもとに毎回全員で行うことにより、ＲＡのマンネリ化も防げるのである。

低減措置には予算に関わるものもあるので、低減措置の実施・計画については上部の機関決定が必要であるが、いざ実施となれば実行計画の具体的な推進・フォローは、現場の担当部署全員が役割分担して実施していくのが望ましい。

(5) ヒヤリハット活動をＲＡに結びつけるために
① システム化する
　システム化するためには安全衛生委員会等で導入を審議し、事業者として実施することを機関決定する。導入計画を立て、導入のための役割分担を決める。
② システム化（会社として実施することの決定）したことを作業員全員に周知し、研修してやり方を徹底する。
③ ヒヤリハット報告に基づくＲＡを実施する。実施したら記録をとる。
④ 記録をもとに、低減措置が適切になされたか確認・評価する。また、新たなリスクがないかもチェックする。
⑤ システム全体について定期的に評価し、見直し・改善が必要ならば実施する。
　要するに、ＰＤＣＡサイクルの手法を取り入れるのが良い方法である。

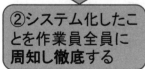

### （6）ヒヤリハット報告書について

① 標準的なヒヤリハット報告書は、5W1H（いつ、どこで、誰が、何を、なぜ、どんな方法で、どうなった）の記載と自由記載欄があるものが多い。また、発展的なヒヤリハット報告書では直接原因・間接原因、起因物・加害物、ヒューマンエラー等を記載させたり、さらにはどうしたら良いか防止対策まで記載させているものもある。

特にヒューマンエラーを記載させる場合は、賞罰に関係させなくても正直に記載させるためには相当の理解と納得が得られなければうまくいかないことが多い。

また、対策の記載を求めても、ほとんどが「立入禁止」「保護具の使用」等、人に頼るソフト対策となることが多い。

② RAを取り入れたヒヤリハット報告書は下表のとおりであるが、KYKの手法である「～なので（物）」→「～して（人）」→「～になる（事故の型）」を様式の中に取り込んでおく。記載者はヒヤリハット報告のみを行い、RAは定例の職場会議で「ヒヤリハットではなく、実際に起こったかもしれないことを予想して」全員でリスクの見積り、低減措置の検討を行う。

その際、気がかり事案、不具合事案も報告書に書き、全員で「ムダ・ムラ・ムリ」（ダラリ）がないか、作業改善、設備改善について作業手順書をRAの手法で見直す。この場合は、潜在的なものも発掘するために、ブレインストーミング(注)の手法を用いて思いつくまま意見を出し合うのがコツである。

(注) ブレインストーミング（BS）とは

ブレイン（Brain）は頭脳、ストーミング（Storming）は嵐。「眠れる脳ミソを嵐のように揺り動かせて、自由奔放にメンバーのアイデア（意見）を引き出そう」という手法のこと。BSの4つのルール──①人の出した意見に良い悪いの批判をしない（批判禁止）、②意見の数は多いほど良い。質は問題にしない（質より量）、③人の出した意見をヒントに連想して意見を展開する（便乗発展）、④自由奔放に変わった意見を出す（自由奔放）。

H・H報告／RA実施報告書 様式例　⇐267ページ参照

リスクアセスメントを取り入れたヒヤリ・ハット報告書の場合は、KYの手法である、「～なので（物）」「～して（人）」「～になる（事故の型）」を様式の中に取り込んでおく。

そして定例の職場会議で、これをもとにリスクの見積りとリスク低減措置の検討を行う。

## 第8章 危険性又は有害性等の調査の結果に基づき講ずる措置

H・H報告／RA実施報告書 記載例　⇦268ページ参照

報告者は、①〜④だけを記入する。見取り図、災害時のイラストなどは裏面に記載する。記入、記載するのが苦手な場合は、上司、同僚が本人に確認して記載しても差し支えない。

### (7) ヒヤリハット、RA会議について

① ヒヤリハット及びRA会議は、定例の職場会議、小集団活動の場を活用する。ただし、定例の場が1週間を超える場合は原則1週間に1回以上開催するものとする。しかしながら、放っておけば重大な事故や災害を発生するおそれのある事案については、職長は上司の了解を得て臨時に開催するものとする（上司、安全管理者等も参加するのが良い）。

② 継続性を持たせるため、できるだけ所定時間内に開催する。やむを得ず所定時間外に行った場合は時間外割増賃金を支払う。

③ 司会、書記係（PC係）、記録係（PCの場合はPC補助者）、時計係を決めて、所要時間も1件30分程度とし、終わらない場合でも1時間以内を目安とする。

④ 見積りする場合は、ヒヤリハット報告を可能な限り現場で行う。しかし、担当部署の全員が十分知っている現場や作業の場合はその限りではない。報告用紙に記載するのは不得手という人もいるので、当日、ホワイトボードに書くことや、同僚や職長等の代筆も認める。

⑤ 報告者を責めない。ヒヤリハットは不安全行動やヒューマンエラーであることが多いので、それを責めると次から報告しなくなるおそれがある。討議はブレインストーミングの手法を取り入れ、ヒヤリハット報告書をもとに考えられる事故・災害とその程度（重篤度）、頻度、可能性について見積り、低減措置を検討するが、時間がなければリスクの共有として見積りだけでも良いこととする。

⑥ リスク低減対策を考える場合、仮にうっかり・ぼんやり・気づかずにというヒューマンエラーのヒヤリハットに対しては、「注意する！」「慌てない！」などのような不安全行動に対する「注意」だけを考えない。うっかりして・ぼんやりして・気づかなくても、安全なフールプルーフ、フェールセーフ等の本質的安全対策を検討する。

物的対策（ハード対策）を提案した人を誉める、承認する。なお、ハード面はインター

261

ネット等で新しい製品情報等が見つかることもあるので留意する。
⑦　優先順位の決定はリスクレベルの高いもの、緊急性と費用対効果を考えて決めなければならないが、職長は全員の意見を踏まえて上司に意見具申する。また、本質的安全対策がとられるまでの、当面の「守るべき決め事」を決める。
⑧　上司の了解を得られたら、職長は実行計画案を職場の作業員と協議して策定し、上司の承認を得た上で対策を実行に移す。この場合、実行計画には５Ｗ１Ｈの他、How much（費用）を入れた５Ｗ２Ｈで記載し、実行担当者、実行確認等のチェック欄を設ける。チェックは定例の職場会議やＲＡ会議で行う。
⑨　全職場に共通的なヒヤリハット事例に対する好事例は、安全衛生委員会等が取り上げ、全社的な取組みとして水平展開する仕組みと、それらに対する表彰制度を確立し、作業者のモチベーションを高める工夫をする。

## （８）危険予知（ＫＹ）をリスクアセスメント（ＲＡ）に取り入れる
① ＫＹＫとＲＡの違い

　ＫＹには、ＫＹＴ（危険予知訓練）とＫＹＫ（危険予知活動）の２つがある。ＫＹＴはあくまでもイラストを用いて作業者の危険感受性を高める訓練である。この訓練を通して実際の作業現場の中で、「不安全な状態」「不安全な行動」を予知・予測して、安全な行動や措置に結びつけるのがＫＹＫである。したがって、ＲＡを実施するのは、実際の作業を行う際のＫＹＫである。

　よく、私の事業場（現場）では、「ＫＹＫを行っているから、あえてＲＡを実施しなくてもよいのではないか」「ＫＹＫもＲＡも『〜して〜となる』というＫＹＫの第１ラウンドのやり方で始めているので同じである」として、ＲＡの意義を認めない人がいる。しかし、両者には大きな違いがある。

　ＲＡは第７章で述べたように、手順１：危険性又は有害性を特定する（ハザードの特定）。手順２：特定された危険性又は有害性によって生ずるおそれのある負傷又は疾病の重篤度及び発生する可能性の度合（以下「リスク」という）の見積りを行う。手順３：見積もったリスクを低減するための優先度の設定及びリスクを低減するための措置（以下「リスク低減措置」という）内容を検討する。手順４：手順３の優先度に対応したリスク低減措置を実施する、と４つの手順で実施する（化学物質等ＲＡは５つの手順）。

　一方、ＫＹＫは、第１ラウンド：どんな危険が潜んでいるか？　第２ラウンド：これが危険のポイントだ。第３ラウンド：あなたならどうする。第４ラウンド：私たちはこうする、という方法で実施している。

　そして、ＲＡの手順２とＫＹＫの第２ラウンドまではほぼ同じである。しかし、その後はＲＡの場合は指摘されたリスクのほぼすべてに対して重大性・頻度・可能性についての評価を行っているのに対して、ＫＹＫの場合、現場で行われ時間的余裕がないこともあるが、第３ラウンドで話し合って重要危険度を解決する対策は２つ程度であり、さらに第４ラウンドではそのうちの１つをチーム行動目標に決めるという絞り込みを行っている。

　つまり、絞り込まれなかった危険はリスクは小さいかもしれないが、全くの低減措置が

考えられていないし、無視されてしまうことが多い。無視されてもリスクは残っている。しかも第4ラウンドでの対策は、現場でただちに実施できるもの（いわゆるソフト対策）が多く、本質的安全化対策はとられることが少ない。

　しかし、後述するとおり、ＫＹＫの第2ラウンドで提起された危険のポイントを記録し、順次1項目ずつでもよいから、これについて重篤度・可能性・頻度についての評価を行い、対策を講ずることを実施しているなら、ＫＹＫは事実上ＲＡを実施しているものと判断される。

② 　ＫＹＫをＲＡに取り入れる方法

　ＫＹＫが行われるときは、すでにＲＡを実施している作業では残留リスクの確認や、「守るべきこと」の確認だけで良いが、まだＲＡを実施していない作業の場合はＫＹＫが重要なハザードの確認作業となる。そして、前述したように、ＫＹＫを実施した後、その記録を用いて改めてリスクの見積り、低減措置の検討を行えばＲＡと同様の効果がある。

　つまり、まだＲＡを実施していない作業について、改めて作業手順を定め、その手順についてＲＡを実施するのである。具体的には職長がＫＹＫを記録し、原則週1回、その記録をもとにＲＡを実施する。たくさんあっても、1時間以内に終わるようにするのが継続するためのコツである。様式は自社でＲＡを行っているものを利用する。

　実際にＫＹＫを行っているので、それをベースに、そのときに採用されなかったハザードについても、ブレインストーミングの手法を使ってドンドン出し合って行う。現場でこれを行うにはタブレットに様式を入れておき、討議の結果をその都度入力していけば、割と簡単にできる。

（注）本節は、「第一線監督者のための安全衛生ノート　ＲＡに生かすＨ・Ｈ報告」（白﨑淳一郎　2010.7号を参考にした）

## 7. 想定外の事故・災害について

### （1）不安を軽視するな

　危険を伴う作業（行動）は安全の確認に基づいて実行される。安全の目的、つまり何のために安全があるかであるが、それは「運転ＯＫ」「作業ＯＫ」を認めるためである。したがって、安全の手段はどうやって安全を確認するかに尽きる。そして、安全の確認には誤りがあってはならないはずである。誤らないよう科学技術の粋を使って確認作業をするのであるが、その科学技術にも限界がある。限界がある中で、最後の手段として「不安」がある。不安を危険とみなして無理な運転を禁止するという考え方である。第7章1（5）で「安全衛生活動に安心、不安、恐怖の概念を持ち込むな」と記載したが、科学技術や確率・統計という客観的な方法で確認できなければ、主観を持ち込むのもやむを得ないと考える。

　"不安"という感覚を大切にするためには、不安を軽視してはならない。「自社はＲＡをしっかりやっているから大丈夫」、「毎日ＫＹＫをやっているから大丈夫」ではダメなのである。想定外の事故・災害が起こり得るからである。不安を軽視しないことが大切な理由であり、なぜ必要なのかを考えてみたい。

法令を無視して起こった事故・災害は、少なくとも予見可能であったはず、という理由で、刑事上の懲罰の対象とみなすべきである。しかし、予測・回避可能な事故・災害より、予測できない事故・災害、予測できても回避が難しい事故・災害のほうが多い。

　現時点の科学的知識では予測できないような事故・災害（過去に経験があれば予測できなかったとは言えない）を、一般に「想定外の事故・災害」といっている。その場合は基本的に責任を問われることはない（賠償責任も生じない）。それでは被災者がかわいそうだ、ということなら保険の救済で済ますしかない。保険がない場合は国家で特別法令等で救済するしかない。しかしながら、仮に想定外であっても、「事前の準備がどの程度であったか」は当然問われる。

　設計・技術者は、少なくとも自分の心に対してやましくないようにしなければならない。このやましさが、RAでの見積りの仕方である。RAを実施していなかったなら元々リスクそれ自体を見積っていなかったので、「想定外」などと主張することはできない。

　RAを実施している場合であるが、第7章3（4）で述べたように、リスクの見積りは「常識的な範囲で想定される最も重い重篤度」等をもとに行われ、しかも一番高いものが採用されない場合がある。しかし、想定外の事故・災害は、そのほとんどが一番高い見積りをしたところかそれ以上のところで発生していることが多い。

　見積りが甘かったことを理由として「想定外」と言っても、被災者や世論は認めてくれないであろう。ましてや費用対効果の観点で低減対策を講じなかった、あるいは停止・廃止の判断を避けた場合は、リスクレベルが高いことを認識していたのであるから、これをもって「想定外」と言うことはできない。

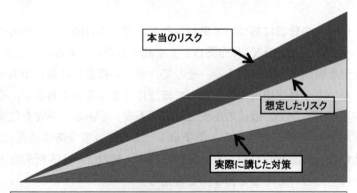

## (2)「安全確認型」と「危険検出型」の安全対策

しかし、実際的な問題として想定できる全てのハザードを把握してそのリスクを検討し、低減対策をも考慮して事業活動を行うことはかなり困難なことであろう。

そこで、もう一度「安全」とは何かについて考えてみる。前述したとおり、安全は「運転OK」「作業OK」のサインである。もし安全が確認できず不安が残るなら、それは「安全が確認されていない」ということになる。つまり、「運転ストップ」「作業ストップ」という判断をしなくてはならない。

言い換えれば、安全が確認されている条件下のみ機械の運転や作業を許可するという考え方である。このようにすれば、そもそも危険な条件下で機械等を運転することはないので、想定外の問題が発生する可能性は少なくなる。

「安全確認型」の方法は、想定者が危険をうっかり見落とした場合に特に効果を発揮する。しかし、安全確認型は、安全が確認できなくなったときにはただちに停止できる鉄道や産業機械、人的作業等に対しては適用できるが、停止によって安全の確保が困難な飛行中の航空機、人工心臓（心肺）等には適用が困難である。

なお、安全確認型では、「安全か危険か判断がつかない不確定なものは、必ず危険とみなす」という哲学が重要である。同様の考え方として、環境分野における予防原則がある。これは「科学的に因果関係が十分証明されない状況でも、疑わしいものは規制する」という考え方である。また、品質の分野でも「良品か不良品か分からないものは不良品とみなす」として、日本の多くの企業で取り入れられている。これらは、品質・安全・環境・食品などの各分野を横断する普遍的な方法であり、想定外を考慮した対策としても重要である。

安全確認型の反対の概念に、「危険検出型」の安全対策がある。これはフール・プルーフの安全装置に取り入れられているもので、「危険を検出したら機械等を停止させる」というものである。この場合、まだ危険かどうかが分からない状態は危険が表面化していないので安全とみなして、機械や作業等に「GO」のサインを出しているのである。

しかし、GOのサインを出した後、危険が具体化した時にはすでに作業に取り掛かっているので大変危険な状況になり、事故・災害につながりかねない。また、危険検出のセンサーや機械等が故障等不具合になることもある。その場合、危険を検出しないので、機械の運転や作業が続けられ、事故・災害に巻き込まれる可能性が非常に高くなる。以上を図示すると次のようになる。

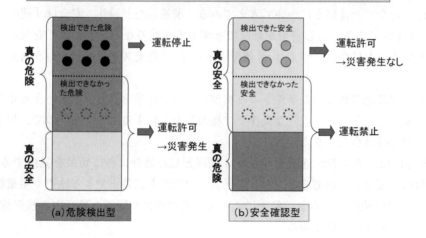

想定外への対策（危険検出型⇒安全確認型）

(a)危険検出型　　(b)安全確認型

　（a）の「危険検出型」は、労働災害を事前に予測して回避するプロセスで発生する可能性がある災害をあらかじめ想定し、それを回避する対策を講じたものである。回避すべきとした●問題は運転を停止しているため確実に取り除かれている。しかし、想定していなかった問題は取り除かれずに潜在している。そして、何らかの拍子にこの検出できなかった危険が発生したとき（◯が●になったとき）などに労働災害が起きる可能性がある。例えば、◯が活断層かどうか分からないときに、いつか活断層として動けば、当然原発に被害が及ぶ。
　一方、（b）の「安全確認型」は、危険を予測するのではなく、安全が確認されない限り停止する（動かさない）ものである。つまり、安全が確認されている条件下でのみ機械を運転させる。したがって、想定外の事象が発生したとき（◯が●になったとき）であっても、安全が確認できない（判断できない不確定）ため運転することは禁止されている。
　ＲＡを行うとき、そのリスクの見積りに不安や疑問があったときは、あるいは話し合い等で低く見積った場合には、作業そのものの廃止等、すなわち「安全確認型」の対応策を講ずることが、想定外の事象に対応できる大きな方策である。
　なお、どうしても「危険検出型」の対応策しかとれない場合は、少なくとも複数の対応策を講じないと、故障等に対応できない。

（参考）グループ討議　テーマ（例）
① 自社の実施しているリスクアセスメントの低減措置について、指針10（本誌240頁以下）に沿った低減対策となっているか、再度検証し、問題があればその原因と対策を考える。
② ＲＡが実施しにくい場合、その理由とどうすべきかを考える。
③ ＲＡがマンネリ化していないか。している場合はその原因と対策を考える。

第8章　危険性又は有害性等の調査の結果に基づき講ずる措置

表1

| 課長 | 係長 | 職長 | 組長 |
|---|---|---|---|
|  |  |  |  |

## ヒヤリ・ハット報告／リスクアセスメント実施報告書

(注) ①～⑤だけ記入して下さい

| ①(所属) | 課 | | 係(氏名) | |
|---|---|---|---|---|
| ②いつ | 月　　日(　曜日) | 午前<br>午後 | 時　　分頃 | |
| ③どこで | | ④どうしていた時 | | |
| ⑤ヒヤリとした時のあらまし | 何　が　(何をして) | | どうなった(必要なら裏面にイラストを描いて下さい) | |
| ヒヤリではなく実際に起こったかもしれないことを予想して下さい | 何　が　(何をして) | | どうなる(けがの状況を予測) | |

| リスクの見積り ||| 優先度の設定 ||
|---|---|---|---|---|
| 重大性 | 頻度 | 可能性 | リスクポイント | リスクレベル |
|  |  |  |  |  |

| リスク低減措置 |
|---|
|  |

　　　　　　　　　　　　　　　　　　　　　　　年　　月　　日　検討

| 低減措置の実行計画案(5W2H) ||||| △年　〇月　××日　検討 |
|---|---|---|---|---|---|
| 何時までに | 誰が(担当者) | 何　を | な　ぜ | どのように | 費用は |
|  |  |  |  |  |  |

| 措置実施後のリスク(残留リスクの予測) |||||
|---|---|---|---|---|
| 重大性 | 頻度 | 可能性 | リスクポイント | リスクレベル |
|  |  |  |  |  |

| 措置実施に当たり考慮すべき事項(関係者に周知すべき事項) |
|---|
|  |

表2

| 課長 | 係長 | 職長 | 組長 |
|---|---|---|---|
|  |  |  |  |

ヒヤリ・ハット報告／リスクアセスメント実施報告書（記載例）

(注) ①～④だけ記入して下さい

| ①（所属） | 課 | 係（氏名） | | |
|---|---|---|---|---|
| ②いつ | ○月 ×日（木曜日） | 午前<br>○ 午後 | 4 時 | 30 分頃 |
| ③どこで | 製品搬出所（トレーラー駐車場） | ④どうしていた時 | 完成したブロックをクレーンで吊り、トレーラーに乗せようと吊荷をトレーラーの荷台まで誘導した。 | |

| ④ヒヤリとした時のあらまし | 何 が （何をして） | どうなった（必要なら裏面にイラストを描いて下さい） |
|---|---|---|
| | 吊荷が荷台と平行になっていなかったので、誘導ロープで荷を廻そうとロープを引っ張った。 | 止めてあった治具万力（手動ネジ締め付けクランプ）が外れ、反動で身体のバランスを崩し転倒した。 |

| ヒヤリではなく実際に起こったかもしれないことを予想して下さい | 何 が （何をして） | どうなる（けがの状況を予測） |
|---|---|---|
| | 吊荷が荷台と平行になっていなかったので、誘導ロープで荷を廻そうとロープを引っ張った。 | 止めてあった治具万力（ネジ締め付けクランプ）が外れ、反動で身体のバランスを崩し転倒し、万力が顔面に当たり打撲・裂傷した。 |

| リスクの見積り | | | 優先度の設定 | |
|---|---|---|---|---|
| 重大性 | 頻度 | 可能性 | リスクポイント | リスクレベル |
| 重大　6 | 頻繁　4 | 高い　4 | 14 | 重大な問題がある　Ⅳ |

リスク低減措置

1. 治具万力をしっかりと止めた後、一、二度引っ張って、ゆるまないか確かめる。
2. ブロックが大きい場合は、治具万力を対角線に取付け、双方から誘導することも検討する。
3. ネジ締め付けクランプをレンフロークランプ等外れ止めのある専用安全クランプに交換する。
4. 引き押し作業の基本（力八分。体重をかけない）を教育する。　　　△年 ○月 ××日 検討

低減措置の実行計画案（5W2H）　　　　　　　　　　　年 月 日実施 確認者　　印

| 何時までに | 誰が（担当者） | 何を | なぜ | どのように | 費用は |
|---|---|---|---|---|---|
| ○月末日までに | 職長が資材係に | 安全クランプを | 安全対策のため | 購入するよう依頼 | 11万円 |
| ○月×○日までに | 職長が作業員に | 玉掛け等の再教育を | 手順書が守られていないため | 手順書の急所を示して | 0円 |

措置実施後のリスク（残留リスクの予測）

| 重大性 | 頻度 | 可能性 | リスクポイント | リスクレベル |
|---|---|---|---|---|
| 重大　6 | 滅多にない　1 | 可能性がある　2 | 9 | 問題がある　Ⅲ |

措置実施に当たり考慮すべき事項（関係者に周知すべき事項）

1. 安全クランプは万能ではないので、使用開始前の外れ止めスプリング状態の点検を必ず行うこと。
2. 残留リスクがⅢなので、できればブロックにクランプを取り付ける穴、フック等が取り付けられないか、設計段階でのセーフティアセスメントについて引き続き検討を行うこと（ユーザーの理解と同意が必要）。

# 第9章
## 設備、作業等の具体的な改善の方法

この章は、2006年の安衛則改正前は、「作業設備の安全化および環境の改善方法、環境条件の保持、安全又は点検の方法」という3章であった。改正後は「設備、作業等の具体的な改善の方法」と簡略した記載となったが、本書ではかつて3章であったことを踏まえて、「第1節：作業設備の改善」、「第2節：作業環境の改善」、「第3節：作業方法の改善」に分けて解説する。

# 第1節　作業設備の改善

## 1. 機械のライフサイクル

### （1）機械の定義と本質安全化の根拠

機械とは、「連結された構成品又は部品の組み合わせで、そのうち少なくとも一つは機械的な作動機構、制御機構及び動力部を備えて動くものであって、特に材料の加工、処理、移動、梱包等の特定の用途に合うように統合されたものをいう。」としている（「機械の包括的な安全基準に関する指針」〈以下「包括指針」という〉。平19・7・31　基発第0731001号の「3　用語の定義」より）。

そして機械は、一般に、ユーザー（お客様）からの依頼（製造目的・目標）⇒アイデア創出⇒機械の設計⇒機械の製図⇒加工⇒組立⇒（**製品完成**）⇒運搬⇒組立・設置⇒調整・試運転⇒使用⇒整備・修理⇒解体・廃棄処分という一連の流れ（ライフサイクル）を描く[注1]。

機械の製造に当たっては、安衛法第3条第2項で「**機械、器具その他の設備を設計し、製造し、若しくは輸入する者、原材料を製造し、若しくは輸入する者又は建設物を建設し、若しくは設計する者は**、これらの物の設計、製造、輸入又は建設に際して、**これらの物が使用されることによる労働災害の発生の防止に資するように努めなければならない。**」とされ、努力義務規定とはいえ、機械製造段階の「本質的安全化」を定めている。

さらにPL法（製造物責任法）でも安全な商品の提供を求めている[注2]。

具体的には、設計、製造段階でリスクアセスメント（以下「RA」という）を行い、危険源の除去をするのである。つまり、機械等の製造に関わる労働者は、自らの作業に関係する機械や作業についてのRAを行うほか、現在製作（製造）している機械をユーザーが使用する際のリスクも予測して行うという、2つのRAを行わなくてはならない。

そこで「包括指針」では、ユーザーのための後者のRAについて、漏れと煩雑さを避けるため、危険源について別表第1で11個の危険源を想定し、これらについてJIS B9702：2000でさらに具体的な危険源の例を示し[注3]、これに該当するかどうかで判断することとしている。これは危険源の特定ではなく、どれに該当するかということなので「同定」という用語を使用している。

(注1) ライフサイクル（Lifecycle）：サイクルではなく一方通行であるが、こう呼んでいる。
(注2) 製造物責任法においては、製品に欠陥がある場合に、事業者への責任を問うことになっている。
　　　【製造物責任法第1条】
　　　　この法律は、製造物の欠陥により人の生命、身体又は財産に係る被害が生じた場合における製造業者等の損害賠償の責任について定める。

【製造物責任法第2条第2項】
　この法律において「欠陥」とは、当該製造物の特性、その通常予見される使用形態、その製造業者等が当該製造物を引き渡した時期その他の当該製造物に係る事情を考慮して、当該製造物が通常有すべき安全性を欠いていることをいう。

　この条項から分かるように、欠陥の定義は非常にあいまいである。したがって、製品に欠陥があるのかないのかを判断することは簡単なことではない。欠陥は一般に①設計上の欠陥、②製造上の欠陥、③指示・警告上の欠陥に分類できると考えられている。製品に欠陥があるのかないのかを判断することが難しい場合、注目されやすいのが③の指示・警告上の欠陥である。

　設計上の欠陥や製造上の欠陥と異なり、注意喚起はその有／無を簡単に判断することができる。「設計、製造上の欠陥があるかどうか分からないけど、もっと注意喚起すべきだった」という判決になりやすい。アメリカでのPL訴訟では、指示・警告上の欠陥が理由で訴えられているケースが、全体の半数近くになるということである。

(注3) JIS B 9702：2000では別表第1に規定する11個より多い、37個の危険源を示しているので、実際は別表第1ではなくJIS B 9702：2000を使って同定している。なお、これはISO/DISやEN292-2などの国際的な分類とほとんど同じである。

## 危険源リスト　一部（JISB9702:2000）

| No | 危険源 |
|---|---|
| 1 | 機械的危険源 |
| 1.1 | 押しつぶしの危険源 |
| 1.2 | せん断の危険源 |
| 1.3 | 切傷又は切断の危険源 |
| : | : |
| 2 | 電気的危険源 |
| 2.1 | 充電部に人が接触（直接接触） |
| : | : |
| 3 | 次の結果を招く熱的危険源 |
| 3.1 | 極度の高温または低温の物体や材料に人が接触 |
| : | : |
| 4 | 次の結果を招く騒音から起こる危険源 |
| 4.1 | 聴力喪失、その他の生理的不調（平衡感覚、意識の喪失） |

## 危険源リストを基に同定する

| 危険源・危険事象 | 具体的内容（食品機械での例） |
|---|---|
| 1.1 押しつぶし | 合わせカップと主コンベア間＜指＞<br>耳締めユニットの上下のカップ間＜手＞<br>下降した焼き印とコンベア間＜指＞<br>生地充填機の移載用カートとレール間＜指＞<br>整列ストッパと主コンベアベルト間＜指＞ |
| 1.2 せん断 | 生地充填機底部の回転バルブ軸と本体間＜指＞<br>生地充填機底部と筐体上部カバー間＜手＞ |
| 1.3 切傷・切断 | （該当なし） |
| 1.4 巻き込み | 焼板リンクチェーンモーターの継ぎ手＜衣服＞ |
| 1.5 引き込み<br>　　捕捉 | 傾斜コンベアのベルトとプーリー間＜指＞<br>焼板駆動チェーンとスプロケット間＜指＞ |

## (2) 3ステップメソッド（体系的な方法）

　次に同定された危険源に対してそれぞれリスクレベルの評価を行うが、リスク低減措置は通常のＲＡと同じく、リスクレベルの高いものから順に検討する。低減措置の検討も本質的安全対策、工学的安全対策等のハード対策の後、管理対策、個人用保護具の使用等のソフト対策の順で行うが、前述の「包括指針」の別表第２では、「本質的安全設計方策」の具体例が15通り示され、それが無理・不可能ならば別表第３の「安全防護の方法」（ガード、囲い、リレースイッチ、イネーブル型スイッチ等）によるという工学的対策例が示されている。その設置方法についても具体例が示されている。**（ステップ１）**

　この別表第３で、非常停止、動力遮断機構について５つの例を示し、別表第４で「付加保護方策の方法」を検討し**（ステップ２）**、最後に別表第５でユーザーに対して機械を安全に使用するための「使用上の情報の内容及び安全装置等の情報のほか、メーカーでは取り除かれなかった機械の残留リスク等に関する情報の提供の方法や取扱説明書等の文書の交付」について規定している。**（ステップ３）**

　以上が、「包括指針」の内容であり、機械等の製造者（メーカー）の行うべきことを記載しており、ユーザーはこの包括指針に直接縛られることはないが、すでに購入・設置し使用している機械等をより安全に本質的安全化を目指すなら非常に役立つ指針でもある。以下、機械設備の改善に役立つと思われる部分について紹介する。

　なお、「包括指針」ではユーザーの事業者に対して改めてＲＡを行い、使用開始後に明らかになった当該機械の安全に関する知見等を製造者（メーカー）に対して伝達することを求めている（包括指針第３の10）。

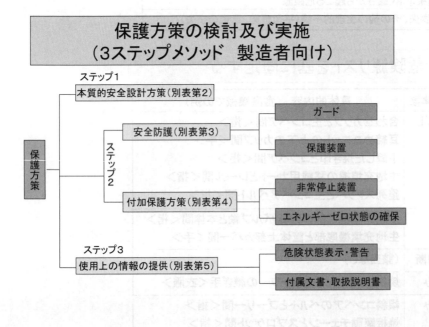

## 機械包括安全指針の概要

**機械の製造を行う者**
(1) リスクアセスメントの実施
(2) 保護方策の実施

↓ 注文時の条件の提示、使用後に得た知見等の伝達
→ 情報の提供

**機械を労働者に使用させる事業者**
(1) リスクアセスメントの実施
(2) 保護方策の実施

## 2. 本質的安全化対策（例）

　本質的安全化対策の思想は、人間はミスを犯すものだ、モノは壊れるものだ、ということを前提にした考えに立ち、使用者が間違った使い方ができないように設計することにある。

　本質的安全設計方策とは、機械の設計を工夫することにより、ガードや囲い等の保護装置といった付加的（後で追加する）な設備を設置することなくリスクを低減することができるものであり、最優先で実施すべきものとされている。(注)

(注) 設計レベルでリスクの除去または低減を考えるものであり、一般には最も確実な安全確保ができるので機械のユーザーであっても可能ならば実施すべきである。ユーザーはユーザーなりに設計的な観点からその機械を見直すことはできるはずで、現場のＱＣ活動でも改善案として設計的な施策を掲げているのをよく見かける。

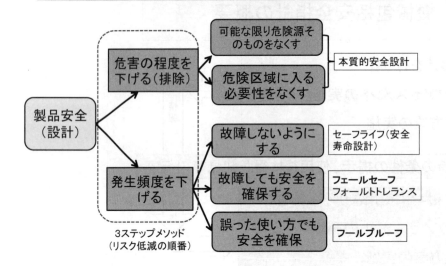

### (1) 本質的安全設計方策（ステップ1）

　最初のステップとして「本質的安全設計方策」がある。これはガードまたは保護装置を使用しないで、機械の設計または運転特性を変更することによって、危険源を除去するまたは危険源に関連するリスクを低減する保護方策のことである。リスクを最も効果的に低減することができる方策であり、次の2つの方法がある。

① 可能な限り危険源そのものをなくす、あるいは許容できるぐらい低減する。
　　例えば、構造的に危険な部位をなくす工夫として、機械構造で作業者が接触する可能性のある部分から突出部、鋭利部をなくすことである。例として、ダイソンのファンのない扇風機が挙げられる。

② 作業者が危険区域に入る必要性をなくす、あるいは許容できるぐらい低減する。
　　例えば、給油作業をする時の危険防止の工夫として、危険区域内に給油する箇所があるとき、危険区域外まで給油パイプを設けることにより、作業者が給油のために危険区域内に立ち入る必要性をなくすことである。自動送給装置、自動取り出し装置等もこれに該当する。扇風機にビス留めで指の入らないメッシュガードを取り付けるほか、ガードを取り外すと電源が切れてファンが回らない構造とする。

　また、人体部位が押しつぶされることを回避するための最小隙間を確保する。

| 人体部位 | 最小隙間 | 人体部位 | 最小隙間 |
|---|---|---|---|
| 人体 | 500mm | 頭（最悪の位置） | 300mm |
| 脚 | 180mm | 足（甲部分） | 120mm |
| つま先 | 50mm | 腕 | 120mm |
| 手、手首、こぶし | 100mm | 指 | 25mm |

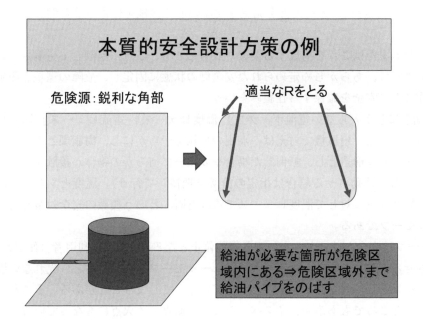

### （2）セーフライフ

　製品寿命内で壊れないようにする設計の考え方が、セーフライフ（安全寿命設計）である。航空・宇宙機器から身の回りの製品に至るまで、あらゆる製品で採用されている。製品の寿命、予見可能な誤使用、劣化、疲労などの評価結果などであるが、正確には分からないので安全率を2～3にとることが多い。一般に商品の使用耐用年数が記載され、その間は寿命があることを保証している。

　これを徹底させると、まだ使用に耐えることができても強制的に停止し、修理・点検・交換を強制することになる。飛行機の部品などは一定の飛行時間で強制的に点検・交換させている。技術者の側としては、一定期間の使用時点で機能を停止させれば、事故が発生する可能性は極端に低くなる。しかし、「日常使用する家庭電化製品が突然使えなくなるのは勘弁してほしい」、「どこも壊れていないのに点検費用がかかるのは納得いかない」との理由で家庭電化製品等身近なモノについては、機械の保証期間と併せてその期間を超えたときまで保証するのに別途保険等による補償を認めるという措置をとることが多い。保険を掛けていない場合は、期間が過ぎたので保証期間が終了しているということで製造者としての責任を免れるという対応である（修理するには別途修理費を徴収する）。

## （3）フェールセーフ化（fail失敗しても safe安全）

　機械は故障し、作業者はミスを犯すことをまず認めた上で、仮にこれらが発生しても作業者の安全が確保される構造を、機械設備の設計、製造及び改造等の段階で構築しておく必要がある。フェールセーフは製品や機械の機能維持よりも、安全性（機能停止）を優先する設計思想である。数多くの安全設計手法の中でも、最も重要な手法と位置づけられている。

　基本的には「安全確認システム」（第8章参照）が設置されるが、安全確認システムが故障すると、作業者の安全が確保されず、労働災害が発生することがあるため、安全確認システムでは、故障時には必ず「安全側」（労働災害を発生させない形で機械を停止させる側）となる特性が求められる。

　具体的には、システムまたはこれを構成する要素が故障しても、これに起因して労働災害が発生することのないように、あらかじめ定められた安全側の状態に固定し、故障の環境を限定することにより、作業者の安全を確保する仕組みをいう。

　例えば、「正しい向きにしか入らない電池ボックス」「温度ヒューズ」「電流ヒューズ」等の「物理的安全対策」がある。また、扇風機で言えば、羽根の形状を滑らかにし、樹脂製とする。カバーは指の入らないメッシュ構造とし、転倒した場合やカバーに何らかの物体が接触すればセンサーが感知し停止する（移動させる場合は指定の箇所を把持して行う）。温度センサーも取り付け、モーターの異常加熱に対して温度ヒューズで電源遮断、という複数の安全対策を講じているのがフェールセーフである。

　なお、フェールセーフは安全が確認されない限り機能停止となるが、これは利用者（使用者）の使い勝手を低下させる。したがって、やみくもにフェールセーフを導入すると、売れない製品になってしまい、結果として安全設計することがムダになってしまうことがある。そこが設計者としては悩ましいところでもあるが、イノベーションの原点、着火点にもなっている。

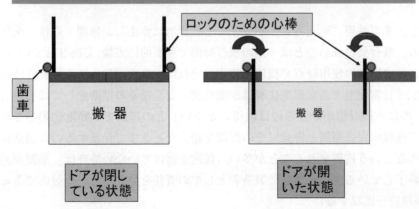

左図はシンドラーエレベーターの事故（2006年6月3日に男子高校生がエレベーターを降りようとした際に、急にエレベーターが上昇し、床とドアの上部に挟まれ死亡した事故）のフェールセーフ対策の一例である。図にあるとおり、エレベーターのドアに歯車が付けられており、ドアが開くと歯車が回転し、それに連動して建物の躯体側に収納されている鉄芯（棒）がエレベーターの床もしくは天井部分に入り込むシステムである。次にドアが閉まるときは歯車が逆転し、鉄芯（棒）は躯体に収納される。要するに一番危険なのはドアが開いているときに搬器が上下することなので、ドアが開いている限り鉄芯（棒）が物理的に搬器の動きを止める、これがフェールセーフの考え方である。

① イネーブルスイッチについて

　危険区域内で手動モードで産業用ロボットを教示操作するときなどに適用できるスイッチで、スイッチの押し込み位置が適切な範囲内（多くの場合は中間位置）にある場合に限って運転許可信号を出力する。スイッチから手を離したり、適切な位置を超えて押し込んだりしてしまったときは、物理的にOFFにし運転許可信号が取り消される。

　なぜポジション3にスイッチがあるのかであるが、手動運転操作のことだけを考えれば、ポジション2（ON）とポジション1（OFF）だけで事足りるように思える。それでは、なぜポジション3（OFF）が設けられているのか。それは、予期せぬ危険な事態が発生した場合における人間の反射的な動作を考慮しているからである。

　手動運転操作を行う場合、作業者はボタンを押し込んでボタンのポジションを1から2に動かして起動する。ポジション2の位置でボタンを保持している間だけ手動運転が許可される。この状況で機械の故障など予期せぬ事態が発生した場合に、作業者が反射的にペンダントを放り出しても（ボタンのポジションが2から1になっても）、逆に作業者が反射的に（慌てて）ボタンを強く押し込んでも（ポジションが2から3になっても）、接点はONからOFFに変わり、電源供給が遮断されて機械が停止するので、作業者の安全を確保できるのである。このことが、ポジション3を設けている理由である。ちなみに、ボタンが一旦ポジション3まで押し込まれた場合、その後で手を離しても、回路はオフのままボタンはポジション1まで戻るようになっているので、途中で機械が動き出す心配はない。

　世の中には、ポジション1と2しかないイネーブルスイッチ（2ポジション・イネーブルスイッチ）も存在する。しかし、2ポジション・イネーブルスイッチでは予期せぬ危険な事態が発生した場合に、作業者が反射的にボタンを強く押し込んでしまうと機械を停止できない。したがって、安全が関わる用途では3ポジションタイプを使用すべきである。

イネーブル型グリップスイッチの例

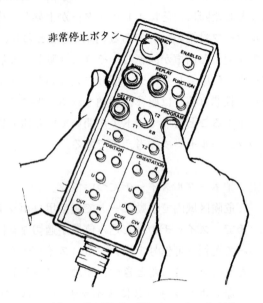
イネーブル型ペンダントスイッチの例

## イネーブルスイッチの例

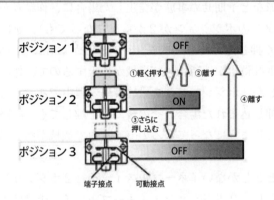

② 冗長設計

　フェールセーフの1つに、冗長設計（フォールトトレランス）がある。最低限必要な量より多めに装置を用意しておき、1つの装置が故障しても機能が失われない設計である。
　例：「WEBサーバーを2台用意し、片方のサーバーが故障しても他方のサーバーで対応する」「飛行機のエンジンが1つであっても複数のエンジンを搭載する」などがある。

**イネーブル型（異形）工具とネジ（ボルト）**

　イネーブルとは、ある機能や機器を利用できる状態にすること。または、その状態にする信号を指す。通常のネジは、＋か－のドライバーで緊結する。ボルトも一般に六角ボルトが多く、六角レンチで締めたり緩めたりする。このようなネジやボルトで安全囲いを固定すると誰でも容易に外すことができる。そこでネジの溝、ボルトの頭を「異形」にし、それに合ったドライバーやレンチでなければ操作できないようにする。これは安全防護措置にも付加防護措置にも該当しないが、安全にとって非常に有効な本質的対策として挙げることができる。

## （4）フールプルーフ化（fool バカでも　proof 防ぐ）

　直訳すると「愚か者にも耐えられる」になるが、その意味するところは「よくわかっていない人が扱っても安全」。ミスが発生するという前提で、不特定多数の利用者が間違えた操作をしても危険な状態を招かないようにする設計。また、知識がない利用者でも簡単に操作できるようにする設計を指す。

　使用者が誤った使い方（誤使用）をしても、安全性や信頼性を確保する設計の考え方がフールプルーフである。3ステップメソッドに従えば、まず優先すべきは危害を加えない、次に加えたとしても危害の程度を低減することである。問題は、フールプルーフにより発生してしまえば危害の程度（重篤度）を低減することはできない構造である（頻度、確率は下がる）。しかし、危害の程度を十分に低減することは難しいことが多いのも事実である。また、製品事故の多くは、使用者の誤使用に起因することが多い。したがって、使用者の誤使用に対応するフールプルーフは、製品の安全を確保する上で、フェールセーフと並んで重要な手法といえるため、フールプルーフも本質的安全化対策に含まれる。

### フール・プルーフの例

誰でも扱えるような至極簡単な装置、しくじりようのない装置。人間の誤った操作を受け付けないか、その誤りを矯正する機械装置の機能

蓋を開くとストップ　　全てのドアが閉まらないとノッチが操作できない　　安全カバーを閉めないと操作できない

いずれも一見安全に見えるが、扉が開いても故障してストップしない、ドアに隙間があってもノッチが動き発車してしまう、安全カバーがあっても横から手を入れられるなど、危険検出タイプには限界があり、複数の安全装置が必要となってくる。他にも、「石油ストーブが転倒すると自動的に消火される」「電気ポットのコードに誤って触れても簡単に外れる」などがあるが、転倒センサーが物理的であってもストーブが過熱していれば発火することもあるし、コードの先端が磁石コネクターであっても、溶着やソケットの先はむき出しなので感電の危険がある。

### (5) フールプルーフからフェールセーフへ

　いずれも、本質的安全化の方法ではあるが、フェールセーフは"安全確認型"の安全装置、フールプルーフは"危険検出型"の安全装置が組み込まれている。安全確認型とは、第8章「想定外の事故」の項で述べたとおり、安全が確認されない限り停止しているタイプで、安全装置も壊れるということを前提に考えるため、安全装置も重力、熱による溶解、テコやカム、頑丈な柱等の物理的なものを使用し、まず壊れることが考えられないので安全である。

　それに反して、危険検出型の安全装置は、人感センサー、接触センサー、バネ、過電流センサー、光源遮断等の装置に頼っているため、その装置自体が故障すると危険を検出できなくなり運転続行という事態になる。

　安全確保のためにはできるだけフールプルーフからフェールセーフに変更するか、フールプルーフのタイプには複数の安全装置（保護措置）を設けることが望まれる。

　下図は、電子レンジや冷蔵庫の扉と連動した動力遮断もしくは通電の安全装置であるが、左側はフールプルーフで、扉が開くとバネの力で接点が切れるはずが、接点が溶着してバネの力よりも強いと接点は切断されず電気は通電されたままである。右側はフェールセーフで、カムの原理で物理的に接点を押し下げ切断するので安全である。

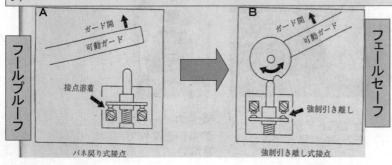

## 3. 安全防護及び付加保護方策による対策（ステップ2）

### (1) 安全防護（別表第3関係）

「安全防護」とは、本質的安全設計方策によって合理的に除去できない危険源、または十分に低減できないリスクから人を保護するための安全防護物の使用による保護方策のことである。

前述したとおり、フェールセーフもフールプルーフも安全防護方策（安全装置）が頼りである。安全防護は、ガードと保護方策に大きく分けられる。ガードと安全防護（安全装置）の例は下欄のとおりである（別表第3関係）。

**安全防護（安全装置）例**

| 種類 | 名称又は形式 | 機能 |
|---|---|---|
| ガード | 固定ガード | 開口部から加工物・工具等は入るが、手は危険領域に届かない |
| | 調節ガード | 加工物や工具に合わせて形状・寸法を調節できる |
| | 警告ガード | 手は危険領域に入れられるが、その前に警告される |
| | インターロックガード | 機械が作動中は開かず、開いているときは機械が起動しない |
| 操作機構 | 両手操作 | 両手で同時に操作しないと機械が作動せず、手を離すと停止又は逆転復帰する |
| ロック機構 | キー式インターロック | 鍵の利用により一方を施錠しないと他方が解放されない |
| | キーロック | 1個又は異なる複数個の鍵を用い、すべての鍵が開かないと機械が操作できない |

| 種類 | 名称又は形式 | 機能 |
|---|---|---|
| トリップ機構 | 接触式 | 接触板、接触棒などに身体の一部が接触すると、機械が停止又は逆転復帰する |
| | 非接触式 | 光線式、静電容量式などにより、身体の一部が危険域に接近すると機械が停止又は逆転復帰する。身体の一部が危険域に入っていると機械は起動しない |
| オーバーラン機構 | 検出式 | スイッチを切った後の惰性運動や残留電荷を検知して危険がある間はガードなどが開かない |
| | タイミング式 | 機械式又はタイマーなどにより、スイッチを切ってから一定時間後でないと、ガードが開かない |
| 押払い機構 | 自動ガード | ガードの可動部分が開くときに、自動的に危険領域から身体を押しのける |
| | 手払い、手引き | 危険状態になる前に手を危険領域から払いのけ、あるいは引き戻す |
| 起動防止機構 | 安全ブロック | 機械の起動を機械的に妨げるストッパーなどで、通常は安全プラグなどを併用する |
| | 安全プラグ | 制御回路などに設けた接点を遮断することにより、不意の起動を防止する |
| | レバーロック | 操作レバーを中立位置で自動的にロックする |

## （2）付加保護方策（別表第４関係）

「付加保護方策」とは、機械の"意図する使用"及び合理的に予見可能な機械の誤使用によって必要なときに本質的安全設計方策でなく、安全防護（ガードまたは保護装置の実施）でもなく、使用上の情報でもない保護方策を実施しなければならない場合に取られる保護方策のことで、簡単に言えば「緊急停止システム」のことである。

つまり、安全防護には、緊急停止（非常停止）装置と緊急停止中はエネルギーを遮断もしくは除去するための付加保護装置を付けることが求められている（別表第４関係）。

また、「包括指針」では、緊急停止した際に「機械へのはさまれ・巻き込まれ等により拘束された労働者の脱出又は救助のための措置を可能とすること」とは、動作方向ではなく、反転動作ができるようにすることと、そのための伝達手段も設けることとされている。

エネルギーの遮断は、非常停止後の保守点検・修理中に誤って動力が伝達されることのないようにすることと、機械に蓄積・残留したエネルギーを除去することが安全上不適切または不可能である場合には、必要に応じ当該エネルギーによるリスクの低減のために保護方策を実施し、残留リスクについて使用上の情報として提供する必要がある。例えば、産業用ロボットは、労働者が挟まれた場合に一般的な措置として緊急停止、電源遮断の措置をとることが多いが、中には一旦電源が遮断されると反転動作が不可能となるものもあるので、そのことを使用上の注意事項として周知徹底しておく必要がある。

## 非常停止装置

| 種　類 | 機　能 |
|---|---|
| 押しボタン式非常停止スイッチ | 操作パネルまたは操作ボックスの表面に取り付けられた赤色のキノコ型ボタンを手で押して機械を停止させるタイプで、いったん押し下げられたボタンはそのままの位置で保持される。ボタンの位置を元に戻す（リセット）方法としては、ボタンを指定された方向に回すタイプと、元の位置に引っ張るタイプがある |
| 足踏み式の非常停止スイッチ | 押しボタン式非常停止スイッチのボタンを、足で押し下げるタイプ |
| ロープ式非常停止スイッチ | ラインに沿ってロープを設置し、そのロープを引っ張ることにより機械設備を停止させるタイプ。複数の機械設備などから成る長い製造ラインで使用される。このタイプでは、ロープには適切な張りが必要である。ロープが切れたり緩んだりした場合にも非常停止スイッチが作動し、機械が停止するようにする |

## 4. 使用上の情報の内容及び提供による対策（ステップ３　別表第５関係）

　機械の製造者はユーザーに対して、当該機械の本体に直接印刷または銘板等を貼付して使用上の注意、残留リスク等の情報を伝達しなければならない。

　その内容は、「付属文書（取扱い説明書）」「信号と警報装置」「表示」「標識」「警告文」「注意」等がある。

　文書作成にあたっては、「わかりやすく、やさしい言葉を使う」「あいまいな表現を使わない」「図表、イラスト等を用いて目で見て簡単に理解できるようにする」ことが重要である。

## 5. 機械、設備の安全化（改善）のポイント

**機械、設備の安全化（改善）のポイントとしては次のようなことが考えられる**

① 安全対策は、少なくとも二重以上とする。緊急停止装置を別に設けること。
② 過去の災害事例を把握し、類似災害の防止対策を考慮したものとする。
③ 外観的な安全性（作業者が触れる可能性のあるところは、鋭利な角やバリがないか、回転部分が露出していないか、等の外観から見た安全性）。
④ 構造及び強度が十分であること（適切な安全率をとっているか。破損したとき大きな危険とならないか。機械、設備などの性能、機能の低下が認められないものであること）。
⑤ 操作からみた安全性。作業するときにムリな姿勢や力を入れる必要はないか、また、誤操作を起こさないよう人間工学的にみて配慮されているものであること。標識・表示等の合理的統一化⇒わかりやすい、見やすい、間違えにくい。
⑦ 機械的（機能）安全性。機械による「はさまれ」「巻き込まれ」「接触」、電気による「感電」等がないものであること。特に試運転のときには注意すること。フェールセーフ、フールプルーフの追求。
⑧ 保守からみた安全性。点検、保守、分解、修理、部品交換、注油、清掃等が安全でやりやすいものであること。
⑨ レイアウトからみた安全性。機械、設備の配置が安全衛生上の配慮がなされているものであること。安全通路の確保、不要な運搬作業の排除、運搬回数の減少、運搬距離の短縮、作業スペースの確保（これらは後述する第３節の「作業方法の改善」の内容であるが、機械等が設置されてしまうと作業改善には限界があるので、レイアウトの段階で検討しておく必要がある）。
⑩ 三大災害（墜落・転落、クレーン・重機、崩壊・倒壊）に関する設備を重点的に改善すること。
⑪ 労働衛生面での配慮。有害物質が漏れてばく露されたり、点検、補修のときに接触、吸引する危険を排除しているか。

# 6. 安全を考えた機械、設備の配置

いくら安全が確保された機械、設備であっても、その置き方、並べ方で危険となる場合もある。安衛法では、事業者は労働者に対し、安全な作業設備のもとで安全に作業させなければならない旨規定している（安衛法第20条～24条）。人間は、本来間違いを犯す動物であり、四六時中注意力を払って行動することはできない。うっかり、ぼんやり、油断したり、近道・省略、横着をしたり、錯誤があったりする。そういうヒューマンエラーがあっても、機械、設備等が人間のエラーをカバーできる状態にあることが望ましい。

## （1）安全を考えた機械、設備の配置
① 安全通路（歩行者通路）、車両等の進入路、資材等の搬入路、避難用の通路の確保。
② 作業者の不安全な動作、行動から起こる災害を防止するため機械設備を適切に配置。
③ 作業の手順や流れ、人の動きに沿って機械、設備を配置し、できるだけムダな動きをなくすようにレイアウトする。
④ 安全点検がしやすいように機械、設備を適切に配置する。
⑤ 表示板等は見やすいところに配置する。

## （2）五悪災害防止の観点からの配慮
① 機械災害防止
　動力伝達部分、作動部分の突起物等の囲い、覆い、立入禁止措置等
② 電気災害防止
　絶縁、囲い、覆い、接地（アース）、漏電遮断装置、自動電撃防止装置等
③ 爆発、火災災害防止
　点火源の管理、漏洩防止、引火防止、粉じん飛散の抑制、接触防止措置、警報装置、緊急遮断装置等
④ 飛来・落下、崩壊・倒壊災害防止
　投下設備、土止め支保工、安全ネット、控え等
⑤ 墜落・転落災害防止
　手すり、安全ネット、安全帯（墜落制止用器具、平成31年2月1日より施行）取付設備、本足場設置、ローリングタワー、可搬式作業台（手すり付き立ち馬）の使用等

## （3）機械、設備の配置の原則（改善のポイント）
① 作業工程に従った配置にする。
② 原動機（電動機を除く）は、別室や区画された場所に据え付ける（騒音、排気ガス対策）。ただし、非常停止スイッチ類は作業者の近くで操作できるものとする。
③ 電気コンセント、ガスなどの取り出し口は必要数を適当な場所に設ける。
④ 機械と壁などの間隔は十分な余裕をとる（安衛則第543条では80cm以上）。
⑤ 材料の供給、製品の取り出し、注油、点検ができるスペースを確保する。

⑥ 機械備え付けの基礎は地震に耐えるようボルト締め、アンカー打ち込み等堅固なものとする。
⑦ 振動を発生する機械等については、騒音障害、振動障害を防ぐ構造とする（防振ゴムマット、騒音カバー等）。
⑧ 床材は水、油などがこぼれても滑らないよう転倒を防止する構造とする（グレーチング等）。
⑨ 機械等の操作位置が高い場合は、安全で適当な高さの踏み台を設ける。
⑩ 動力伝導装置の運動部分、回転部分で接触の危険があるものには囲い、覆いまたはスリーブを設ける（安衛則第101条ほか）。
⑪ 作業床、通路に障害物がないようにする。段差を解消する（スロープにする）（安衛則第540条ほか）。
⑫ 火気使用の周囲には十分なスペースを確保し、可燃物を置かない（安衛則第256条、264条ほか）。
⑬ 誤操作、つまずき、転倒等を防止するため、適切な照度を確保する（安衛則第335条、367条、541条、604条等）。
⑭ 危険箇所（つり荷の下、重機の旋回範囲内）、材料等の死角などの立入禁止措置を講じる（安衛則第158条、クレーン則第74条、187条等）。
⑮ フォークリフト等運搬機械と安全通路を隔離し、表示する（安衛則第151条の3、151条の7等）。

⑧のグレーチングの例

### （4）建設現場での設備、機械等の改善

建設現場においては、すべて本質安全化を図ることはかなり難しいので、本質安全化は施工計画の段階でRAを行い、現場では残留リスクを中心に、現地KY、1人KYで安全装置の設定確認、手すり、安全ネット、立入禁止柵、警報器等の設備点検と保護具使用の励行を実施する。

# 第2節　作業環境の改善

## 1. 環境条件改善と保持とは

　作業環境が人間の生理に適合しない場合、いろいろな安全衛生上の問題が生ずる。
　作業環境の改善は、職場の作業環境の実態を把握し、点検、検討して作業者の身体に及ぼす有害な要因を排除または抑制することにより快適な職場をつくることであり、改善した環境条件は、常に良好に維持できるよう管理することが必要である。
　特に、建設工事は屋外作業であり、移動生産、個別生産、有期生産等により、さまざまな環境の中で作業することを余儀なくされている。しかし、作業環境を快適なものとし、良い環境を保持することは、作業者の労働意欲を高め健康管理上も大事なことである。最近は環境重視の現場も見受けられるが、さまざまな制約の中で環境の改善を図り、より良い環境下で作業が行えるように努めることが労働力確保の観点からも重要な課題となっている。3K（きつい、汚い、危険）職場に甘んじることは、持続可能を求める企業では許されないことである。
　環境条件の改善には、最低限、「労働衛生の3管理」の観点で対応し、これを上回る方策として、健康経営、ワーク・エンゲイジメントを目指すべきである。

## 2. 労働衛生の3管理とは

　「労働衛生の3管理」とは、「作業環境管理」、「作業管理」、「健康管理」の3つの管理のことである。

### （1）作業環境管理
　作業環境中の種々の有害要因を取り除いて適正な作業環境を確保するもので、職場における労働者の健康障害を防止するための根本的な対策の一つである。
　作業環境管理を進めるに当たっては、的確な作業環境測定の実施とその結果について適切な評価を行う必要がある。さらに評価に基づき、局所排気装置などの各種設備の改善や適正な整備の実施を行う。また、機械、設備の作業前点検及び定期点検の励行等も適正な作業環境の実現と維持には必要である。作業環境管理は、測定や現状把握をすることが目的ではなく、その評価結果に基づき必要な措置が講じられ、良好な作業環境の実現と維持につながるものでなくてはならない。
　作業環境測定を外部機関に委託する場合も、測定結果の適切な評価とそれに基づく措置を実施するため、測定機関と十分な意思疎通を図ることが重要である。これらは、衛生管理者や安全衛生推進者の職務であるが、職長・安責者には少なくとも、作業環境測定結果やコントロールバンディングの意味を理解できるよう、教育、研修を行う必要がある。

【作業環境管理の進め方】
① 的確な作業環境の測定、ストレスチェックの集団分析の実施（筋力、骨格系の活動状況を良好に保つために作業場内の温度管理や作業者の保温に努める）
② 作業方法、設備、機械の改善、整備（作業中の転倒、つまずき等を避けるために、適切な照明及び安全な作業床面を保つ。また、不自然な作業姿勢、動作を避けるために作業空間を十分に保つ。適切な作業位置、作業姿勢、高さ等を確保できるように設備の配置等に配慮する）
③ 定期点検、始業点検の実施

## （2）作業管理

有害な物質やエネルギーが人に及ぼす影響は、作業内容や作業方法によっても異なるので、これらの要因を適切に管理して、労働者への影響を少なくすることが作業管理である。

【作業管理の進め方】
① 作業に伴う有害要因の発生を防止・抑制する
② ばく露量が少なくなるように作業手順や作業方法を定める（作業時間、作業強度）
③ 作業方法の変更等により作業の負荷や姿勢などによる身体への悪影響の減少（長時間立ちっぱなし、座りっぱなし、伸び上がり、中腰などの疲労の度合いを解消⇒自動化、省力化、ロボット化による負担軽減）
④ 作業頻度（作業の繰り返し、連続作業）などの管理（車の運転の場合は、適度に休憩をとる、長時間の運転による疲労を軽減するため座席シートが背部・腰部をぴったり受ける形に保ち、膝を軽く曲げてブレーキペダルを強く踏み込めるように運転席の位置を調節するなど）
⑤ 保護具の適正使用によるばく露量の減少

## （3）健康管理

健康診断及びその結果に基づく事後措置、健康測定結果及びその結果に基づく健康指導までを含む幅広い内容を有する。

健康管理は、健康診断やストレスチェック、健康測定を通じて労働者の健康状態を把握し、作業環境や作業との関連を検討することにより、労働者の健康障害を未然に防ぐこと、さらに健康の増進につながるような積極的な内容のものであることが必要である。

これからの健康管理は、高齢化社会を考慮した長期的な観点から、高年齢期になっても心身ともに健康で快適な生活が送れるよう（寝たきりにならないよう）、継続的かつ計画的に心身両面にわたる健康の保持増進（健康寿命の促進）を図ることが求められている。

【健康管理の進め方】
① 健康診断の受診、ストレスチェックの実施等労働者の健康状態の把握（重量物取扱い作業、介護作業等腰部に著しく負担がかかる作業に常時従事する作業者に対し、配置前及び6月以内ごとに1回定期に腰痛の健康診断を実施し、予防を含めた健康確保の観点から作業開始前等に行う体操や腰痛予防体操を実施する。強烈な騒音場所での作業の聴力検査、振動工具使用者の振動障害健康診断の実施等）
② 健康診断等の結果に基づく適切な事後措置
③ ストレス、ハラスメントを含む健康相談窓口、ＥＡＰ（外部相談機関）との契約
④ 日常の生活指導を含めた総合的健康保持増進対策（ＴＨＰ）の推進

## （4）健康教育

以上の労働衛生管理を衛生管理者や安全衛生推進者、あるいは職長・安責者が実施しても作業員が理解してくれなくては、十分な効果は発揮できない。そこで、事業者は定期的に職長・安責者のみならず作業員全員に対して健康教育、特に危険有害作業従事者に対しては労働衛生教育を実施する必要がある。

言うまでもなく、労働衛生対策を総合的に進めるにあたっては、労働者の従事する作業が健康に与える影響や、健康障害を防ぐための労働衛生管理体制をはじめ、労働衛生の3管理についての正しい理解が大切であり、この理解を深めることを目的とするのが労働衛生教育である。

労働衛生教育は、雇入れ時、作業内容変更時、危険有害業務就労時に必ず実施しなければならないが、それ以外にもあらゆる機会を活用して計画的、継続的に実施することが必要である。

健康教育とは、健康の保持増進（ウォーキング、食育、口腔衛生等）、メンタルヘルス研修、ハラスメント研修、アンガーマネジメント研修など、必ずしも法令等で求められてはいないが、快適な職場環境の形成、ワーク・エンゲイジメントの形成のために必要な教育である。

なお、最近の急速な技術革新の進展、作業形態の多様化等に対応するため、衛生管理者、作業主任者等労働衛生管理体制の中核となる者及び現に危険有害業務に就いている者に対する能力向上教育等の実施の際にもこれら労働衛生教育、健康教育が必要である。

## （5）総合的な労働衛生管理

労働衛生の3管理と健康（衛生）教育を併せて、「総合的な労働衛生管理」と呼んでいる。

## 総合的労働衛生管理

① 作業環境管理・・・現状を把握し維持・改善

② 作業管理・・・健康への影響の低減

③ 健康管理・・・健康状態の把握、健康増進

＋ 健康教育、衛生教育 ⇨ 総合的労働衛生管理

## 3. 特に留意すべき環境条件、作業条件と有害物のばく露経路

### (1) 有害作業の要因と健康障害

　作業現場で見られる危険有害作業の要因とそれに伴う健康障害は、下表のとおりである。職長等は作業員の安全と健康を守る立場から、作業によって生じる職業性疾病について十分な知識を持つとともに、保護具等の適切な使用についても監督、指導することが求められる。

### 作業現場で多く見られる有害作業（健康障害）

| 原因 | 障害 | 原因 | 障害 |
|---|---|---|---|
| 温熱条件 | 高温⇒熱中症<br>低温⇒凍傷、冷房病 | 有害光線 | 溶接⇒電光性眼炎<br>炉前⇒白内障<br>レーザー光線⇒網膜損傷 |
| 電離放射線 | 放射線障害 | 騒音 | 難聴 |
| 振動 | 白ろう病、関節炎 | 異常気圧 | 潜水病、高気圧障害（減圧症） |
| 粉じん（石綿） | じん肺、中皮腫 | 酸素、硫化水素 | 酸素欠乏症、硫化水素中毒 |
| 化学物質 | 有機溶剤等中毒、特定化学物質障害、癌 | 有害金属 | 鉛中毒、水銀中毒 |
| 有害ガス | 一酸化炭素中毒、中毒、窒息 | 電気 | 感電、火傷、心室細動 |

※ 作業条件:腰痛、背痛、頸肩腕症候群等

## （2）有害物のばく露経路

わが国の産業界で使用されている化学物質は、主なものだけで約6万種類あるといわれている。そして、毎年新たに数百種類の化学物質が生み出され、特に最近では使用量の少ない新規の化学物質の種類が増えてきている。国内ではこの新規化学物質について（輸入も含む）、安衛法第57条の4で化学物質による労働者の健康障害を防止するため化学物質の有害性の調査を行い、当該新規化学物質の名称、有害性の調査の結果等を厚生労働大臣に届け出なければならないとしている。また、1トン以上の製造・輸入者に対して化学物質審査及び製造等の規制に関する法律（以下「化審法」(注)という）第10条等により、同様に有害性等の調査を義務づけている。そのほか、GHSによりSDS（安全データシート）が公表されている。

化学物質は有益な反面、危険性や有害性を持つものも多く、その取扱いによっては作業者の健康に影響を及ぼすことがあるため、安衛法第57条の3では化学物質等のRAを行い、リスク低減措置を行うことを事業者の努力義務として定めている。

化学物質の有害性としては、生体に対して、中毒、アレルギー、がん原性などがあり、職場においては次の3つの経路でばく露される。

① 経気道ばく露：作業環境中のガス、蒸気、粉じんなどを鼻・口から吸収（吸引）
② 経皮ばく露：皮膚・眼に接触することにより吸収
③ 経口ばく露：有害物に汚染されたものを食べたり、汚染された手でタバコを吸い込んだときに唇に付いたものを唾液と一緒に吸収

したがって、基本的にこの3つの経路からの吸入を遮断できれば有害物のばく露を防ぐことができる。

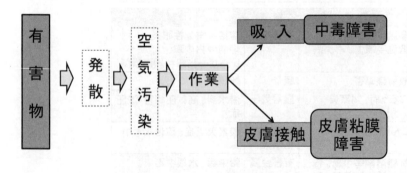

有害物のばく露経路

粉じん、酸欠空気、ガス、原材料などによるもの

第9章　設備、作業等の具体的な改善の方法

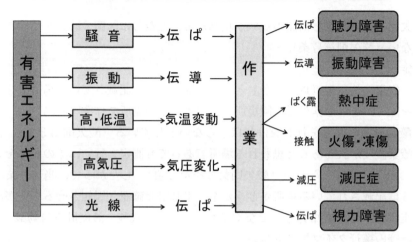

(注) 化審法：1973年に制定されていたが、2002年のヨハネスブルグ・サミット（WSSD）で2020年までに持続可能な社会を目指すことが採択され、これを受けて2006年国際的な化学物質に関する戦略的アプローチが採択された。これを受けて2009年化審法が一部改正となり、2012年第4次環境基本計画（2012年4月27日閣議決定）により、国民の健康や環境を守るとの視点に立って、製造から廃棄に至るライフサイクル全体を通じた化学物質の環境リスクの低減、未解明の問題への対応等を含め、ライフサイクルの各段階においてさまざまな対策手法を組み合わせた、「包括的な化学物質対策」の確立と推進を図ることが定められた。化審法以外にも、「特定化学物質の環境への排出量の把握及び管理の改善の促進に関する法律」（以下「化管法」という）が2009年に制定され2010年3月に施行されている。

## 4. 主な有害物質と健康障害防止対策

　有害物質については、第7章の「化学物質のリスクアセスメント」で解説した。ここではそれ以外の現場の作業で多い、酸素欠乏症等と熱中症、腰痛対策について述べる。

### （1）酸素欠乏症等対策

　酸素欠乏等とは、空気中の酸素濃度が18％未満の状態または硫化水素濃度が10ppmを超える状態のことをいう（酸素欠乏症等防止規則（以下「酸欠則」という）第2条第2号）。その症状は酸素欠乏症と硫化水素中毒である。酸素欠乏症等とは、酸素欠乏症と硫化水素中毒の両方を併せて示す場合に用いられている。

#### ① 酸素欠乏症対策
ア）酸素欠乏症とは

　初期の症状としては、顔面蒼白又は紅潮、脈拍及び呼吸数の増加、息苦しさ、めまい、頭痛がある。酸素濃度により嘔吐、チアノーゼ、判断力低下、意識喪失、全身けいれん、さらに数度の呼吸で失神、昏倒、呼吸停止、心臓停止、死となる。

291

人間は脳の働きで生命を維持している。したがって、脳は人間の臓器の中では一番酸素を消費する。その脳に酸素がいかなければ前述したとおりさまざまな酸素欠乏症の症状が発生する。

イ）緊急診察

　もしも酸素欠乏空気を呼吸し前記の症状が現れたら、ただちに医師の診察を受けさせなければならない（酸欠則第17条）。

ウ）酸素濃度測定

　酸欠則では、安衛法施行令（以下「令」という）別表第6に記載さている場所（3号の3、第9号を除く）を「酸素欠乏危険場所」と定め、この場所で作業する場合は、毎作業開始前に酸素濃度の測定を行わなければならないとしている（酸欠則第3条）。仮に、明らかに酸素濃度が21％あると思われる場所であっても測定を行い、その記録を3年間保存しておかなければならない（酸欠則第3条第2項）。したがって、当該作業場所が令別表第6に記載されている場所かどうかを、ＴＢＭで確認し周知させる必要がある。なお、測定は必ずしも検知管方式でなくてもよく、磁気式酸素濃度計や自動酸素・硫化水素濃度計等の携行タイプ等でも良い。

　令別表第6に記載されていない場所（例えば、ガス、蒸気または粉じんを発散する有害な場所など）については、関係者以外の者が立ち入ることを禁止し、その旨を見やすい箇所に表示しなければならない（安衛則第585条）。また、同規定では「酸素濃度が18％に満たない場所」についても同様の措置をしなければならないとしている。酸素濃度が18％以上か満たないのかは測定してみなければ分からないので、この場合は測定するか否かは常識で判断するかＲＡでリスクの有無を確認しておく必要がある。

エ）換気の実施

　測定の結果、酸素濃度が18％未満ならば換気を行ってから再度測定し、18％以上になってから作業を開始する。仮に18％を超えていたとしても18％未満になる可能性があるならば換気をし続ける必要がある（酸欠則第5条）。

　ただし、換気することが作業の性質上できない場合(注)は、空気呼吸器や送気マスクを備え、作業者に使用させなければならない（酸欠則第5条の2）。

(注) 作業の性質上、換気することが著しく困難な場合とは：長大横坑、深礎工法による深い穴、し尿の入っているタンク等で換気することにより悪臭・公害を生じるおそれの作業、バナナの熟成箇所、リンゴ等の二酸化炭素冷蔵保存箇所等がある。

オ）保護具、救急用具の設置

　前記エ）のほか、緊急救出時には2次災害を防止するため必ず空気呼吸器等を使用しなければならない（酸欠則第16条）。

　また、緊急避難救出のための避難用具等を現場に備えなければならない（酸欠則第15条）。

　なお、空気呼吸器等や避難用具等は作業開始前に点検すること（酸欠則第7条）、同時に就業する作業員の数以上備えること（酸欠則第5条の2）が規定されている。

カ）作業主任者の配置

　酸素欠乏危険場所での作業については、必ず第1種酸素欠乏危険作業主任者または第

2種酸素欠乏危険作業主任者を選任し、作業方法の決定、酸素濃度の測定、測定器、換気装置等の点検、空気呼吸器等の使用状況の監視をさせなければならない（酸欠則第11条）。

キ）特別教育の実施

酸素欠乏危険場所で作業に従事する作業員全員に対して、特別教育を実施させてからでないと就労させてはならない（酸欠則第12条）。

② 硫化水素中毒対策

ア）硫化水素中毒とは

硫化水素中毒の症状の軽度なものは、眼、気道の刺激、臭覚の鈍麻、胸痛などである。硫化水素の濃度が高ければ、気道粘膜の灼熱的痛み、脳神経麻痺、呼吸麻痺、死に至る。硫化水素は特定化学物質の特定第2類物質である。本来は特定化学物質障害予防規則で対応すべきであるが、硫化水素を取り扱う作業ではない（単にその場所に立ちこめているだけ）ので特定化学物質等作業主任者の選任は必要とされていない。

硫化水素を吸入すると肺胞が破壊され肺水腫状態となり、結果として肺呼吸が困難となり、酸素欠乏症と同様の症状が生じることから酸欠則で併せて規制することとしたのである（硫化水素中毒の症状もプラスされるので、全く同じ症状ではない）。

イ）したがって、測定箇所は、令別表第6の第3号の3、第9号の場所（硫化水素が発生するおそれがある危険箇所）(注)で、測定（この場合は酸素濃度と硫化水素濃度の両方）も換気もすべて酸素欠乏症対策と同じである。異なるのは測定だけでなく、作業主任者が第2種酸素欠乏危険作業主任者でなければならないこと（測定も同じ）、特別教育も酸素欠乏症だけでなく硫化水素中毒についても行うことが求められている。

(注) 酸素欠乏危険場所
・令別表第6第3号の3……海水が滞留しており、若しくは滞留したことのある熱交換器、管、暗きょ、マンホール、溝若しくはピット又は海水を相当期間入れてあり、若しくは入れたことのある熱交換器等の内部
・令別表第6第9号…………し尿、腐泥、汚水、パルプ液その他腐敗し、又は分解しやすい物質を入れてあり、又は入れたことのあるタンク、船倉、槽、管、暗きょ、マンホール、溝又はピットの内部

## （2）熱中症対策

熱中症とは、高温多湿な環境下において、体内の水分及び塩分（ナトリウムなど）のバランスが崩れたり、体内（特に脳内）の調節機能が破綻するなどして発症する障害の総称である。①熱虚脱、②熱けいれん、③熱射病に分けることができる。なお、熱中症には分類されないが、④熱疲はいもある。

① **熱虚脱**：皮膚に血液がたまり、循環血液が減少して、循環不全（軽いショック）を呈するもので、頭痛、めまい、耳鳴り、血圧低下、失神が見られる。脈拍は速いが、体温の上昇はない。涼しい所で安静にする。

② **熱けいれん**：発汗により水分と塩分が喪失したところへ、水だけ飲むと血液中の塩分（ナトリウムなど）が低下し、筋肉けいれん（多くはふくらはぎで発症）が生ずる。体温

は正常で、食塩水の摂取で改善する。
③ **熱射病**：脳内の熱調節中枢の機能の変調によるもので発汗が停止し、体温は40度以上となり、意識障害やうわごとを言うようになる。肝障害や内出血異常も見られる。水風呂に入るなどして急速に体温を下げる必要がある。軽度の場合は、脇、首筋、足の付け根等太い動脈が体表面に近いところを氷、アイスパック等保冷剤等で冷やす。全身に水を掛け、あるいは前述の箇所に水に濡らしたタオルを当てたり、水に浸したバスタオルを巻き付け、暗所で扇風機もしくはクーラーで冷やす。

以上の措置を講じた上で、必ず119番通報を行う。本人や周りの人の判断でなく救急隊員の判断で病院への搬送を行う。軽傷、軽度と思われても持病があったり、生活態度や睡眠・飲酒状況などで症状は異なるので、必ず本人ではなく救急隊員の判断に従う（勝手に判断すると後日損害賠償等で問題となった例が多数ある）。

④ **熱疲はい**：高温下で作業を続けた場合、だるさや吐き気、力が入らないという状態になることがある。通常の疲れ（疲労）よりは早くかつ少しひどく感じる程度である。いわゆる熱中症になる前の「サイン」と考えて良い。早急に現在の作業を中止し、涼しい場所で、水分・塩分（生理食塩水やスポーツドリンク）を補給し、横になって休憩する。

⑤ **ＷＢＧＴ（暑さ指数）について**

熱中症の症状は直射日光だけでなく、屋内であっても遠赤外線が一定以上であれば発症する。しかも湿度が高ければ発症しやすい。そのことを数値的に表したのがＷＢＧＴ（湿球黒球温度：Wet Bulb Globe Temperature）である。熱中症を予防することを目的として1954年にアメリカで提案された指標で、単位は気温と同じ摂氏度（℃）で示されるが、その値は気温とは異なる。

ＷＢＧＴ（暑さ指数）は、人体と外気との熱のやりとり（熱収支）に着目した指標で、人体の熱収支に与える影響の大きい①湿度、②日射・輻射（ふくしゃ）など周辺の熱環境、③気温――の３つを取り入れた指標で次の数式で算出する。

屋外で太陽照射がある場合：ＷＢＧＴ＝0.7×自然湿球温度＋0.2×黒球温度＋0.1×乾球温度
屋内の場合及び屋外で太陽照射がない場合：ＷＢＧＴ＝0.7×自然湿球温度＋0.3×黒球温度

暑さ指数（ＷＢＧＴ）が28℃（厳重警戒）を超えると熱中症患者が著しく増加することから、労働環境や運動環境の指針として有効であると認められ、ＩＳＯ等で国際的に規格化されている（世界的にはISO7243、国内ではJIS Z8504）。

## 身体作業危険強度等に応じたWBGT基準値

| 区分 | 身体作業危険強度（代謝率レベル）の例 | WBGT基準値 | |
|---|---|---|---|
| | | 熱に順化している人（℃） | 熱に順化していない人（℃） |
| 0 安静 | ・安静 | 33 | 32 |
| 1 低代謝率 | ・楽な座位<br>・軽い手作業（書く、タイピング、描く、縫う、簿記）<br>・手及び腕の作業（小さいベンチツール、点検、組立や軽い材料の区分け）<br>・腕と足の作業（普通の状態での乗り物の運転、足のスイッチやペダルの操作）<br>・立位　・ドリル（小さい部分）<br>・フライス盤（小さい部分）　・コイル巻き<br>・小さい電気子巻き　・小さい力の道具の機械<br>・ちょっとした歩き（速さ3.5km/h） | 30 | 29 |
| 2 中程度代謝率 | ・継続した頭と腕の作業（釘打ち、盛土）<br>・腕と脚の作業（トラックのオフロード操縦、トラクター及び建設車両）<br>・腕と胴体の作業（空気ハンマーの作業、トラクター組立て、しっくい塗り、中くらいの重さの材料を断続的に持つ作業、草むしり、草掘り、果物や野菜を摘む）<br>・軽量な荷重や手押し車を押したり引いたりする<br>・3.5～5.5km/hの速さで歩く　・鍛造 | 28 | 26 |

| 区分 | 身体作業危険強度（代謝率レベル）の例 | 熱に順化している人（℃） | | 熱に順化していない人（℃） | |
|---|---|---|---|---|---|
| | | 気流を感じないとき | 気流を感じるとき | 気流を感じないとき | 気流を感じるとき |
| 3 高代謝率 | ・強度の腕と胴体の作業　・重い材料を運ぶ<br>・シャベルを使う　・大ハンマー作業　・掘る<br>・のこぎりをひく　・草刈り　・鋳物を削る<br>・硬い木に鉋をかけたりのみで彫る<br>・5.5～7km/hの速さで歩く<br>・重い荷物の荷車や手押し車を押したり引いたりする<br>・コンクリートブロックを積む | 25 | 26 | 22 | 23 |
| 4 極高代謝率 | ・最大速度の速さでとても激しい滑動<br>・斧を振るう<br>・激しくシャベルを使ったり掘ったりする<br>・階段を登る、7km/hより速く歩く | 23 | 25 | 18 | 20 |

## 衣類の組合せによりWBGT値に加えるべき補正値

| 衣服の種類 | 作業服（長袖シャツとズボン） | 布（織物）製つなぎ服 | 二重の布（織物）製服 | SMSポリプロピレン製つなぎ服 | ポリオフィン布製つなぎ服 | 限定用途の蒸気不浸透性つなぎ服 |
|---|---|---|---|---|---|---|
| WBGT値に加えるべき補正値（℃） | 0 | 0 | 3 | 0.5 | 1 | 11 |

⑥ 熱中症予防対策

「作業環境管理」
ア） WBGT値の低減など（熱を遮る工夫、通風・冷房設備、スポットクーラー等）
イ） 休憩場所の整備など（作業場所の近くに冷房を備えた休憩所、日陰の設置、飲料水、冷たいおしぼり、水風呂、シャワー、食塩の配備等）
ウ） 暑さ指数（熱中）測定器での測定（正式には湿球黒球温度計で測定するが、現在は日本気象協会監修の簡易・携帯型熱中症計などが1,000円程度で購入できる。また、1日150円程度のレンタルもある）

「作業管理」
ア） 作業時間の短縮など（作業の休止時間・休憩時間の確保、連続作業時間の短縮、ロボット等の活用等）
イ） 熱への順化（計画的に、熱への順化期間を設けるよう努める）
ウ） 水分・塩分の摂取（自覚症状の有無に関わらず、作業中の定期的な水分・塩分の摂取の指導、徹底）
エ） 服装など（熱を吸収する服装、保熱しやすい服装は避ける。クールジャケット、速乾性下着などの着用。クールヘルメットの着用）
オ） 作業中の巡視（巡視を頻繁に行い、作業者への定期的な水分・塩分の摂取、休止時間の励行、健康状態の確認。必要に応じて作業の中断）

「健康管理」
ア） 健康診断結果に基づく対応など（糖尿病、高血圧症、心疾患、腎不全などの熱中症の発症に影響を与えるおそれのある疾患について、医師等の意見を聴き、当該意見を勘案して、必要がある場合は就業場所の変更、作業の転換など適切な措置を講じる）[注]
イ） 日常の健康管理など（アの疾病治療中の労働者に対する主治医からの意見聴取のお願い、それ以外の労働者に対しては、睡眠不足、体調不良、前日の飲酒、朝食の不摂取、感冒による発熱、下痢などによる脱水などが熱中症の発症に大きな影響があることを教育するとともに、作業前の申出の徹底）
ウ） 労働者の健康状態の確認（申出がなかった場合であっても、作業開始前・作業中の巡視を行い健康状態を確認する）
エ） 身体状況の確認（休憩場所に体温計、体重計、自動血圧・脈拍測定器などを設置し、いつでも労働者が自身の身体状況を確認できるようにする）

「労働衛生教育」
あらかじめ次の項目について労働衛生教育を行う。
ア） 熱中症の症状
イ） 熱中症の予防方法
ウ） 緊急時の救急措置

エ）　熱中症の事例
　　オ）　暑さ指数の意味、熱中症測定器の使い方、見方

(注)　安衛法第66条の4（健康診断の結果についての医師等からの意見聴取）、第66条の5（健康診断実施後の措置）、健康診断結果に基づき事業者が講ずべき措置に関する指針（平29.公示9号）等により、必要な措置を講じない場合には罰則のほか損害賠償を請求されることがある。

## （3）腰痛対策

　職場における腰痛は、特定の業種のみならず多くの業種及び作業において見られ、職業性疾病の6割強を腰痛が占めている。
　腰痛の発生要因には、①腰部に動的あるいは静的に過度の負担を加える動作要因、②腰部への振動、温度、転倒の原因となる床・階段の状態等の環境要因、③年齢、性別、体格、筋力、椎間板ヘルニア、骨粗しょう症等の既往症または基礎疾患の有無等の個人的要因、④職場の対人ストレス等に代表される心理・社会的要因がある。職場で問題となる腰痛とこれらの要因は単独で関係することは稀で、いくつかの要因が複合的に関与して、腰痛が発生したり、あるいは、従来からある腰痛症状を悪化・遷延化（長引かせること）させたりする、ということがよく知られている。
　腰痛の発生要因は、このように多元的であるほか、作業様態や労働者等の状況と密接に関連し変化することから、職場における腰痛を効果的に予防するには、労働衛生管理体制を整備し、多種多様な発生要因によるリスクに応じて、作業管理、作業環境管理、健康管理及び労働衛生教育を総合的かつ継続的に実施するとともに、事業実施に係る管理と一体となって取り組むことが必要である。
　こうしたことを踏まえ平成25年6月18日に「職場における腰痛予防対策指針」（基発0618第4号）が全面改訂され、減少しない腰痛の発生件数の抑制、とりわけ、社会福祉施設、医療保健業、交通運輸業、製造業のような、わが国の産業を担う重要な職種における腰痛の増加を食い止めることを目指した予防対策指針が策定され、具体的かつ効果的な腰痛の一層の予防対策を普及させることとなった。
　改訂指針では、4つの要因（動作要因、環境要因、個人的要因、心理・社会的要因）を考慮した上で、腰痛発生のリスクの高い作業として、5つの作業（重量物取扱い作業、立ち作業、座り作業、福祉・医療分野等における看護・介護作業、車両運転等の作業）を挙げている。
　なお、それ以外の業種についても、次のような共通的な一般の腰痛予防対策を示している。

### ①　作業管理
　　ア）　自動化、省力化（できるだけ筋肉補助機械、ロボットの活用を検討する）
　　イ）　作業姿勢、動作（前屈、中腰、ひねり、後屈捻転等の不自然な姿勢の廃止・減少、時間・回数の減少、作業台・椅子の適切な配置、転倒・すべり等の防止等）
　　ウ）　作業の実施体制（作業時間、作業量の適切な設定、複数人で作業できるようにする）
　　エ）　作業標準（作業標準の策定と見直しの実施）
　　オ）　休憩・作業量、作業の組合せ（適宜休憩時間を設け作業姿勢を変更。横になって安静が保てる休憩室の配置、夜勤・交替制勤務には昼間時より作業量が少なく、適宜休憩や

　　　　仮眠がとれるようにする）
　　カ）靴、服装等（ハイヒールやサンダルは不可、作業服は伸縮性、保温性、保湿性のあるものとする）
② **作業環境管理**
　　ア）温度（低温環境下の作業では、保温のための衣服の着用、暖房設備の設置）
　　イ）照明（足下や周囲の安全が確認できるよう適切な照度を保つ）
　　ウ）作業床面（できるだけ凹凸がなく、防滑性、弾力性、耐衝撃性及び耐へこみ性に優れたものとする）
　　エ）作業空間や設備、荷の配置等（十分に広い作業空間を確保。機器・設備、荷の配置、作業台や椅子の高さ等について人間工学的配慮を行う）
　　オ）振動（座席等について振動ばく露の軽減に配慮）
③ **健康管理**
　　ア）健康診断（配置前の健康診断、定期健康診断、事後措置）
　　イ）腰痛予防体操（予防体操は、作業前だけでなく、必要なときに適宜実施できるよう配慮する）
　　ウ）職場復帰支援（産業医等の意見を十分に尊重し、リハビリ作業（慣らし作業）を含め労働者の不安を解消する）
④ **労働衛生教育**
　　ア）労働衛生教育（インストラクター等による特別教育に準じた教育の実施。[教育項目]腰痛の発生状況及び原因、腰痛発生要因の特定及びリスクの見積り方法、腰痛発生要因の低減措置、腰痛予防体操）
　　イ）その他（相談窓口の設置、睡眠、禁煙、運動習慣、バランスのとれた食事、休日の過ごし方等の指導）
⑤ **リスクアセスメント及び労働安全衛生マネジメントシステムの実施**
　　腰痛の発症に関わるRAを実施、低減から予防対策の実施

## 5. 心の健康づくり対策（メンタルヘルス対策）とストレスチェック

　平成27年11月30日に安衛法第70条の2に基づく「労働者の心の健康の保持増進のための指針（平成18年3月31日）」が改正された。これは安衛法第66条の10の改正により平成27年12月1日からストレスチェック制度が施行されることに伴ったものである。また、これらを受けて平成28年4月1日付け基発0401第72号で「ストレスチェック制度の施行を踏まえた当面のメンタルヘルス対策の推進について」という通達も発出されている。さらに、平成29年3月31日付け基発0331第78号で「『過労死ゼロ』緊急対策を踏まえたメンタルヘルス対策の推進について」という通達が補捉的に発出されている。

　要するに、これからのメンタルヘルス対策はストレスチェックや過重労働対策とも密接に連携させながら実施することが求められることになった。

　このことは、平成30年2月28日に発表された「第13次労働災害防止計画」[注]で、過労死やメ

ンタルヘルス不調が社会問題としてクローズアップされる中で、働き方改革実行計画（平成29年３月28日働き方改革実現会議決定）を踏まえ、過労死研究の推進とその成果を活用しつつ、労働者の健康確保対策やメンタルヘルス対策等に取り組むことが必要になっているほか、治療と仕事の両立支援への取組を推進することも求められている。例えば、メンタルヘルス対策の目標として次の数値を掲げている。

- 仕事上の不安、悩み又はストレスについて、職場に事業場外資源を含めた相談先がある労働者の割合を90％以上（71.2％：2016年）とする。
- メンタルヘルス対策に取り組んでいる事業場の割合を80％以上（56.6％：2016年）とする。
- ストレスチェック結果を集団分析し、その結果を活用した事業場の割合を60％以上（37.1％：2016年）とする。

したがって、行政はこの目標達成に向けて指導を強めているが、職長等としては「行政が言うから、会社の指示だからメンタルヘルスやストレスチェックに協力する」という後ろ向きの姿勢ではなく、職場を明るく快適にすることで、むしろ働きがい、モチベーションのアップにつながることにより現場力の強化にもなるという意識で取り組む姿勢が求められる。

（注）第13次労働災害防止計画：平成30年４月１日から平成34年３月末日までの５年間。なお、この第13次防ではメンタルヘルス、ストレスチェック、過重労働対策をセットで総合的に実施することから「ＴＨＰ対策」（総合的健康保持増進対策）が削除された。しかし、根拠となる安衛法第70条の２とこれに基づく「事業場における労働者の健康保持増進のための指針」（平成27年公示第５号）は削除、廃止はされていない。ということを踏まえて、本書ではＴＨＰについての記載は行わず、「心理的安全性」について記載することとした。

## （１）メンタルヘルス対策

事業者は、事業場におけるメンタルヘルスケアを積極的に推進するため、「心の健康づくり計画」を策定するとともに、関係者に対する教育研修・情報提供を行い、①セルフケア、②ラインによるケア、③事業場内産業保健スタッフ等によるケア、④事業場外資源（事業場外の専門機関）によるケア――の４つのケア(注)を効果的に推進し、職場環境等の改善、メンタルヘルス不調への対応、職場復帰のための支援が円滑に行われるよう求めている。

メンタルヘルスケアの推進に当たっては、事業者が労働者の意見を聴きつつ事業場の実態に即した取組を行うことが必要であり、「心の健康づくり計画」の策定等の具体的な実施方策や個人情報の保護に関する規程等の策定に当たっては、衛生委員会等において十分調査審議を行うことが必要とされている。

また、メンタルヘルスケアにおいては、心の健康問題の特性、個人の健康情報の保護への配慮、人事労務管理との関係、家庭・個人生活等の職場以外の問題等との関係に留意する必要がある。

① セルフケア（労働者が自ら行うストレスへの気づきと対処）
　ア）事業者は労働者に対してセルフケアに関する教育研修、情報提供等を行うこと。
　イ）事業者は労働者が自ら管理監督者や事業場内の産業保健スタッフ等に相談をしやすい

よう必要な環境整備を行うこと。
　　ウ）ストレスへの気づきのために、ストレスチェック制度の積極的活用を行う。
② **ラインによるケア（職長を含む管理監督者が行う職場環境等の改善と相談への対応）**
　　ア）管理監督者（職長等も含む。以下同じ）は、作業環境、作業方法、心身の疲労回復のための施設等、労働時間、仕事の量と質、職場の人間関係等の職場環境等の具体的な問題点を把握すること。
　　イ）管理監督者は、産業保健スタッフ等の助言を受け、産業保健スタッフ等とともに職場環境の改善を図ること。また、管理監督者は個々の労働者に過度な長時間労働、過重な疲労、心理的負荷、責任等が生じないようにするなど、労働者の能力、適性及び職務内容に合わせた配慮を行うこと。
　　ウ）管理監督者は、日常的に労働者からの自主的な相談に対応するよう努めること。
　　エ）事業者は、管理監督者に対する心の健康に関する教育研修、情報提供を行うこと。
③ **事業場内産業保健スタッフ等によるケア（産業医、衛生管理者等によるケア）**
　　ア）事業場内産業保健スタッフ等は、セルフケア及びラインによるケアが効果的に実施されるよう、労働者及び管理監督者に対する支援を行うこと。
　　イ）心の健康づくり計画に基づく具体的なメンタルヘルスケアの実施に関する企画立案、メンタルヘルスに関する個人の健康情報の取扱い、事業場外資源とのネットワークの形成やその窓口となること。
　　ウ）事業者は、事業場内産業保健スタッフ等によるケアに関して、次の措置を講じること。
　　　ⅰ　職務に応じた専門的な事項を含む教育研修、知識修得等の機会の提供を図ること。
　　　ⅱ　メンタルヘルスケアに関する方針を明示し、実施すべき事項を委嘱または指示すること。
　　　ⅲ　事業場内産業保健スタッフ等が労働者の自発的相談等を受けることができる制度及び体制を、それぞれの事業場内の実態に応じて整えること。
　　　ⅳ　産業医等の助言、指導等を得ながら事業場のメンタルヘルスケアの推進の実務を担当する事業場内メンタルヘルス推進担当者を、事業場内産業保健スタッフ等の中から選任するよう努めること。事業場内メンタルヘルス推進担当者としては、衛生管理者等や常勤の保健師、心理相談員、産業カウンセラー等から選任することが望ましいこと。なお、事業場の実情によっては、人事労務管理スタッフから選任することも考えられること。
　　　ⅴ　一定規模以上の事業場では、事業場内または企業内に、心の健康づくり専門スタッフや保健師等を確保し、活用することが望ましいこと。
　　エ）メンタルヘルスケアに関するそれぞれの事業場内産業保健スタッフ等の役割を明確にすること。
　　　ⅰ　産業医等
　　　　産業医等は、専門的な立場から、事業場の心の健康づくり計画の策定への助言・指導及び対策の実施状況を把握する。また、同様にセルフケア及びラインによるケアを支援し、教育研修の企画及び実施、情報の収集及び提供、助言及び指導等を行う。

就業上の配慮が必要な場合には、ストレスチェックの結果も踏まえ事業者に必要な意見を述べる。専門的な相談対応が必要な事例については、事業場外資源との連絡調整に専門的な立場から関わる。さらに、長時間労働者等に対する面接指導等の実施やメンタルヘルスに関する個人の健康情報の保護についても中心的役割を果たす。
　ⅱ　衛生管理者等
　　衛生管理者等は、心の健康づくり計画に基づき、産業医等の助言、指導等を踏まえて、具体的な教育研修の企画及び実施、職場環境等の評価と改善、心の健康に関する相談ができる雰囲気や体制づくりを行う。また、セルフケア及びラインによるケアを支援し、その実施状況を把握するとともに、産業医等と連携しながら事業場外資源との連絡調整に当たることが効果的である。
　ⅲ　保健師等
　　衛生管理者以外の保健師等は、産業医及び衛生管理者等と協力しながら、セルフケア及びラインによるケアを支援し、教育研修の企画・実施、職場環境等の評価と改善、労働者及び管理監督者からの相談対応、保健指導等に当たる。
　ⅳ　心の健康づくり専門スタッフ
　　事業場内に心の健康づくり専門スタッフ（精神科・心療内科等の医師、産業カウンセラー、心理相談員等の心理職）がいる場合には、事業場内産業保健スタッフ（産業医等、衛生管理者、保健師等）と協力しながら、教育研修の企画・実施、職場環境等の評価と改善、労働者及び管理監督者からの専門的な相談対応等に当たるとともに、当該スタッフの専門分野によっては、事業者への専門的立場からの助言等を行うことも有効である。
　ⅴ　人事労務管理スタッフ
　　人事労務管理スタッフは、管理監督者だけでは解決できない職場配置、人事異動、職場の組織等の人事労務管理が心の健康に及ぼしている具体的な影響を把握し、労働時間等の労働条件の改善及び適正配置に配慮する。
④　事業場外資源（ＥＡＰ）によるケア（事業場外の専門機関によるケア）
ア）事業場が抱える問題や求めるサービスに応じて、メンタルヘルスケアに関し専門的な知識を有する各種の事業場外資源からの支援を活用すること。
イ）労働者が相談内容等を事業場に知られることを望まないような場合にも、事業場外資源を活用すること。
ウ）メンタルヘルスケアに関する専門的な知識、情報等が必要な場合は、事業場内産業保健スタッフ等が窓口となって、適切な事業場外資源から必要な情報提供や助言を受けるなど円滑な連携を図るよう努めること。
エ）必要に応じて労働者を速やかに事業場外の医療機関及び地域の保健機関に紹介するためのネットワークを日頃から形成しておくこと。
オ）小規模事業場においては、必要に応じて地域産業保健センター等の事業場外資源（ＥＡＰ）を活用すること。また、厚労省ＨＰの「こころの耳」ポータルサイトでは各種相談事例に対応した解決策を、地域産業保健センターでは小規模事業場の事業者だけでな

く労働者に対しても相談窓口を開いている。さらに、全国各地にある労災病院や（一社）日本産業カウンセラー協会の各支部でも電話による相談を受け付けている。

（注）ケア（care）：世話や配慮、気配り、支援のこと。一方、キュア（cure）は治癒、治療のこと。

## （2）メンタルヘルス教育

事業者は4つのメンタルヘルスケアが適切に実施されるよう、それぞれの職務に応じ、メンタルヘルスケアの推進に関する教育研修・情報提供を行う。なお、労働者や管理監督者等に対する教育研修を円滑に実施するため、事業場内に教育研修担当者を計画的に育成することも有効である。

【メンタルヘルスケアを推進するための教育研修・情報提供】
① 労働者への教育研修・情報提供
　セルフケアを促進するため、管理監督者を含むすべての労働者に対して、教育研修・情報提供を行う。
② 管理監督者への教育研修・情報提供
　ラインによるケアを促進するため、管理監督者に対して、教育研修・情報提供を行う。
③ 事業場内産業保健スタッフ等への教育研修・情報提供
　事業場内産業保健スタッフ等によるケアを促進するため、事業場内産業保健スタッフ等に対して、教育研修・情報提供を行う。また、産業医、衛生管理者、事業場内メンタルヘルス推進担当者、保健師等、各事業場内産業保健スタッフ等の職務に応じて専門的な事項を含む教育研修を行う。

## （3）ストレスチェック制度

2015年12月1日より、常時使用する労働者に対して、医師、保健師等による心理的な負担を把握するための検査（ストレスチェック）が義務づけられた（50人未満は当分の間、努力義務規定）。これに基づき「心理的な負担の程度を把握するための検査及び面接指導の実施並びに面接結果に基づき事業者が講ずべき措置に関する指針」（平成27年4月15日公示第1号）と、「労働安全衛生法に基づくストレスチェック制度実施マニュアル」（平成27年5月策定、平成28年4月改訂）が策定され、運用されている。

① ストレスチェック制度の目的
　ストレスチェックの目的はメンタルヘルス不調の未然防止（一次予防）である。（一口メモ）
　・ ストレスチェック結果を知ることにより、本人のストレスへの気づきを促す（セルフケアによる教育が必須である）。
　・ 集団分析結果によりストレスの原因となる職場環境の改善につなげる。
② 実施に当たっての留意事項（望ましい事項）
　・ すべての労働者がストレスチェックを受検することが義務ではないが望ましい。
　・ 面接指導を受ける必要があるといわれた労働者は、義務ではないが、できるだけ申出

を行い、医師による面接指導を受けることが望ましい。
- 集団ごとの集計・分析とその結果を踏まえた職場改善等の必要な措置は努力義務ではあるが、事業者はできるだけ実施することが望ましい。

③ 衛生委員会における調査・審議
- 実施方法、調査票の内容、どこまでを高ストレス者と判定するか（判定基準）、面接指導方法、医師からの意見聴取の内容、就業場所の変更・就労時間の変更等の措置の仕方、個人情報の保護、集団分析の利用方法、不利益な取扱いの禁止内容、等について調査・審議を行う。

④ 集団分析の実施方法
- 当該労働者の意見を尊重したものでなければ、むしろ集団のストレス度が高まることを基本とする。
- 分析は、基本的には職場内の状況に精通している、衛生管理者、衛生推進者等事業場内産業保健スタッフが実施するのが望ましい（衛生委員会の承認を得ること）。
- 産業保健スタッフから管理監督者に助言を行わせ、両者が協力しながら職場環境の改善を図らせる。
- 管理監督者に、労働者の勤務状況を日常的に把握させ、個々の労働者に過度な長時間労働、疲労、ストレスまたは責任等が生じないようにするなど、労働者の能力、適性及び勤務内容に合わせた配慮を行わせる。
- 集団分析で良くない成績の職場に対しては、さらにプラスしてパワハラ、セクハラ等のハラスメントアンケートを実施すると、職場改善につながるより良いヒントが見つかることが多い。

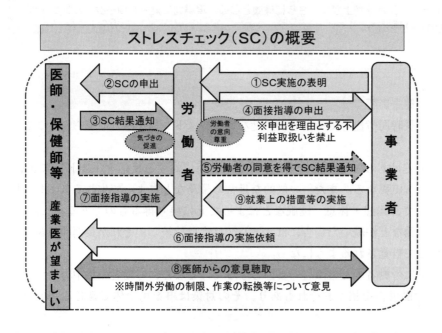

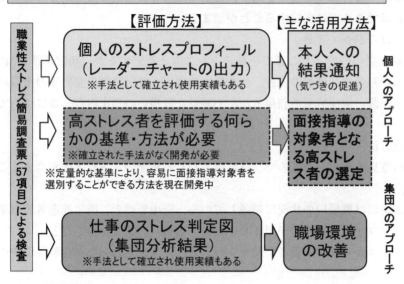

> **一口メモ**
>
> **1次予防、2次予防、3次予防**
> 1次予防：健康教育や健康指導など健康障害のリスクを減らしてその発生を予防すること。
> 2次予防：健康診断などにより健康障害を早期に発見して対応すること。
> 3次予防：リハビリテーションなど健康障害の治療後に社会復帰させること。
> 　最近では、0次予防が唱えられている。0次予防とは、健常者も含めてもっと快適でパワフルでワクワク感があり、モチベーションが上がり、さらに健康となる、現場力に満ちたワーク・エンゲイジメントな職場づくりのことをいう。

### （4）過重労働対策

① 過重労働による健康影響

　過重労働とは、長時間労働等で労働者が過度な疲労やストレスを感じながら働くことである。

　仕事は、程度の差はあっても体に負荷をかける。負荷に対する反応を「ストレス反応」というが、人によって異なる。また、一般的な日常の業務などによって生じるストレス反応は一時的なもので、休憩・休息、睡眠などによって元に戻り得るものである。しかし、慢性的な長時間労働などが続いた場合にはストレス反応は持続し、それが長期間持続すると疲労の蓄積として自覚されるようになる。

　過重労働は、単に労働者の健康障害の要因となるだけでなく、労働者の集中力や作業効率を低下させて労働災害を招くおそれもあり、その対策は事業場全体で講じる必要がある。

　一方、職場には、就労形態、家事負担、生活習慣、健康状態などの異なる労働者が就業

しており、過重労働によって健康障害が生じるかどうかは個別に異なる。したがって、その職場で働くすべての労働者が健康な職業生活を送ることができるように、労働者一人ひとりの健康状態を含む個別の状況を勘案しつつ、労使が連携して過重労働対策を推進することが重要である。

そこで、対策を考える上では、長時間労働のほかにも、就労態様、職場の人間関係などの職場のストレス負荷要因、家族環境などの職場外のストレス負荷要因、年齢、飲酒、喫煙などの生活習慣、高血圧・高脂血症等の基礎疾患などの個人要因について考慮することが必要となる。

なお、過労自殺等が発生する、いわゆるブラック職場は、業務命令の仕方、ミッションの与え方、仕事の納期に対する取り組み方、パワハラ等を含めたコミュニケーション不足・不全等その職場特有の文化・雰囲気（風土）が長時間労働にプラスして問題となる例が多い。前述したストレスチェックの集団分析等も参考にしながら職場環境改善に取り組む必要がある。

② 過重労働の把握

過重労働対策のためには、まず、過重労働状態にある労働者を把握する必要がある。事業場においては、長時間にわたる労働や疲労の蓄積が見られる労働者について、面接指導の対象となる労働時間等も考慮する。

過重労働対策では、単に脳・心臓疾患だけが対象とはならず、メンタルヘルス不調の早期発見なども期待されている。そこで、過重労働にある労働者の把握のためには、労働者の疲労蓄積度自己診断チェックリストや、家族による労働者の疲労蓄積度チェックリストなどの労働者の疲労の状況を調べる調査票を利用して、客観的に把握することが望ましい。

## 始業時の健康チェック

| 健康観察5項目 | | |
|---|---|---|
| | 項　目 | 内　　容 |
| 1 | 姿　勢 | シャンと背筋は伸びているか |
| 2 | 動　作 | ダラダラしていないか |
| 3 | 顔つき | 表情が生き生きしているか |
| 4 | 目の色 | 血走っていないか |
| 5 | 会　話 | 声の張りがあるか |

| 健康問いかけ10項目 | |
|---|---|
| 1 | よく眠れたか |
| 2 | 朝食は食べたか |
| 3 | 熱はないか |
| 4 | 腹具合はどうか |
| 5 | 吐き気はないか |
| 6 | 立ちくらみや目まいはないか |
| 7 | いつもの薬は飲んだか |
| 8 | （異常を訴えた人に）医者にいったか |
| 9 | 心配事があるか |
| 10 | （高血圧の人に）血圧に異常はないか |

職長としては、ＴＢＭ等で挨拶を交わした後、「健康観察５項目」を実施して様子を観察し、いつもと違う様子ならば「健康問いかけ10項目」を実施する。なお、健康問題は個人のプライバシーにかかわる場合があるので、デリケートな問題については個別に聞くことも必要である。

③　労働時間の算定

過重労働対策において適正な労働時間を考える場合の重要なことは、個々の労働者が睡眠時間を確保して健康を保持することができるかということである。したがって、労働のために費やす時間が労働者の日常生活に与える影響を評価することが肝要である。時間外の労働時間としては、平日の残業だけでなく、休日出勤の時間や会社にいなくても待機によって拘束されている時間なども考慮しなければならない。要するに、ワークライフ・バランスからワークライフ・リズムの観点で労働時間を考えるのが良い。

④　過重労働者に対する面接指導

安衛法第66条の８は、事業者の義務として長時間労働者等に対する医師による面接指導（以下、面接指導）を行わなければならないと規定している。また、労災認定された自殺事案を見ると長時間労働であった者が多いことから、面接指導の実施の際には、うつ病等のストレスが関係する精神疾患等の発症を予防するためにメンタルヘルス面にも配慮すること、とされている。面接指導に当たっては次の点に留意して行う。

ア）対象者の選定

安衛則第52条の２第１項は、面接指導の対象者となる労働者の要件は、「休憩時間を除き、１週間当たり40時間を超えて労働させた場合におけるその超えた時間が１月当たり100時間を超え、かつ、疲労の蓄積があると認められる者」とし、「労働者の申出により行う」と規定している。そのほか、「過重労働による健康障害防止のための総合対策」（平成18年３月17日策定、平成28年４月１日改正）において、時間外・休日労働時間が１月当たり80時間を超える労働者であって、申し出を行った者については、医師による面接指導等を実施するように努めること等が示されている。

イ）過重労働者からの申出の勧奨

安衛則第52条の３第４項では、産業医は、前記ア）の労働者に対して申出を勧奨することができることとされている。事業者は、産業医が勧奨ができるよう、産業医に対して、当該労働者に関する作業環境、労働時間、深夜業の回数及び時間数等の情報を提供しなければならないと義務規定に改正された（安衛則第52条の２第３項）。

ウ）面接指導の確認事項

当該労働者の勤務の状況、疲労の蓄積状況、心身の状況を確認する（安衛則第52条の４）。なお、労働者は会社が指定する医師以外の面接指導を希望することができるが、その場合は安衛則第52条の５に基づいた内容（実施年月日、当該労働者の氏名、面接指導を行った医師の氏名など）の証明書を提出しなければならないとされた。

エ）面接指導の事後措置

まず、時間外労働の削減など長時間労働の解消を図る必要がある。次に、長時間労働以外の過重感を減らすことや長時間労働により健康影響の増悪が懸念される有害要因を

改善することが求められる。対策は、労働衛生管理の範囲内でできることから優先し、必要に応じ就業制限や配置転換などの人事的な措置を検討する。なお、労働以外の原因の場合は、本人を介して家族や友人などの協力を勧奨することが望ましく、職場が介入することは積極的には勧められない。

⑤ 過重労働の原因の調査と対策

過重労働の予防のためには、過重労働によって健康に障害を受けた労働者に対する適切な措置を充実させるだけでなく、その労働者がなぜ過重な労働をするようになったのかについての原因を調査することが重要である。過重労働の原因には、作業内容、作業方法、作業量、職場の人間関係など職場要因と、生活習慣、基礎疾患、家族環境などの個人要因が挙げられる。そこで、それらの原因を調査して過重労働の原因のうち職場要因を抽出し、その要因に対する有効な対策を検討する。有効な対策としては、疲労回復のための十分な睡眠時間及び休息時間の確保が欠かせないことである。事業場においては、まず、それらを妨げる長時間にわたる過重労働を排除することが求められる。次に、年次有給休暇の計画的な取得の促進、良質な睡眠を取るための工夫に関する助言、通勤時間の短縮などを考慮する。

さらに、長時間労働により健康影響が増すような有害環境を改善する対策、過重労働者の健康障害を治療する対策、労働以外の有害要因を改善する対策などが考えられる。

なお、過重労働の健康に及ぼす影響等の労働衛生教育の実施も対策の一つである。また、職長は本テキスト第4章で述べたヒヤリングを実施し、当該労働者の適切な業務量等について十分話し合い、適性を考えて適正に業務配分を行う。

> **一口メモ**
>
> **ワークライフ・バランスから「ワークライフ・リズム」へ**
>
> バランスという響きは、ワークとライフがつり合っている状態、ワークとライフが均等の状態、というイメージに違和感があることから、欧米ではこの言葉に替えて「ワークライフ・リズム」という言葉の使用が多くなってきている。実際、人はそれぞれ働き方、働く時間が日ごと異なる場合もあるはず。例えば今日はもう少しやっておきたい。でも明日は保護者参観日があり午後早退したい。配偶者が残業の日は自分が早く帰りたい。デートがある。観劇の午後の部を観たい。急きょ保育園に子どもを迎えに行かなければならない。そういう日々変動するリズムで生活している。だから一律に"ノー残業デー"とか、"残業は21時まで"というのはリズムに合わない場合もある。「ワークライフ・ハーモニー」という言葉も使われ出した。ワークとライフが絶妙に混ざり合って、相乗効果を生んでいるイメージである。これらを実現するには、本当の「フレックスタイム制」とかリモート(テレ)ワーク、サテライトオフィス等の制度を容認していくのが一つの方法である。しかし、成功させるには次に述べる「心理的安全性」がなければ、定着しにくいと考えられる。

## 6. 「心理的安全性」を追求して現場力の強化を

　一般に、日本人は職場では本音を言わないのが美徳といわれていた。つまり、会社では「本来の自分」を押し殺して、「仕事用の別の人格」を創り出すのが社会人としての大人であると。しかし、多くの人にとって、仕事は人生の時間の大半を占める。そこで仮面をかぶって生きなければならないとすれば、それはあまり幸せな人生とは言えないであろう。自分の意に沿わない忖度が求められるのは苦痛以外の何ものでもない。

　社員一人ひとりが会社で本来の自分をさらけ出すことができ、そして、それを受け入れるための「心理的安全性」、つまり、他者への心遣いや共感、理解力を醸成することができることが、間接的ではあるが、チームの生産性を高めることにつながるということが、2016年グーグル社の「プロジェクト・アリストテレス」の調査結果として発表された（第4章（5）注意書き参照）

### （1）「心理的安全性」とは何か？

　心理的安全性とは、自分の意見や思考を開示しやすいという雰囲気と、開示することに伴う安心や共感、理解といった穏やかな空気のことである。これは、単に「言いやすい」だけでなく、「各自が自分をさらけ出せる」、「（家族やプライベートなことも含めて）自然に自分をさらけ出している」という状態のことである。言いやすい状況で各自が自分をさらけ出していれば、メンバー同士の理解が進む。職場での人間関係を損なうことはないと思える雰囲気がある状態のことである。

### （2）ヒヤリングやワイガヤがうまくいく

　第4章3（4）でヒヤリングの方法、第5章（4）でワイガヤの重要性を、第8章6（3）でヒヤリハットの重要性等について述べたが、これらが成功するためには、そして本章第3節の「作業方法の改善」を成功させるためにも、「心理的安全性」が保たれなければうまくいかない。そして、第1章4で「職長の役割はワーク・エンゲイジメントを目指す職場づくりにある」と述べたが、これにも重要な関係がある。

### （3）なぜ心理的安全性が生産性の向上につながるのか

　これについては明快な理論はまだない。しかし、グーグル社の実験的な取組みのデータがそれを示していることが挙げられ、これを真似て実践した企業（ヤフー、楽天等）も同様の結果を示していることが大きなインパクトを与えている。

　確かに、心理的安全性を取り入れると、ミスの報告もしやすくなるため、労働者の責任感もなくなるのではという意見もあった。しかし、それに対して、心理的安全性と責任は別の指標であり、責任感との相関関係はないという意見がある[注]。

　チームのマネジメントにおいて注意すべきは、心理的安全性も責任も高い状態で、高いパフォーマンスを発揮できる環境＝ワーク・エンゲイジメントな職場をつくることである。

（注）経営学者Edmondoson教授は心理的安全性と責任の量について次のように分類している。
・心理的安全性も責任も少なければ、「無関心」
・心理的安全性が高く責任が少なければ、「気持ちよい」
・心理的安全性が低く責任が高いと、「不安」
・心理的安全性が高く責任も高いと、「高いパフォーマンス」

## （4）グループからチームとなるためには心理的安全性が必要

　グループとチームの違いについては、第5章（4）〈⑤グループ討議とアクティブ・ラーニングの違い〉の項で、「グループからチームになれるかどうかは目的や目標を同じにすることが重要だ」と述べたが、必ずしも絶対に同じでなくてもチームとなる方法がある。そのためには心理的安全性が重要な鍵となる。

　例えば、職場で新規のプロジェクトを立ち上げるとする。あるいは新しく野球チームをつくろうとする。当初は顔を知っている、名前を知っている程度でお互いのことがよく分からないし、その人が所属していた上司や監督がどんな人なのか、どのように鍛えられ育て上げられたかもよく分からない。自分がレギュラーになれるのか、自分の得意なポジションを与えられるかどうかも分からない、そういう状態から始まることがある。

　そういうときは、人は不安になったり緊張しやすく、何かこうしたらいいのではないかと思ったとしても、うかつに意見を述べたりすると「変な奴」と思われたりするのがイヤなので、「とりあえず空気を読んで遠慮して黙っておこう」「言われたことだけをやっておこう」という、いわゆる依存的な態度をとりやすい。これが第1ステージである。

　しかし、コミュニケーションがとれてきて、お互いのことが分かってくると、「このメンバーだったらこれぐらいまで言っても良さそうだな」というラインが見えてきて、初めて意見を言えるようになる。これが第2ステージである。

　第2ステージでは当然意見の対立もあり、イラッとしたり、モヤッとしたりすることも多いので、この状態になると多くの人達は「何か雰囲気が悪くなってきた」と感じて第1ステージに戻そうとしてしまう。しかし、戻してしまったら、本来のプロジェクト、代表チームの役割を果たすことができずに、単なるグループに毛の生えた状態の集団となってしまう。

　本来は、それぞれの意見のすり合わせがうまく行われることで成功体験ができ、「自分たちのやり方」、「方向性・方法論」が見えてくる、第3ステージに行かなければ本来のミッションは果たせない。しかし、日本人はどうしても「空気を読む」「仲間から変に思われたくない」と思う傾向が強く、自ら我慢し、対立が生じたら「まぁまぁ」と言って仲裁したりして、第1ステージに戻しがちになる。

　個々にバラバラな「グループ」が意思と目的を持った「チーム」となるためには、何を話しても許されるという心理的安全性が必要なのである。何を話しても良い、言いにくいことも言う。「言い方に配慮はするが遠慮はしない」(注) という風土ができたとき、グループからチームになったということができる。そして、職長やリーダーはそれぞれの発言を尊重し、あくまでもファシリテータの役割に徹する必要がある。あえて言うならリーダーは正解を示す必要はない。誰もやったことのない問題（プロジェクト、課題）、できるかどうかもよく分からない問題を与えると、チームのメンバーは自分の頭を（スポーツの場合は身体を）フル回転させ自分

の意見を言えるのである。まさにブレインストーミングの状態にするのである。

　第5章の「ミーティングの必要性」のところで、傾聴の重要性について述べたが、傾聴をうまく行えるかどうかはこの「心理的安全性」が保たれているかどうかにかかっている。職場の環境改善に「心理的安全性」をどうやってつくるのか、重要な職長の任務である。

(注)「配慮はするが遠慮はしない」というのは、何でも話して良いということではない。例えばセクハラ、パワハラ発言は許されるか？についてである。現在はセクハラを受けた人、パワハラを受けた人がどう思おうが、ガイドラインに該当する行為があればセクハラ、パワハラとなる。したがって、ガイドラインに該当する発言や行為があれば、それはアウトである。心理的安全性がある職場では、それらの被害を受けた人もそれ以外の人も、「それはセクハラ発言です」、「パワハラでしょう。イエローカード」と気軽に言い返せる職場であると思われる。要するに、親しい仲間と会話している状況が、心理的安全性が保たれた職場であるということができる。

# 第3節　作業方法の改善

## 1. 業務の３つの特性

① 業務は肥大化する

　　仕事は放っておくと、間違いなく増える。次から次へと新しい仕事は生まれ、業務量は雪だるま式に増殖するものである。だからこそ、不必要な業務や付加価値の低い業務を意識的に削らなくてはならないのである。

② 業務は個別化する

　　人は自分のやりたいように仕事をしたがるものである。もっと効率的なやり方があっても、それを知らないがために、または知ろうと努力しないため、非効率な自分のやり方に固執しがちである。だからこそ、標準化が必要なのである。

③ 業務は陳腐化する

　　業務改善を実施し、効率的な仕事のやり方を確立したとしても、それがいつまでも最も効率的なやり方であるという保証はない。作業環境は常に変化し、仕事のやり方に影響を与える新たなテクノロジーも生まれている。業務は見直した瞬間に、陳腐化するのである。

　　業務が肥大化するまま人員の手配（増員）をしたり、個別化を放置して標準化を行わなかったり、見直した業務を長年そのまま固定化していたのでは競争力は高まるはずもない。仕事のやり方や仕組みを常に見直し、進化させることは職場の本来業務であり、使命である。

　　最近の若者は「マニュアル人間」で、作業手順が少し変わると対応できない。これを解消させるためにも作業方法の改善とコーチング手法を取り入れたＯＪＴが重要である。

## 2. 改善の必要性

① 作業方法は、不変不動のものではない。世の中の技術は日進月歩であり、技術に対応した作業を常に模索していかなければならない。それには、日常から作業方法をより良いものに高める改善が必要である。

② 企業は社会のニーズに対応するために、作業状況は常に変化させなければならない。作業の方法はワンパターンではない、生産状況に応じて選択するものである。仕事のやり方も、現状に甘んじることは許されない。作業方法も状況に応じて、すぐに改善しなければならない。

③ 他社が取り入れているＡＩ、ＩｏＴ、産業用ロボット、クラウド、ビジネスチャット等の科学技術を作業改善の中に取り入れていかなければ、競争に負け会社が持続的に発展することはできなくなる。

④ 人口減少、労働力減少という少子高齢化社会において、潤沢な労働力の確保には一定の限界が見えている。設備の改善と併せて作業の改善、働き方改革を進めなくては、労働力

の確保はますます困難になり、会社の持続可能性に黄色信号がともる。

## 3. 改善の意義、目的

　ここでいう「改善（改良）」とは、機械、設備、工法といった大規模な作業ではなく、材料の運搬、置き場、作業の割り振り、手順など、今までよりも少しでも良いやり方はないかと疑問を投げかけ、よく観察する、という小さな気配りから始めることをいう。

① 労働災害の防止：安心して働ける職場の実現。職場で見つけた不安全行動は、すぐに報告しその場で是正させることが必要であるが、その時「なぜそのような危険な行動をしているのだろうか」とその背景（関節原因）を「なぜなぜ5回」の方法等で深く考えていけば、そこに作業改善の必要性が見えてくる。

② 労働意欲の向上：やりがい、生きがいを感じさせる職場（ヤル気を引き出す）。毎日の作業の中で日頃から不具合を感じている点が改善されれば、それまで習慣的にやってきた作業の中にも、もっとうまくやることができるのではないか、と改めて作業を見直す気持ちが生まれ、それが職場の人達のヤル気を引き出す原動力となる。特に、自分の改善提案が採用され、みんなから「楽になった」、「やりやすくなった」等の評価を得られれば、モチベーションの向上につながる。

③ 生産性や品質の向上：成果を上げて、自らの達成感と生活設計の夢の実現（賞与、手当の支給等）。作業がより安全に、よりやりやすくなれば、当然能率や品質の向上が図られ生産性も向上する。このような具体的な効果が得られれば、職場の内外からも認められ、ますます改善提案の意欲が増す。

④ ワイガヤを行い作業改善を進める中で、イノベーションにつながるアイデア、工夫も生まれる。

　このような意義・目的と効果を得るためには、日頃から問題意識を持ち続け、「心理的安全性」の環境下で疑問やアイデア、思いつきなどを語り合うことが、改良・改善から改革、イノベーションにつながるのである。「～しずらい」「～しにくい」「何とかならない？」という問題意識なしに、作業改善はあり得ない。

　改善は、一人で考えるよりも大勢の人（作業者、熟練者等）の経験（過去の事例、ヒヤリ・ハット報告）や発想（安全提案）等の情報を取り入れることで、効果が高まる。

## 4. どのようなときに作業方法の改善を行うか

- 事故、災害が発生したとき（事故・災害検討会で検討する）
- 手直し、手戻り等が多いとき（QCサークル等小集団活動で検討）
- ヒヤリ・ハットがあったとき（ヒヤリハット報告、リスクアセスメント検討会で検討）
- 手待ち時間が多いとき（別紙「作業分解シート」で検討）
- 作業時間がかかり過ぎたり、ムダ、ムラ、ムリがあるとき（同上）
- 無理な姿勢や不安全な動作を起こしやすいとき（同上）

・どうもやりにくい、指示が徹底しない、整理整頓がよくない

これらを発見するには、現場パトロールや職場安全衛生会議、安全日誌の記録、点検記録、さらには休憩時間等での会話などにも耳を傾け、情報収集・問題点発掘を行う。

## 5. 改善を進めるための5段階法

### (1) 第1段階（対象となる作業を選定する）

前記4の中から、作業員と話し合いながら、一番困っている作業から取り上げる。この場合、作業手順書作成の大分類、中分類、小分類にこだわらず、ステップや急所部分を直接選んで良い。

### (2) 第2段階（対象作業を分解する。現状把握を行う）

いま行っている作業を細かく観察して手順（ステップ）まで分解する。手順に分解するときは、作業手順書に記載されている「急所」を手順の1つとしてステップの中に書き込む。表現は作業の目的ではなく、「作業そのもの」を書く。

例えば手順書では、ステップが「ネジを締める」、急所「ラチェットを使う。時計回りに。締め付け回転方向切替レバー位置確認」となっていたら、作業方法の改善ステップは「ラチェットで時計回りに締め付ける。切替レバー確認」と書く。

次に、1つひとつのステップごとにその手順を進めるための条件を拾い出す。条件とは作業手順書の急所として取り上げた「成否」、「安全」、「やりやすく」の「理由と条件」が大切なヒントとなる。

さらに、作業姿勢や量、頻度、距離、回転数、目盛りなども重要事項として記載する。この条件に記載された項目が、第2段階以降の主役、すなわち"改善の目の付け所"となる。

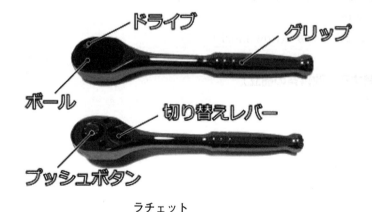

ラチェット

```
         ┌─────────────────────────┐
         │         条件とは         │
         └─────────────────────────┘

              ┌─────────────────────────────┐
   ┌────┐     │ 理由と条件の「成否」「安全」│
   │条件│ ＝  │「やりやすく」が大切なヒント │
   └────┘     └─────────────────────────────┘
                  ┌─────────────────────────┐
              ＋  │ 作業姿勢、量、頻度、    │
                  │ 距離などの重要な項目    │
                  └─────────────────────────┘
```

※条件に拾いあげた項目が第2段階
　以降の主役＝改善の目の付け所

(3) 第3段階（ステップごとに自問する。問題点の抽出）

5W2Hで自問して改善のヒントをつかむ。

① なぜそれが必要か（Why）
② 何をするのか（What）
③ どこでするのが良いか（Where）
④ いつするのが良いか（When）
⑤ 誰が［誰に］するのが良いか（Who）［Whom］
⑥ どんな方法が良いか（How to）
⑦ そのコストで良いか、安くならないか（How much）

(4) 第4段階（アイデアを展開する。改善案の樹立）

① なくせないか（排除できないか）
② 少なくできないか（結合できないか）
③ （組み）替えられないか
④ 簡単にできないか（簡素化できないか）
⑤ 安価にできないか

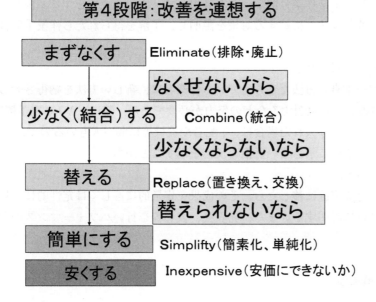

**ECRSIの順番が大事**

- 普通はS（簡素化）を考えがちだが、まず最初にE（排除・廃止）を考える。なぜならSの改善案には労力と時間がかかるから。例：ペーパーレスにできないか。
- E→C→R→S→Iの順番で考えることが、短期間で高い効果を得るための解決策となる。デルは工場を持たないという大胆な発想でアウトソーシングを行い身軽な経営と高い収益を実現した。だから会議時間の短縮（S）ではなく、会議の廃止をまず先に考えることが大事である。
- できない理由を考えない。どうやったらできるかを考える。例えば、考えるのは1人で100問を考えるのではなく、50人で100問と小分けし、出たアイデアを元にブレインストーミングで行う。

この第3段階と第4段階の2つの段階で浮かんだアイデアは、ただちに作業分解シートのアイデア（提案）の欄に記入する。

### （5）第5段階（新しい方法をＲＡしてから実施する。対策の実施）

改善案を作成したら改善事項について次の手順を踏んで確認し、作業者へ周知する。

① 関係者とＲＡを実施する。

その作業に直接携わる作業者はもちろんであるが、前後の工程で影響のある川上、川下の人達、あるいは設備の保全担当者などすべての関係者に対してＲＡへの参加、あるいはＲＡの結果の低減措置（保護措置）と残留リスクについて周知し了解を得る（安衛則第24条の11）。

② 新しい方法を上司に説明し、承認を得る。

新しい方法によるメリットを作業分解シートを利用して、明快な説明をする。併せてＲＡのリスク低減措置、残留リスクに対する対策を説明し、了解を得られたら作業手順書を変更する。

③ 新しい方法を作業者に納得させる。

これまでのやり方が一番良い方法だと考えている作業者に、新しい方法を納得させるには、もう一度第１段階の話から説明するなどの努力が必要である。特に、ＡＩ、電子機器、産業用ロボット等の導入を取り入れた場合は、年配者や機械等に弱い人もいるので、研修・教習等のフォロー体制を明確に示さないと拒否反応を示すことがある。

④ 新しい方法を仕事に移す。

関係者全員の納得を得て実施に移したら、その成果を定量的にもしくは定性的に、見える化し、機会を見て全員に説明する。また、発表会、表彰等を行いパフォーマンスの向上に努める。

### （６）改善にあたっての留意事項

① 常に問題意識を持つ
- 作業方法、作業環境に問題がないか疑ってみる
- 疑わしいこと、疑わしいものについて妥協しない
- 疑わしいこと、疑わしいものについて黙認しない

② ダラリの排除（＝改善）で満足しない

作業方法の改善の基本は、作業方法の、ムダ（能率の阻害）、ムラ（品質不良要因）、ムリ（危険要因）の排除にある。しかし前述したとおり、世の中の科学技術は日進月歩であり、新しい科学技術に対応して、作業を常に見直す必要に迫られている。作業の改善（改良）はあくまでも現状のやり方の「焼き直し」に過ぎないことも多い。

場合によっては、現行のやり方を廃止して、全く新しいやり方、つまり改革（革新）しなければならないこともある。したがって、作業方法の改善を重視するが故に、改革を忘れてはならない。また、改革することを恐れてはならない。改革については、第12章の「創意工夫」で詳述する。

## 6. 作業分解、作業改善検討書

通常は作業改善検討書と作業手順書を別のものとして、それぞれ作成するべきだが、作業手順書はすでに作成している場合が多いので、それを左の欄に記載し、それを受けて、「方法の細目」と「条件」を作成する。

この表では、あえて第３段階の５Ｗ２Ｈの欄を設けていない。それは、重要なのは第４段階のＥＣＲＳＩでの発想なのでこの欄で考えることとした。もちろん、第３段階の５Ｗ２Ｈの欄を挿入しても差し支えない（その場合は第３章作業手順の定め方、の項で述べた「作業手順検討書」で行う）。

新しい作業手順書ができたら右側の欄に記入する。そして、リスクアセスメントを実施して、新たな危険源のリスク低減措置と残留リスクを確認し、全員に新しい作業手順による周知、訓練と残留リスクの徹底を図る必要がある。

**（参考）グループ討議　テーマ（例）**
① 自分の作業場所にある機械について、本質的安全化度（ステップ度）はどの程度か。もっとステップ度を上げられないか議論する。
② イネーブルスイッチが取り付けられないか、検討する。
③ 自職場（作業）について、有害物質（エネルギー）は何か。どういうばく露経路か。それに対してどのような対策をとっているか、その対策で十分か議論する。
④ 酸欠、熱中症、腰痛、メンタルヘルス、過重労働対策についてどのような実施状況か。それで十分か、問題があればその原因と対策を考える。
⑤ 心理的安全性は保たれているか。現状を分析し、問題があれば対策を検討する。
⑥ 作業改善について取り組み姿勢はどうか、問題があればその原因と対策を考える。

**作業改善のための着眼点**

| 材　　料 | 必要な種類や量が必要な場所にあるか<br>不要、不良なものがまじっていないか |
|---|---|
| 器具・設備 | 設備の構造、補強・整備は万全か<br>器具・工具は、本来の用途に合ったものが準備されているか |
| 機　　械 | 目的に合った機械が正しく使用されているか<br>手待ち時間がムダになっていないか |
| 配　　置 | 使用する材料、治工具、機械設備と作業員の配置は、ムリ、ムダなく、効果的な位置にあるか |
| 動　　作 | 作業位置、姿勢、行動範囲、速度にムリはないか<br>作業分担、連携、合図、確認にもれはないか<br>体力や技能の限度をこえる動作はないか<br>急所に対する指示、注意は適切かつ十分か |
| 手　　順 | 作業の流れにムリはないか<br>作業の分担、共同の関連で不備はないか |
| 環　　境 | 作業位置、作業床、通路は十分なスペースで、よく整備されているか<br>使用材と不要材を分類し、整理整頓はよいか<br>周囲の照明などに作業を妨げる条件はないか |
| 安　　全 | 保護具、安全装置などが正常に使用されているか<br>異常事態に対する配慮、準備はされているか |

## 第9章 設備、作業等の具体的な改善の方法

作業分解、作業改善検討書

| 小分類作業名 | | | | 条件 | | チェック項目（レ点） | | | | | 改善すべき具体的な問題点（安全面も含む） | 具体的な改善方法（設備や治工具、作業方法の改善） | 検討後 | |
|---|---|---|---|---|---|---|---|---|---|---|---|---|---|---|
| NO. | 現行作業手順 | 急所 | 理由と条件 | 現行 方法の 細目（ステップ） | 距離 | 時間、公差、不良、安全など | 手順を省けないか（取り去る） | 結合できないか | 組み替えられないか（順序を変えられないか） | 簡単にできないか（ダブりはないか） | 作業分担は良いか（共同作業でなければならないか） | 安全面にできないか | | NO. | 新作業手順 |

# 第10章

# 異常時における措置

## 1. 異常と危機管理

### （1）異常と正常

「異常」とは、辞書には「通常と違っていること。並外れたところにある」「平常ではない」「正常ではない」「標準からはずれている」状態であると記載されている。

一方、「正常」とは、「変わったところや悪いところがなく普通であること」「正しいとされる状態にあること。特に変わったところがなく、普通であること。また、そのさま」と記載されている。

そして、労働環境の中での異常とは、作業環境、作業設備、作業方法、作業行動が「一定の基準からはずれた状態」とされている。一定の基準とは、法規、技術指針、社内規程、作業計画、作業命令、作業標準、作業手順及び職場の慣習などをいう。

なお、第8章の「リスクアセスメント」のところでも述べたが、基準それ自体が誤りである場合もあるので、基準どおりが必ずしも正常＝異常ではない、とは言い切れないことに注意しておく必要がある。

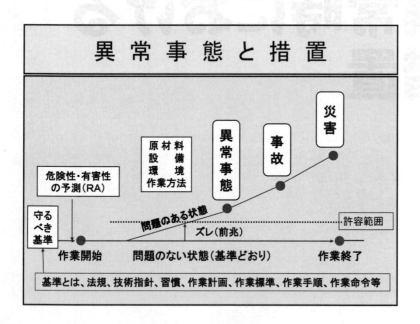

### （2）一定の基準から外れればすべて異常か

「一定の基準から外れた状態」を放置すると基準とのズレが大きくなり、事故や災害につながるおそれがある。また、事故や災害はある日突然発生することもあるが、多くの場合、必ず何らかの前兆（予兆）があり、これを放置すると「異常」として現れることになる。

問題は、正常を外れればすべて異常事態か、ということである。機械の運転でも生産ラインでも一定の変動差がある。この変動差を一切認めないのでは生産活動は成り立たない。しかし、その変動差を超えたら異常事態や危険な状態になるので、一般にその許容値（限界値）を「正

常」と「異常」の境界線にしている。そして、許容範囲内のズレは正常と判断して容認するが、許容範囲を超えれば、実際に不具合、不良、事故や災害が発生していなくても「異常あり」と判断して、点検・修理等の所要の措置を講じるのである。

なお、前兆あるいは予兆をどうとらえるかである。例えば、平常と違う臭いがする、違う音がする、色、触感、重さ、量、硬さなどの感覚がいつもと違うとき、あるいは、作業の感触、設備や治具、道具などにいつもと違和感があるとき、さらには手順書どおり標準の方法で行っていても、いつもと違う現象や状態が生じた場合などである。

したがって、前兆（予兆）とは、「まだ実際には問題になる事態は生じてはいない状態」といえる。

これらが許容値の範囲内なら問題はないが、許容値を超えている場合や、許容値等の判断基準が示されていない場合は、これらの前兆（予兆）は、それ自体が現象として発生しているので、すべて「異常事態」と判断すべきである。

前兆（予兆）が許容値を超えたと気づいたときに対策が打てれば、不具合や不良という異常事態を事前に防止できる可能性が高い。なお、異常事態はまだ事故や災害発生前の現象なので、この事態で必要な対策が講じられればよりリスクが減少し安全であり、修理するにも期間や費用が少なくてすむ。

**許容値（限界値）**

同じ条件で作業を行ったつもりでも、測定データはある値を中心としてバラツキが出る。このようなバラツキの中心（工程平均）から、ある幅の動きは仕方がない変動（避けられない変動）と考えられている。通常はこの避けられない変動の幅の上の境界に、許容値を定め、この許容値をはみ出した場合は、異常の発生に基づく原因による変動（原因を追究して、その原因に対して処置をとれば避けられる変動）によるものだと考えることができる。避けられない変動を超える境界線（限界値）上に判断するラインを置くと、判断が的確に行える。この限界値に設けられた線を、許容値とか限界値と呼んでおり、特に数値化できる異常に対しては有効である。

なお、この許容値（限界値）は科学的に、組織的に検討してから決めるべきものであり、自分の判断で勝手に決めたり変更したりしてはならないものである。

### （3）異常の管理とは

正常と許容範囲（異常との境界）を明確にし、この境を基準にして、いつもと違うことはないか、注意深く感性を働かせて、異常の発見に努め、発見したら所要の措置を講じることである。

したがって、正常（許容範囲内）であるときの状態を、日頃から確実に把握しておかなければならない。把握した正常な状態を明確にすることにより、異常であることが誰にでもすぐに分かるよう工夫し、教育を行い、職場の全員で、異常を発見できるようになると、正常な状態の共有化が図られたということができる。

許容値はできるだけ数値化し、数値化しづらいものは、写真や図などで基準を「見える化」しておくなどの方法も正常・異常の判断に有効である。音や臭いなども漫然と感じるのではな

く、意識して日頃から「気づき」や「感知」を言葉にして、あるいはハンマー等による打音検査の場合は先輩が後輩にそのノウハウを伝え、意識して記憶しておくなどの努力が必要である。

なお、「異常」とはヒヤリハットと同じく、多くはすでに顕在化している事象である。したがって、「異常の管理」とは、顕在化している事象をこれ以上拡大させない、変動の幅を基準値以下に減少化するというマネジメントである。その意味で顕在化前の検討であるRAとは異なる。

### (4) リスク管理と危機管理との違い

① 「リスク管理」(Risk Management) の基本は、想定されるリスクが現実に"起こらないように"、そのリスクの原因となる事象の防止策を検討し、実行に移すことである。リスク管理では、想定されるあらゆるリスクを徹底的に洗い出し、そのリスクが発生したらどのような影響があるかを分析する。そして、それぞれのリスクについて発生を抑止するための方策を検討し、影響度の大きさに従ってプライオリティ（優先順位）を付けて、リスク防止策を実行する。つまり、究極のリスク管理は、想定されるリスクをあらかじめ抑え込んでしまうことといえる。

「リスクアセスメント」は第8章でも述べたように、事故・災害が発生する前にリスクを見積り、低減対策を講じることである。そして、「リスクマネジメント」とは、RAとリスクを前兆（予兆）の段階で処理する「異常の管理」の2つを合わせたものである。

② 「危機管理」(Crisis Management) は、危機（事故・災害）が発生した場合に、その負の影響を最小限にするとともに、いち早く危機状態からの脱出・回復を図ることが基本となる。もちろん、防げる危機であればその発生を未然に防ぐことが望ましいが、自然災害や外部要因による人的災害や事故などの中には、自助努力で防ぎようがないものも多くある。危機管理においても、リスク管理と同様に、起こり得る危機やそれに伴うリスクをリストアップすることが必須となる。しかし、危機管理の大きな特徴は、危機が発生したときに何をすればその災害や影響を最小化できるか（減災）、危機からの早期回復のためには何をすればよいかということが、検討の中心になるということである。

つまり、危機は「いつか必ず起きる」という大前提に立って検討を進めることが、危機管理の第一歩なのである（詳細は第11章「6．危機管理について」で述べる）。

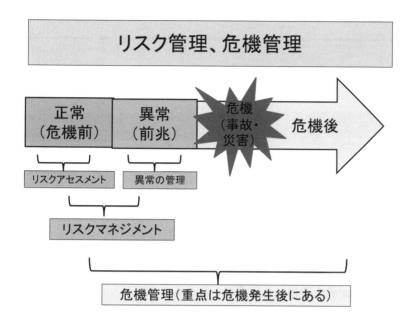

**ISO 45001について**

　非政府組織であるISOは9001（品質管理）、14001（環境管理）の認証のほか、数多くの認証制度を持っている。そして、9001、14001も包括した労働安全衛生マネジメントシステムの認証制度を行いたいという要求を長年してきた。しかし、ILO（国際労働機関）は労働者の安全衛生に関することで営利行為をすることに抵抗してきたが、OSHAS18001やBS8800、JISHA方式などの認証制度が各国で広がるにつれて、ついにISOに45001という労働安全衛生マネジメントシステムの認証制度を行うことについて認めることとした。45001は2018年3月12日発行、その内容は基本的にはILO-OSHAS2001を踏襲しているが、重要なのはこの45001は企業を取り巻くあらゆるリスクをアセスメントするほかマネジメントもするというところにある。本書で述べた危機管理がそっくり入っている。例えば、SNSでの炎上、あるいは詐欺被害、さらにはテロ攻撃なども危険があればそれも企業、しいては労働者へのリスクとして対象となる。必要ならば第三者委員会の設置など、厚労省OSHMS指針とは比較にならない広い内容となり、しかもグローバルに貿易を行う企業にとって、その認証は必須となるかもしれない。45001の認証窓口は中災防を含め数団体の予定で、認証手数料は最低でも100万円を超えるとされている。

## 2. 異常事態の例

### (1) 異常の例（事象から）

① 現象
- 異音、異臭がする
- 異常振動がする
- 照度が足りない
- ブレーカーが落ちた（ヒューズが飛んだ）
- 作業場が暑い（熱い）
- 速度が違う
- 安全装置が動かない
- 保護カバーがない（緩んでいる）
- 換気が悪い
- 雷警報、大雨注意報、強風注意報、地震警報などが発令された（天候の異常）[注]

② 行動
- ヒヤッとした、ハッとした
- 近道をした
- 省略した
- 手順を守れない（不安全行動が多い）
- 保護具が使えない（息苦しくてすぐ外す、性能の低下）
- 安全帯、保護帽等の保護具の未使用
- 「困った」「何とかしたい」と考えていること（モノ）がある

③ 作業
- 疲れる
- 手戻りが多い
- 予定より時間がかかる
- 誤操作が多い
- 手待ちが目立つ（作業がある）
- 一部の人に作業負荷がかかっている（残業が多い）
- 設備の不具合を人間が補っている

④ 管理
- 手順どおりにできない
- 工程がいつも遅れる
- 人手が足りない
- 材料や部品がたくさん積まれている
- 整理・整頓が不徹底

これらの異常の例のうち、①の現象と②の行動は許容値等が明らかであり、ズレである異常

が表面化していて誰が見ても異常であることは分かる。しかし、③の作業と④の管理については、許容値が設定されていないか設定しにくいことから、それが異常なのか正常なのか、異常であってもその原因がすぐに特定できない潜在的な問題点である。

(注)悪天候による作業中止の判断基準(平26・1・15　基発0115第4号)
　　・暴風(瞬間風速が30m/秒を超える)。強風(10分間の平均風速が10m/秒以上)。大雨(1回の降雨量が50mm以上)。大雪(1回の降雪量が25cm以上)。地震(中震=震度4以上)。

## (2) 異常の例(6M)で

一般に、仕事は方針、目標、計画に基づき、①作業者が(Man)、②機械を(Machine)、③作業手順によって(Media)、④管理を進める仕組みに従って(Management)行われる。いわゆる「仕事の構成要素4M法」での考え方である。しかし、これは仕事の仕方の一面であり、それ以外に⑤任務もしくは企業文化(Mission)と⑥金・予算(Money)が重要な役割を占めていると考えるべきである。

許容値がない、見えにくい、いわゆる潜在的な異常は、この⑤ Mission、⑥ Moneyの問題が絡んでいることが多いので、原因分析に当たっては重要な項目である。

### 6Mとは

| Man (人間的要因) | ・動作の欠陥 (ムリな姿勢〈長時間立ちっぱなし、座りっぱなし、伸び上がり、中腰〉、飛び乗り、飛び降り、合図・誘導の無視、合図・誘導位置の不適切、危険区域への立ち入り、等)<br>・操作の欠陥 (乱暴な運転)、急激な旋回、運転中の給油・掃除、等<br>・方法の異常 (共同作業間の連携・連絡の不十分、不適切な機械・器具・治工具、等の未使用、技術的・肉体的に負荷過大な作業、等)<br>・作業者の心理的要因 (無意識行動、危険感覚の欠如、憶測判断、錯覚、忘却、考えごと、等)<br>・作業者の生理的要因 (疲労、睡眠不足、身体機能の低下、疾病、飲酒、等)<br>・職場の要因 (職場の人間関係、チームワーク、コミュニケーション、監督者のリーダーシップ、等) |
|---|---|
| Machine (設備的要因) | ・設備、環境、状態の異常 (防護設備の不備、治工具・機械等の欠陥)<br>・法面の一部からの漏水、一部崩壊<br>・河川の増水、大きな岩石・流木の増加<br>・地滑り計、地震計の異常値 (警報)<br>・設計上の欠陥<br>・危険防護 (原材料などを含む) の不良<br>・本質安全化の不足<br>・人間工学的配慮の不足<br>・標準化の不足<br>・点検整備の不足　　等 |

| | |
|---|---|
| Media（作業的要因） | ・保護具の未使用<br>・整理整頓の不良<br>・作業情報（打合せ・連絡・指示などの内容）の不適切<br>・作業方法の不適切、作業手順の不遵守<br>・作業姿勢、作業動作の欠陥<br>・荷などの積み過ぎ<br>・作業空間の不良<br>・作業環境、自然環境の不良　　　等 |
| Management（管理的要因） | ・管理組織の欠陥（計画、調整、統制機能の異常）<br>・作業手順書・規程・マニュアル類の不良、作業指示の不徹底<br>・作業管理の欠如<br>・リスクアセスメントの未実施<br>・安全管理計画の不良<br>・教育指導・訓練の不足<br>・部下に対する監督・指導の不足（監督技法の不十分）<br>・適性を考えた適正配置の不十分<br>・点検システム、パトロールチェックリストの不備<br>・健康診断未実施、健康管理の不良　　　　　等 |
| Mission（任務、企業風土・企業文化的要因）<br>会社のポリシー（理念）に基づいて、組織、上司、本人が信念に基づいて、やらねばならないこと、やるべきだと信じて行うことをミッションという | ・技術的・肉体的に負荷の過大な作業<br>・ノルマ体質・目標管理システム<br>・長時間労働の強制、インターバルの少ない休憩・休息、連続した深夜労働の強制、ブラック企業、ブラックバイト<br>・不法裁量労働制<br>・セクハラ、パワハラ、マタハラ等ハラスメント容認体質、コミュニケーション不足、ギスギスして「もの」が言えない職場（心理的安全性の保たれていない職場）、体育会系（絶対服従）の社訓<br>・遵法意識の欠如（不正検査の横行、隠蔽体質）<br>・お客様・株主至上主義、従業員は黙って働け |
| Money（金、資金的要因） | ・現状の人数で何とかしろ。忙しくても、人が辞めても補充せず、増員に抵抗、慢性的人手不足<br>・新しい機械設備の導入よりも現状の機械設備で何とか工夫しろ（機械の欠陥を人手で補う）。手作業優先<br>・賃上げより、内部留保優先。株主優先<br>・職場環境改善やＡＩ、ＩｏＴ等には資金は出さない。テクノロジーの導入に拒否反応（後ろ向き）<br>・省エネ、エコ（太陽光等再生可能エネルギー）、地球温暖化対策に消極的<br>・口は出すが金は出さない。予算至上主義<br>・同業他社に比べて新入社員の定着率が著しく低い<br>・同業他社に比べて、賃金、賞与、福利厚生が低い　　　等 |

（注）本表で、ManにもMissionにもコミュニケーション不足が記載されている。Manの場合はどちらかというと個人のコミュニケーションの問題（例、困った部下など）であり、Missionのコミュニケーションは個人より組織的な問題に焦点を合わせている。

第10章 異常時における措置

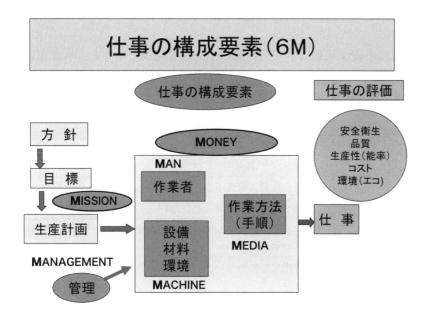

## ６Ｍとは

1. Man（人間的要因）
2. Machine（設備的要因）
3. Media（作業的要因）
4. Management（管理的要因）
5. Mission（任務、企業風土・企業文化的要因）
6. Money（金、資金的要因）

（3）不安全状態、不安全行動の表から、自社に多い異常の例を取り上げ、チェックリストにして発見する方法

　厚労省では災害統計用に不安全状態、不安全行動の一覧表を発表している（本章末参照）。このすべてが必要ではないが、過去の不具合、異常、事故・災害の傾向を踏まえて、次のようなチェックリストを作成して、異常の早期発見に努めている企業もある。

① 不安全状態チェックリスト（例）

| 項目 | 内容 | チェック欄 |
|---|---|---|
| 設備の異常 | ①物自体の欠陥（設計不良、老朽、疲労、整備不良、等） | |
| | ②防護措置の欠陥（無防備、保護不十分、アースなし、等） | |
| | ③物の置き方、作業場所の欠陥（通路が確保されていない、機械・装置・用具等の配置の欠陥、物の置き方不適切、等） | |
| | ④保護具・服装の欠陥（履き物を指定していない、手袋を使用禁止していない、保護具を指定していない、等） | |

② 不安全行動チェックリスト（例）

| 内容 | チェック欄 |
|---|---|
| ①安全装置・有害物抑制装置を無効にする（安全装置等をはずす、無効にする、調整を誤る、等） | |
| ②安全措置等の不履行（機械・装置を不意に動かす、合図、確認なしに物を動かすまたは放す、等） | |
| ③不安全・不衛生な放置（機械・装置を運転したまま離れる、機械・装置を不安全・不衛生な状態にして放置する、等） | |

## 3. 異常の発見と原因究明方法

（1）五感の活用

　見る、聞く、触る、嗅ぐ、味わうの五感のうち、味わうは別として、異常の発見には四感は重要である。この判断は、経験、体験、知識、能力などによって個人差があるので、教育訓練によりその判断力を養っておくことが必要である。

（2）「なぜなぜ5回」による原因究明

　五感による方法は、見える化された異常の発見には有効だが、潜在的な異常については役立たない。潜在的な異常については、なぜ、どうしてと疑問を抱くことが重要である。疑問を持ったら、「なぜなぜ5回」による原因究明が効果的である。

## （3）「なぜなぜ5回」とは
① 5回行う理由

「なぜなぜ5回」とは、何かトラブルや課題に直面した際に、「なぜ？」（＝問題提起）と「なぜならば」（＝分析）を段階的に繰り返しながら、トラブルの根本的な原因や、課題に対する最良の解決方法を見いだすための手法。

「なぜなぜ5回」は、もともとトヨタ自動車の生産現場で導入されてきた品質管理手法の1つで、現場で発生した問題や課題を根本から解決するためには、1～2回の分析で安易に結論を導くのではなく、少なくとも5回程度「なぜ？」を繰り返すことで真の原因にたどり着くことができる、という思想に基づいている。

各人が現状に対して常に「なぜ？」「どうすれば？」と疑問を抱き、論理的に原因を分析していくことによって、ミスの減少、生産効率の向上等につながるという期待から、今日では生産現場のみならず、あらゆる企業活動の場で活用されている。

「なぜなぜ5回」と呼ばれるこの手法は、5回という数字はあくまで象徴的なもので、必ず5回繰り返さなければならないという訳ではない（もちろん6回でも7回でも良い）。しかし、論理的に結論を導き出すためには、1～2回程度の「なぜ？」よりも、5回の「なぜ？」のほうが効果が高いとされている。

② 効果的な理由

では、どうして5回の「なぜ？」のほうが効果的なのか。

一般的に、1～2回程度の「なぜ？」は比較的簡単に思い浮かべることができる。しかし、5回程度まで掘り下げていくためには、より多角的な考察と、問題が発生した現場等における各種データの収集なしでは非常に困難である。また、現場等における各種データの収集を行うことは、同時に担当者の経験による思い込みや仮説による誤った推論等を取り除く作業にもなるため結果として、より論理的なつながりを持った「なぜ？」の連鎖が可能になる。このような理由から、1～2回ではなく5回程度の「なぜ？」を考えることが推奨されている。

③ 基本的なやり方

**「脚立からの転落」**という災害を例に、「なぜなぜ5回」がどのように"真の原因"に近づいていくかを検証してみよう。

例ということで単純なロジックにしてあるが、「脚立からの転落」という事実を出発点として「なぜ？→なぜならば」と問答を繰り返していくことが「なぜなぜ5回」の基本的なルーチンになる。

次ページの図の右列は、それぞれの「なぜ？」を結論とした場合の対策例である。

## なぜ鈴木さんは脚立から転落したのか

| 問題：脚立からの転落 | その後の対策 |
|---|---|
| なぜ1：「なぜ鈴木さんは脚立から転落したのか？」⇒川村さんの押す台車の荷がくずれ脚立に当たったため | 台車の運搬作業手順書を作成し荷くずれ防止対策を徹底する |
| なぜ2：「なぜ台車の荷がくずれたのか？」⇒通路に廃材が放置されていてそれに台車がぶつかったため | 通路の廃材を片付ける |
| なぜ3：「なぜ廃材が放置されていたのか？」⇒4S活動が適切に行われていなかったため | 4Sの実施 |
| なぜ4：「なぜ4S活動が適切に行われていなかったのか？」⇒整理するにも廃材置き場がなく、廃棄基準も策定されていなかったため | 廃棄基準の策定、廃材置き場の設置 |
| なぜ5：「なぜ廃材置き場がなく、廃棄基準も策定されていなかったのか？」⇒現場での作業改善、環境改善提案制度がなかったため | 作業改善、環境改善提案制度を創設する。QC活動を活性化する |

④　根本的な原因を明らかにする

「なぜ1」「なぜ2」ではまだ"真の原因"を解明できていないため、この段階で得た分析結果から導かれる対策が、根本的な改善策なのかどうかは、まだ分からない。しかし、さらに「なぜそうなったのか？」と考察を重ねていくことで、"真の原因"は台車の荷崩れ等ではなく、廃棄基準等が設定されていなかったことが浮かび上がってくる。その結果、適切な対策方法として作業改善提案制度、ＱＣ活動の活性化、という結論が導かれるという訳である。

⑤　本当の原因をはっきりさせる

「なぜ？」の追究が足りないと、手順書の作成、廃材の片付けという対策で終わってしまう。これでは人に頼る「ソフト対策」であるため、数ヵ月後にはまた同じトラブルが再発する可能性が高い。

そこで5回の「なぜ？」を自問することによって、物事の因果関係とか、その裏に潜む本当の原因を突き止めることができる。生産の現場では「データ」も大事だが、「事実」を一番重視すべきである。特に問題が生じた場合、原因の突き止め方が不十分であると、対策もピント外れのものになってしまう。

## （4）「なぜなぜ5回」の実践のポイント

「なぜ？→なぜならば」というルーチン（同じ手順）を考えることは一見簡単に見えるが、安易なアプローチによる取り組みは失敗の元である。「なぜなぜ5回」を有効に活用するためには、いくつかのポイントをしっかり押さえておく必要がある。①まず何が問題（対象）かを「見える化」する、②原則として問題が発生した現場に赴き、データを収集する、③推測、仮定は極力排除する、④1つの「なぜ？」に対する要因が1つとは限らないと考えておく。

① 何が問題（対象）かを「見える化」する

　何かトラブルが発生した場合の対処方法を導き出すことが「なぜなぜ5回」のゴールであるが、そのためにはまず「解決すべき問題（対象）は何か」をしっかり理解しておくことが重要である。例えば、「売上が伸びない」という問題に対処する場合でも、継続的に売上が落ち続けているのか、前年同月に比べて伸びていないだけなのか、といった違いでアプローチは異なってくる。問題を曖昧にしたまま分析を行えば、分析範囲が広くなり、「なぜ？」の要因が膨大な数になってしまうため、まずは「解決すべき問題（対象）」にきちんと焦点を当てる作業が不可欠になってくる。

② 原則として、問題が発生した現場に赴き、データを収集する

　「なぜなぜ5回」による分析を行う場合は、問題が発生した現場に赴いて状況を確認することが重要になる。

　例えば、「部品の不良発生率が上がった」原因を考える場合、不良品が発生した状況だけではなく、部品を製造する機器を分解し、機器内部に問題がないかどうか、また、機器を扱う作業員にもヒアリングを行い、操作ミスやその他の要因がなかったかどうかといった点も追究しておかなければ正確な分析は行えない。もしもこのプロセスを怠ると、必要な情報が足りないために、議論が空回りしたり、本質から外れた要因の分析に時間を浪費したりするということにもなりかねない。

③ 推測、仮定は極力排除する

　「なぜなぜ5回」の最大のメリットは、データと多角的な考察を元にすることで表面的な事象にとらわれず、理論的に結論を導き出せるという点である。したがって、分析を行う担当者の個人的な経験則に基づく推測や、事実の確認を伴わない仮説は、要因の中に加えるべきではない。

　例えば、「部品の不良発生率が上がった」要因として、「月末の定期点検前にはいつも発生率が多くなるから」と過去の経験に基づいて推測してしまうと、「機器内部に重大な欠陥があった」という"真の原因"にたどり着けない可能性も出てくる。このように、安易な推測や仮定を要因に取り入れることは、大きな判断ミスを招くこともあるので注意が必要である。

④ 1つの「なぜ？」に対する要因が1つとは限らない

　「脚立からの転落」の例では、1つの問題提起に対し1パターンの分析を示した。しかし、実際にこのような状況が発生した場合は、1つの「なぜ？」に対する要因が必ずしも1つとは限らないケースがある。

　例えば、次ページの図の「なぜ1：なぜ鈴木さんは脚立から転落したのか？」の要因には、「台車の荷が崩れて脚立に当たった」のほかにも、「安全帯を使用していなかった」ことが要因として挙げられるかもしれない。

### なぜ鈴木さんは脚立から転落したのか

| 問題：脚立からの転落 | その後の対策 |
|---|---|
| なぜ1：「なぜ鈴木さんは脚立から転落したのか？」⇒安全帯を使用していなかったから | 安全帯の使用を徹底させる |
| なぜ2：「なぜ安全帯を使用していなかったのか？」⇒安全帯を装着していなかったから | 安全帯の装着を徹底させる |
| なぜ3：「なぜ安全帯を装着していなかったのか？」⇒安全帯の取付設備がなかったから | 安全帯の取付設備を設ける |
| なぜ4：「なぜ安全帯の取付設備がなかったのか？」⇒まさか脚立作業があるとは岡本係長が知らなかったから（ほうれんそうがなかったから） | 非定常作業をする場合は、必ず上司に報告・連絡・相談するよう徹底させる |
| なぜ5：「なぜほうれんそうがなかったのか？」⇒鈴木さんに対して、雇入れ時教育等安全衛生教育を実施していなかったから | 鈴木さんをはじめ倉庫係作業員に対して雇入れ時教育等安全衛生教育を実施する |

あるいは、台車に3段も積んだことや、蛍光管取替作業をなぜしなければならなかったのかに焦点を当てたものや、さらにはなぜ頭部外傷になったのか、すぐに病院に行かせなかったので症状が重くなったことを問題とした「なぜ1」を考えることもできる。

### なぜ台車に3段も積み込んだのか

| 問題：3段積み問題 | その後の対策 |
|---|---|
| なぜ1：「なぜ台車に3段も積み込んだのか？」⇒3段に積み込んではいけないという手順書がないから | 3段に積めば荷崩れ等の危険があるとのTBM、KYを実施する |
| なぜ2：「なぜ手順書が作成されていなかったのか？」⇒台車運搬で大きな災害が発生したことがなかったから | 台車運搬手順書を作成し、これに基づく教育を実施する |
| なぜ3：「なぜ大きな災害がなければ手順書を作成しないのか？」⇒災害が発生しなければ事前の対策は必要ないと考えていたから | 今回の事故を災害事例検討会で検討する |
| なぜ4：「なぜ災害が発生しない限り対策等を検討しないのか？」⇒RAをまだ実施していないから | RAを実施する |
| なぜ5：「なぜRAを実施していなかったのか？」⇒事業者がRAの重要性・意義を理解していなかったから | 経営トップに事業主セミナーほか、監督署等が実施する講習会等に自ら参加し意識を改めさせる |

## なぜ蛍光管が切れたまま放置されていたのか

| 問題：蛍光管の球切れ放置 | その後の対策 |
|---|---|
| なぜ1：「なぜ蛍光管が切れたまま放置されていたのか？」⇒蛍光管の交換基準がないから | 蛍光管の交換基準を作成する（安衛則第605条第2項では6月以内ごとに1回定期に点検する） |
| なぜ2：「なぜ蛍光管の交換基準がなかったのか？」⇒切れたら気が付いた人が自主的に交換していたから | 切れなくても6月ごとに1回点検し交換するかLED管に交換していく |
| なぜ3：「なぜ点検交換するか、LED管に変更しなかったのか？」⇒費用が掛かるため | 切れた蛍光管から順次LED管に交換していく |
| なぜ4：「なぜ順次LED]に交換しなかったのか？」⇒安全衛生委員会でLED照明に順次変更することを決議していなかったから | 安全衛生委員会でLED照明に順次変更することを決議し会社に実施を要請する |
| なぜ5：「なぜ安全衛生委員会で決議しなかったのか？」⇒転落事故の報告がなく、問題意識がなかったから | 小さな事故でも災害・事故調査委員会を設置し、原因・対策を安全衛生委員会に報告させる |

## なぜ鈴木さんは頭蓋部打撲したのか

| 問題：頭蓋部打撲 | その後の対策 |
|---|---|
| なぜ1：「なぜ頭蓋部打撲したのか？」⇒脚立の天板から転倒したとき保護帽が脱げたため | 保護帽の正しい装着方法について教育を徹底する |
| なぜ2：「なぜ天板に乗っていたのか？」⇒低い脚立を使用していたため | 脚立の天板に乗らないよう教育・指導を徹底する |
| なぜ3：「なぜ低い脚立を使用したのか？」⇒手順書に具体的な使用方法が記載されていなかったため | 上部から2段目のステップに乗っても届く脚立を使用する等、作業手順書の急所を具体的に記載する |
| なぜ4：「なぜ手順書に具体的な記載がなかったのか？」⇒手順書のRAに基づく定期的な見直しが行われていなかったため | 手順書について倉庫係全員でRAに基づく手順書の見直しを行う |
| なぜ5：「なぜRAに基づく定期的な見直しを行わなかったのか？」⇒年間安全衛生計画にRAに基づく手順書の見直しが記載されていなかったから | 年間安全衛生計画にRAに基づく手順書の見直しを記載する（OSHMSを導入する） |

| なぜ鈴木さんを病院に行かせなかったのか ||
|---|---|
| 問題：鈴木さんの放置 | その後の対策 |
| なぜ1：「なぜ病院にすぐ行かせなかったのか？」⇒鈴木さんが大丈夫と言い、見た目も大きな障害が認められなかったから | 本人の言い分、見た目だけでは判断せず、上司、元請職員、産業医、産業保健スタッフに相談する |
| なぜ2：「なぜ見た目だけで判断したのか？」⇒頭部を打っているとは知らなかったから | 被災時に本人だけでなく現認者にも被災状況を確認する |
| なぜ3：「なぜ被災状況を確認しなかったのか？」⇒被災状況を正確に確認するという手順書がなかったため | 労働災害が発生したら、必ず被災状況を正確に確認するよう緊急災害対応基準を作成する |
| なぜ4：「なぜ緊急災害対応基準書が作成されていなかったのか？」⇒従来から血が出ていたり気絶したりした場合は119番通報、それ以外は特段の対応はしていなかったから | 災害が発生したら、どんな場合でも、上司に「報・連・相」をすることと、まずは119番通報するよう基準書を作成する |
| なぜ5：「なぜ出血、気絶、それ以外と素人判断したのか？」⇒救急マニュアルも、判断基準書もなく、訓練も行われていなかった | 判断基準、救急マニュアルを作成し、救急救命訓練等を定期的に全員に実施する |

⑤ 複数の要因があれば"真の原因"も複数ある

このように要因が複数ある場合は、「なぜ2」以降も、それぞれの要因に関して掘り下げながら考察していく必要がある。また、複数の要因があるということは、"真の原因"も複数ある可能性が高くなる。作業量は膨大になるが、労を惜しまず、可能性のある要因を丁寧に洗い出していくことが、より正確な結論を見出すための近道といえる。

実は、これらについてすべて「なぜなぜ5回」をすることは「ねずみ算式なぜなぜ5回」と称し、大変な作業であるが、ヒューマンエラー対策を考えるには、実に有効な方法である。

## (5)「なぜなぜ5回」の本当の目的

① 「なぜ？」は5回目から効果を発揮する

ヒヤリ・ハットやミスを安易に「個人の注意不足」として片付けてしまっては、いつまでもミス等はなくならない。作業の流れを分析した上で、事故や災害につながりかねない原因を改善する。ミスを減らすためには、こうした改善の積み重ねが欠かせない。ミスを確実に減らせば、仕事の質も格段に上昇する。

原因の背後には真因がある。ミスや異常、不具合が起きたとき、表面的な問題だけを見るのではなく、「なぜ？」を5回繰り返して真因に迫り、本質的な解決を図る。小さなミスを軽視して応急措置や注意喚起を促しているだけでは本当の解決にはならず、いつか大きな事故・災害へと発展する危険性がある。

② 「なぜなぜ5回」の本当の目的

「なぜなぜ5回」は、単に5つの「なぜ？」を挙げることが目的ではない。論理の破綻がない5つの「なぜ？」を考察するプロセス、そして、"考える"というアクションによ

って、常に現状を見直し、改善しようとする姿勢を維持すること。さらに、異常の潜在原因だけでなく、第11章で述べる「災害発生時の措置」の真の災害原因の探求にとっても役立つ手法である。この点が「なぜなぜ5回」を導入する本当の目的といえる。

## 4. 異常を発見したときの措置

### (1) 異常を正確に把握する

異常がどの部分で発生し、どの段階で発生したか、時間的余裕があるかなどを5W1Hを活用して正確に把握し、緊急連絡か、応急措置か、場合によっては「待機」か「退避」かを判断することが大切である。実際に事故や災害がまだ発生していない前兆段階なのでそれほど慌てる必要はないことが多い。したがって、一般的には次の対応をすることが多い。

① 連絡
　異常を発見した者は、その異常について同僚や職長等にただちに知らせる。

② 報告
　異常の状況について、その要点を取扱い責任者、元方事業者等に報告する。

③ 確認
　異常の事実について担当責任者が「三現主義」(※)で確認する。その場合、「何が」、「どのように」、「なぜそうなったのか」、今後の処置・対策に必要な情報を入手する。
　なお、「なぜ？」については後でも考えることができるので、まずは事実を正確に把握すること（第4章「適正配置の事実と判断を区別する」を参照のこと）。

④ 処置
　その場で処置できるものはただちに処置する（非常停止、立入禁止措置等）。また、対策の実施に時間を要するときは、応急的な処置を行う。
　なお、この①～④の順番は異常の状況により当然変わり得る。

### (2) 異常処理後の措置

異常事態は、なぜ許容値を超えてしまったのか、その原因を「なぜなぜ5回」等で究明し、再発防止対策を講じて、同種異常事態を繰り返さないようにしなければならない。

（参考）グループ討議　テーマ（例）
① 過去に発生した異常な状態を6Mで分類してみる。
② 過去に発生した異常な状態をなぜなぜ5回で分析してみる。
③ 異常を発見したときの措置について、本誌337頁に照らしてどうであったか。自己採点し共通して問題が多い事項2つについて、その原因と対策を検討する。

**三現主義**

　三現主義＝「現地」に赴き、「現物」を確認し、「現実」を把握し、直視することが何よりも大切である。「百聞は一見に如かず」の思想である。

　そして重要なことは、この「三現主義」が社内で承認され、組織の「クセ」として定着しているかどうかである。今ではＩＴの発達によりオフィスで机に座ったままで、多様な情報やデータを入手できる。しかし、この便利さの反面、大きな落とし穴に陥りかねない。つまり、二次情報やデータだけで、現場で起こっていることが「分かったつもり」になってしまうことがあるからである。

　これまでは過去の経験に基づく判断基準軸が確立されているから、データをもとにイレギュラー管理していれば大きな過ちを犯すリスクは小さかった。しかし、ビジネスのスピード感が高まり、しかも市場の見えないニーズを先取りして、需要を喚起し、生産や在庫、顧客満足をコントロールしなければならない今日では、過去の結果にすぎないデータだけを眺めていても、今後どうすればよいかのヒントや指針は見えてこない。

　データや情報が効力を発揮するのは、三現主義のうち「現実」、すなわち「現状分析」の部分にすぎない。「現地」「現物」を伴わないデータはかえって判断を誤らせるリスクがあるのである。今、何よりも大切なのは、自分の目で確かめ、自分の耳で聴き、自分の肌で感じた「現場感」である。

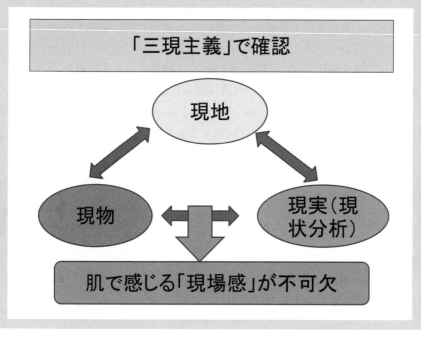

## 不安全な状態（厚生労働省）

| | |
|---|---|
| 1　物自体の欠陥<br>　a　設計不良<br>　b　構成材料・工作の欠陥<br>　c　老朽、疲労、使用限界<br>　d　故障、未修理<br>　e　整備不良<br>　f　その他 | 5　作業環境の欠陥<br>　a　換気の欠陥<br>　b　その他作業環境の欠陥 |
| 2　防護措置の欠陥<br>　a　無防備<br>　b　防護不十分<br>　c　接地または絶縁なし・不十分<br>　d　遮蔽なし・不十分<br>　e　その他 | 6　部分的・自然的不安全な状態<br>　a　物自体の欠陥　　　　　（部外の）<br>　b　防護措置の欠陥　　　　（〃）<br>　c　物の置き方、作業場所の欠陥（〃）<br>　d　作業環境の欠陥　　　　（〃）<br>　e　交通の危険<br>　f　自然の危険 |
| 3　物の置き方、作業場所の欠陥<br>　a　通路が確保されていない<br>　b　作業箇所の空間の不足<br>　c　機械・装置・用具・什器等の配置の欠陥<br>　d　物の置き方の不適切<br>　e　物の積み方の欠陥<br>　f　物のたてかけ方の欠陥<br>　g　その他 | 7　作業方法の欠陥<br>　a　不適当な機械、装置の使用<br>　b　不適当な工具、用具の使用<br>　c　作業手順の誤り<br>　d　技術的・肉体的な無理<br>　e　安全の未確認（以前の）<br>　f　その他 |
| 4　保護具・服装等の欠陥<br>　a　はき物を指定してない<br>　b　手袋の使用禁止をしてない<br>　c　その他保護具を指定してない<br>　d　その他服装を指定してない | 8　その他および分類不能<br>　a　その他の不安全な状態<br>　b　不安全な状態がないもの<br>　c　分類不能 |

## 不安全な行動（厚生労働省）

| | |
|---|---|
| 9　安全装置・有害物抑制装置を無効にする<br>　a　安全装置等をはずす、無効にする<br>　b　安全装置等の調整を誤る<br>　c　その他防護物をなくする | 15　保護具・服装の欠陥<br>　a　保護具を使わない<br>　b　保護具の選択、使用方法の誤り<br>　c　不安全な服装をする |
| 10　安全措置等の不履行<br>　a　不意の危険性・有害性に対する措置の不履行<br>　b　機械・装置を不意に動かす<br>　c　合図、確認なしに車を動かす<br>　d　合図なしに物を動かしまたは放す<br>　e　その他 | 16　その他危険有害場所への接近<br>　a　動いている機械、装置等に接近しまたは触れる<br>　b　つり荷に触れ、下に入りまたは近づく<br>　c　危険有害な場所に入る<br>　d　確認なしに崩れやすい物によりまたは触れる<br>　e　不安全な場所へのる<br>　f　その他 |
| 11　不安全・不衛生な放置<br>　a　機械・装置を運転したまま離れる<br>　b　機械・装置を不安全・不衛生な状態にして放置する<br>　c　工具、用具、材料、くず等を不安全不衛生な状態に置く<br>　d　その他 | 17　その他の不安全・不衛生な行為<br>　a　道具の代りに手などを用いる<br>　b　荷の中ぬき、下ぬきをする<br>　c　確認しないで次の動作をする<br>　d　手渡しの代りに投げる<br>　e　飛び下り、飛びのり<br>　f　不必要に走る<br>　g　いたずら、悪ふざけ<br>　h　その他 |
| 12　危険または有害な状態を作る<br>　a　荷などの積み過ぎ<br>　b　組み合わせては危険なものを混ぜる<br>　c　所定のものを不安全・不衛生なものに取りかえる<br>　d　その他 | 18　運転の失敗（乗物）<br>　a　スピードの出し過ぎ<br>　b　その他の不安全な行動で |
| 13　機械、装置等の指定外の使用<br>　a　欠陥のある機械・装置、工具、用具等を用いる<br>　b　機械・装置、工具、用具等の選択を誤る<br>　c　機械・装置等を指定外の方法で使う<br>　d　機械・装置等を不安全な速さで動かす | 19　誤った動作<br>　a　荷などの持ち過ぎ<br>　b　物の支え方の誤り<br>　c　物のつかみ方が確実でない<br>　d　物の押し方、引き方の誤り<br>　e　上り方、下り方の誤り<br>　f　その他 |
| 14　運転中の機械・装置等の掃除・注油・修理・点検等<br>　a　運転中の機械、装置の<br>　b　通電中の電気装置の<br>　c　加圧されている容器の<br>　d　加熱されているものの<br>　e　危険物が入っているものの<br>　f　その他の | 20　その他および分類不能<br>　a　その他の不安全・不衛生な行動<br>　b　不安全・不衛生な行動のないもの<br>　c　分類不能 |

# 第11章

# 災害発生時の措置

## 1. 事故、災害と危機

### （1）事故とは
#### ①事故の型

辞書によると「①悪い出来事。思いがけず起こった災難。「交通－」「－を起こす」、②事の起こった事情。事の理由。」（大辞林）などと書かれている。厚労省では物損をイメージして、「人的被害がない物損、故障、不具合」のこととして取り扱っている（なお、一般に交通事故は人的被害（人災）も含めてこう呼んでいる）。

厚労省では、事故の型分類コード表（本章末）で大きく1～19種類のほかに、「その他」と「分類不能」も含めて21種類を定め、災害統計等に活用している。「事故の型」とは、傷病を受けるもととなった起因物が関係した現象のことをいう。例えば、機械を修理中に手を挟まれたとか、ガス溶接作業をしていて火傷したなど、災害発生の状況を「事故の型」として示しているが、民間の実務では必ずしも人的被害（人災）がなくてもこのコードを使用して災害統計・分析を行っている。

安衛則第40条の職長教育のカリキュラムでは「災害発生時における措置」となっているが、本書第10章で異常時の措置を検討していること、災害がこの安衛則第40条制定時に比べ減少していること、企業として人災だけでなく事故についても厳しい対応を迫られていること等から本書では人的被害のない事故も含めて記述することとする。

※　事故の型は、特掲事故（爆発、破裂、火災または交通事故）、有害物等との接触または感電事故を最優先に選択するということで、2つ以上の項目に該当する場合の優先順位は、爆発、破裂、有害物等の接触、感電、火災、交通事故の順とする（例、感電して墜落した場合は、感電に分類する）。
※　さらに迷う場合は次の順に選択する。ア）災害防止対策を考える立場での重要度による、イ）発端となった現象による、ウ）分類番号の若い順による。

#### ②不安全な状態と事故の型

不安全な状態とは、事故、災害を起こしやすい状態のことで、すべての危ない状態、つまりリスクの多い状態のことをいう。一般的に、物の不安全状態は、災害要因で物的欠陥とされ、これを「起因物」という。（不安全な状態の分類は第10章末に添付）

#### ③起因物と加害物

起因物とは、災害を起こしたもともとの原因のことで、物の不安全な状態のことを指す。
加害物とは、人に直接害を与えた物である。足場に手すり等がないという不安全な状態であれば起因物は足場となる。一方、墜落して地面に激突すれば、加害物は地面となる。
このように、一般には起因物と加害物とは異なるが同じ場合もある。例えば、法面の崩壊による土砂の生き埋め事故の場合、起因物は法面の土砂、加害物も法面にあった土砂となる。起因物も厚労省が分類コードにしており、多くの企業はこの起因物と事故の型で災害統計をとっている。（起因物コード表は本章末）

#### ④不安全な行動

災害の原因となった「人の行動」のことで、一般常識で考えても当然やってはならない行動のことである。不安全行動には、㋑知らなかった（教えてもらわなかった）、㋺知っ

ていたができなかった（うまくやれなかった、失敗した）、㈦やらなかった（故意も含む）の３つの形態があるが、それ以外に、うっかり、ぼんやりというヒューマンエラーがある。
　そして㋑〜㈦は教育で対応するが、ヒューマンエラーは人間である限りミスや間違いを起こすため教育だけでは改善できず、ヒューマンエラー対策を別途行う必要がある（詳細は第13章）。
　不安全な行動も厚労省がまとめている（10章末）。多くの企業は不安全な状態を横軸に、不安全な行動を縦軸にして（縦横逆の場合も可）災害統計、分析を行っている。

## （2）災害とは

　辞書によると、「地震・台風・洪水・津波・噴火・干ばつ・大火災・感染症の流行などによって引き起こされる不時のわざわい。また、それによる被害。」（大辞林）と自然災害を意識している。しかし、安衛法第２条では、労働災害とは「**労働者の就業に係る建設物、設備、原材料、ガス、蒸気、粉じん等により、又は作業行動その他業務に起因して、労働者が負傷し、疾病にかかり、又は死亡することをいう。**」と定義している。つまり、負傷、疾病、死亡等の人的被害（人災）を労働災害と判断している。本書では、災害とは人災である「労働災害」のこととして記述する（ヒヤリ・ハットやインシデント等実害がなかった現象は労働災害から外すことにする）。

## （3）危機とは

　辞書によると、「①危険な時期。きわめてあぶない状態。『－を脱する』『－が迫る』、②既存の社会体制・価値観などが崩壊しようとする、時代の転換期。『現代は－の時代だ』『－意識』」（大辞林）。危機とは、「通常、ある状態の安定に否定的に影響を与えるような不測の緊急事態の発生、もしくはある事象の決定的または重大な段階を示す分水嶺（ぶんすいれい）とみることができる。したがって、そうした危機は、人間個人に始まって家族、企業、地方の自治体、一国の政府、そして国家間関係といったすべての領域次元において生じ、さらにその危機の内容も、人間個人の肉体的、精神的な面から、国家の政治経済や社会の体制危機、大規模な自然災害、放射能漏れなどの重大事故、大量殺傷型テロなどの重大事件など多岐にわたっている。」（日本大百科全書）などと記載され、個人・企業・国家の存続に関わるような大規模な事故・災害、不祥事等のことをいう。
　そして危機管理は起きてしまったことをなかったことにする魔法ではなく、あくまでもダメージコントロールに過ぎない。どの程度おさえることができるかの方策であると一般にいわれている。（ＩＳＯ45001がこの問題を重要視している）

## 2. 事故・災害、危機が生じた場合の措置

### (1) 一般的な反応

通常はできている問題解決の方法が使えなくなり、場合によっては自分自身の安全も守れない状態になることがある。下表のとおり、身体症状、苦悩、認知の障害、行動の障害が現れる。個人や集団において、その事故・災害・危機状況が深刻であればあるほど、あるいは適切な支援・援助が受けられないほど、フェーズ1や2の状態が長引く。

いかなる事故・災害・危機であっても、これらを客観的立場において事態を見る、という冷静さが望まれるが人間である限りなかなか難しい。だからこそ、次のような事故災害に対する対応策を策定し、教育し、訓練し擬似体験させることが必要である（危機管理については後述6で紹介する）。

| フェーズ | 状況 | 症状（反応） |
|---|---|---|
| 1 | ショックの段階 | 何が起きたか分からず茫然自失、行動抑制（頭の中が真っ白になり身体が動かない）。慌てる（考えがまとまらず、行き当たりばったりで作業を進める）。 |
| 2 | 動揺の段階 | 不安、恐怖、怒り、悲哀等情緒的な混乱、さまざまな身体反応、衝動的な行動。1つのこと（もの）に注意が奪われ、注意の配分ができない。事実を確かめずにカンで作業を進める（カンが当たらないと危険）。急性ストレス障害が起きる場合がある。 |
| 3 | 調整の段階 | 行きつ戻りつしながら心身のバランスを取り戻し、問題解決に向かい出す。急性ストレス障害からの回復が始まる。 |
| 4 | 回復過程 | 日常生活に戻るよう具体的に行動する。急性ストレス障害からの回復の過程・回復。 |

### (2) 事故・災害発生時の基本的な考え方

① 初心者には「止める！　呼ぶ！　待つ！」を徹底する。初心者には未経験・未熟もあり二次災害の怖さが分からず、むやみに手を出して自身も被災することがあるので、一定の経験が蓄積できるまではこの言葉の遵守を求める。

② まず機械・設備の電源を停止する。

③ 人命尊重を最優先し、被災者を救出し、救急処置を行う。(※)

④ 機械・設備の電源を非常停止等することにより、復旧が困難な機械に対する対応を図る。爆発、火災等による被害の拡大と二次災害防止を図る。

⑤ 上司、関係者（元方事業者、発注者を含む）及び消防署、警察署、労基署等の関係機関に緊急連絡する。

⑥ 災害原因を究明するため、極力現状（場）保存に努める。危険な場合は労基署・警察署の了解を得てから養生する。（了解を得ずに行った場合は「証拠隠滅」を疑われる。）

⑦ 同種災害を発生させないためにも、災害調査と原因分析を必ず行い、安全対策を講じる。

**救急処置を行う場合の留意点**

① 「誰か119番通報を!」「誰かAEDを持ってきて下さい!」と大声で助けを依頼する。119番通報を行うと、「火事ですか? 救急ですか?」と聞かれるので「救急です」と答える。
② 基本的には緊急停止スイッチを押し、機械等を止める。
③ 救急処置を行うときは、冷静沈着に、訓練で習ったことを思い出しながら迅速に適切に行う。
④ 出血しているかどうか確認する(出血している場合は取りあえず止血法で止血する)。
⑤ 呼吸を確認する。呼吸をしていない場合は、ただちに心臓マッサージ(胸骨圧迫)を実施する。AEDもしくは救急隊が来るまで実施する。口対口の人工呼吸はマウスピースなど必要な器具がなければ、無理して行わなくても良い。
⑥ ④以外の場合は、回復体位(注)か本人が楽という姿勢をとらせる。なお、顔面が紅潮している場合は頭部を少し上げ、蒼白な場合は脚を上げ頭部は枕をしない。
⑦ 被災者の保温に注意する。寒いときは毛布などで全身を覆う。熱中症の場合はクーラーもしくは濡れタオルと扇風機等で涼しい場所で安静にする。給水と食塩を用意する。
⑧ 救急隊が来るまで救急措置を続けるが、AED以外は被災者をむやみに動かさず見守る。

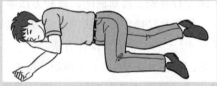

(注)回復体位:いわゆる横向き寝であるが、気道確保が最重要視されている。
・頭はやや後ろに反らせる。
・膝は軽く曲げる。
・腕は、できれば右腕を前方に投げ出し、上側の(左)腕をアゴの下でつっかえ棒をする要領で(心臓を高い位置にして楽にさせるため)、横向き寝の状態を支えるようにする。
・戸外やコンクリート床の場合は、衣服や新聞紙・段ボール等を身体の下に敷くと良い。

### (3) 基本方針を策定しこれを周知する

① 人は事故・災害に出会うと(1)のフェーズ1、2に陥りやすく、事故・災害発生時の措置を適正かつ迅速に行えないことが多い。したがって、「事故・災害(緊急事態)発生時の措置基準」を策定し、安全衛生委員会で調査審議し、日頃から作業者に対して教育、訓練、擬似体験を行っておく。

② なお、OSHMS指針第14条では「事業者は、あらかじめ、労働災害発生の急迫した危険がある状態(以下「緊急事態」という。)が生ずる可能性を評価し、緊急事態が発生した場合に労働災害を防止するための措置を定めるとともに、これに基づき適切に対応するものとする。」と規定している。

### (4) 「事故・災害(緊急事態)発生時の措置基準」に記載すべき内容

① 前記(2)の基本的な考え方
② 各部署の役割及び指揮命令系統
③ 緊急連絡先の設定(発注者、元方事業者を含む)
④ 消火・避難の方法

⑤　被災者の救助、救急処置方法
⑥　消火設備、避難設備、救助設備等必要な資機材の配備
⑦　被害拡大防止措置（緊急遮断装置、爆発放散口等）
⑧　避難訓練、ＡＥＤ等による救急処置訓練、消火訓練、通報訓練（各部署、関係機関）、避難サイレンの確認
⑨　危険体感（体験）訓練(注)を行う場合は、その教育体制、方法等

(注) 危険体感訓練については、「効果的な安全衛生教育（指導・講義のコツ）」（白﨑淳一郎著、労働新聞社）が詳しいので参照されたい。

## (5) 教育訓練と普段からの周知にあたって

下記のような事項については、図表、ポスター等で分かりやすく表示し、関連の場所に見やすく掲示し、普段から気づきやすくさせておくこと。
①　配管や電源系統・・・図で行き先、遮断箇所、遮断方法等を表示
②　バルブやコック等・・・位置及び操作の方法（通常の写真等）
③　非常停止ボタン（スイッチ）・・・場所、操作方法
④　非常警報装置（サイレン、監視カメラ）・・・種類、位置、使い方
⑤　緊急時の連絡先と連絡方法（緊急連絡先の住所、電話番号、目印等）・・・見やすいところに掲示

以上について、できれば４半期等の一定のインターバルで確認、教育、再訓練を行う。

## (6) 避難について

定められた避難基準に基づき、日頃から作業者に避難訓練をしておくこと。なお、安衛則上「避難等の訓練」を規定しているのは、ずい道工事の切羽での作業（安衛則第389条の11）とこれに関係する特定元方事業者の措置として「避難等の訓練の実施方法等の統一等」（安衛則第642条の２）及び「土石流の危険のおそれ」（安衛則第642条の２の２）の３つしかないが、避難については12ヵ条、警報装置についても同じく12ヵ条規定されている。避難や警報装置については、雇入れ時教育、作業就労時・転換時教育の対象となっているので、座学だけでなく実地訓練も行うことが望ましい。

避難訓練に当たっては次の事項に留意して行う。
①　出入り口、通路、階段、防火扉などにモノを置いていないかどうか確認（防火扉の作動状況）、スプリンクラー、煙探知機器の作動状況の確認。
②　退避の合図及び指揮者を定めておく。
③　誘導の方法を定めておく。
④　自然環境の変化に対して防護措置を行う（積雪がある場合は除雪、凍結がある場合は解凍、等）ほか、作業中止基準などを決めておく。
⑤　夜間業務（宿直を含む）がある場合は、夜間の避難訓練も行う。

なお、安衛法第25条では「事業者は、労働災害発生の急迫した危険があるときは、直ちに作

業を中止し、労働者を作業場から退避させる等必要な措置を講じなければならない」と規定している。そして、通達（昭47・9・18　基発第602号）では「本条は、事業者の義務として、災害発生の緊急時において、労働者を退避させるべきことを規定したものであるが、客観的に労働災害の発生が差し迫っているときには、事業者の措置をまつまでもなく、労働者は、緊急避難のため、その自主的判断によって当然その作業場から退避できることは、法の規定をまつまでもないものであること。」と規定している。

安衛法第25条は、労働災害の発生の危険が迫った緊急時に、作業中止や退避等の必要な措置を講ずべきことを事業者に義務づけたものである。したがって、危ないと思ったら、上司の了解を得ることなく退避しても責任を問われることはない。

## 3. 災害調査の方法について

事故・災害が発生し、前記2の対応（緊急）措置を講じた後、同種事故・災害の発生を防止するため、その発生原因を突き止め、それに対応した対策を立てるため、事故・災害調査（以下、事故と災害を併せての調査を「災害調査」という）を実施する。

災害調査は安全衛生管理規程に設置方法が記載されていればそれに従い、規定されていなければ緊急安全衛生委員会を招集して災害調査委員会の設置と、災害調査の実施、原因究明、対策の樹立の職務を定める。

なお、極微傷で軽易な事故・災害で、安全衛生委員会で定めた基準以下のものについては、定期的な職場小集団活動及び事故・災害検討委員会（仮称）で検討しても差し支えない。ただし、その場合であっても、安全衛生委員会で定められた様式で安全衛生委員会に報告し、対策等の確認と必要な指導を受けること。

事故・災害が発生してから対策樹立までの大まかな流れは下図のとおり。

### 災害が発生したら

**事故・労働災害発生**

| 被災者の措置 | 関係者への通報 | 原因究明・改善対策 |
|---|---|---|
| ―AEDによる救急処置<br>―健康管理室で応急処置<br>―病院で治療<br>―入院、通院、職場復帰<br>―治癒<br>―残存傷害認定確認<br>―傷害補償給付認定<br>―災害見舞金の労使確認<br>―職場復帰<br>―身体障害者認定申請<br>―身障者登録を行う | ―119番通報<br>―同僚、上長に連絡する<br>―健康管理室・総務部に連絡する<br>―本社安全環境室、労働組合に通知する<br>―警察、所轄労働基準監督署へ報告する<br>―全社に災害速報を配布し再発防止を図る | ―緊急安全衛生委員会の召集（災害調査委員会設置）<br>―改善対策の策定（RAの実施）<br>―改善施行後の現場確認<br>―本社安全環境室に改善報告を行う |

## (1) 災害調査の目的

① 災害原因となった「不安全な状態」「不安全な行動」を発見する
② さらに6Mで分析検討する
③ （災害発生の重要な契機となった）根本原因を「なぜなぜ5回」等で明らかにする
④ 適正な対策を講じ、類似災害の再発防止を図る

つまり、災害調査は調査すること自体が目的ではない。また、責任を追及することが目的でもない。真実を知り、事後の安全衛生対策を的確に講じることが災害調査の目的である。このことから、事故・災害が発生したときは、被害の大小にかかわらず、常に、その原因を徹底的に追究する姿勢が大切である。

## (2) 災害調査の仕方

① メンバー

公正性を図るため、複数のメンバーで行う。社会的に大きな影響を与えた事故・災害の場合は、専門家を含めた「第三者委員会」で調査を行う。軽微な災害・事故について職場の小集団で実施する場合は、職長・安責者が司会となり、関係者（加害者や被害者）を交えて安全衛生委員会で定めた様式（例 様式1～4号）に従って検討、対策を講じる。

(様式1号) 367ページ参照

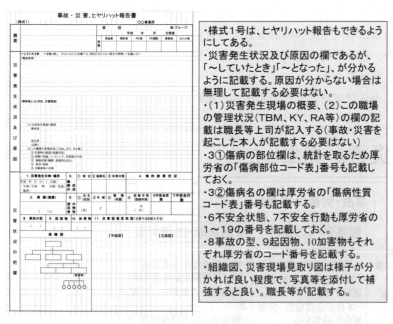

(注1) 傷病部位コード表、傷病性質コード表は本章末に添付。コード番号で入力すると、あとで災害統計、分析するのに便利である。
(注2) 様式1号をA3用紙で作成すれば、会社独自の決済欄とか保険番号等々必要な記載、決済項目を追加できる。

② 事実の確認（様式2-1、2-2）
・ 事実の確認のためには、調査範囲は可能な限り幅広くとる。
・ 事実は、時系列で確認するほか、人、物、作業経過、管理、ミッション（任務）、マネーの6Mの観点から、災害に関係のある事項を幅広く取り上げる（6Mは事故・災害分析の切り口とする。詳細は後述）。
・ 事実は判断ではなく客観的なモノとする（第4章2（1）参照）。三現主義で、伝聞は極力受け付けない。「○○さんの話では」「○○さんが〜と言っていたのを聞いた」という場合は、必ず○○さん本人に直接会って事実を確認する。

（様式2-1）368ページ参照

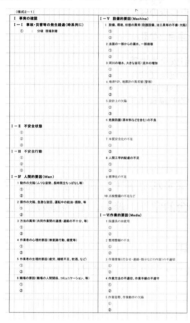

様式2-1
・Ⅰ-Ⅰで、事故・災害を時系列に事実だけを記載する
・Ⅰ-Ⅱは様式1の6の不安全状態に記載されていれば、そのままコピペする。
・Ⅰ-Ⅲは様式1の7の不安全行動に記載事項があればそのままコピペする。
・Ⅰ-Ⅳ人間的要因から様式2-2のⅠ-Ⅸの金・資金的要因の中身は、第10章の6Mの表を記載したものである。詳細は6Mの表で考え、検討する。
・小項目は①②と2つしか書けないが、記載項目があれば他の欄を削除して記入する。

・すべて記入したら、全員で討議を行い、法令、作業手順、その他マニュアル等に違反（違背）しているものは取りあえず①②の番号の前に○印を付ける。
・○印のついたもののうち、これがなかったら事故・災害は起こらなかったであろう事項、あるいはこれが事故・災害に重要な影響を与えた、引き金となったと思われるものを○印を◎印に変更する。

（様式２－２）369ページ参照

様式２－２の記載方法は２－１と同じである。

様式３－１と３－２は全く同じものであり、３－１で書き切れない場合に３－２を使う。

つまり、様式２－１、２－２で◎の付いたものが、様式３－１のなぜなぜ５回の対象となる。対象が４個までしかないので◎が多ければ、様式３－２を使用することとなる。

なぜなぜ５回の、「なぜ？」「なぜならば」が様式４の災害原因の欄に記入すべき項目で、なぜなぜ５回の「その後の対策」に記載されている事項が様式４の再発防止対策に記入すべき項目となる。

様式３の右欄「今後の課題・安全衛生委員会テーマは時間の余裕がある場合に安全衛生委員会で議論し、必要に応じて水平展開すべき項目があれば記入する欄である。

③ 問題点の抽出（様式２－１、２－２）
 ・ 問題点は事実を基準に照らして評価し、基準からはずれた事実を問題点とする。ただし、基準そのものが誤りであることもあるので、社会的常識、経験、お客様の意見、場合によっては第六感に照らして判断する。
 ・ この問題点を洗い出す過程では、取りあえず、問題点の重さ・軽さの価値判断は行わない（価値判断は④の原因の究明時点で行う）。思いつく限り、どんな小さなことでもどんどん挙げる（問題点にしたものに○印を付ける）。

④ 原因の確定（様式２－１、２－２、様式３－１、３－２）
 ・ 第１段階として、③の問題点を、「不安全な状態」、「不安全な行動」、「その他」という直接原因に分類する（その他とは、例えば、長時間労働、パワハラ・セクハラ、忖度とか、状態（モノ）にも行動（ヒト）にも分けにくい事象を指す）。
 ・ 第２段階として、第１段階の裏にある（潜んでいる）、教育不足、パトロール不足、監督・指示不足などの間接原因（管理的欠陥）を確定する。
 ・ この第２段階の間接原因のうち重要と思われるもの、あるいは第１段階の中でこれがなければ事故・災害が発生しなかったと思われる事項、もしくはこの事案が事故・災害に直接・重要に関わっていると思われる事項について、○印を◎印に変更する。
 ・ この◎印事案について、第10章で行った「なぜなぜ５回」を実施する。
 ・ なお、「なぜなぜ５回」を実施する時間的、技術的な余裕がない場合は、少なくとも「なぜ、なぜ」と２回は問うことが、根本原因に近づく一歩である（なぜ？の問いの数は多いほど良い）。
 ・ これらのことから、問題点の１つが他の問題点の原因となることもあれば、いくつか

の問題点が１つの原因から生じていることもあることが分かる。
- 当然ながら、「監督指導不足」「整理整頓の不備」など間接原因となる抽象化された事項の記載で終えてはならない。これだけでは対策も抽象化し意味をなさないからである。

**（様式３－１）** 370ページ参照

| 様式３－１ | | ◎（問題点）・背景・対策等について | | Gr名 | |
|---|---|---|---|---|---|
| 6M | 問題点 | 背景（なぜなぜ5回） | | その後の対策 | 今後の課題・安全衛生委員会テーマ |
| | | なぜ1: | | | |
| | | なぜ2: | | | |
| | | なぜ3: | | | |
| | | なぜ4: | | | |
| | | なぜ5: | | | |
| | | なぜ1: | | | |
| | | なぜ2: | | | |
| | | なぜ3: | | | |
| | | なぜ4: | | | |
| | | なぜ5: | | | |
| | | なぜ1: | | | |
| | | なぜ2: | | | |
| | | なぜ3: | | | |
| | | なぜ4: | | | |
| | | なぜ5: | | | |
| | | なぜ1: | | | |
| | | なぜ2: | | | |
| | | なぜ3: | | | |
| | | なぜ4: | | | |
| | | なぜ5: | | | |

（注）様式３－１と３－２は全く同じものである。なぜなぜ５回の項目が４個以上の場合は３－２も使う。

⑤　対策の樹立（様式４号）
- 対策は、影響の大きいもの、一番の根本問題（５番目の「なぜなら」）から優先順位を決め、必要性、可能性も考えて、なぜ１～なぜ４の「その後の対策」（右欄）すべてについて取り上げる。
- ヒューマンエラー事案については、多くの場合、本質安全化の対策となり費用が掛かる場合が多い。その場合は、当面の対策と本質的安全化対策に分けて記載する（詳細は【第13章第１節３（６）ヒューマンエラー対策】で述べる）。
- 対策は実行計画を立てる必要があるので、５W２H（なぜ、いつ、どこで、誰が（誰に）、何を、どのように、経費は）を明確にし、実施確認者も明確にする。
- 一般に基準からはずれた状態を問題点として捉え、原因究明と対策を考えるが、事故・災害分析状況（結果）によっては「基準の変更」も視野に入れておく。その場合は必ずリスクアセスメントを実施する（安衛則第24条の11）。

（様式4号）　371ページ参照

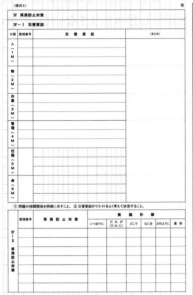

・様式4号は、3号の6Mごとに「問題点」と「なぜなら」をそのまま取りあえずコピペする。
・その後、これら6M全体のコピペの文章に、本人、同僚、上司、会社、その他ごとに色分けし、色分けしたものを集めて（まとめ）欄に災害原因として文章をまとめる。（例、○○さんが、〜をしていたときに・・・があったので、それを＊＊＊しようとしたら、××が発生した。○○さんを主語とした文章にまとめる）
・それら原因を踏まえて、様式3号の「その後の対策」から、その原因に見合った対策を考え再発防止対策を考える。
・再発防止対策は実施確認者の欄がないが、必要なら追加する。
・また、再発防止対策で作業手順の見直しが予想されるなら、必ず全員でRAを実施してから見直しをし、再教育を実施してから新しい作業（対策）にとりかかること。
・費用はネット等で調べた、アバウトなものを計上して差し支えない。
・なお様式4号の「整理番号」は、様式2-1、2-2の番号である。不要なら記載しなくても良い。

⑥　実施計画

　実施計画は5W2Hで樹立し、実施状況の確認方法を明記し、PDCAの要領で実行する。

　以上を図示すると次のようになる。

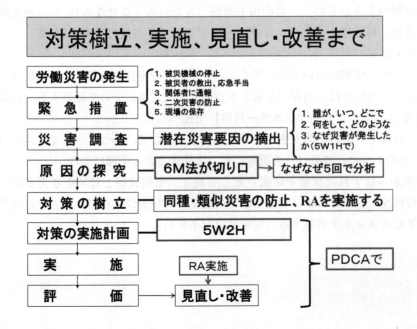

### (3) 事故・災害分析は6Mを切り口として考える

6Mについては第10章でも述べたが、多くの場合、この6Mのうち、5MのMission（任務、企業風土・企業文化的要因）と、6MのMoney（金、資金的要因）が、間接原因と深く関わっていることが分かる。

5Mや6Mの項目に指摘事項が多い職場は、ストレスチェックでの集団分析結果もあまりよくない。また、心理的安全性も低い職場であるということができる。健康職場、ワーク・エンゲイジメントを目指して、安全衛生委員会等の活性化が望まれる。

**6Mについて**

従来は4Mで考えてきたが、過労死自殺、パワハラによるうつ病等の事案は4Mでは分析できないので、6Mで考えることとした。これは筆者がブログで提唱しているものである。

## 4. 災害事例研究について

事故は別として人的被害のある労働災害は漸減しており、一企業として年間発生件数はおそらく数年に一度程度であろう。したがって、自社で**3**の災害調査を実施する機会は少なくなり、危険に対する認識、対応に後退が予想される。しかし、同業他社に災害が発生し、それを検討すれば、自社では同じような災害を起こさないのか、起こさせないようにするためには、どのように防止し対策を講じたら良いかが分かる。まさに「対岸の火」ではなく「他山の石とする」(注1)のである。

都道府県労働局や労働基準監督署主催の講習会等で、管内の災害事例が紹介されることがある。安全衛生に意識の高い社員は帰社したときに、講習会等で「○○という災害が発生したとのことです」とその内容を詳しく説明している。これは報告しないよりはましであるが、それだけでは不十分である。自社の社員に「絵に描いた餅」(注2)を見せているだけである。その餅は味も臭いも何もない。だから「ふ～ん」と思われて、そのうち忘れてしまう。

したがって、「絵に描いた餅」を「食べられる餅」にすることが大事である。そうすることにより脳裏に残り、感じるのである。それが「災害事例研究」である。

実際に事故や災害を起こすのではなく、自社で同様な事態とならない措置は講じられているのか。もし講じられていなかったとしたらどのような対策を講じるべきかを、作業員に災害事例研究の題材として提供し、**3**の災害調査と同様の方法で餅をつき食べさせるのである。

(注1) 他山の石とする
　　他の山から出た何の変哲もないつまらない石であっても、砥石として使えば、自分の玉を磨いて美しい光を出させるのには役立つ。そのように自分より劣っている人の言行であっても、わが身の修行や学問に役立てること、また、他のことがらや出来事を参考にして自分に役立てること。（故事ことわざ辞典）

(注2) 絵に描いた餅
　　絵に描いた餅は、どんなに巧みでうまそうでも、食べるわけにはいかない。空想的や計画ばかりで実現できないことのたとえ。（前同）

### (1) 災害事例研究の目的

他社を含む実際の現場で起こったいろいろな災害事例の中から、それぞれの問題点を把握し、それを的確・迅速に解決する能力を養うことを目的とする。

具体的な災害事例を分析することにより、再発防止対策に至る経過を把握し、問題点のとらえ方から解決までの導き方を習得する（分析手法の習得）。

### (2) 災害事例研究のやり方

一般には、職場の小集団活動や定められた勉強会などで災害調査の手法に従って職長・安責者が司会者となって行う。

- ＰＣに様式を入れ、プロジェクターに投写してグループ討議形式で行う。(注)
- 司会、ＰＣ係、ＰＣ補助係、時計係を決める。
- 原則1時間以内とし、時間内に終わらない場合は「上書きして保存」し、次回に持ち越す。
- 災害事例研究の結果は職長・安責者を通じて上司に提出する。好事例は安全衛生委員会や職長会等で取り上げ、水平展開する。
- 災害事例研究は継続性を考えて、就業時間内に実施し、時間外に及んだ場合は時間外労働割増賃金を支払う。

（注）ＰＣではなく、黒板やホワイトボード、あるいは模造紙でも差し支えないが、毎回様式記入する時間がもったいないのと検討会が長引く場合は黒板等を消去できない。最後にワードやエクセルで清書するなら、最初からＰＣとプロジェクターのほうが便利である。なお、プロジェクターを使用するのは、参加者全員が画面を見て討論するためである。

### (3) 災害事例研究の効果

- 問題の発見能力と解決能力を養うことができる。
- 受講者（参加者）の関心が高まり、積極的に学習に取り組むことができる。
- グループでの話し合いを通じて、受講生（参加者）同士の相互啓発が促される。
- 災害防止の原則を習得し、日常の安全衛生活動に反映させることができる。
- 実際に事故・災害が発生したときの「災害調査」が容易にできる。

## 5. 死傷病報告書と事故報告書

### (1) 死傷病報告書

① 一般労働者の場合

安衛則第97条第1項は「事業者は、労働者が労働災害その他就業中又は事業場内若しくはその附属建設物内における負傷、窒息又は急性中毒により死亡し、又は休業したときは、遅滞なく、様式第23号による報告書を所轄労働基準監督署長に提出しなければならない。」と定め、第2項は「前項の場合において、休業の日数が4日に満たないときは、事業者は、同項の規定にかかわらず、1月から3月まで、4月から6月まで、7月から9月まで及び10月から12月までの期間における当該事実について、様式第24号による報告書をそれぞれ

の期間における最後の月の翌月末日までに、所轄労働基準監督署長に提出しなければならない。」と規定している。

ここで重要なことは、就業中又は事業場内、附属建設物内で発生した負傷等が対象となっているということである。言い換えれば「労働災害」に限らない、ということである。例えば、コンビニで買ってきた弁当、あるいは愛妻弁当を事業場内で食べて急性食中毒となった場合も報告の対象となるということである。

もう一つ重要なことは、様式の任意性がなく、休業4日以上なら様式23号、4日未満なら様式24号を使用しなければならない、ということである。

さらに、この規定は安衛法第100条第1項の報告義務を受けており、報告しなかったり、虚偽の報告をした場合には、安衛法第120条第5号により50万円以下の罰金という義務規定となっている。これを一般に「労災隠し」といい、形式犯ではあるが証拠が明瞭なので、労基署が書類送検をすると、検察庁も割と簡単に略式請求し罰金刑が確定するのが多い。一番多い労災隠しは、労働者本人が職長等に報告しないで、勝手に私病として健康保険で治療等を受けた場合に、当該診療機関等から労基署等に通報がなされて発覚するというものである。労災給付が健康保険より労働者本人にとっても有利であること等をしっかり教育する必要がある。

「遅滞なく」とは、事案発生後概ね30日以内である。

② 派遣労働者の場合

派遣労働者の場合は、派遣元、派遣先それぞれの事業者がそれぞれの所轄労基署長に報告しなければならない旨が死傷病報告書の「備考」欄に記載されており、かつ災害発生状況の欄にも「派遣労働者が被災した場合は、派遣先の事業場名を併記のこと。」とのカッコ書きがある。多くの労基署では、事業場名の他、住所、電話番号等の記載もお願いしている。理由は、内部通達で派遣元から死傷病報告があった場合には、派遣先事業場を管轄している労基署にその旨を連絡することとなっているからである（事業場名だけだと調べるのに手間がかかる）。

被災した日から30日を明らかに過ぎているのに、派遣先事業場から当該死傷病報告書が提出されていない場合、連絡を受けた労基署は労働災害があったことを確認した上、安衛法第100条、「労災隠し」で送検手続に入る。その際に、報告遅延の理由は一応聞くが、情状にはほとんど影響がないということが多い。

## （2）事故報告書

安衛則第96条では、一定の機械類については、人災のない場合であっても、事故があれば所轄労基署長に事故報告をしなければならないとしている。これも罰則付きの強行法規である。対象となる事故は、火災・爆発、ボイラー、クレーン、移動式クレーン、建設用リフトなどである（詳細は安衛則第96条に規定されている）。

誰もケガをしなかったから「報告しなくても良い」と勝手に思っていたら、書類送検されたケースもある。事故があったら、「事故・災害（緊急事態）発生時の措置基準」に基づき、分からない場合は、最寄りの労基署もしくは労働局に確認の上、指示を仰ぐ必要がある。

## 6. 危機管理について

　危機管理は本来事業者や企業のトップマネジメントが考えるべき事案であり、職長・安責者が問題とすべき事案ではないと思われる。しかし、資格のない検査者による検査、検査データの改ざん、ごまかし、不正融資などが発覚すれば企業として致命傷となる事案は、多くの場合、現場での作業（員）によるものである。

　ネットやＳＮＳで炎上し、不正行為に手を染めた者は処罰され、企業は存続の危機を迎え、営業成績は下がり賃金もダウン、望まない部署への異動もあり得る。だからこそ、危機管理は企業の上層部だけでなく企業あげて対応すべき事案だと考える。職長レベルが対応することは少ないかもしれないが危機管理として何をどうすれば良いか、それを知っていることで対応が異なるのではないだろうか。

　なお、ＯＳＨＭＳ指針第14条の説明（中災防：労働安全衛生マネジメントシステム担当者の実務）によると、「緊急事態」には、火災、爆発、化学物質の大量漏洩等のほか、自然災害（地震、雷、津波、高潮、台風、洪水、大雨、大雪、土砂崩壊、河川の氾濫等）がある。また、「労働災害発生時で被災者が発生し救助を要する状態、または二次災害の発生のおそれがある状態についても緊急事態に含まれる」としている。したがって、本テキストではこれら緊急事態と前述した企業のいわゆる不祥事も含めて「危機」と考えて記述している。

　また、中災防の前書には、ＯＳＨＭＳ指針第14条の「緊急事態が生ずる可能性を評価する」とは、事業場の設備や取り扱っている化学物質、立地条件等を考慮して、緊急事態が発生する可能性と及ぼす影響について事前に検討することをいう、という説明がなされている。危機管理は多くの場合、危機が発生してからのダメージコントロールだと捉えられているが、本当の危機管理はリスクマネジメントにあるということを示していると解される。

### （１）危機管理の基本

　危機管理はダメージコントロールではあるが、泥縄式の事後処理と捉えるのは基本的には誤りである。泥縄でない事後処理、ダメージコントロールとしては、

① 現在発生中の被害を最小限に食い止める
② 危機のエスカレーション、二次被害を防止する
③ 危機を収束させ正常な状態に戻す

を意識して対策（管理）を講じなければならない。

　その意味において、2017年２月に埼玉県三芳町で起きた東日本最大の物流センターの火災処理が参考になる。鎮火まで12日間要したが、物流が停滞し大打撃を受けただけでなく、お客様をはじめ近隣住民にも迷惑をかけ、大きな不安を与えるという企業最大の危機であった。社内に「事業継続計画推進チーム」と、「地元住民対応チーム」の２つをつくり、後者は「我々は被害者でなく加害者。そのスタンスで対応しよう」ということで、地域住民に日々の声かけ、マスクと飲料水の毎日配布の励行を行った。その結果、地域や住民の方々との信頼関係を築くことができ、被災後の同一箇所での自然環境に配慮した免震構造の最新物流センターの再建築、地震等被災時の「災害時物資支援協定」のほか「支援物資の仕分けセンターとしての使用

協定」により、ステークホルダーとの結びつきをさらに強化することができた、ということである。まさに、「転んでもタダでは起きない」「災い転じて福となす」という結果となった。これが、危機管理の極意であり真骨頂である。

## （2）危機管理の一般的方策

次の6段階により構成される。
① 予防：危機発生を予防する。「リスクアセスメント」と「異常の措置」を含めたリスクマネジメントに力を入れる。しかし、地震や落雷等自然災害には一定の限界がある。
② 把握：危機事態や状況をできるだけ正確に迅速に大量に把握し認識する（ＳＮＳ等ネットの情報、特にフェイク（嘘）情報も含めて）。
③ 評価：実態を把握したら2つの評価を行う。
ア）損失評価：危機によって生じる損失・被害を評価する
イ）対策評価：危機対策にかかる時間、コスト等を評価する
④ 検討：具体的な危機対策の行動方針と行動計画を策定・検討する。地域住民、ステークホルダー、マスコミへの対応も含む。できるだけ短期間に（3日以内に）行う。
⑤ 発動：具体的な行動計画を発令・指示する。マスコミへの記者会見を実施する。
⑥ 再評価：今までの一連の対応に対する世間、お客様、マスコミ、従業員等からの評価をチェックし、必要なら第三者委員会の設置、更なる原因究明・新たな改善対策案の策定に向けて必要な機関（検討会）等の設置を検討する。

## （3）危機発生（発覚）の初動方法

一般的に、不祥事は、ＳＮＳやネットで炎上してからマスコミが取り上げるまでにタイムラグがあり、その間の対応が命運を分ける。その期間は3日間といわれている。一旦マスコミに取り上げられると、情報拡散のスピードが一気に加速して取り返しがつかない状況となる。

したがって、多くの危機については発生後（発覚後）3日以内にトップクラスの責任者の謝罪と当面の原因分析及び対応方針を示さなければ手遅れとなることが多い。

## （4）謝罪（会見）の仕方

「謝罪」とは"許してもらうため"ではなく、"相手（世間）の怒りを静め、状況を立て直すため"に行われるものであると考えるべきである。したがって、大切なことは言い訳や自己弁護ではなく、知り得た事実を見える化し、情報を公開し納得してもらい、併せて「潔い謝りっぷり」と「相手への思いやり」、そして「誠意ある対応」なのである。

① まずは速やかに謝罪し、頭を下げる
言い訳などの前置きは一切せず、「この度は●●●の件でミスがあり、皆様に多大なご迷惑をお掛けし、大変申し訳ありませんでした」と頭を下げる。マスコミの多さ、カメラの多さに恐怖心にかられ、不適・不遜な顔つき、あるいは愛想笑いや苦笑いをしたり、別の話題をしてごまかしたりするのは絶対に避ける。

謝罪の姿勢であるが、お辞儀の前に前述した謝罪の言葉を述べ、その後礼をする。お辞

儀の仕方は、謝罪の場合は45度から90度といわれている。そして、頭を下げている時間は最低20秒以上、30秒程度が望ましいとされている。企業の生死・存続に関わる重大な不正事案（詐欺、粉飾決算等の犯罪行為等）で経営陣が関わっている場合は土下座もやむを得ないと考える。

② ミス（不祥事）の原因と経緯を説明する

頭を上げたら、事案の概要と、現在判明している原因と当面の対応方針を書いたペーパーを読み上げる。なお、このペーパーのコピーは事前にマスコミに配布したほうが、記者からの質問も無駄な部分が省かれ、結果として謝罪会見時間は短くなる傾向にある。

原因と経緯を説明する際、やりがちなのは「自分は知らなかった」「信じてもらえないかもしれないが指示していない」「●●が勝手にやった」等の言い訳である。そうした発言は、責任逃れをしているように相手（マスコミ）に映り、どんなに「全責任は私にある」と言っても、誠意が欠けている印象を与えるだけである。

この場合は「自分の管理が行き届かず、把握できなかった」「風通しが悪く（コミュニケーションが十分とれず）、意思の疎通が図られずこのような事態となった」と自分や環境に非があり、実行行為者の非が小さく見えるような言い方にする。

そして、謝罪会見はエンドレスを覚悟しておく。質問が出尽くすまで説明責任を果たすのがセオリーである。

【原因が不明な場合】

大きな問題・重大な危機は事件発生後3日間程度では、真の原因（背後要因）を特定することは至難の業である。仮になぜなぜ5回をするにしても、収集した事実が少なければ、適切な対応策は考えられない。

「そんなことはマスコミも知っている」――問題はそういう限られた条件下であっても企業の当事者は、当然当事者以外の者に比べて知っていることは多いはずで、そのことを踏まえてマスコミ等の「知りたい」要求について満足するように説明をしなくては不満が残るだけ。炎上やワイドショーが続くのである。

刑事責任を問われかねないような証拠の提示は難しい。憲法第38条で黙秘権が認められている。しかし、文書の書き換えや改ざん、嘘をつくことまでは権利として認めていないが、それ以外の民事や損害賠償に関わる程度の証拠、あるいは事実関係や原因の提示は差し支えない。なぜなら、事が発覚した以上いずれ損害賠償は避けられないと覚悟し、後は弁護人に損害賠償の処理を任せ、自らは真摯に謝罪に努める態度を貫くべきである。法律の素人が、裁判に不利だからと勝手に判断して、判明している原因を「知らない」「まだ分からない」などとして述べないことは、後でそのことが分かれば（バレれば）さらに裁判等で不利になる。

③ ミス（不祥事）の再発防止策を提示する

②で起こった原因を二度と起こさないようにするためには、どうしたらよいかという再

発防止策を伝える。この場合、「今後はミスが起こらないよう注意を徹底します。再教育を行います」といった抽象的な心構えや決意ではなく、同種ミスの再発防止のため、手順・標準のリスクアセスメントを用いた見直し、包括指針やPL法に基づいた見直しとその工程表など、具体的ですぐに実践できる方法と確認方法などを伝える。

また、不十分な原因追究状況では、十分な対策を講じることができないのも事実である。したがって、謝罪会見時の対策は、当面の緊急的な対策にならざるを得ない場合もある。まずはステークホルダーである協力会社、そしてお客様にどう対応するかについて発表する。従業員をはじめとする身内のことは後回しにしているということが伝われば良い。

原因の究明は迅速に行わなければならないが、事案が複雑、あるいは被害が甚大あるいは広範囲の場合は、第三者委員会（※）を設置して、そこで究明し、その結果を尊重して後日改めて記者会見を開き、対策等を表明する機会をつくることを約束する。

最後に、「今後はこのようなことが二度と起こらないよう気をつけます」「本日はお時間を頂戴していただき誠にありがとうございました」と、反省と感謝の言葉を添える。そうすれば、対策の内容にもよるが、相手にも誠意がしっかり伝わって、場合によっては好意的な取材、信頼回復につながる謝罪会見となる。

**「第三者委員会」**

2010年日弁連が次のようなガイドラインを出している。

企業にとって第三者である外部の人間だけで構成される第三者委員会であることが前提である。そうした第三者委員会の活動内容として、①不祥事に関連する事実の調査、認定、評価、②説明責任、③（再発防止策の）提言の３つを定めている。

さらに、①調査報告書を作成する権限は第三者委員会に専属すること、②第三者委員会は、企業の経営陣に不利な事実であっても調査報告書に記載すること、③調査報告書を公表する前に企業に開示しないこと、④調査の過程で収集した資料については、原則として、第三者委員会だけが処分を行うことができること、そして、⑤企業と利害関係を有する者は第三者委員会の委員に就任することができないことの５つを定めている。

# 事故の型分類表（厚生労働省）

| 分類番号 | 分類項目 | 説明 | 事故の型コード |
|---|---|---|---|
| 1 | 墜落、転落 | 人が樹木、建築物、足場、機械、乗物、はしご、階段、斜面等から落ちることをいう。乗っていた場所がくずれ、動揺して墜落した場合、砂ピン等による蟻地獄の場合を含む。車両系機械などとともに転落した場合を含む。交通事故は除く。感電して墜落した場合には感電に分類する。 | 01 |
| 2 | 転倒 | 人がほぼ同一平面上でころぶ場合をいい、つまずきまたはすべりにより倒れた場合をいう。車両系機械などとともに転倒した場合を含む。交通事故は除く。感電して倒れた場合には感電に分類する。 | 02 |
| 3 | 激突 | 墜落、転落および転倒を除き、人が主体となって静止物または動いている物にあたった場合をいい、つり荷、機械の部分等に人からぶつかった場合、飛び降りた場合等をいう。車両系機械などとともに激突した場合を含む。交通事故は除く。 | 03 |
| 4 | 飛来、落下 | 飛んでくる物、落ちてくる物等が主体となって人にあたった場合をいう。研削といしの破片、切断片、切削粉等の飛来、その他自分が持っていた物を足の上に落とした場合を含む。容器等の破裂によるものは破裂に分類する。 | 04 |
| 5 | 崩壊、倒壊 | 堆積した物（はい等も含む）、足場、建築物等がくずれ落ちまたは倒壊して人にあたった場合をいう。立てかけてあった物が倒れた場合、落盤、なだれ、地すべり等の場合を含む。 | 05 |
| 6 | 激突され | 飛来落下、崩壊、倒壊を除き、物が主体となって人にあたった場合をいう。つり荷、動いている機械の部分などがあたった場合を含む。交通事故は除く。 | 06 |
| 7 | はさまれ、巻き込まれ | 物にはさまれる状態および巻き込まれる状態でつぶされ、ねじられる等をいう。プレスの金型、鍛造機のハンマ等による挫滅創等はここに分類する。ひかれる場合を含む。交通事故は除く。 | 07 |
| 8 | 切れ、こすれ | こすられる場合、こすられる状態で切られた場合等をいう。刃物による切れ、工具取扱中の物体による切れ、こすれ等を含む。 | 08 |
| 9 | 踏み抜き | くぎ、金属片等を踏み抜いた場合をいう。床、スレート等を踏み抜いたものを含む。踏み抜いて墜落した場合は墜落に分類する。 | 09 |
| 10 | おぼれ | 水中に墜落しておぼれた場合を含む。 | 10 |
| 11 | 高温・低温の物との接触 | 高温または低温の物との接触をいう。高温または低温の環境下にばく露された場合を含む。<br>○高温の場合：火炎、アーク、溶融状態の金属、湯、水蒸気等に接触した場合をいう。炉前作業の熱中症等高温環境下にばく露された場合を含む。<br>○低温の場合：冷凍庫内等低温の環境下にばく露された場合を含む。 | 11 |
| 12 | 有害物等との接触 | 放射線による被ばく、有害光線による障害、CO中毒、酸素欠乏症ならびに高気圧、低気圧等有害環境下にばく露された場合を含む。 | 12 |
| 13 | 感電 | 帯電体にふれ、または放電により人が衝撃を受けた場合をいう。<br>○起因物との関係：金属製カバー、金属材料等を媒体として感電した場合の起因物は、これらが接触した当該設備、機械装置に分類する。 | 13 |
| 14 | 爆発 | 圧力の急激な発生または開放の結果として、爆音をともなう膨張等が起こる場合をいう。破裂を除く。水蒸気爆発を含む。容器、装置等の内部で爆発した場合は、容器、装置等が破裂した場合であってもここに分類する。<br>○起因物との関係：容器、装置等の内部で爆発した場合の起因物は、当該容器装置等に分類する。容器、装置等から内容物が取り出されまたは漏えいした状態で当該物質が爆発した場合の起因物は、当該容器、装置に分類せず、当該内容物に分類する。 | 14 |
| 15 | 破裂 | 容器、または装置が物理的な圧力によって破裂した場合をいう。圧かいを含む。研削といしの破裂等機械的な破裂は飛来落下に分類する。<br>○起因物との関係：起因物としてはボイラー、圧力容器、ボンベ、化学設備等がある。 | 15 |
| 16 | 火災 | ○起因物との関係：危険物の火災においては危険物を起因物とし、危険物以外の場合においては火源となったものを起因物とする。 | 16 |
| 17 | 交通事故（道路） | 交通事故のうち道路交通法適用の場合をいう。 | 17 |
| 18 | 交通事故（その他） | 交通事故のうち、船舶、航空機および公共輸送用の列車、電車等による事故をいう。公共輸送用の列車、電車等を除き、事業場構内における交通事故はそれぞれ該当項目に分類する。 | 18 |
| 19 | 動作の反動、無理な動作 | 上記に分類されない場合であって、重い物を持ち上げて腰をぎっくりさせたというように身体の動き、不自然な姿勢、動作の反動などが起因して、すじをちがえる、くじく、ぎっくり腰およびこれに類似した状態になる場合をいう。バランスを失って墜落、重い物をもちすぎて転倒等の場合は無理な動作等が関係したものであっても、墜落、転倒に分類する。 | 19 |
| 20 | その他 | 上記のいずれにも分類されない傷の化膿、破傷風等をいう。 | 20 |
| 21 | 分類不能 | 分類する判断資料に欠け、分類困難な場合をいう。 | 21 |

## 起因物分類コード表（厚生労働省）

| 大分類 | 中分類 | 小分類 | 起因物コード |
|---|---|---|---|
| 1 動力機械 | 11 | 原動機 | 111 |
| | 12 | 動力伝導機構 | 121 |
| | 13 木材加工用機械 | 丸のこ盤 | 131 |
| | | 帯のこ盤 | 132 |
| | | かんな盤 | 133 |
| | | 角のみ盤、木工ボール盤 | 134 |
| | | 面とり盤、ルーター、木工フライス盤 | 135 |
| | | チェンソー | 136 |
| | | その他 | 139 |
| | 14 建設機械等 | 整地・運搬・積込み用機械 | 141 |
| | | 掘削用機械 | 142 |
| | | 基礎工事用機械 | 143 |
| | | 締固め用機械 | 144 |
| | | 解体用機械 | 145 |
| | | 高所作業車 | 146 |
| | | その他 | 149 |
| | 15 金属加工用機械 | 旋盤 | 151 |
| | | ボール盤、フライス盤 | 152 |
| | | 研削盤・バフ盤 | 153 |
| | | プレス機械 | 154 |
| | | 鍛圧ハンマー | 155 |
| | | シャー | 156 |
| | | その他 | 159 |
| | 16 一般動力機械 | 遠心機械 | 161 |
| | | 混合機、粉砕機械 | 162 |
| | | ロール機 | 163 |
| | | 射出成形機 | 164 |
| | | 食品加工用機械 | 165 |
| | | 印刷用機械 | 166 |
| | | 産業用ロボット | 167 |
| | | その他 | 169 |

| 大分類 | 中分類 | 小分類 | 起因物コード |
|---|---|---|---|
| 2 物上げ装置・運搬機械 | 21 動力クレーン等 | クレーン | 211 |
| | | 移動式クレーン | 212 |
| | | デリック | 213 |
| | | エレベータ、リフト | 214 |
| | | 揚貨装置 | 215 |
| | | ゴンドラ | 216 |
| | | 機械集材装置、運材索道 | 217 |
| | | その他 | 219 |
| | 22 動力運搬機 | トラック | 221 |
| | | フォークリフト | 222 |
| | | 軌道装置 | 223 |
| | | コンベア | 224 |
| | | ローダー | 225 |
| | | ストラドルキャリアー | 226 |
| | | 不整地運搬車 | 227 |
| | | その他 | 229 |
| | 23 乗物 | 乗用車、バス、バイク | 231 |
| | | 鉄道車両 | 232 |
| | | その他 | 239 |
| 3 その他の装置等 | 31 圧力容器 | ボイラー | 311 |
| | | 圧力容器 | 312 |
| | | その他 | 319 |
| | 32 | 化学設備 | 321 |
| | 33 溶接装置 | ガス溶接装置 | 331 |
| | | アーク溶接装置 | 332 |
| | | その他 | 339 |
| | 34 炉窯等 | 炉、窯等 | 341 |
| | | 乾燥設備 | 342 |
| | | その他 | 349 |
| | 35 電気設備 | 送配電線等 | 351 |
| | | 電力設備 | 352 |
| | | その他 | 359 |

| 大分類 | 中分類 | 小分類 | 起因物コード |
|---|---|---|---|
| 3 その他の装置等 | 36 人力機械工具等 | 人力クレーン等 | 361 |
| | | 人力運搬機械 | 362 |
| | | 人力機械 | 363 |
| | | 手工具 | 364 |
| | 37 用具 | はしご等 | 371 |
| | | 玉掛用具 | 372 |
| | | その他 | 379 |
| | 39 | その他の装置、設備 | 391 |
| 4 仮設物・建築物・構築物等 | 41 仮設物・建築物・構築物等 | 足場 | 411 |
| | | 支保工 | 412 |
| | | 階段、桟橋 | 413 |
| | | 開口部 | 414 |
| | | 屋根、はり、もや、けた、合掌 | 415 |
| | | 作業床、歩み板 | 416 |
| | | 通路 | 417 |
| | | 建築物、構築物 | 418 |
| | | その他 | 419 |
| 5 物質・材料 | 51 危険物・有害物等 | 爆発性の物等 | 511 |
| | | 引火性の物 | 512 |
| | | 可燃性のガス | 513 |
| | | 有害物 | 514 |
| | | 放射線 | 515 |
| | | その他 | 519 |
| | 52 材料 | 金属材料 | 521 |
| | | 木材、竹材 | 522 |
| | | 石、砂、砂利 | 523 |
| | | その他 | 529 |
| 6 荷 | 61 荷 | 荷姿のもの | 611 |
| | | 機械装置 | 612 |
| 7 環境等 | 71 環境等 | 地山、岩石 | 711 |
| | | 立木等 | 712 |
| | | 水 | 713 |
| | | 異常環境等 | 714 |
| | | 高温・低温環境 | 715 |
| | | その他 | 719 |

| 大分類 | 中分類 | 小分類 | 起因物コード |
|---|---|---|---|
| 9 その他 | 91 | その他の起因物 | 911 |
| | 92 | 起因物なし | 921 |
| | 99 | 分類不能 | 999 |

(注) ① 起因物とは、災害をもたらす元となった機械、装置、もしくはその他の物または環境等をいう。

　　一般的には、災害の主因であって、なにかの不安全、不衛生な状態が存在するものを選択する。

　　ただし、災害発生の主因が人のみにある場合には次の順序により選択する。

　イ　操作または取扱いをした物
　　（墜落等の場合は作業面）
　ロ　加害物
　ハ　起因物なし

② 2種以上の起因物が競合している場合および起因物を決める判断に迷う場合には、災害防止対策を考える立場で重要度、または発端となった現象で決める。

③ 加害物が溶接作業の火炎のように機械、装置等の通常運転時に発するものおよび被加工物のように機械・装置等の一部と一体となって動くもの等の場合は、特に手引指示されている場合のほか、当該機械、装置等を選択する。

## 傷病性質コード表

| 大分類 | 分類項目 | | コード |
|---|---|---|---|
| 負傷<br>（負傷を伴わない事故を含む） | 骨折 | | 01 |
| | 切断 | | 02 |
| | 関節の傷害（捻挫、亜脱臼及び転位を含む。） | | 03 |
| | 打撲傷（皮膚の剥離、擦過傷、挫傷及び血腫を含む。） | | 04 |
| | 創傷（切創、裂創、刺創及び挫滅創を含む。） | | 05 |
| | 外傷性の脊髄損傷 | | 06 |
| | 頭頚部外傷症候群（いわゆる「むちうち症」。） | | 07 |
| | 火傷（光熱物体を取り扱う業務による火傷を除く。） | | 08 |
| | 01から08までに掲げるもの以外の負傷又は負傷を伴わない事故（感電、溺水、窒息等） | | 12 |
| 業務上の負傷に起因する疾病 | 頭部又は顔面部の負傷による侵性硬膜下血腫、外傷性遅発性脳卒中、外傷性てんかん等の頭蓋内疾患 | | 13 |
| | 脳、脊髄及び末梢神経等神経系の負傷による皮膚、筋肉、骨及び胸腹部臓器等の疾患 | | 14 |
| | 胸部又は腹部の負傷による胸膜炎、心膜炎、ヘルニア（横隔膜ヘルニア、腹壁瘢痕ヘルニア等）等の胸腹部臓器の疾患 | | 17 |
| | 負傷（急激な力の作用による内部組織の損傷を含む。）による腰痛 | | 18 |
| | 脊柱又は四肢の負傷による関節症等の非感染性疾患（負傷による腰痛を除く。） | | 19 |
| | 皮膚等の負傷による破傷風等の細菌感染症 | | 20 |
| | 業務上の負傷又は異物の侵入、残留による眼疾患その他の臓器の疾患 | | 21 |
| | 爆発その他事故的な事由による風圧、音響等に起因する災害性難聴等の耳の疾患 | | 23 |
| | 13から23までに掲げるもの以外の業務上の負傷に起因する疾病 | | 24 |
| 物理的因子による疾病（がんを除く。） | 有害光線による疾病 | 紫外線にさらされる業務による前眼部疾患又は皮膚疾患 | 25 |
| | | 赤外線にさらされる業務による網膜火傷、白内障等の眼疾患又は皮膚疾患 | 26 |
| | | レーザー光線にさらされる業務による網膜火傷等の眼疾患又は皮膚疾患 | 27 |
| | | マイクロ波にさらされる業務による白内障の眼疾患 | 28 |
| | 電離放射線にさらされる業務による急激放射線症、皮膚潰瘍等の放射線皮膚障害、白内障等の放射線眼疾患、放射線肺炎、再生不良性貧血等の造血器障害、骨壊死その他の放射線障害 | | 29 |
| | 異常気圧による疾病 | 高圧室内作業又は潜水作業に係る業務による潜函病又は潜水病 | 31 |
| | | 気圧の低い場所における業務による高山病又は航空減圧症 | 32 |
| | 異常温度条件による疾病 | 暑熱な場所における業務による熱中症 | 33 |
| | | 光熱物体を取り扱う業務による熱傷 | 34 |
| | | 寒冷な場所における業務又は低温物体を取り扱う業務による凍傷 | 35 |

| 大分類 | 分類項目 | | コード |
|---|---|---|---|
| | 著しい騒音を発する場所における業務による難聴等の耳の疾患 | | 36 |
| | 超音波にさらされる業務による手指等の組織壊死 | | 38 |
| | 25から38までに掲げるもの以外の物理的因子にさらされる業務に起因することの明らかな疾病（業務上の負傷に起因する疾病及び身体に過度の負担のかかる作業態様に起因する疾病を除く。） | | 39 |
| 身体に過度の負担のかかる作業態様に起因する疾病 | 重激な業務による筋肉、腱、骨若しくは関節の疾患又は内臓脱（腰痛を除く。） | | 40 |
| | 重量物を取り扱う業務、腰部に過度の負担を与える不自然な作業姿勢により行う業務その他腰部に過度の負担のかかる業務による腰痛（負傷に起因する腰痛を除く。） | | 41 |
| | さく岩機、鋲打ち機、チェンソー等の機械器具の使用により身体に振動を与える業務による手指、前腕等の末梢循環障害、末梢神経障害又は運動器障害 | | 42 |
| | せん孔、印書、電話交換又は速記の業務、金銭登録機を使用する業務、引金付き工具を使用する業務その他上肢に過度の負担のかかる業務による疾病 | 手指の痙攣又は書痙 | 43 |
| | | 手指、前腕等の腱鞘若しくは腱周囲の炎症 | 44 |
| | | 「頚肩腕症候群」 | 45 |
| | 40から45に掲げるもの以外の身体に過度の負担のかかる作業態様に起因することの明らかな疾病 | | 46 |
| 化学物質等による疾病（がんを除く。） | 厚生労働大臣の指定する単体たる化学物質及び化合物（合金を含む。）にさらされる業務による疾病であって、厚生労働大臣が定めるもの | | 47 |
| | 合成樹脂の熱分解生成物による疾病 | フッ素樹脂の熱分解生成物にさらされる業務による悪寒、発熱等の症状を伴う呼吸器疾患 | 48 |
| | | 塩化ビニル樹脂、アクリル樹脂等の合成樹脂の熱分解生成物にさらされる業務による眼粘膜及び気道粘膜の炎症等の疾病 | 49 |
| | すす、鉱物油、うるし、タール、セメント、アミン系の樹脂硬化剤等にさらされる業務による皮膚疾患 | | 50 |
| | 蛋白分解酵素にさらされる業務による皮膚炎、結膜炎、又は鼻炎気管支喘息等の呼吸器疾患 | | 51 |
| | 木材の粉じん、獣毛のじんあい等を飛散する場所における業務又は抗生物質等にさらされる業務によるアレルギー性の鼻炎、気管支喘息等の呼吸器疾患 | | 52 |
| | 落綿等の粉じんを飛散する場所における業務による呼吸器疾患 | | 53 |
| | 空気中の酸素濃度の低い場所における業務による酸素欠乏症 | | 54 |
| | 47から54までに掲げるもの以外の化学物質にさらされる業務に起因することの明らかな疾病 | | 55 |
| 粉じんの吸入による疾病 | 粉じんを飛散する場所における業務によるじん肺症又は、じん肺法（昭和35年法律第30号）に規定するじん肺と合併したじん肺法施行規則（昭和35年労働省令（第6号）第1号各号に掲げる疾病 | | 56 |

| 大分類 | 分類項目 | コード |
|---|---|---|
| 細菌、ウイルス等の病原体による疾病 | 患者の診療若しくは看護の業務又は研究その他の目的で病原体を取り扱う業務による伝染性疾患 | 57 |
| | 動物もしくはその死体、獣毛、革その他動物性の物又はぼろ等の古物を取り扱う業務によるブルセラ症、炭疽病等の伝染病疾患 | 60 |
| | 湿潤地における業務によるワイル病等のレプトスピラ症 | 61 |
| | 屋外における業務による恙虫病 | 62 |
| | 57から62までに掲げるもの以外の細菌、ウィルス等の病原体にさらされる業務に起因することの明らかな疾病 | 63 |
| がん原性物質若しくはがん原性因子又はがん原性工程における業務による疾病 | ベンジジンにさらされる業務による尿路系腫瘍 | 64 |
| | ベーターナフチルアミンにさらされる業務による尿路系腫瘍 | 65 |
| | 4-アミノジフェニルにさらされる業務による尿路系腫瘍 | 66 |
| | 4-ニトロジフェニルにさらされる業務による尿路系腫瘍 | 68 |
| | ビス(クロロメチル)エーテルにさらされる業務による肺がん | 69 |
| | ベンゾトリクロライドにさらされる業務による肺がん | 70 |
| | 石綿にさらされる業務による肺がん又は中皮腫 | 71 |
| | ベンゼンにさらされる業務による白血病 | 72 |
| | 塩化ビニルにさらされる業務による肝血管肉腫 | 81 |
| | 電離放射線にさらされる業務による白血病、肺がん、皮膚がん、骨肉腫及び甲状腺がん | 82 |
| | オーラミンを製造する工程における業務による尿路系腫瘍 | 83 |
| | マゼンタを製造する工程における業務による尿路系腫瘍 | 84 |
| | コークス又は発生炉ガスを製造する工程における業務による肺がん | 85 |
| | クロム酸塩又は重クロム酸塩を製造する工程における業務による肺がん又は上気道がん | 86 |
| | ニッケルの製錬又は精錬を行う工程における業務による肺がん又は上気道がん | 87 |
| | 砒素を含有する鉱石を原料として金属の製錬若しくは精錬を行う工程又は無機砒素化合物を製造する工程における業務による肺がん又は皮膚がん | 90 |
| | すす、鉱物油、タール、ピッチ、アスファルト又はパラフィンにさらされる業務による皮膚がん | 91 |
| | 64から91までに掲げるもの以外のがん原性物質若しくはがん原性因子にさらされる業務又はがん原性工程における業務に起因することの明らかな疾病 | 92 |
| その他業務に起因することの明らかな疾病 | | 93 |

(注) 1. 同一労働災害で異なる性質の疾病を数種受けた場合又は同一の業務で異なる有害因子を二以上受けて複合的な疾病が発生した場合は、比較的重い傷病性質により分類する。

2. その数種の傷病の重さが同程度である場合は、この表の上位のコード（小さな番号）に分類する。

3. がんについては、すべて64から92までのいずれかに分類する。

4. 原疾患に附随して生じた疾病については、原疾患と同一コードに分類する。

## 傷病部位コード表

| 大分類 | 中分類 | 部位コード | 大分類 | 中分類 | 部位コード |
|---|---|---|---|---|---|
| 1 頭部 | 頭蓋部（頭蓋骨、脳及び頭皮を含む） | 11 | 4 上肢 | 上肢で部位不明のもの | 49 |
| | 眼（眼窩及び頭皮を含む） | 12 | | 臀部（しり） | 51 |
| | 耳 | 13 | | 大腿（もも） | 52 |
| | 口（唇、歯及び舌を含む） | 14 | | ひざ | 53 |
| | 鼻 | 15 | 5 下肢 | 下腿（すね） | 54 |
| | 顔（他に分類しない部分） | 16 | | 足首 | 55 |
| | 頭部中の複合部位 | 18 | | 足（足指のみのものを除く） | 56 |
| | 頭部で部位不明のもの | 19 | | 足指 | 57 |
| 2 頸部 | 頸部（咽喉及び頸骨を含む） | 21 | | 下肢中の複合部位 | 58 |
| 3 胴体 | 背部（脊柱、隣接の筋肉を含む） | 31 | | 下肢で部位不明のもの | 59 |
| | 胸部（肋骨、胸骨及び胸部の内臓を含む） | 32 | 6 複合部位 | 頭部と胴体、頭部と肢体 | 61 |
| | 腹部（内臓を含む） | 33 | | 胴体と肢体 | 62 |
| | 骨盤部（腰部） | 34 | | 上肢と下肢 | 63 |
| | 胴体中の複合部位 | 38 | | その他の複合部位 | 68 |
| | 胴体で部位不明のもの | 39 | | 複合部位不明のもの | 69 |
| 4 上肢 | 肩（鎖骨及び肩甲骨を含む） | 41 | 7 一般的傷病 | 循環器系統 | 71 |
| | 上膊 | 42 | | 呼吸器系統 | 72 |
| | ひじ | 43 | | 消化器系統 | 73 |
| | 前膊 | 44 | | 神経系統 | 74 |
| | 手首 | 45 | | その他の一般傷病 | 78 |
| | 手（指のみのものを除く） | 46 | | 一般的傷病不明のもの | 79 |
| | 指 | 47 | 9 部位不明 | 傷病部位不明のもの | 99 |
| | 上肢中の複合部位 | 48 | | | |

(注)　1. 同一の労働災害で二つ以上の部位を負傷し又は疾病にかかった場合は、その傷病の比較的重い方の部位により分類する。
　　2. 二つ以上の部位に受けた傷病の重さが同程度である場合は、複合部位に分類する（同一の大分類に属する部位の複合はその大分類中の複合部位とし、異なる大分類に属する部位の複合は、大分類「6複合部位」に分類する。
　　3. 特定の負傷によらず、身体の機能を害した場合は、大分類「7一般的傷病」に分類する。
　　4. 特定の負傷により二次的に系統障害を起した場合は、特定の負傷を受けた部位により分類する。
　　5. 傷病性質コードが「06」から「93」までのものについては、傷病部位のコードを「99」と記入する。

# 事故・災害、ヒヤリハット報告書

（様式1）　　　　　　　　　　　　　　　　　　　　　　　〇〇事業所

| 概要 | | 第　　回 | | | 班（グループ）　　　　　平成　年　月　日実施 | | |
|---|---|---|---|---|---|---|---|
| | | 役割 | 司会者 | 時計係 | PC係 | PC補助 | 発表係 | コメント係 |

| 災害発生状況及び原因 | ～していたとき　　～となった、が分かるように記載する。原因が分からない場合は無理して記載しない<br>（発生状況）<br><br><br>（事故後とった対応、災害原因）<br><br><br>(1) 災害発生現場の概要<br>　　構成員<br><br>　　発注者<br>　　元請け<br>(2) この職場の管理状況（TBM、KY、RA等）<br>　　① 作業時の服装（保護具等）<br>　　② 体操の実施、ミーティング、作業指示内容<br>　　③ 健康状態（睡眠、飲酒等も含む）<br>　　④ 教育・資格<br>　　⑤ 手順書等の有無 |
|---|---|

| 災害状況の把握 | 1. 災害発生日時・場所 | 3. 傷病の状況 | ① 部位 | ② 傷病名 | ③ 休業日数 | 4. 物的被害状況 | | |
|---|---|---|---|---|---|---|---|---|
| | 平成　年　月　日（　）天候：<br>午前・午後　時　分頃　気温：<br>場所： | | | | | | | |
| | 2. 業種（規模）<br><br>（　　）人 | 5. 被災者の特性 | ① 氏名<br>（性別）<br>（男） | ② 年齢<br><br>才 | ③ 職種<br>（所属） | ④ 経験年数<br>（勤続年数）<br>年<br>（　年） | 6 不安全状態 | 7 不安全行動 |
| | 8. 事故の型<br>（　　） | 9. 起因物<br>（　　） | 10. 加害物<br>（　　） | 11. 災害現場見取図（主要寸法を記入する）<br><br>【平面図】　　　　　　　　【立面図】 | | | | |
| | 組織図<br>（監督者） | | | | | | | |

（様式2-1）

| | |
|---|---|
| Ⅰ　事実の確認<br>Ⅰ-Ⅰ　事故・災害等の発生経過（時系列に）<br>　　①　　：　分頃　現場到着<br><br><br><br><br><br><br><br><br><br>Ⅰ-Ⅱ　不安全状態<br>　　①<br>　　②<br>　　③<br>Ⅰ-Ⅲ　不安全行動<br>　　①<br>　　②<br>　　③<br>Ⅰ-Ⅳ　人間的要因（Man）<br>　1 動作の欠陥（ムリな姿勢、長時間立ちっぱなし等）<br>　　①<br>　　②<br>　2 操作の欠陥、急激な旋回、運転中の給油・掃除、等<br>　　①<br>　　②<br>　3 方法の異常（共同作業間の連携・連絡の不十分、等）<br>　　①<br>　　②<br>　4 作業者の心理的要因（無意識行動、錯覚等）<br>　　①<br>　　②<br>　5 作業者の生理的要因（疲労、睡眠不足、飲酒、など）<br>　　①<br>　　②<br>　6 職場の要因（職場の人間関係、コミュニケーション、等）<br>　　①<br>　　② | Ⅰ-Ⅴ　設備的要因（Machine）<br>　1 設備、環境、状態の異常（防護設備、治工具等の不備・欠陥）<br>　　①<br>　　②<br>　2 法面の一部からの漏水、一部崩壊<br>　　①<br>　　②<br>　3 河川の増水、大きな岩石・流木の増加<br>　　①<br>　　②<br>　4 地滑り計、地震計の異常値（警報）<br>　　①<br>　　②<br>　5 設計上の欠陥<br>　　②<br>　　③<br>　6 危険防護（原材料などを含む）の不良<br>　　①<br>　　②<br>　7 本質安全化の不足<br>　　①<br>　　②<br>　8 人間工学的配慮の不足<br>　　①<br>　　②<br>　9 標準化の不足<br>　　①<br>　　②<br>　10 点検整備の不足など<br>　　①<br>　　②<br>Ⅰ-Ⅵ　作業的要因（Media）<br>　1 保護具の未使用<br>　　①<br>　　②<br>　2 整理整頓の不良<br>　　①<br>　　②<br>　3 作業情報（打合せ・連絡・指示などの内容）の不適切<br>　　①<br>　　②<br>　4 作業方法の不適切、作業手順の不遵守<br>　　①<br>　　②<br>　5 作業姿勢、作業動作の欠陥<br>　　①<br>　　② |

（様式2－2）

6 荷などの積み過ぎ
　①
　②

7 作業空間の不良
　①
　②

8 作業環境、自然環境の不良
　①
　②

Ⅰ－Ⅶ 管理的要因（Management）
1 管理組織の欠陥（計画、調整、統制機能の異常）
　①
　②

2 作業手順書・規程・マニュアル類の不良、不徹底
　①
　②

3 作業管理の欠如
　①
　②

4 リスクアセスメント未実施
　①
　②

5 安全管理計画の不良
　①
　②

6 教育指導・訓練の不足
　②
　③

7 部下に対する監督・指導の不足（監督技法の不十分）
　①
　②

8 適性を考えた適正配置の不十分
　①
　②

9 点検システム、パトロールチェックリストの不備
　①
　②

10 健康診断未実施、健康管理の不良
　①
　②

Ⅰ－Ⅷ 任務、企業風土・企業文化的要因（Mission）
1 技術的・肉体的に負荷の過大な作業
　①
　②

2 ノルマ体質・目標管理システム
　①
　②

3 長時間労働の強制、インターバルの少ない休憩・休息等
　①
　②

4 不法裁量労働制
　①
　②

5 ハラスメント容認体質、体育会系（絶対服従）の社訓
　①
　②

6 遵法意識の欠如（不正検査の横行、隠蔽体質）
　①
　②

7 お客様・株主至上主義、従業員は黙って働け
　①
　②

Ⅰ－Ⅸ 金・資金的要因（Money）
1 現状の人数で何とかしろ、慢性的人手不足
　①
　②

2 機械の欠陥を手で補う。現状の機械等優先
　①
　②

3 賃上げより、内部留保優先。株主優先
　①
　②

4 職場環境改善やAI、IoT等には資金は出さない。
　①
　②

5 省エネ、エコ、地球温暖化対策に消極的
　①
　②

6 口は出すが金は出さない。予算至上主義
　①
　②

7 同業他社に比べて新入社員の定着率が著しく低い
　①
　②

8 同業他社に比べて、賃金、賞与、福利厚生が低い
　①
　②

Ⅰ－Ⅹ その他

様式3-1

◎（問題点）・背景・対策等について（なぜなぜ5回）　　　　　　　　　　　　　　　　　　　　　　　　　　　　Gr・名

| 6M | 問題点 | 背景（なぜなぜ5回） | その後の対策 | 今後の課題・安全衛生委員会テーマ |
|---|---|---|---|---|
| | | なぜ1：<br>なぜ2：<br>なぜ3：<br>なぜ4：<br>なぜ5： | | |
| | | なぜ1：<br>なぜ2：<br>なぜ3：<br>なぜ4：<br>なぜ5： | | |
| | | なぜ1：<br>なぜ2：<br>なぜ3：<br>なぜ4：<br>なぜ5： | | |
| | | なぜ1：<br>なぜ2：<br>なぜ3：<br>なぜ4：<br>なぜ5： | | |

第11章　災害発生時の措置

（様式4）　　　　　　　　　　　　　　　　　　　　　　　　　　　　　　　　　　　　　　　　　班

| Ⅳ　再発防止対策 |||||
|---|---|---|---|---|
| Ⅳ－Ⅰ　災害原因 |||||
| 分類 | 整理番号 | 災　害　原　因 || （まとめ） |
| 人（1M） | | | | |
| 物（2M） | | | | |
| 作業（3M） | | | | |
| 管理（4M） | | | | |
| 任務（5M） | | | | |
| 金（6M） | | | | |

① 問題の相関関係を明確に示すこと。　② 災害要因のウエイトをよく考えて決定すること。

| | 整理番号 | 再 発 防 止 対 策 | 実　施　計　画 ||||||
|---|---|---|---|---|---|---|---|---|
| | | | いつまでに | だれが（だれに） | どこで | なにを | どのように | 費用 |
| Ⅳ－Ⅱ 再発防止対策 | | | | | | | | |

(参考) グループ討議　テーマ（例）
① 自社の事故災害時の措置基準について、本誌345頁以下の9項目に照らして、十分か採点し、共通の弱点について原因と対策を議論する。
② 避難訓練について実施状況と、問題があればその原因と対策を議論する。
③ 災害調査について、実施しているか。本誌に記載されている方法（様式）で再度実施してみる。
④ 災害事例研究を実施しているか。本誌に記載された方法（様式）で再度実施してみる。
⑤ 危機管理対策はどうなっているか。本誌に記載されている内容が具備されているか。具備されていない場合はその原因と対策を議論する。

# 第12章

# 作業に係る設備及び作業場所の保守管理の方法

## 1. 保守管理と設備保全

　どんなモノでも時間が経つにつれて古くなり故障しがちになる。しかし、日頃からきちんと点検や修理を行えば、長く正常に使うことができる。同じように、工場の機械や設備も定期的に点検・修理を行えば、長く安全に使い続けられる。

### （1）保守管理とは
　辞書によると、「保守」とは「正常な状態を保つこと」と記載されている。例えば、休業時も機械を保守点検する、線路の保守点検など。
　「保守管理」とは、装置やシステムの性能を期待するレベルで維持し、故障や性能の低下を最小限に抑え復旧させることで、システム管理、データ管理、品質維持、セキュリティ管理に分類できる。これらは施設全体で取り組むべき項目も含んでいるので、担当部門との連携が必要であると説明されている（デジタル大辞泉他）。
　したがって、機械やシステムを故障なしに高い性能で稼働させること、及び故障しても短時間で復旧できるよう管理することが保守管理である。そして、一般に保守は非常駐、管理は常駐して対応するとの説明がなされている。

### （2）設備保全とは
　辞書によると、「保全」とは「保護して安全であるようにすること。安全を保つこと」と記載されている。例えば、財産を保全する、環境保全など。
　「設備保全」とは、工場の機械を安全に動かすために、点検や修理を行うことである。生産に使う機械は一番重要で、これが壊れると生産性が落ちてしまい、お客様に迷惑がかかったり会社の損失になる。そのため、機械が壊れないようにしっかりと「保全」することが必要であると説明されている（前同）。
　設備保全は大きく分けると、「事後保全」と「予防保全」の2つある。
　① 事後保全
　　　調子がおかしくなった機械を調べ、その原因を突き止めて故障を直すのが「事後保全」である。「故障」には2種類あり、それぞれ「機能停止型故障」「機能低下型故障」と呼ばれている。
　　ア）機能停止型故障
　　　　機械が止まってしまう故障で、多くは突発的に起こる。このタイプの故障は、事前の点検や調査では発見しにくいのが特徴である。
　　イ）機能低下型故障
　　　　機械の動きが遅くなったり、性能が悪くなったりする故障である。こちらの故障は「機能停止型故障」とは違い、部品が劣化した状況などを事前に調べることで、ある程度予測できる。もし部品が劣化していれば、機能が低下する前に新しい部品と交換する。
　② 予防保全
　　　工場の機械を安定して動かすために、点検・修理・部品交換などを計画的に行うのが「予

防保全」である。部品交換の目安には、基準が2つある。「時間基準保全」と「状態基準保全」である。
  ア）時間基準保全
　　実際に部品がどれくらい劣化しているかということではなく、一定の期間に部品を使ったら故障していなくても取り換えるというものである（本質的安全設計のセーフライフ）。部品が完全に劣化する前に交換するため、機械が故障しにくくなるという長所がある（例、クローラークレーン等のブーム（ジブ）起伏ワイヤーの交換等）。
  イ）状態基準保全
　　実際に部品がどれくらい劣化しているのかを調べて、交換が必要なくらい劣化している部品のみ取り換えることである。時間基準保全に比べて機械が故障するリスクは高くなるが、交換する必要のない部品まで取り換える手間が省ける。その分、時間的にもコスト的にも負担が小さくて済む。

　実際の現場では、「事後保全」と「予防保全」を組み合わせて、「機能停止型」と「機能低下型」両方の故障に対処している。部品を交換するタイミングも、部品の重要度や取り換えやすさ、部品そのものの価格を考えて、「時間基準」と「状態基準」を組み合わせていることが多い。

### （3）保守と保全、メンテナンス

　「保守管理」とは言うが、「保全管理」とは一般に言わない。「保守点検」とは言うが、「保全点検」とは言わない。同じような言葉に「メンテナンス」がある。メンテナンスとは、定期的に機械やシステムの点検、修理を行うことである。通常はあらかじめ決まった項目（チェックリスト、点検表）に基づいてメンテナンスが行われる。これからすると、メンテナンスはどちらかと言えば、保守に意味合いが近い。
　このように若干の相違はあるが、本書では保守も保全もメンテナンスも同じこととして記述することにする。

## 2. 作業設備の保守管理の方法

### （1）安全衛生点検の意義

　前述したとおり、作業設備は使用するにつれて、最初に計画した状態（基準の状態）からだんだんずれていく。許容値を超えれば異常な状態になる。また、建設現場は工事の進捗により、さまざまに変化していく。それに伴い、設備の状況や作業場所等も変わっていく。
　安全を確保するためには、設備や作業場所を常に点検整備し、良い状態を維持するように努めなければならない。当初設置された設備等が正常な状態であっても、時間の経過とともに現場の状況が変わり、不安全な状態になり得る場合もある。
　また、作業者も時間の経過とともに慣れや疲労、心理的な圧迫感等から、正しい作業手順（ルール）を無視して不安全な行動をするようになる。これも基準からずれた「異常な状態」である。こうした異常な状態を早期に発見して是正することが、安全衛生点検の意義である。
　第10章では「異常の早期発見は、顕在化している場合は、①五感を活用する、②自社に多い不安全行動、不安全状態でのチェックリストを活用する、③6Mでチェックする」と述べた。

また、機械・設備については、クレーン、局所排気装置等に代表されるように、法令によって点検要件（項目、期間、点検者等）が定められている。本章では、第10章以外の安全衛生点検表（チェックリスト）を活用した異常の早期発見について述べる。

## （2）安全衛生点検とは

　現場の機械、設備、材料、工具及び保護具を常に安全で快適な条件に保つために、物、環境の不良箇所を調べて、また改善すべき点を早く発見して、安全作業と生産効率を向上させるために実施する、安全衛生管理活動の基本である。

　不安全な状態、不安全な行動を是正し、安心して作業ができる状況をつくり出すことが必要で、職長・安責者は常に目を光らせておくことが大切である。

　点検の不徹底は修理費が高くなり、修理時間も長くなり、工期などにも影響し、大きな損失を招くことになる。したがって、日常点検の実施と定期点検は検査計画を立てて、確実に行うことが大切である。特に重要なことは、点検結果の不備な箇所の是正報告が行われた場合は、三現主義で「**現場で、現物を、自分の眼で必ず現認する**」ことである。

## （3）日常点検

　日常点検には、①作業開始前点検、②中間点検、③終業時点検、がある。
　①　作業開始前点検（始業点検ともいう）
　　　作業開始前点検は、その日の作業が安全に行えるかどうかを仕事を始める前にチェックするもので、点検の中で「**最も重要**」な意味を持っている。
　　　始業点検は法令に定める危険有害設備はもとより、ハンマー（金槌）やカンナ（鉋）のような工具に至るまで、必ず行うことが必要である。

### 法令上の始業点検（建設業の例）

| 対象機械 | 関係条文 | 対象機械 | 関係条文 | 対象機械 | 関係条文 |
|---|---|---|---|---|---|
| 明り掘削・地山 | 安衛則358 | ずい道内ガス自動警報装置 | 安衛則382の3 | 採石箇所・地山 | 安衛則401 |
| 足場 | 安衛則567、655 | つり足場 | 安衛則568、655 | 作業構台 | 安衛則575の8、655の2 |
| 型わく支保工 | 安衛則244 | 車両系運搬機械 | 安衛則170 | 軌道装置 | 安衛則232 |
| クレーン | クレ則34～38 | 移動式クレーン | クレ則76～79 | 建設用リフト | クレ則192～195 |
| 簡易リフト | クレ則208～211 | 玉掛用具 | クレ則220 | ゴンドラ | ゴンドラ則21、22 |
| 潜水器 | 高圧則34 | 送気管、信号索等 | 高圧則34 | 圧力調整器 | 高圧則34 |
| 再圧室 | 高圧則44、45 | 酸欠用保護具等 | 酸欠則7、21、23の2 | 酸欠用避難用器具等 | 酸欠則15 |

なお、始業点検では、毎日ほぼ同じことの繰り返しになるので、つい手抜きをしがちになる。職長・安責者は身近な事例などを紹介して、点検がいかに重要な作業であるか、日頃からよく説明して納得させるとともに、職長・安責者が同行して確認することも必要である。

【始業点検の例】
- 機械器具・工具・保護具・仮設資機材・製品資材等
- 作業通路、作業床、足場、手すり、開口部等の養生、立入禁止措置等
- 電気配線、アース等の点検等
- 地山、法面、土止めの状態、酸欠・有害ガス等の作業環境の状況

② 中間点検

作業中にも、機械設備に対する点検を怠ってはならない。特に、高温溶融物を取り扱うような、あるいは高圧室内作業のような過酷な作業条件や危険有害物質を扱う設備などでは、破損変形、気圧の低下による低酸素空気の流出、危険有害物質の漏洩に配慮が必要である。

また、屋外に設置するクレーン、わく組足場等は、瞬間風速が30mを超える風が吹いた後や中震（震度4）以上の地震の後などの悪天候、作業環境の急激な変化に対しては、点検を行った後でなければ作業してはならないことが法令上義務づけられている（安衛則第567条第2項、クレーン則第31条等）。

### 法令上の中間点検（建設業の例）

| 設備（作業名） | 関係条項 | 点検時期 |
|---|---|---|
| 型わく支保工 | 安衛則244条 | コンクリート打設中 |
| 土止め支保工 | 安衛則373条 | 中震以上の地震、大雨の後 |
| 明かり掘削 | 安衛則358条 | 中震以上の地震、大雨の後、発破の後 |
| 作業構台 | 安衛則575条の8 | 組立、一部解体・変更後、大雨の後、中震以上の地震の後 |
| 足場 | 安衛則567条 | 同上 |
| ずい道等の建設 | 安衛則382条 | 中震以上の地震の後、発破後 |
| ずい道支保工 | 安衛則396条 | 中震以上の地震の後 |

③ 終業時点検
作業終了後は、整理整頓とともに作業者から機械設備の状況報告を受け、異常や気になる点があれば、職長・安責者自ら三現主義で確認し、翌日の作業に支障のないように努めなければならない。

**【終業時点検の例】**
・ 火気の始末、電源スイッチ、風散防止措置、第三者立入り禁止措置、酸素・アセチレンのコック、溶接機のホルダーの収納等

## （4）定期自主検査と特定自主検査

① 定期自主検査（安衛法第45条第1項）： ボイラーその他の機械等で、政令（安衛法施行令第15条第1項）で定めるもの（特定機械）は、定期に自主検査を行い、結果を記録しておかなければならない。

| 定期に自主検査を行うべき機械等（安衛法施行令第15条第1項） ||
|---|---|
| 一号・・・第12条第1項各号に掲げる機械等、第13条第3項第5号、第6号、第8号、第9号、第14号から第19号まで及び第30号から第34号までに掲げる機械等、第14条第2号から第4号までに掲げる機械等並びに前条第10号及び第11号に掲げる機械等・・・以上（別欄）に記載 ||
| 二号・・・動力により駆動されるプレス機械 | 三号・・・動力により駆動されるシャー |
| 四号・・・動力により駆動される遠心機械 | 五号・・・化学設備（配管を除く。）及びその附属設備 |
| 六号・・・アセチレン溶接装置及びガス集合溶接装置（これらの装置の配管のうち、地下に埋設された部分を除く。） | 七号・・・乾燥設備及びその附属設備 |
| 八号・・・動力車及び動力により駆動される巻上げ装置で、軌条により人又は荷を運搬する用に供されるもの | 九号・・・局所排気装置、プッシュプル型換気装置、除じん装置、排ガス処理装置及び排液処理装置で、厚生労働省令で定めるもの |
| 十号・・・特定化学設備及びその附属設備 | 十一号・・・ガンマ線照射装置で、透過写真の撮影に用いられるもの |

（別欄）

| | 安衛法施行令第15条第１項第１号の機械 |
|---|---|
| 第12条第１項各号に掲げる機械等 | ① ボイラー（小型ボイラーを除く。）<br>② 第一種圧力容器（小型圧力容器等を除く。）<br>③ つり上げ荷重が３トン以上（スタッカー式クレーンにあっては、１トン以上）のクレーン<br>④ つり上げ荷重が３トン以上の移動式クレーン<br>⑤ つり上げ荷重が２トン以上のデリック<br>⑥ 積載荷重（エレベーター（簡易リフト及び建設用リフトを除く）、簡易リフト又は建設用リフトの構造及び材料に応じて、これらの搬器に人又は荷を載せて上昇させることができる最大の荷重をいう。以下同じ。）が１トン以上のエレベーター<br>⑦ ガイドレールの高さが18m以上の建設用リフト（積載荷重が0.25トン未満のものを除く。次条第３項第18号において同じ。）<br>⑧ ゴンドラ |
| 第13条第３項第５号、第６号、第８号、第９号、第14号から第19号まで及び第30号から第34号までに掲げる機械等 | ５号・・・活線作業用装置（その電圧が、直流にあっては750Vを、交流にあっては600Vを超える充電路について用いられるものに限る。）<br>６号・・・活線作業用器具（その電圧が、直流にあっては750Vを、交流にあっては300Vを超える充電路について用いられるものに限る。）<br><u>８号・・・フォークリフト</u><br><u>９号・・・別表第七に掲げる建設機械で、動力を用い、かつ、不特定の場所に自走することができるもの</u>（別掲）<br>14号・・・つり上げ荷重が0.5トン以上３トン未満（スタッカー式クレーンにあっては、0.5トン以上１トン未満）のクレーン<br>15号・・・つり上げ荷重が0.5トン以上３トン未満の移動式クレーン<br>16号・・・つり上げ荷重が0.5トン以上２トン未満のデリック<br>17号・・・積載荷重が0.25トン以上１トン未満のエレベーター<br>18号・・・ガイドレールの高さが10m以上18m未満の建設用リフト<br>19号・・・積載荷重が0.25トン以上の簡易リフト<br>30号・・・ショベルローダー<br>31号・・・フォークローダー<br>32号・・・ストラドルキャリヤー<br><u>33号・・・不整地運搬車</u><br>34号・・・作業床の高さが２m以上の高所作業車 |
| 第14条第２号から第４号までに掲げる機械等 | ２号・・・第二種圧力容器<br>３号・・・小型ボイラー<br>４号・・・小型圧力容器 |
| 第14条の２第10号及び第11号に掲げる機械 | 10号・・・絶縁用保護具（その電圧が、直流にあっては750Vを、交流にあっては300Vを超える充電路について用いられるものに限る。）<br>11号・・・絶縁用防具（その電圧が、直流にあっては750Vを、交流にあっては300Vを超える充電路に用いられるものに限る。） |

（別掲）

| 安衛法施行令第13条第3項第9号で定める令別表第7の車両系建設機械 |
|---|
| 一　整地・運搬・積込み用機械<br>　　ブル・ドーザー<br>　　モーター・グレーダー<br>　　トラクター・ショベル<br>　　ずり積機<br>　　スクレーパー<br>　　スクレープ・ドーザー |
| 二　掘削用機械<br>　　パワー・ショベル<br>　　ドラグ・ショベル<br>　　ドラグライン<br>　　クラムシェル<br>　　バケット掘削機<br>　　トレンチャー |
| 三　基礎工事用機械<br>　　くい打機<br>　　くい抜機<br>　　アース・ドリル<br>　　リバース・サーキュレーション・ドリル<br>　　せん孔機（チュービングマシンを有するものに限る。）<br>　　アース・オーガー<br>　　ペーパー・ドレーン・マシン |
| 四　締固め用機械<br>　　ローラー |
| 五　コンクリート打設用機械<br>　　コンクリートポンプ車 |
| 六　解体用機械<br>　　ブレーカ |

②　特定自主検査（安衛法第45条第2項）：①の定期自主検査のうち、政令（安衛法施行令第15条第2項）で定める機械については、省令で定めた資格を有する者（告示・・・研修修了者）か検査業者（同法第54条の3）に実施させなければならない。

　　施行令第15条第2項：動力プレス（安衛則第135条の3）、フォークリフト（同151条の24）、不整地運搬車（同151条の56）、車両系建設機械（同169条の2、上記別掲の機械で自走するもの）、高所作業車（同194条の26）……379ページ別欄下線の機械

　自主検査は職長・安責者が行うこともあろうが、検査するには社内外等で一定の自主検査者研修を受けなければ適切な検査は難しいと思われる。特定自主検査は検査業者か省令で定めた研修を受けた者が行うが、これらの機械を取り扱う職長等としては、できるだけ「取扱説明書」や「検査指針」等を学習し、問題があれば適切な措置をとれるようにしておくことが肝要である。

また、特定自主検査は検査標章を当該機械設備の見やすい箇所に貼付して、作業者に周知徹底するように努める。

いずれにせよ、職長等だけでなく作業員も自分の職場にある機械設備について、日頃から「取扱説明書」や「検査指針」等を十分に理解しておくことが必要である。

### (5) その他の点検
① 悪天候時等の随時点検

法令以外の機械・設備等であっても、暴風、強風、大雨、大雪、中震以上の場合に、その前後に設備・機械等の点検を行う（強風で看板のボルトが緩んでいるのを放置して通行人が被災した事故などがある）。

② 機械設備の分解、修理、改造後の点検
③ 作業中の点検（パトロール、巡視）

不安全状態、不安全行動をチェックする。

④ 必要に応じて行う機械設備の点検、整理整頓の状況点検、他職種との連絡調整事項の点検、安全施工サイクル等で定められた点検

⑤ 機械持ち込み時の点検

職場に機械を持ち込むときには、必ず自主点検を行い、点検表を元方事業者に提出する（詳細は後述の「4．持込機械等の措置」参照）。

## 3. 作業中の安全衛生点検（パトロール、巡視も含む）

### (1) 点検の基本的な要領

作業中の安全衛生点検は「パトロール」とか「巡視」と呼ばれる。定期的なものも不定期なものもあるが、いずれにせよ次のＰＤＣＡの要領で行う。

① 点検実施計画を立てる（Ｐ）

点検は思いつきではなく、安全施工サイクル、年間安全衛生計画、月間安全衛生計画等に盛り込んで行うのを基本とする（突発的なものは随時点検で対応する）。点検時期、点検実施者（対象者）などを決めておく。

② 点検基準を定める

点検箇所、内容、方法、点検結果などについて基準を定める（チェックリストを作成する）。

点検基準が定まったら、点検者を教育する。（後述3（2）参照）

③ 点検の実施（Ｄ）

原則としてチェックリストに基づいて実施する（点検者によるバラツキをなくすため、等）。できるだけ是正事項は文書で行う。

④ 点検結果の確認（Ｃ）

是正報告はできるだけ、写真、文書で行わせ、可能な限り点検者は三現主義で確認する。

⑤　点検結果が判明したことにより、必要ならば点検基準（チェックリスト）を見直す（A）
　　指摘する事項が少なくなったらチェック項目の基準を高める。逆に同じ基準なのに指摘事項が多くなったら、原因を調査し、必要ならば作業員の再教育等を行う。

### （2）点検者（パトロール要員、巡視者）の教育

　点検者は、その機械設備、作業をよく知っていることが望ましい。点検対象の正常な状態や許容値を把握していて、チェックリストに基づき、異常を見分ける判断力、カン、コツを身につけ、もし異常になるとどんな現象になるか、どんな影響を及ぼすかなどを理解していることが必要である。

　点検者がこの能力を有していなければ、点検は全く無意味で時間の無駄、安全衛生の効果は望めない。したがって、点検を実効あるものとするためには、点検者にこれらの教育を実施してから行わせる必要がある。できればベテランの先輩によるＯＪＴ教育を実施すべきである。

　また、点検者に対して、点検のノウハウだけでなく、安全衛生点検をすることの意義、役割、重要性についても教育しておく。特に、点検基準をクリアしたら良いだけでなく、どうすれば快適職場が実現できるかという、より高い視点で点検することと、「これくらいで、まぁいいか」という安易に妥協してはいけない、という心構えも併せて教育することが大切である。安全衛生点検に妥協は必要ない（妥協して事故・災害が発生したとき、手抜きという責任問題になるだけでなく、自責の念にかられることが非常に多い）。

### （3）点検の実施方法

①　決意する

　　不安全状態、不安全行動を絶対に見逃さない。「今日一日、みんなの安全のために頑張るぞ！」と決心する。

②　点検する

　　一般には、遠くから作業現場の全体の様子を観察する。建設現場なら、仮囲いがしっかりしているか、安全衛生旗が見えるか、養生ネットが緩んでいないか、製造工場であれば、安全ポスター・標語の掲示はあるか、外まで騒音は聞こえないか、部屋全体に粉じんが立ちこめていないか、臭気が立ちこめていないか等、近づくと気づきにくいことを観察する。その後、作業現場に近づいて細かい部分を点検する。

③　目線が大事

　ア）大きいものから細かいものを見る。

　イ）物は重力で下に落ちるので、上から下に見る。

　ウ）クレーンやプレス機械など、動いているものに挟まれたり激突されたりするので、動いているものを先に見る。足場など固定されているものは逃げないので後で見る。

　　　基本は、その場で立ち止まって、見る、聴く、触る、嗅ぐの四感を使用する。仮に機械・設備の点検が重点であってもそれだけにとどまらず、現場での作業員の一連の作業行動もよく観察する。

④　点検の種類
　ア）外観点検
　　　機械設備の配置、部材の取付状況、変形、亀裂、損傷、汚損、油漏れ、ボルトの緩み、異常音などの有無を目視、触手、聴覚などにより確認する。また、軽く叩いて音（正常音、鈍い音、濁った音等）を確かめると良い。
　イ）作動点検
　　　安全装置や漏電遮断装置、電撃防止装置、動力部分などを定められた手順により実際に作動させ、作動状況や異常音の有無を確認する。
　ウ）機能点検
　　　簡単な運転操作を行い、機能の良否や運転状況、異常振動や異常音の有無を確認する。
⑤　点検後の措置
　　"点検は、点検に戻れ"と言われているが、点検⇒異常⇒是正⇒確認点検という流れになる。
　ア）点検結果の確認
　　　どのような状態であったか、どこに問題があったか
　イ）是正方法の検討（リスクレベルの高いものから是正させる）
　　・いつ、誰が、どのようにすればよいか、費用や是正までの期間を考える。
　　・できるだけ本質安全化、実行可能の観点で行う。
　ウ）是正の実施
　　・簡単に是正できるものは、すぐに直す。
　　・特に危険な状態のものは、その場ですぐに是正させる。
　　・すぐに是正できないもので危険な状態のものは作業を中止して関係者と協議する。それほどではないものは、応急措置をして是正方法を検討する。
　　・緊急を要するもの以外は、段階的、計画的に改善是正する。
　エ）是正後の確認
　　・原則として、職長・安全衛生責任者が自ら行い、自らできない場合は、確認者を指名し、その者から必ず報告を受ける。
⑥　記録
　　①～⑤について５Ｗ２Ｈで記録し、点検の仕方、チェックリストの見直し、作業員の再教育等、後日の参考にする。

## （4）点検時の安全の確保

　点検はほとんどの場合、一人作業で行われ、通常作業では近づかない回転部分に近づいたり、足場が不完全な高所に昇ったりする。そのため、通常の作業に比べ点検作業は危険度が高い。
　点検は教育を受けたベテランの作業員が行うことが多いが、慣れからくる不安全行為や加齢等による身体能力の減退から思わぬ危険状態を招くこともある。点検者は安全帯や保護具の使用はもちろん、点検時は周囲の安全に気を配って作業する等、作業員の手本となるように点検作業をすることが求められる。

## （5）点検にあたっての留意事項

① 職場関係者に安全衛生点検の意義をよく理解させ、協力を求めること。
② 職場のあら探し的な態度や方法は避けること。
③ 点検者は、保護具、服装、動作などについて模範的であること。
④ 過去に災害が発生した箇所は、その要因がなくなっているかどうかを確認すること。
⑤ 1つの機械設備で発見された不安全な状態が他の同種の設備にもないか点検すること。
⑥ 発見された不安全な状態などについては、単にその是正策を講ずるだけでなく、その発生原因を調べ、根本的な対策（例えば、機械設備などの配置の変更、作業方法の変更など）を検討すること。
⑦ 作業者の作業性により安全性を犠牲にすることがあってはならないこと。
⑧ 危険な機械設備については、細かいことからでも大災害を招く原因になることがあるので見逃さないこと。
⑨ 安全衛生点検の際は、作業者などに対し、欠陥を指摘するだけでなく、良い点は誉めて、自信を持たせること。
⑩ 欠陥を指摘する場合は、すぐに指摘するのではなく、本人に考えさせること。
⑪ 作業者に指摘するときは、必ず作業する手を止めさせ、安全を確認してから話しかけること。

## （6）その他

① 三次元の安全衛生管理を

　安全衛生点検は点検者のみが安全衛生状態を知っているなら、そして、その者が指摘した時点で是正され安全状態が出現したとするなら、それはいわゆる点の（一次元）安全衛生管理である。点検者がいなくなれば場合によっては元の不安全な状態になりかねない。

　そうしないためには、現場の職長等も何が安全衛生な状態であるかを知り、点検者が不在でも安全衛生点検ができるようにしなければならない。そうすることにより面（二次元）の安全衛生管理が可能となる。

　しかし、職長等も自らの仕事があり、店社での打合せ、あるいは年次有給休暇を取っていて不在ということもある。その場合でも不安全な状態にならないためには、職長以外の作業員も、どういう状況や状態が安全なのかを知って自ら点検できるようにならなければならない。これが立体的（三次元）の安全衛生管理であり、全員参加の安全衛生活動である。

　安全衛生点検は安全衛生教育の場でもある。後述するチェックリストの内容は、すべての作業員が理解できるものでなければならない。

② ゼロ災の理念で快適職場を目指す

　職場にはいろいろな人がいる。その一人ひとりはカケガエのない人（※）である。誰一人ケガをさせて良い人、死んでも仕方がないという人はいない。

　「職場の誰一人絶対にケガをさせない、そのために全員参加で安全と健康を先取りしていこう」というのが、ゼロ災運動の理念（こころ）であり、原点（出発点）である。

安全衛生管理活動に妥協があってはならない⇒どこかで妥協はないか（これくらいでまあ良しとしようはダメ）。

子どもでも安心して通ったり、遊べるような職場環境になっているかどうかが快適職場の条件の１つであり、それを目指す点検を行うべきである。

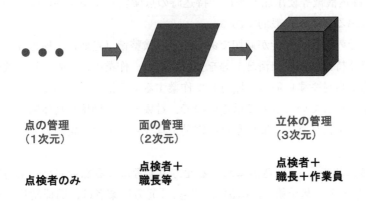

**カケガエのない命**

「掛け替え」とは、「いざという時の準備に用意された同種のもの。それに代わるもの。かわり。」のことをいう。したがって「掛け替えのない」とは、「かわりになるものがない。このうえなく大切なもの。」という意味である。「掛け替え札」とは、ゴルフのハンディ表、柔道、剣道等の道場の壁にある、段位順の名札をいう。人の命は掛け替え札のように掛け替えられない。Ａさんの命の代わりにＢさんの命をということはできない、のである。

（注）この文章は、「中小建設会社のための効果的な現場パトロールの進め方」（「そら」労働調査会2016.5、白﨑淳一郎）を一部引用した。

## 4. 持込機械等の措置

　機械・設備、工具等による労働災害、事故の発生、機械などのトラブルなどによる作業の遅延等を防止するためには、現場にこれら機械等を持ち込むときの点検・整備及びマニュアル等の確認が大切である。このため、次の手順に従い、確認を行うこと。

### (1) 元方事業者への届出

　元方事業者は、現場の安全衛生管理を徹底させるため、下請業者（二次以下の再下請も含む）が持ち込む機械等について点検済みか否かの届出をするよう指導している。

　その手続きとしては、「持込機械等使用届」等に「持込時の点検表」及び「持込機械のマニュアル」等を添付し、届け出ることが一般的である。

　元方事業者の担当者は、その機種・性能が適切であるか、点検整備（定期自主検査等）を実施済みか等を確認した上で「持込機械届出済証」等を交付するが、作業中はこの「持込機械届出済証」等を機械等の外部から見やすい箇所に貼付して作業するよう指導している。

　なお、これらは法令に定められているものではないので、対象とする機械や具体的な手続きについては、元方事業者の指示に従う。一般に小型の電動工具等も届出の対象としているゼネコンが多い。

　また、安衛法第30条の2に基づく、「製造業における元方事業者による総合的な安全衛生管理のための指針」（平18・8・1　基発第0801010号）でも、「元方事業者は、関係請負人が防爆構造の電気機械器具、車両系荷役運搬機械、車両系建設機械等労働災害発生のおそれのある機械等を持ち込む場合は、当該関係請負人に、事前に通知させこれを把握しておくとともに、定期自主検査、作業開始前検査等を確実に実施させること。」（指針第2の7（2））があり、関係請負人にも同様の措置を求めている（指針第3の5（2））。なお、同指針別添2で造船業についても同様の措置が求められている。

### (2) 現場搬入時の整備確認

　現場に搬入する機械等は店社やリース業者において整備済みのものを出庫するが、現場が受領するときは「点検整備表」等の書類確認だけでなく、念のため目視点検、さらに必要があれば機能点検、作動点検、絶縁点検等を行うなど、現場サイドにおいても確認を行う。特に安全装置、緊急停止装置などは必ず確認する（安衛法の適用は事業場＝現場単位であることに留意すること）。

### (3) 持込機械を現場内で組立て又は解体するときの措置

①　組立て・解体作業についての作業計画を作成し、元方事業者と打合せを行い、その承認を受ける（当然ながら、製造検査、落成検査、設置届、設置報告書等の法令で定められた計画届は忘れずに行う）。（クレーン則第5〜6条、第55〜61条等）

②　作業指揮者を選任・任命し、作業員の役割分担を明確にし、作業指揮者の直接指揮のもとに組立て又は解体作業を実施する（混在作業となる場合は前日の作業打合せ時に特に留

意し、他職種と連絡・調整する)。
③ 元方事業者から立ち会う旨の連絡を受けた場合には、その指示に従う。
④ 二次以下の下請が持込む機械についても同様である。

## 5. 点検表（チェックリスト）について

　点検を漏れなく効果的に確実に行うためには、点検表（チェックリスト）で行うのが有効である。チェックリストは、点検者が現場で現物を見ながら行うものであるから、それを使う人の身になって、点検者に過大な労力を強いることなく、正確で持続的な点検ができるように作られたものでなければならない。

　最近ではタブレットにチェック項目があり、これでチェックを行い、要是正箇所は同じくタブレットで写真を撮り、是正指示書は自動的に相手のタブレットに配信されるほか、その結果は同時に店社にも配信されるという、クラウドを利用したITの活用が進んでいる。是正報告も写真や動画がメールで点検者のタブレットに送られ、原則三現主義で確認している（ライブ動画の場合は編集がないことと、点検者の指示で必要な部分の拡大・確認ができる、として三現主義は省力しているケースが多い）。

### (1) チェックリストの原則
① 点検対象物ごとに必要な項目だけを選びリストアップされていることが望ましい。点検項目が多すぎると手抜きが多くなる。
② 点検しやすい内容とする。できるだけ数値で表せるようにする。また、法令等の根拠が示せれば教育しやすいので記載する（例：架設通路の手すりの高さは85cm以上か？（安衛則第552条））
③ 許容値とその判断基準を示す。
④ 点検をスムーズに行うことができるよう、項目を作業の順序に従って設定する。
⑤ チェックリストは、点検結果に基づいて見直すことが必要である。例えば、当初考えていたよりも早く劣化したり、許容値の上限に近い値が多い場合には、点検周期を短くしたり、逆の場合では長くすることもあり得る。また、問題なしが多い場合はチェック基準を厳しくする、等も考えられる。

### (2) チェックリスト作成の留意事項
① チェックリストの内容は、具体的であること。
② 危険性の程度からみて緊急度の高いものから順に作ること。
③ 現場監督者用のチェックリストは、容易に理解できる内容のものとすること。
④ チェックリストは、できるだけ一定の様式とし、ア）点検項目、イ）点検内容、ウ）判断基準などの項目を盛り込むこと。

## 6. 作業場所の保守管理の方法

作業場所を正常な状態に保守管理する方法として、整理・整頓がある。整理・整頓は、安全衛生の基本でもある。整理・整頓が徹底されていない作業場所は、事故や災害が起きやすいと言っても過言ではない。

整理、整頓、清掃、清潔の頭文字をとって"4S"という。さらに、躾を加えて"5S"、習慣を加えて"6S"、あるいはニコニコ笑ってやろうということでスマイルを加えて"7S"としているところもある。

> **4Sは安全の母、躾は安全の父**
> 武家社会では、4Sは武家の母の仕事、躾は武家の父の仕事と役割分担されていたからだという説があることから、このように言われることがある。

### (1) 整理・整頓・清掃・清潔・躾（5S）の考え方

- 整理とは：必要な物と不要な物を区分し、不要な物を処分すること。基本的には「**捨てる**」作業のことをいう。
- 整頓とは：必要な物の置き場所、置き方、並べ方を決め、使いやすく、分かりやすく整えて置くことである。基本的には「**並べる、収納する**」作業のことをいう。
- 清掃とは：作業すると現場は汚れるが、それを放置しないできれいにすること。基本的には「**掃除する**」作業のことをいう。
- 清潔とは：作業服装、共用施設、トイレ等は常に清潔を保持すること。基本的には「**洗濯する、磨く**」作業のことをいう。
- 躾とは：決められたことを、いつも正しく守る習慣をつけること。基本的には「**守る**」ことをいう。

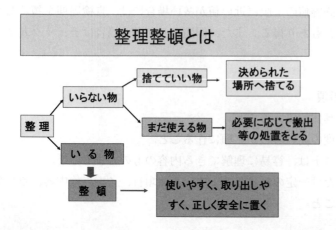

## （2）5Sをしないとどうなるか

① 整理ができていないと、いらない物、すぐに使わない物がたくさんあるということなので、
- スペースを殺す
- 危険である
- ムダな労力を費やす（時間のムダ、積み替えし直し、横ずらし）
- 資材がムダに使われる
- 人に圧迫感、嫌悪感を与える
- 設備、機械のトラブルが顕在化されにくい
- 整頓、清掃、清潔がしにくい

という状況が考えられる。

② 整頓ができていないと、雑然と物が置かれているということなので、
- 危険である
- 探すのに余計な手間がかかる
- 設備、治工具が傷みやすい
- 異品が混入しやすくなる
- 治工具、消耗品の不足に気がつかない
- 治工具、消耗品を持ちすぎる

という状況が考えられる。

③ 清掃、清潔ができていないと、ゴミが散乱し汚れがあるということなので、
- 製品の精度や品質を悪化させる
- 設備、治工具の精度の悪化を促進する
- 設備、治工具の不具合を隠す
- 顧客の信頼を損なう
- ケガの発生の温床となる（つまずき、転倒災害につながる）
- 設備、機械の機能が低下し故障しがちになる

という状況が考えられる。

④ 躾ができていないと、4Sを実施する人としない人が混在しているということなので、
- 職場内の不満がたまり、モラルが低下する
- 統制がとれず、秩序が乱れる
- 結果として不安全行動がはびこり、事故・災害が増加する

という状況が考えられる。

## (3) 4Sのポイント

① 整理のポイント

| |
|---|
| 不要品、不要材、ごみの分別廃棄（処分）基準を決める（明示する） |
| 不要品、不要材、切りくず、規格外品の回収基準、回収制度を決める（明示する） |
| 上記の物を置く十分な広さの場所を確保し、明示する |
| 廃棄基準、回収基準の見直し検討の担当者を決める |
| 仮設材、資材等の計画的な搬入・搬出（不急、不要材の持ち込み禁止）を徹底する |
| 業者持込の梱包材、仮資材等不要材の即時撤去等片付け、手間の節減の工夫をする |
| スペースのムダ、不要材、不要品を出さない工夫をする |
| 作業の流れをスムーズにして整理・整頓をしやすくする |
| 一斉片付け日を設定し、全員で短時間に実施する |
| ＩＳＯ14001の認証取得で、全社的な取り組みを実施する |

② 整頓のポイント

従来から　ア）物の積み方７つの常識、イ）物のしまい方５つの心得がある

| 物の積み方７つの常識 | 物のしまい方５つの心得 |
|---|---|
| ①形の揃った物は、揃えて積む | ①出し入れの多い物は、すぐに出せるような所に置く |
| ②重い物から軽い物へ、大きい物から小さい物へ積み重ねる | ②小さいボルト、ナット類は、大きさ別に箱に入れて置く |
| ③高さは床の幅の３倍以下とする | ③壊れやすい物は、当て木をする |
| ④倒れやすい物、長い物、すわりの悪い物は横に寝かせて積む | ④燃えやすい物、発火しやすい物などは法令に従い危険物として所定の場所に保管する |
| ⑤転がる物は、必ずかませものをする | ⑤品名、数量が分かるようにして置く |
| ⑥すぐ使う物は、下積みにしない | |
| ⑦壊れやすい物は別に置く | |

ウ）その他（上記以外にも次のようなものがあり、パトロール等のチェック項目としている）

- 整頓基準の明示、倉庫・収納スペース等の確保
- 資材等の置き場の指定、正しい置き方の励行
- 材料や工具を壁や柱、機械などに立てかけておかない。やむを得ず立てかける場合は倒れないように緊結する
- 高く積むときは、振動、衝撃、地震等で落ちない、崩れない工夫をする
- 屋根や高所では端に置かない。必要により固定する
- 保管はシートを掛け、養生する
- 棚に物を載せるときは、軽い物を上の段、重い物を下の段に積む
- くず物、スクラップ、油ボロなどはなるべく早く作業場から取り除き、定められた

場所、容器に区別して処理する。容器には蓋をする
- 機械の周囲・配電盤・消火器・出入り口・非常口の近くに物を置かない
- 通路からはみ出して、材料、製品、くずなどを置かない。やむを得ず置く場合は標識・目印を付ける。必要がなくなったら取り除く
- 通路には台車その他運搬用具を置きっ放しにしない
- 通路や作業床はいつも清掃する。油がこぼれていたらすぐに取り除く
- 冬の寒い日には通路に水をまかない
- 電灯、ガラス窓はよく拭いておく

③ 清掃、清潔のポイント
- 清掃用具を常備する
- 作業場所だけでなくその周辺も清掃する
- 廃棄物は品目別に分け、早めに適正な処理をする
- 仮設トイレ、仮設水道の周辺は常に清潔な状態にする

## （4）4Sの進め方

① 基準を明確にする

　4S活動を定着させるためには、何を捨てるべきか、何を残すべきか、どう整頓すべきか、どのように清掃・清潔にすべきかの基準がハッキリ示されていなければ、教育することもできないし、実行することもできない。

　基準を決めたら、文書化（見える化）しておき、簡単なイラストあるいは部品箱に名前やシール、写真を貼って、置き場所を明確にしておく必要がある。

② 場所または物に対して責任者をハッキリ決める

　4Sは全員参加の活動であるが、整理・整頓は別として、必ずしもすべての人が清掃活動などをする必要はない。職場においては、新入社員や見習い、未熟練者が行っている例も少なくない。

　それは清掃すること等が熟練者になるための一里塚、ステップ、心構えの修養などとして、意味と意義があるものもあるからである。

　しかしながら、誰が何をどうするのかの役割分担と責任はしっかり決めておき、組織のグレーゾーンをなくしておく必要がある。

　その場合は、
- 必要な物と不要な物の整理（廃棄）の判断基準を示す
- 受け持ち区域に責任を持つ
- 整頓の仕方を決める
- 担当する工具、器具に責任を持つ
- 掃除当番は責任を持って掃除をする
- 実施点検責任者を置き、点検記録をとる
- できるだけ役割が固定化せず、一定時期に交替して行うようにする

このように基準を明確にし、場所または物に対して責任者をはっきり決めることがポイントであり、定期的に、どのようにやっているかをチェックし、必要により改善する。はっきりとした役割と責任を与えられれば、人は自分の存在意義を明確に感じるようになる。つまり、組織の中に自分の「居場所」ができる。居場所ができれば、自主的に何をすべきかを考えて行動するようになり、これが、躾につながる。

③　スペース問題を軽視しない

　保管場所、廃棄場所等"場所の問題"、つまり、スペースがネックとなり５Ｓ活動が定着しない場合もある。狭い、遠い、使いづらい等についての作業者の意見を十分に聞いて、ヤル気をくじかないこと。

④　オーバーワークに気をつける

　人は仕事が輻輳しているとき、余裕がないとき、立て込んでいるときは、わかってはいるけれど物理的にできない、やれないということがよくある。

　職長等は部下の仕事量が適切か否かを常に意識して把握し、ヒヤリングの機会等に部下の意見を聞いて調整することも５Ｓを進めるために有効である。

### (5) ４Ｓの定着と教育

　躾を除く４Ｓを定着させるためのポイントは、何といっても教育・指導である。

　(2)の「５Ｓをしないとどうなるか」を含めた、整理のポイント、物の積み方７つの常識、物のしまい方５つの心得等を繰り返し教育・指導することが肝要である。特に新入社員には最低限「整理・整頓、５つの心得」をしっかりと教育すること（雇入れ時教育の項目である）。また、教育を行うに当たっては、安衛則第620条（労働者の清潔保持義務）も必ず教えることが重要である。同条では**「労働者は、作業場の清潔に注意し、廃棄物を定められた場所以外の場所にすてないようにしなければならない」**と規定している。違反すると50万円以下の罰金に処せられる（実際に送検された事例は少ない）。

| 整理・整頓、５つの心得 |
|---|
| ①まず散らからないよう心掛け、散らかさないように工夫する |
| ②いらない物は片づけ、気がついたらすぐに直す |
| ③定められた場所（置くべき所）に物を置く |
| ④正しい置き方、安全な積み方をする |
| ⑤いつも清掃し、清潔にする |

### (6) ４Ｓ活動の宿命

①　エントロピーの法則

　物事は必ず放っておくと必ず無秩序に向かうというエントロピーの法則（※）がある。したがって、一度片づけても必ず散らかる。整理整頓が終わった瞬間から乱れが始まり、掃除が終わった瞬間から汚れが始まる。

物事を秩序づけたり、秩序を維持するには常にエネルギーを投入し続けなければならない。常に「片づける」という動作を継続しなければ、整理整頓は持続されない。常に掃除は、やり続けなければ意味がない。(※)

外からの圧力、強制、エネルギーで保たれている４Ｓ（＝「呼びかけ」の４Ｓ）の場合、外からの圧力がなくなればたちどころにしぼむ。５Ｓに熱心な信奉者が異動したり退職したりすると、４Ｓ活動は低迷してしまうことが多い。

② 守れないならやり方を変える

エントロピーの法則があるなら、「ルールは守ろう」「徹底しよう」「徹底して下さい」「責任を持ってやろう」と言っても無理である。ルールが守れるよう、守りやすいように、守らざるを得ないように、方法ややり方を変えるしかない。

それは「改善（カイゼン）」である。日常の仕事をしながら片づけをしなければならないような、仕組みを変える小さな対策案をとりあえず実施するのである[注]。

③ カイゼン（工夫）による４Ｓで重要なこと
・ どんな小さなカイゼン提案でも**褒める**
・ もっと工夫できないか**励ます**
・ 週１回の小集団活動に取り入れるなど**習慣化する**
・ 採用されたら提案者を公表し努力を**承認する**
・ 全社的に**水平展開**し、全員での取り組みにする
・ 公正な表彰基準、表彰評価システムにより**表彰する**

カイゼンは、横着、近道行動等がキッカケとなる。掃除するのが面倒くさい、何とかならないか、の発想が大切である。


(参考) グループ討議　テーマ（例）
① 法令上の点検、法令外の点検にどんなものがあるか調べて、不足はないか検討する。
② パトロールのチェックリストはあるか。適切な見直しを行っているか。問題があれば原因と対策を議論する。
③ パトロール要員に対する、教育・研修は十分か。問題があれば原因と対策を議論する。
④ ４Ｓもしくは５Ｓ活動について、継続して実施されているか。問題があれば原因と対策を議論する。

### エントロピーの法則

　熱力学の第二法則からきているもの。熱というモノは熱いほうから冷たいほうに向かって流れて、逆はないという経験則のこと。熱湯の入ったコップに氷を入れる。そして外部から熱が出入りしないように断熱して放置する。すると、次第に氷は溶けて、全体が均一なぬるま湯になる。逆に、コップにぬるま湯を入れて放置しておいても、自然に氷と熱湯に分離する、ということは絶対にない。この法則を５Ｓに例えてみると、きれいな状態は自然に汚れるが、逆に汚れた物は自然にはきれいにはならない。掃除機や雑巾、あるいは手作業等で努力しなければ元のきれいな状態には戻らないということである。

### 割れ窓の理論（Broken Windows Theory）

　軽微な犯罪も徹底的に取り締まることで凶悪犯罪を含めた犯罪を抑止できるとする環境犯罪学上の理論。アメリカの犯罪学者ジョージ・ケリングが考案した。
　「建物の窓が壊れているのを放置すると、誰も注意を払っていないという象徴になり、やがて他の窓もまもなく全て壊される」との考え方からこの名がある。

（注）４Ｓとカイゼンの例
- シュレッターの紙クズの交換時に紙クズが散らかる⇒事前にシュレッターをキャスター付きの台車に載せ、台車より大きいゴミ袋の上に台車を載せ、散らかったらゴミ袋ごとシュレッター内のゴミ袋として交換。
- 工具を定位置に戻すための工具パネル（工具の絵又は写真）が油等で汚れて見えにくくなる⇒絵（写真）をラップフィルムで覆う。汚れたらラップを取り替える。
- プラスチックコップが環境汚染で使用できない⇒陶器のコップの中に紙コップを入れる、等々。
- ペーパーレス化を進める⇒フリーアドレスの採用。クラウドを利用したＩＴ、IoTの推進。テレワーク等の導入。

（注）この文章は、「５Ｓ活動　職場定着のためのポイント」（「安全衛生ノート」　2010.5　労働新聞社　白﨑淳一郎　を一部引用、参考にした）

# 第13章

# 労働災害防止についての関心の保持及び労働者の創意工夫を引き出す方法

本章は、リスクアセスメントが職長・安責者教育の教科目に入ったため、従来2章に分かれていたものを1つの章にまとめたものである。したがって、本テキストでは従来どおり、この章を2節に分けて記述し、第1節にヒューマンエラーについて述べる。なぜ、ヒューマンエラーがこの章に記載されているかであるが、それはヒューマンエラー対策が関心の保持と創意工夫の成否に大きく関わっているからである。

# 第1節　ヒューマンエラーについて

## 1. 労働災害の傾向

　安全衛生活動、労働災害防止活動は全員参加で行う。そして、全員で行うためには教育・訓練を実施して、小集団活動を中心に安全衛生活動が進められるのを基本としている。しかし、このように実施していても、労働災害やヒヤリ・ハットは現実に発生している。

　不安全行動を分析してみると、知らなかった（知識）、知っているけれどできなかった（技能）、知っているしできるがやらなかった（態度＝躾）、のほかにヒューマンエラーに関わる面が少なからず認められた。

　特に、本質的安全化、安全衛生教育の充実、安全衛生管理活動を活発に行っている企業ほど、ヒューマンエラーが大きな割合を占めている。なぜなら、これらの企業は機械化・オートメーション化が進んでおり、熱心に安全衛生教育にも取り組んでいるのに、肝心の人間はロボットではなく人工頭脳（AI）も持っていないため、いくら教育をしてもミスを犯し、勘違いをし、忘れる生き物であるからである。したがって、より労働災害防止、安全衛生対策を強化するためには、この人間の行動特性（ヒューマンファクター）を理解した上での対策＝ヒューマンエラー対策を講じなければならない。

## 2. 不安全行動を起こす原因と当面の対応方法

　ここで重要なのは、知らなかった、できなかった、やらなかったは、それぞれ知識教育、技能教育、態度教育という「教育」で対応できるが、「うっかり、ぼんやり」は、教育ではなく「ヒューマンエラー対策」で行うとしているところである。ヒューマンエラー対策に全く教育が含まれていないわけではないが、人間は不注意を起こす動物、ミスを起こす動物であることから、教育よりはミスや不注意を起こしても事故や労働災害を起こさないようにするというのが、ヒューマンエラー対策の概要である。

## 不安全行為とその対応

- 知らなかった → 知識教育で対応
- できなかった → 技能教育で対応
- やらなかった → 態度教育で対応
- つい、うっかりした → ヒューマンエラー対策

## 3. ヒューマンエラー

### (1) ヒューマンファクター

ヒューマンファクターとは、作業を機械設備と人の共同作業(組合せ)と考えた場合の人の役割や要因のことをいう。つまり、ヒューマンファクターとは、「錯覚」「不注意」「近道行為」「省略行為」「その他(脳の誤作動)」の5つに代表される人間の行動特性である[注1]。

このヒューマンファクターのうち、特に意図しない行動の結果、異常な状態、事故・災害につながった要因をヒューマンエラーという。

なお、「近道行為」「省略行為」を、「故意」の行動(意識した行動)として禁止し、厳しく取り締まったり、「躾」教育の強化として「自省」を求めたりする企業は少なくない。確かに「故意」的な部分は認められるが、人類はこの「近道行為」「省略行為」があったからこそ、「楽をしたい」「簡単にならないか」と工夫・改善・発明をし「文明」を築いてきたのである[注2]。一律に全面的に禁止するのではなく、本誌第9章の作業環境の改善、第13章第3節の創意工夫につなげられないか、安全衛生委員会等で議論すべきであろう。

(注1) ヒューマンファクター
・ 人間や組織・機械・設備等で構成されるシステムが、安全かつ経済的に動作・運用できるために考慮しなければならない人間側の要因のこと。一言でいえば「人的要因」である。機械やシステムを安全に、しかも有効に機能させるために必要とされる、人間の能力や限界、特性などに関する知識の集合体である。エラーを起こした原因・要因、事故に至る状況の流れを解明するために必要な概念である。

(注2) 近道・省略行為で、明らかにミスをしよう、製品を壊そう、人を傷つけよう、という意思が働いている場合は故意であり、場合によっては犯罪となる。しかし、ヒューマンエラーというのは、何とか速く、何とか楽に、何とか簡単にという、正しいかどうかは別として、脳の状態が「一生懸命」のモードになっていることをいう。後述するヒューマンエラーの「3条件」を満たしているなら、その近道、省略行為は故意であるとは言えない。

（注3）注意の意識レベル

### 意識レベルの段階分け

| フェーズ | 意識のモード | 注意の作用 | 生理的状態 | 信頼性 |
|---|---|---|---|---|
| 0 | 無意識、失神 | ゼロ | 睡眠、脳発作 | ゼロ |
| I | 正常以下、意識ボケ | 不活発 | 疲労、単調、居眠り、酒に酔う | 0.9以下 |
| II | 正常、リラックス | 受け身、心の内方に向かう | 安静起居・休息時、定例作業時 | 0.99～0.99999 |
| III | 正常、明晰 | 活発、前向き、注意視野も広い | 積極活動時（最大30分程度） | 0.999999以上 |
| IV | 緊張、興奮 | 一点に凝集、判断停止 | 緊急防衛反応、慌て⇒パニック | 0.9以下 |

出所：橋本邦衛「人間工学」中災防

### ヒューマンファクターの種類と事例

| 種類 | 説明 | 具体的事例 |
|---|---|---|
| ①不注意（うっかり、ぼんやり） | 注意とは特定の対象を意識して集中している状態をいうが、この注意の状態から不注意の状態に移行するときに危険な作業や状態と重なり合うと、事故や災害が発生する。なお、注意の意識レベルは最大でも30分程度である | ・早く運ばないとみんなに迷惑がかかると思って、無意識のうちに、つり荷の下をくぐった<br>・玉掛け者が合図に夢中で、足下にあった材料に足を取られた |
| ②錯覚（⑤の脳の誤作動も一部含む） | 同じ長さの線が垂直と水平で異なって見える目の錯覚等に見られる現象 | ・車両系建設機械の操作レバーで左右と上下のレバーを間違う<br>・段差がないと錯覚して転倒 |
| ③近道行為 | 横断歩道や安全通路があるのに、禁止されている横断歩道を渡ったり、通路外を歩行したりする | ・移動式クレーンやバックホウなどの作業半径内に立ち入ったり、横切って近道をしようとする<br>・安全通路があるのに、安全帯も使用せずに切梁の上を近道して墜落する |
| ④省略行為 | 決められた仕事、作業の手順を省略すること | ・携帯用丸のこ盤の歯の接触予防装置が動かないようにして作業している<br>・モンキーレンチをハンマー代わりに使用して指を強打 |
| ⑤その他（脳の誤作動） | 見間違い／聞き違い ｝認知・確認エラー<br>言い間違い／思い違い／覚え違い ｝判断・決定エラー<br>やり違い → 操作・動作のエラー | 注意の意識レベル(注3)がフェーズIII以外の状態のとき起こしやすい |

## 第13章 労働災害防止についての関心の保持及び労働者の創意工夫を引き出す方法

### （2）人間の行動特性の原因

① 人間の基本的特性

永いヒトの進化過程を経て生存するため次の4つの基本特性を備えたといわれる。

ア）エネルギー温存の法則

エネルギーを温存して仕事を楽にやろうとする、技術進歩の根源、手抜きの原因となる（熟練者の省略、近道行動）

イ）人間の情報処理系は「シングル・チャンネル」

「一度に一つ」の原則、選んだチャンネルしか見られないテレビのようなもの、不注意の基本構造である（わき見運転）

ウ）人間は昼行性の動物

人間は太陽が昇っている間に行動するようにデザインされている（未明の事故多発）

エ）2つの脳の葛藤

古い脳とこれをコントロールする大脳新皮質の新しい脳とが常に葛藤している、古い脳が強い、予期せぬ事態に（過労による居眠り運転事故）

② 脳の働き（情報処理システム）

人間は、五感で外部情報を認識すると脳の中で、その情報を短期記憶に照らして判断する前処理工程の後、長期記憶等と照合して判断し、行動する・しない等を決意してから行動に移すという手順を追って物事を判断し行動している。その時間は$10^{18}$bitという瞬間で行われるといわれている。その際、図にあるようにいくつもの箇所でエラーを起こすことが考えられる。これが、ヒューマンファクターに大きな影響を与える。

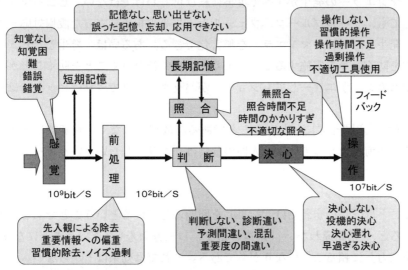

「事故は、なぜ繰り返されるのか」（黒田勲監修、中災防より）

③　行動を起こすまでの5段階で考えられるエラー

人間の脳の情報処理プロセスにおける問題では、次の5つの段階でエラーを起こすと考えられている。行動を起こすまでの多くのエラー誘発要因がある。

- 感知段階：視力の特性、聴力の特性（知覚なし、錯誤、錯覚、等）
- 前処理段階：先入観による除去、ノイズ（重要情報への偏重、習慣的除去、等）
- 照合段階：長期記憶なし、照合できず、時間不足（思い出さない、忘却、予測間違い、等）
- 決心段階：投機的、早とちり（決心しない、決心遅れ、等）
- 行動段階：習慣的操作、時間不足（行動しない、操作しない、過剰操作、等）

以上、①～③により、不完全な人間の心の奥にある行動特性（ヒューマンファクター）は、単に教育や躾を行えば良い、反省文を書かせれば良い、処罰すれば良い、ということでは問題は解決できない。教育や懲罰以外の「ヒューマンエラー」対策が必要なのである。

## （3）ヒューマンエラー（※）

①　定義

「すべきことが決まっているのに、それとは違うことをしてしまうこと。知っていたが、気づいたら違うことをしていた、ということで、事故や災害につながりうる人に関わる要因のことをヒューマンエラーという。言い換えれば、「ヒューマンエラーとは、達成しようとした目標から意図せずに逸脱することとなった、期待に反した人間の行動である」（日本ヒューマンファクター研究所）。（※）

②　「すべきこと」とは、規則や手順書で決まっている場合、社会的常識で決まっている場合、自分自身で決めている場合などさまざまある。事故・災害に全く関係ないものはここにいうヒューマンエラーには含めない。

しかし、ヒューマンエラーの発生がすべて災害に結び付くわけではない。ヒューマンエラーが仮に発生しても、フールプルーフ、フェールセーフ等の視点に立った設備対応をすること等により、発生したヒューマンエラーを無害化できる。あるいは、発生したヒューマンエラーの拡大を防ぐ対策を実施することにより、災害に結び付くことを防ぐことができる（例、野球でセカンドがエラーしてもショートがバックアップできればヒットにはならない）。

ここで重要なのは、「意図せずに」ということである。故意ではなく、無意識に一生懸命行動していることが前提となっている。人間の脳には「エラーしたいというモード」はないからである。

③　結果から考える

もう一つ重要なことは、この定義では「結果」を問題にしているということである。原因だけを問題にすると、「見間違わない」「勘違いしない」「し忘れない」ということになり、対策は個人の「注意力」に頼ることになりがちである。これでは効果は上がらない。

エラーを犯したのが一人の人間であっても、その人間はシステムの中で、機械やその他

のシステムの構成要素と共同作業をしているときに、割り当てられた役割に失敗したのである。

したがって、なぜ失敗したかを調べ、どうすれば失敗を防げるかを考えるときは、必ずシステム全体を視野に入れなければならない。言い換えれば、原因を調べるには結果から逆戻りする必要がある。

```
┌─────────────────────────────────┐
│  ヒューマンエラーを結果と捉える  │
└─────────────────────────────────┘
              ↓
┌─────────────────────────────────┐
│  対策:「原因」は何か？を考える   │
└─────────────────────────────────┘
              ↓
┌─────────────────────────────────┐
│  人間がもともと有している特性？  │
│  意図や判断に影響を与えた何かがあった？ │
└─────────────────────────────────┘
              ↓
┌─────────────────────────────────┐
│  本人の行為だけでなく様々な要因が対象となる  │
└─────────────────────────────────┘
```

④ 定義に必要な3つの条件
ⅰ) 期待されない（すべきでない）行為をした（コミッションエラー）。もしくは期待された（すべき）行為をしなかった（オミッションエラー）。
ⅱ) 達成しようとした目標と違う結果になってしまった。
ⅲ) 目標と違う結果になるとの意図はなかった。

この3つの条件をすべて満たしていることが必要である。したがって、意図的に間違う、意図的に目標と異なる結果を求める行為は、ヒューマンエラーではなく、故意と判断される。

**なぜ「ヒューマン」という語が、冠されているか。**
　エラーをしたのは人間であり、機械やコンピューターではないことを言外に意味している。また、仮に一人で工芸品などを作っている職人がミスをしてその作品をダメにしたとしても、「ヒューマンエラー」とは言わない。「ヒューマンエラー」はシステムの中で働く人が、意図せずに犯してしまう失敗という概念と密接に結び付いている。

**ヒューマンエラーの定義のいろいろ**

システムによって定義された許容限界を超える人間行動の集合（人間工学）。システムの中で働く人が、意図せずに犯してしまう失敗（芳賀繁：ヒューマンエラーとは何か）。ある行動を、そこでの外部環境や状況に求められる基準と照合し、許容範囲から外れていた場合に命名される「結果」としての名称。（臼井伸之介：人間工学の設備・環境改善への適用）。なお、ここでいうシステムとは、何らかの共同作業体制、分業作業体制のことをいうと解される。

## （4）ヒューマンエラーの発生形態

主に、次のような形態である。

### ヒューマンエラーの発生形態

| | |
|---|---|
| ①判断の甘さ | ●この程度なら大丈夫と思った。 |
| ②習慣的な動作 | ●反射的に手を出した。<br>●いつものように安易に行動した。 |
| ③注意転換の遅れ | ●あることに集中し過ぎて、他の危険に気付かなかった。 |
| ④思い込み省略 | ●いつものことと思い確認しなかった。 |
| ⑤情報処理の誤り | ●読み違い、聞き違い、早合点、勘違い。 |

なお、このほかに、①無知、経験不足、不慣れ、②危険軽視・慣れ、③不注意、④連絡不足、⑤集団欠陥、⑥近道・省略行動、⑦場面行動本能、⑧パニック、⑨錯覚、⑩中高年の機能低下、⑪疲労、⑫単調な作業による意識低下、を指摘する考えもある。（ＲＥＳＩＬＩＥＮＴ ＭＥＤＩＣＡＬほか）

## （5）どんなときにヒューマンエラーは発生するのか（背後要因）

① 内的要因：ミスや不注意を生じさせやすい人間側の条件のこと。

　ア）生理的な要因

　　疲労、アルコールなど薬物の影響、早朝などまだ意識が覚醒していない状態など生理的に意識レベルが低下した状態、身体機能（手足の長短）、加齢、等

　イ）心理的な要因

　　時間的に切迫した状態にあるとき、心配ごとや悩みごとを抱えている状態、人間関係などでやる気をなくした状態、悪い作業環境や思いどおりに仕事が進まなくてイライラ

している状態、場面行動（咄嗟の行動で、同僚の救助に飛び込むような行動）、忘却（物忘れ）、周縁的動作（危険箇所に接近しているのに意識しない動作）、考えごと、無意識行動、危険（有害）感覚の欠如、近道反応（最短距離を行こうとする動作）、省略行為（決められたことなどを省略する行動）、憶測判断（たぶん大丈夫だろうと考えた行動）、錯誤（錯覚）、等

ウ）職場的要因

職場の人間関係、リーダーシップ、チームワーク、コミュニケーションなど

② 外的要因：人間のミスや不注意を起こしやすい環境側の条件のこと。一般に「〜しにくい」「似たものがある」の状態が多い。(※)

**チェックしよう**

- 「〜しにくい」ものがあるとき：〜「使いにくい」（見にくい。聞きにくい。分かりにくい。覚えにくい。持ちにくい。押しにくい。タイミングを取りにくい）⇒「〜しやすくする」
- 「似たもの」があるとき：〜（外観が似ている。色・形が似ている）忙しいと勘違いする⇒「似たものは取り替える」
- 「〜似たこと」があるとき：〜作業手順をやたらに変更しない。同じ操作方法の機器を導入する。変更した場合、異なる場合は「意識づけ」を行う。

③ 背後要因（6Mで考える）

| エラー発生の背後要因（6M） ||
|---|---|
| Man（人間的要因） | エラーを犯した人以外で、職場の上司や仲間を指し、これらの人々との人間関係、指揮命令系統、仲間同士の助け合い関係などである |
| Machine（設備的要因） | 機械装置環境などの物的条件、例えば人間工学的な配慮や足場、通路等の条件、安全装置、作業空間、機械設備そのものの状態など |
| Media（作業的要因） | 機械設備の操作方法、手順や作業の方法の適切さ、表示その他の標準類を指すとともに、作業が行われている状態なども含まれる |
| Management（管理的要因） | 安全管理組織、安全管理状況、標準類の整備状況、指揮監督の仕方、教育訓練など広範な範囲を含む |
| Mission（任務、企業風土・企業文化的要因） | ノルマ至上主義、長時間労働、不法裁量労働制、セクハラ、パワハラ、心理的安全性がない、ブラック職場等で作業意欲減退 |
| Money（金、資金的要因） | 増員なし、改善・改良・改革に非協力的、当初予算至上主義、低賃金（同一労働非同一賃金）等で作業意欲減退、低パフォーマンス |

## （6）ヒューマンエラー対策
① エラーの事実確認
　ア）エラーの実態を把握・・・責任追及を先行させない事故調査、不具合を調査
　イ）エラーの背後要因を把握・・・顕在化したエラーだけでなく、それを誘発した背後要因を広範にわたって究明する
　ウ）トータルシステムの視点から対策を構築・・・当事者や当該部署だけでなく、トータルシステムのどこに脆弱な部分が存在するのか、という視点で検討する
　エ）システマティック・アプローチ・・・制度を作り、体制を整えて、担当者と予算を計上。組織の管理要因を突き止めて対処する………安全文化の追求

② なぜなぜ5回のねずみ算方式で考えられる原因と対策を可能な限り考える
　「なぜ1」に対して「なぜなら」は、必ずしも1つとは限らない。複数の「なぜなら」が考えられたら、それぞれに対して「なぜ」と「なぜなら」を考え、それを「なぜ2」「なぜ②」「なぜⅱ」等にして、ツリー方式（ねずみ算方式）にして、真の原因を追究する。その際に6M法を分析の視点に入れると、6Mのうち1Mと5M、6Mから、例えば人事評価制度、経営方針、同一労働同一賃金、ダイバーシティ、あるいは労働組合の在り方等の組織的な問題が見えてくる。大事なのは、まず何が問題かを見える化し、その次に皆でどうすべきか解決策を考えるのである。

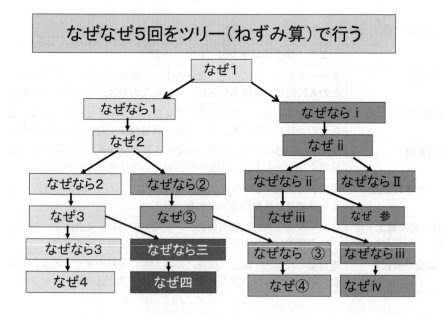

③ なぜなぜ5回（ねずみ算式）の結論

一般的なねずみ算式の結果によると、概ね次のようにすると有効な対策となる。
ⅰ）エラーを誘発する業務（作業）そのものを廃止する
ⅱ）本質的安全化を図り、エラーをできなくする
ⅲ）業務（作業）を分かりやすくする（簡単にする。4S活動を徹底する）
ⅳ）業務（作業）をやりやすくする（創意工夫により「～しにくい」をなくす）
ⅴ）知覚させる（注意を喚起する。道具の置き場所、使用した物の数等を確認する）
ⅵ）予測させる（KYKによるリスクを予測させる）
ⅶ）安全を優先させる（安全文化の構築。臆病者と言わない職場をつくる。心理的安全性の確保）
ⅷ）能力を持たせる（技術的なスキルアップだけでなく、リスクに対する理解力を向上させる。そのためには、組織的な教育体制の確立と学習する文化を醸成する）
ⅸ）気づかせる（危険感受性を高める。危険体感訓練を実施する）
ⅹ）エラーを検出する（センサー、相互チェック体制の構築等、エラーを事前に検出できるシステムの構築を行う）
ⅺ）危険に備える（すでにエラーが発生しているので、第10章「異常時における措置」、第11章「災害発生時の措置」に沿った体制と措置を行う）

そしてこの対策は、できれば番号の若い順に措置するのが望ましい。なぜなら、ⅷ）以降はすでにインシデントが発生し、ヒューマンエラーを起こしやすい状況となっているためである。

④ 当面のヒューマンエラー対策

真の原因が判明するまでの間、次のような当面の対策を講じる。しかし、この多くは、人に頼る「ソフト対策」なので、これだけに終わってはならない。
・聞き違い・見落とし（認知・確認エラー）⇒深呼吸、復唱、再認識
・勘違い（習慣行動エラー）⇒指差呼称による確認・点検
・度忘れ（意識中断エラー）⇒安全標識、掲示板・伝言板の活用
・物忘れ（忘却エラー）⇒メモを取らせる、作業前の一呼吸対策、健診（若年性認知症、睡眠時無呼吸症）
・近道・省略（横着心エラー）⇒作業手順の作成（再教育）、一人KY（再教育）

⑤　６Ｍでのヒューマンエラー対策

| 6Mでのヒューマンエラー対策 | |
|---|---|
| Man<br>（人間的要因） | ・適性を考えた適正配置、監督指示及び指導教育で述べたように、仕事に関する指示を通りやすくし、ワイガヤ等の**コミュニケーションを活発**にするなど、**職場の人間関係を良くすること**でヒューマンエラーを防止する。<br>・一人ひとりの生理的、心理的状態は常に変化している。朝礼やＴＢＭ、ＫＹミーティングなどで職場のメンバーの状態をよく**観察**すると同時に、休憩時間やヒヤリングなどの機会を利用して**考え方や悩みごとを聞いておくこと**が必要。 |
| Machine<br>（設備的要因） | ・リスクアセスメントによる設備機械の本質安全化と人間工学的な配慮、すなわち使いやすく間違いにくいものに**工夫・改善**する。<br>・例えば、明瞭性（表示や指示が明瞭で分かりやすく間違いにくいこと）、一貫性（スイッチやハンドルの操作方向が一致していること）、疲れにくさ（作業台や椅子の高さ、照度や騒音、温度条件のような作業条件も含めて疲れにくい作業環境）、**快適職場の実現**などに配慮する。 |
| Media<br>（作業的要因） | ・ヒヤリ・ハットなど**危険に気づく仕組み**を強化する。作業指示書や手順書を積極的に活用し、作業中の危険の存在を明確にして、ＴＢＭやＫＹミーティングなどの**職場の安全衛生活動を活発化**させ、関心を高める。 |
| Management<br>（管理的要因） | ・職場の一人ひとりの役割分担を明らかにして監督指示、計画的な教育の実施と職場の問題点を解決する具体的な**安全衛生活動**をＰ（計画）－Ｄ（実施）－Ｃ（チェック）－Ａ（改善）の安全施工（管理）サイクルを確実に実施することにより、**活性化**を図る。<br>・作業中の監督、指示、計画的な教育実施、ＫＹミーティング、ヒヤリハット、指差呼称などの安全衛生活動の強化など、**日常の安全衛生管理を強化**する。 |
| Mission<br>（任務、企業風土・企業文化的要因） | ・ストレスチェックの集団分析、セクハラ・パワハラ等のハラスメントのアンケートと研修、アンガーマネジメント研修の実施とワイガヤ等**心理的安全性の確保**、健康経営（職場）、ワーク・エンゲイジメントの実現。 |
| Money<br>（金、資金的要因） | ・**持続可能性のある企業**について組織を上げた議論、企業とステークホルダーはどうあるべきかという会社の**理念と目標の再構築**。**現場力の強化**。 |

※太字の部分は、後述する関心の保持、創意工夫と大きな関係があるためヒューマンエラーを第13章の冒頭に記したのである。

⑥　ヒューマンエラー対策を考えた教育の在り方

　ヒューマンエラー対策では、人間は忘れやすい、ミスを犯す動物で、それは人類の進化と脳の働きによるので、基本的には教育は馴染まない。しかし、全く教育が馴染まないのではなく、ヒューマンエラー対策に沿った教育の仕方がある。

ア）従来の安全衛生教育

　　いかに事故や災害を起こさないか。そのために、「何をすべきか、何をすべきでないか」というKnow how（方法論）の教育が中心であった。しかし、同じ教育内容や手法が万能薬のごとく、あらゆる段階、あらゆる問題に通用するわけではない。

イ）ヒューマンエラー対策を考えたこれからの安全衛生教育

　　「自らが事故や災害を起こさない」だけでなく、人材育成も含めシステムや組織をより安全な水準に到達させ、それを維持・向上させるためにどうするかが主眼とならざる

を得ない。つまり、**なぜそうすべきか、なぜそうすべきでないか**というknow why 的視点を共有し、現場を取り巻く状況や現場が直面する課題を共に理解することが必要となってきている。

ウ）Know howからknow whyに変えるとどうなるか

「何が相応しくなかったか」から「あの行為が相応しくなかったのはなぜか」という発想に変わる。つまり前者は、指摘するのはたやすいがヒューマンエラーを理解することにはならない。後者であれば、疑問点を起点としたアプローチからヒューマンエラーへの対応が始まる。

ヒューマンエラーの定義の②でも述べたが、ヒューマンエラーでは結果を重視し、これから「なぜ」とその真の原因を探り当てていくので、Know howからknow whyに、安全衛生教育のやり方を変えるのが良い。

エ）事故災害の調査もこの観点で行う

事故災害があると、警察や捜査関係者は、誰が事故の責任者か、誰が事故災害を発生させたのか、という観点から事故災害調査を始めていく。その結果、「○○が事故を起こした責任者だ。処罰しろ！　処罰したら一件落着」という「責任追及型」となる。

しかし、know whyの発想に立てば、なぜ起こったのか、どうすれば良かったのか、再発防止対策は何か、という「対策指向型」の事故災害調査となる。

「人間はミスをするものだ」という前提で検証を重ね、より高度なシステムをつくる努力を続けなければならない。刑事手続きは「一罰百戒」の効果も期待できる反面、被告に黙秘権が保障され、真相解明が難しくなるという不利益もある。そのため、欧米では明らかな犯罪でない限り、事故災害調査による原因究明を優先させる。当事者が進んで協力できるよう刑事責任を免責する仕組みもある。日本も大いに検討すべきである。

以上、ヒューマンエラーについて詳しく述べたが、重要なことは、事故災害やエラーが起きてからその再発を防止する対策より、事故災害やエラーが起きる前に予防するほうが重要である、ということである。事故災害やエラーの潜在的要因を発見し、システムの弱点を知り、防護壁のほころびを検知して、リスクを評価し、優先順位を付けて予防策を実行し、その効果を検証し、さらに改善を継続的に繰り返す。つまり、労働安全衛生マネジメントシステム（ＯＳＨＭＳ）の構築が重要である。

## 4. ヒューマンエラーを防ぐためのコミュニケーション

### （1）一般のコミュニケーション

コミュニケーションとは、情報のやりとり、意味のやりとり、心と心のやりとりと言われている。一般に、言葉（言語）、文字、映像、音楽などのほかアイコンタクト、表情などのノンバーバル（非言語）コミュニケーション等いろいろな方法で行われている。

よく人と人との会話はキャッチボールにたとえられる。キャッチボールは相手が捕りやすいボールを投げることで成立する。速すぎる、強すぎるボールは投げない。だからといって、ゆ

るいボールを投げると、キャッチボールが楽しめない。

　コミュニケーションも、相手を見ながら、時には難しいマニアックな会話を交えたり、きついジョークをかましたり、お互いの人間関係に合わせて内容や言い方を変えている。メールやチャット、ラインもコミュニケーションではあるが、相手の表情が見えず（ノンバーバルコミュニケーションが使えず）、真意が伝わらない可能性もあるので注意が必要である。

　コミュニケーションがスムーズに行われれば、誤解が生まれず、お互いに相手の気持ち、考えを理解でき、人間関係がうまくいく。しかし、メール等も含めて、なかなかうまくいかないのがコミュニケーションでもある。

　テレパシーは使えないので、人は他人に伝えたい自分の気持ちを、前述したとおり言葉や態度で表して伝える。言い換えれば記号化、符号化している。記号や符号なので、解読しなければ通じないし、解読を間違えれば誤った情報となってしまう。そして、この記号、符号に変換する話し手と、記号、符号を解読する聞き手の双方に、器用な人と不器用な人がいるということである。

### （2）労働の場のコミュニケーションとは

　ビジネスの場（作業現場）におけるコミュニケーションとは、（1）の単なる会話、情報伝達にプラスして気をつける必要がある。労働の場のコミュニケーションは上司の期待どおりに、相手に動いてもらう「手段」でもあるということである。したがって、コミュニケーションは、共通言語（大工と話すときは、大工の言葉で話せ…ソクラテス）と共通理解（理念・目的・目標等）のうえにのみ成り立つもので、コミュニケーションが成立するかどうかは受け手次第となる。

　相手の分かる言葉で、関心を引くように、要求すべき内容を明らかにして発信しなければ、人は動かない。

　そのためには、
① 相手に分かる言葉を使う
② 関心を持ってもらう話し方をする
③ 何を要求しているかを相手にも分かるように伝える
④ 相手に分かるような共通言語を持ち、誤解や行き違いがないように、事前に共通理解を図っておく

ことが最低条件である。特に、日本語しか分からないのに、あえて英語で話したり指示をしたりしている企業があるが、本気でコミュニケーションをとろうとしているのか、疑問を感じざるを得ない。

### （3）人は自分が見たいものを見て、聞きたいものを聞く動物である

　人は自分が聞きたいと期待していることだけを聞く生き物である。だから工夫が必要である。仕事で人を動かすコミュニケーションを行うには、目的・目標・進捗状況などの情報の共有化が必要なのである。

　一般に指示・命令は上意下達でなされるが、そこに上司の言いたいことだけに焦点を合わせ

て話すからうまくいかない。なぜなら上司が見ているもの、感じているものが部下のそれとは異なることが多いからである。全体を掴んでいない部下に、耳を貸せ、理解しろと言っても難しい。たとえ情報量を多くしてもコミュニケーションは知覚であってデータではないので難しい(注)。

部下の期待しないものをいかに聞かせようとしても（馬を水飲み場に連れて行っても）、反発を受けて、その反発がさらにコミュニケーションの阻害となる（馬は水を飲もうとしないで暴れる）。このように、期待しないものは受け付けないし、見えもしなければ聞こえもしない（知覚されない）。無視され、聞いた振りをされ、さらに勝手に誤解され、誤解したものが部下が期待していたものだと曲解されてしまうことがある。

したがって、部下が何を、どの程度期待しているのかを知ることなしにコミュニケーションを行うことはできない。期待するものを知って初めて部下の期待を利用できるのである（第4章でヒヤリングの重要性、第9章で心理的安全性の重要性について述べたのも、この部下の状態を上司が知るための方法である）。

(注) 情報とはビッグデータを考えてみれば分かるが、それだけでは意味を持たない。加工し人間に知覚できるようにしない限りコミュニケーションには利用できない。情報の受け手が、記号の意味を知らなければ、情報は使われるどころか受け取られることもない。

## （4）コミュニケーションの仕方は変えるべき

① 従来のコミュニケーション論

上から下にどうやって伝えるべきか、「何を言いたいのか」に焦点を合わせているので、いかに懸命に行おうとも成立しないことが多い。なぜなら、その根本思想に、「コミュニケーションを成立させるのは」発し手である「上司」である、という上から目線の考え方に立脚しているからである。そのため、「何を言いたいか」「どう動いてもらいたいか」だけに焦点を合わせているから、コミュニケーションが成立しない。どのように話すかという方法論は「何を話すのか」という問題が解決してから初めて意味をなす。いくら上から目線で一方的に話しても、話は通じない。

② これからのコミュニケーション論

ヒヤリングやワイガヤ等の機会を利用して、まずは部下の話に耳を傾けるのが先決である。上司が自分の話を聞いてくれている、そのことがラポールの形成となる。「この上司は信頼できるな。この人の話は聞いてみようか」という流れになる。コミュニケーションの前提は、まずは上司が部下の言うことを理解して初めて有効となる。

耳を傾けるということは、コミュニケーションは、受け手＝部下からスタートするという認識である。ただし、耳を傾けるからと言って、部下に例えを入れたり、ＰＰＴを使ったり、あるいはメモを渡したりという分かりやすく話す努力をすることは必要である。

また、部下の話に上司が耳を傾けるには、部下のほうにもコミュニケーション能力があって初めて有効となる。もしも部下にコミュニケーション能力が不足しているなら、早い段階から教育・訓練をしておく必要がある。特に、新入社員教育時やＯＪＴ教育の最初の

段階で、基本的なコミュニケーション研修を行う必要がある。ヒヤリング時に、コーチングによる傾聴も織り交ぜて部下の本音等を引き出す必要もある。その場合も押しつけはしない。

### (5) コミュニケーションの前提となるもの

それは、「目標管理」ではなく「目標による管理」である。目標による管理とは前述したとおり、部下が上司に対して、自律的に、企業若しくは自分のチームに対して、いかなる貢献を行うべきであるか、という考えを明らかにすることである。大事なことは会社の理念、上司の信念を語ることである。伝達とは、独りよがりになるということではない、これで理解し合えるのかと常に自問自答し、反省（自省）することである。曖昧さのない、そして風通しの良さ（心理的安全性）が、組織を強化するのである。この話の内容、この話し方で良いのかどうか、聞き手の様子を見ながら微調整を行っていくべきである。

多くの場合、上司の理念や信念と部下のそれとは異なることが多いが、「目標による管理」の最大の目的は、上司と部下の知覚の違いを明らかにすることでもある。違いをお互いに知ること自体がコミュニケーションである。

それでも部下は、問題を上司と同じように見ないかもしれない。実際、ほとんど同じようには見ないし、見るべきでもない。しかしそれでも、上司の立場の複雑さは理解するであろう。さらには、その複雑さこそマネージャーの立場に固有のものであり、上司が好んでつくり出しているものではないことを理解する。

すなわちコミュニケーションが本当に成立するには、経験の共有が不可欠である。

### (6) まとめ

人が生きていくためにはコミュニケーションは不可欠である。良いコミュニケーションは、心の豊かさと社会の繁栄を生み出す。ゆがんだコミュニケーションは、心を深く傷つけ、周りを、会社を、社会を破壊する。

# 第2節　労働災害防止についての関心の保持

## 1. 関心の保持

### （1）関心の保持とは

「関心」とは辞書によると、「ある物事に特に心を引かれ、注意を向けること。（「政治に－がある」「幼児教育に－が高まる」「周囲の－の的」）と説明されている。

関心を高めるには、雰囲気づくりを大切にし、動機づけをすることが必要である、と一般にいわれている。

「労働災害防止について関心を高める」ということは、作業者に自分の職場について関心を持たせ、的確な動機づけを図ることである。具体的には、これまで学んできた作業方法・設備・職場環境の現状及び作業者に対する監督・指導のあり方について、どこに問題点があるのかを考えることである。現場のリーダーである職長・安責者は常にこのことを意識しておく必要がある。

職場の問題点を洗い出して解決するために、現状の作業方法・設備・職場環境についてＲＡによるリスク低減措置を実施し、それを実行するために安全衛生計画の策定が重要となる。

また、問題解決意識の向上を目指し、的確な動機づけを図ることも大切である。ただし、関心を高めることは割と容易だが、人間は飽きっぽいので、この高まった関心を高い状態で維持させるのはかなり難しい。

関心＝モチベーションを高く持たせるには、常に問題意識を持たせ、それを発表させ、みんなで解決策を考え、どんな小さな提案も「なるほど、そういう考え方もあるのか」と承認することにある。人は上司や同僚にあるいは後輩に承認されれば、「やりがい」を感じる。モチベーションの源泉は「仕事のやりがい」、これに尽きる。

人間心理を刺激するインセンティブ（ご褒美、賞賛）の効果も否定しないが、チームで価値観を共有しながら大きな仕事を達成し、その中で、人も育ててきた共同体的日本の現場には、少しフィットしないように思われる（残念ながら最近はギスギスした現場が少なくなく、そのためにモチベーションが低く、イノベーションを起こさない現場が増えてきているようである）。

大事なことは、会社や現場で働く人自身が、仕事の価値や意義をしっかりと自覚していることである。そのためには経営者はもとより職長・安責者に至るまで、「何のために仕事をするのか」という原点を繰り返し確認する働きかけを行う必要がある。

### （2）関心を持たせるには

全員参加の安全衛生活動が活性化すればするほど、作業者は自分の職場における問題点、不具合な点を数多く見つけることができる。重要なのは、それを発表したり報告したりできる職場であるかどうかである。「この若僧が」「十年早い」などという職場では活性化しない。前述した「心理的安全性」が保たれ、ワイガヤやヒヤリングが活性化されていることが条件となる。

多くの問題点を抽出・発見すればするほど効果的に解決するためには、計画の策定が必要となる。この計画が、安全衛生（実行）計画となる。したがって、職長・安責者は、安全衛生（実行）計画を十分に理解し、確実に推進する力をつけなくてはならない。

### （3）動機づけを図るには
① マズローの欲求5段階説（注）

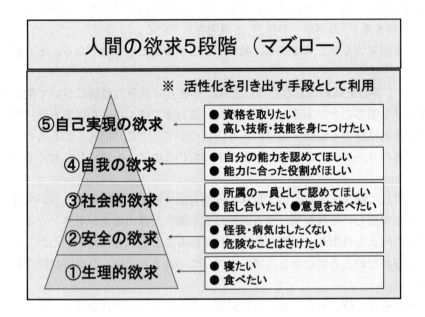

マズローによると、1～5番の優先順に並んだ欲求は、低いものから順番に現れ、その欲求がある程度満たされると、次の欲求が現れるとしている。また、人間は「欲望」を持つことを悪いことだと捉えがちであるが、マズローによると、人間が一定して持つ基本的欲求から生まれる欲望は決して悪ではないとしている。むしろ、欲求を抑えるよりも、引き出して満たしたほうが、より健康になり、より生産的になり、より幸福になることができると考えられている。

(注) 人間欲求5段階説：アメリカの心理学者アブラハム・マズローが、1943年「人間の動機づけに関する理論」で、人間の欲求と動機づけを5段階の階層で理論化したもの。マズローは、この理論について「人間は自己実現に向かって絶えず成長する生きものである」と提唱し、「自己実現理論」とも呼ばれている。
　この理論は、人間の基本的欲求は「5段階のピラミッド」のようになっていて、底辺の欲求が満たされると、1段階上の欲求が出てくる（動機づけとなる）と説いている。また、実は晩年のマズローによると5番目の「自己実現の欲求」は2つの階層に分かれることが分かっている。「超越的でない自己実現欲求」「超越的な自己実現（トランスパーソナル）欲求」。最後の欲求を6段階目の欲求と考えている説もある。

② 安全衛生（実行）計画は全員参加で推進
　安全衛生（実行）計画は、職場の問題を解決する仕組み（PDCA）をつくり、全員が参加できるよう役割分担を明確にし、職場の小集団活動（グループ活動）なども活用して事業場が組織一丸となって推進しなければ達成できない。

作業者一人ひとりが参加することにより、次のような喜び、効果を生むことが期待できると同時に、新たな活動への「動機づけ」にもつながる。（　）内はマズローの欲求５段階。

- ケガや病気から身を守る喜び　　　　⇒自己防衛（２段階　安全の欲求）
- 集団の一員として認めてもらう喜び　⇒集団参加（３段階　社会的欲求）
- 自分の意見が述べられる喜び　　　　⇒自己主張（４段階　自我の欲求）
- 役割を分担して体験できる喜び　　　⇒役割意識（４段階　自我の欲求）
- 話し合うことにより勉強できる喜び　⇒自己啓発（５段階　自己実現の欲求）

③　外的な動機づけ
- 視聴覚による教育訓練
  …パワーポイント、ＤＶＤ、映画、ポスター、写真、イラスト、リーフレット、パンフレット等により啓発、研修、教育訓練を行う
- 話す、教える
  …安全講話、講演、ミーティング
- 小集団活動への参加
  …安全施工サイクル、指差呼称、危険予知活動、４Ｓ運動、ひと声かけ運動、ゴミゼロ運動等に参加させる
- 褒める、戒める（表彰制度の活用）
  …無災害記録賞、改善提案賞を創設する。ルール違反の原因・基準を示して、ルールを守らせる。ルール違反者に対する懲戒を実施する（イエローカード、レッドカード、一発退場等）

④　内的な動機づけ
- 災害事例研究、ヒヤリ・ハットの体験発表
  …経験した"危険"を発表させ、他の作業員への災害防止への関心を高める
- 自尊心を活かす（チューター制度）
  …経験・能力、先輩としての誇りを活かす。役割意識・責任を持たせる

以上①〜④の動機づけを有効にし災害防止への関心を高めるには、職長・安責者が自ら率先して実行し模範を示さなければならないことはいうまでもなく、これも重要な職務である。

# 第3節　労働者の創意工夫を引き出す方法

## 1. 創意工夫とは

　辞書によると、「創意工夫」とは、独創的な考えや方法を編み出すこと。今まで誰も思いつかなかったことを考え出し、それを行うための良い方策をあれこれ考えること。「創意」は新しい思いつき、今まで考え出されなかった考え、模倣でない新しい思いつき。「工夫」は物事を実行するために、良い方策をあれこれひねり出すこと、方法、手段のことをいう。

　言い換えれば、この節で述べる創意工夫とは、本テキスト第9章で紹介した作業改善、設備の改善にとどまらず、新しい価値＝知恵(※)を磨いて、イノベーション（技術革新）を引き起こすことも含む「改革」という意味である。イノベーションとまでもいかなくても、独創的なアイデア、斬新的な企画、革命的な発想のことである(注)。

**知識と知恵**

　「知識」とは、「ある物事について知っていることがら。ある事について理解すること。認識すること。」（大辞林）とあるが、物事に関してすでにはっきり分かっている事実のことである。

　知識が新しい別の知識をつくり出すことはできない。例えば、パソコン（ＰＣ）にいくら最新のデータ（知識）を入力し、データが膨大になったとしても、それだけでは何も新しい知識は生まれない。1＋1＋1＝3なのである。

　「知恵」とは、「事の道理や筋道をわきまえ、正しく判断する心のはたらき。事に当たって適切に判断し、処理する能力。」（大辞林）とあるが、知識を正しく使用し、いろいろな問題を発見し解決する能力が知恵であると考えられる。

　1＋1＋1＝4？5？＝∞

　問題を発見し解決するためには、悩んだり疑問に思ったり、工夫・改善、発想の転換をしたり、という「行動」が必要なのである。いくら知識があっても、この「行動」がなければ何も変わらない。（「効果的な安全衛生教育指導・講義のコツ」白崎淳一郎著　労働新聞社）

（注）ＲＳＴトレーナー会の「職長教育テキスト」では、「創意工夫とは新しい価値あるものを引きだす自己実現のための創造性の育成をいう。なお、創造性とは、現在使われている物（機械、設備、器具工具、材料あるいは作業方法等何でもよい）をベースにして、まったく新しい物を考案する力である。」との説明があるが、本書と同じ考え方である。

### （1）改善と改革の違い

　「改善」とは、現状の枠組みをある程度守りながら、慢性化した問題点を解決していく方法。現状を一つひとつ、より良くしていくやり方。（内科的手法）

　「改革」とは、今までのやり方を大きく変えて、一気に現状打破を目指す問題解決法。パラシュート型・・・はるか遠い所に降下地点を定め、一気に飛行機から飛び降り目標地点を目指すやり方。（外科手術）

　企業が生き残り発展するには改革が不可欠である。しかし、改革だけでは十分ではないしリ

スクも大きい。改革は継続的な改善の補完、補強によってその威力を発揮することができる。

| 改善とは小さな変化である（破） | 改革とは大きな変化である（離） |
|---|---|
| ・職場で社員一人ひとりが取組む<br>・与えられた制約条件の中であまり金をかけないで行う<br>・リスクが小さい（手っ取り早く行う）<br>・あまり目立たない | ・全社をあげて取り組む<br>・大掛かりな投資と開発技術を駆使し、時間をかけて行う<br>・リスクが大きい（じっくり取組む）<br>・効果が大きくすぐに目につく |
| ・とりあえずの部分的解決<br>・職場で水平展開し標準化を図っていく、継続して改善する<br>・誰もがその仕事をする通常の能力範囲で日常的に行う | ・根本的に解決する<br>・全社で水平展開し、技術指針として企業としての基本技術<br>・専門家、経営幹部、プロジェクトチーム等の能力を結集して権限を持つ |

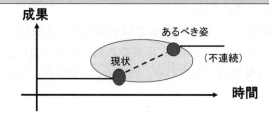

改革・・・目標は効率倍増

「改革」はパラシュート型
本来のあるべき姿を描いて一気に到達させる取り組み

⇩

リスクは高いが、目標や進むべき道が明確でムダがない

## （2）一般的な「改革」のプロセス

① 問題提起：現状打破の問題意識が高まる。経営者、管理職の改革への決意が重要。
② テーマ設定：経営革新、新規事業などのテーマ設定。活動チームの編成。
③ あるべき姿の明確化：あるべき姿を明確化して目標を具体化する。こうありたいという願望を共有化する。
④ 現状分析：改革案のアイデア出しのための情報収集。
⑤ 問題点の明確化：解決すべき問題点を明確化する。問題解決の障害を明確化する。
⑥ 改革案の作成：思い切った改革案を作成する。関係者の了承と協力を得る。
⑦ 改革案の実施：トライアルで改革案をＲＡで手直しする。改革案を一丸となって実施する。

⑧　問題解決：改革した状態を維持する。新しい改革テーマに取り組む。
　　ここで重要なことは、「改善」が「現状分析⇒問題点の発見」から始まるのに対して、「改革」は、なんとかしなければならないという「問題意識」を持つことから始まるということである。(注)

(注) 一般的な「改善」のプロセス
　① 問題発見：問題意識を持って仕事をする。日常業務の中で問題点を見つける。
　② テーマの設定：改善テーマ、改善目標を決める。改善をスタートさせる。
　③ 現状分析：現状のデータを収集する。問題点を明確にする。
　④ 原因究明：問題点発生の原因を探る。真の原因（根本原因）を明確にする（なぜなぜ5回）。
　⑤ 改善案の立案：根本原因を除去する方法を考える。
　⑥ 改善案の実施：改善案をRAを行った後実施する。創意工夫して改善する。
　⑦ 改善の効果確認：改善案実施後の効果を評価する。目標に達するまで改善する。
　⑧ 問題解決：いい状態を維持する。新しい改善テーマに取り組む。

## （3）改革と改善で陳腐化を打破し、強い現場力を

　改善だけでは世界の価格競争や企業間競争に勝ち残れない。
　改革で抜本的な経営構造・生産構造、安全管理等にメスを入れ、改善でさらに身の丈に合った調整を行い、改革効果を高めていく。「継続は力なり」というが、改革と改善には終わりはない。スパイラルに繰り返し行う必要がある。
　流れない水は腐る（官僚化、陳腐化する）。流れる水は新鮮な酸素を吸収して、事業の陳腐化を防止する。改革で新鮮な酸素を補給しながら、事業や組織の陳腐化防止を維持し、常に問題意識を持つだけでなく"問題発見能力"も高める。つまり、"現場力"を高める状態が求められているのである。

## （4）"問題発見能力"を高めるためには

　問題意識を問題発見能力につなげるためには、目標設定と現状把握が必要である。目標が曖昧なら進むべき方向が定まらない。現状把握が曖昧なら足下が見えないのでどちらに足を踏み出していいか分からない。
　現状に「なんとなく」満足せず、創造力をかきたてて一段高い目標を立て、さらに高い問題意識を持つ。自分がなんとかしたい、なんとかしなければと主体的になることが大切である。そうすれば、問題解決への義務感、やらされ感がなくなり、問題解決の達成感も味わえる。

## 第13章 労働災害防止についての関心の保持及び労働者の創意工夫を引き出す方法

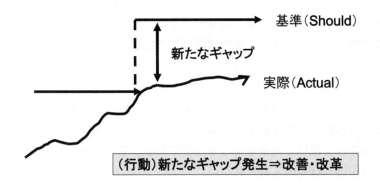

問題意識を高めるためには基準値を上げる

### (5) 創造力を高める6つの力

① 問題発見能力：問題意識を持ち、作業から問題点を発見する能力
　現実の仕事から問題点を発見する能力であり、現状を改革して、より良い状態にしたいという意識が問題意識であり、問題意識が問題を発見する力となっていくことである。

② 応用力：基礎知識を活かし、それを応用することができる能力
　基礎知識を現実の職務に活用し、その応用力によって職務を改革する能力である。

③ 思考力：古いものを捨て、新しいものを取り入れる柔軟な能力
　現実に適用されているシステムや構造の理論にとらわれず、多面的な思考を持って現実のシステム、構想を再興する能力である。

④ 空想力：新しいヒントに従い、新しいアイデアを出すことができる能力
　理論的思考にこだわらず、斬新な感性で対象を見つめ、未来に対する夢を持ち、夢と感性から新しいものを生み出す能力である。

⑤ 構成（創造）力：アイデアを出し、それを組み立てていく能力
　創造とは、既存の物事や考えの組合せであり、この組合せの能力をいう。さらに空想や夢から出たアイデアを論理的思考に組み替えていく能力である。

⑥ 完成力：まとめ上げ、新しいアイデアのものを使えるようにする能力
　アイデアを現実の施工や作業手順、技術、システムに表現できる能力をいう。知識や技術、資料、資金、組織等の資源を再構築し、実現できる能力である。

　重要なことは、この創造力は自分一人の力ではなかなか高めにくい、ということである。チームの仲間とワイガヤしているとき、飲みニケーションしているとき、ひょっとした瞬間に「そのアイデアいただき」とコラボレート（影響し合って）して、高められ、生まれるのである。この6つの創造力を生み出す力が「現場力」であり、現場力を支えるのが、心理的安全性が確保されたワーク・エンゲイジメントなのである。

## 2. 現場力の強化

### （1）現場とは

　現場が頑張るから良い商品が生まれ、コストが下がり、高いサービスが提供できる。現場が頑張るからスピードが上がって、厳しい納期にも応えられる。すべての企業価値は現場から生まれる。経営と現場がかい離していては、企業は成り立たない。

　企業は常にさまざまな問題を抱えているが、この問題はどこで起きているか。その多くは現場である。アイデア、ビジネスチャンスはどこにあるか、それも現場である。企業の崩壊はどこから始まるか、それも多くは現場である。

　確かに企業の崩壊は、企業を取り巻く環境、取引先、金融機関、お客様等他律的要因も少なくない。しかし、どの企業も漫然と、仕方がないと諦め何もせずに受け入れているわけではない。企業全体でそれら逆境をはね除ける対策を講じるはずである。その対策の多くは現場にあり、現場がしっかりしていなければ対応策もとれない。

　もともと日本の現場は、仕事に対する"当事者意識"が非常に高かった。「仕事を遂行し、結果を出すのは自分たち」＝プライドのある現場であった。それが日本企業の最大の強みだった。日本ほど、現場の当事者意識を尊重して企業経営してきた国はない。しかし、バブル崩壊後その根幹が揺らいできた。何も考えずに与えられた仕事しかしない。別名「マニュアル人間化」ともいう。下手をすると、与えられた仕事もろくにできない。そんな現場が国内のあちらこちらに増加しているような気がする。与えられた目の前の仕事をこなしているだけ。場合によっては何もしないだけでない、企業に「ぶら下がっている」人もいる。現場が「与えられたことしかできない、ぶら下がりの多い」＝「弱い現場」の企業はいずれ取り残されてしまう運命にある。

### （2）現場力の強化とは

　前述した現場の問題を自主的に解決する能力のことである。その能力を得るためには、①組織の壁を取り払う、②当事者意識を持たせる、③創造力を高める６つの力を発揮させる土壌をつくる、ことである。

　① 組織の壁を取り払う

　　これは物理的な壁ではない。自分に（自分のチームに）「関係ない」、「知らない」という心の壁のことである。それを払拭するためには自分の会社は何のためにあるのかという「理念や目標」が皆に浸透されていることと、お客様は誰か、お客様のために何をすべきかを常に考えて行動するということである。

　② 当事者意識を持たせる

　　仕事は川の流れのように流れている。必ず上流から下流に流れる。自分のやっている仕事は川の流れの中で、どういう位置を占めているのかを自覚することが大切である。そうすると、仕事を割り当てられ、やらされている感から、これは自分の仕事という「当事者意識」を持つことにつながる。その結果、自然と作業全体の流れにまで目を配り、自分から能動的に動いて周囲とのコミュニケーションをとるようになるはずである。言い換えれ

ば作業連鎖＝絆（エンゲイジメント）ができる。当事者意識から仲間意識、チームメイトになり、現場が活気づくのである。
③ 創造力を高める6つの力を発揮させる土壌をつくる
　前述した創造力を高める6つの力を一人ひとりがフルに発揮したり、持っていたりすることは現実的にはあり得ない。したがって、チームを作り集団思考で改善・改革提案をすると、コラボレーション、ひらめき等が誘発され、現場力が高まる。
　そのためには、
ア）チームの活性化を図る
- 目標を見える化し、適切に達成度の評価ができるようにする。評価できない活動は必ずマンネリ化を招く。チームの活性化のためには、PDCA方式で諸活動・取組を評価し、見直すべき事案があったら見直し、改善を図る。
- 競争原理を働かせる。労働能力、各チームの現有能力を若干上回る問題点（解決すべきテーマ）を与え、考えさせ解決を図り、改善・改革提案を行わせることにより競争原理が働く場面をつくる。なお、競争原理を働かせるためには適正な評価制度・評価システムが不可欠である。出来レースと分かれば、真剣に競争しない。
- 表彰制度を設け、成果に対して適切な評価を行う。創意工夫に対する審査制度をつくり、良いアイデア、提案をそのままにせず、実行に移すとともに表彰し、刺激を与えることが必要である。こうすることにより、競争原理が働き、マンネリ化も防止できる。

イ）個人の活性化を促す
　職長・安責者は、特定されたリスクや仕事をする上での問題点に対して、作業員自らが問題解決に向けて積極的に作業改善などの創意工夫に取り組むような雰囲気づくりに心掛け、どんな小さなアイデアでも喜んで受け入れ、その功績を承認し、本人の自信とさらなる創意工夫のモチベーションを高めるよう指導・援助する。具体的には、
- 常に「なぜ」「どうして」という問題意識を持たせること。現状に満足しているようでは新しい発想は生まれない。
- 自由奔放に考え、話し、発表する機会を与える（心理的安全性を確保する）
- どんな小さな提案でも思いつきでも受け入れる。そして、その労を讃える。それが本人の自信につながり、創意工夫へのモチベーションを高める。
- 誰でも創意工夫ができることを理解させ、自信を持たせる。
- もっと良い方法はないか、全く違った角度から物事を見るようにアドバイスする。
- 必要に応じて、期限を決めて大きな仕事をさせてみる。

(3) ワーク・エンゲイジメント
　このように、組織の壁を取り壊し、当事者意識を持ち、創造力を高めることが現場力の強化につながるが、それを醸成するための土壌、企業風土がワーク・エンゲイジメントである。ワーク・エンゲイジメントについては、第1章の4で簡単に説明しているが、どうしたらそれがつくれるかについて補足説明する。

① 個人の資源を高める、個人の心身の健康度を高める

「個人の資源」とは、心理的ストレスを軽減したり、モチベーションをアップさせたりするための原動力となる、その人自身の内的要因のことである。

特に重要なのが「自己効力感」である[注]。新しい課題にチャレンジする際、「できそうだ」「きっとできる」と思える見込みや自信の源となるもの。

自己効力感が強い人は何事にも前向きに取り組むことができるのでいろいろな知識を学べ、成功体験も得やすい。すると仕事が楽しくなってイキイキするし、自己効力感もさらに高まっていく。小さくてもいいから、自分自身の努力で成功した体験を積むことが自己効力感を鍛える最大の原動力となる。

（注）自己効力感：自己効力感とは、与えられた課題に対して「自分ならできる」「自分ならきっとやり遂げられる」と思える自信の源となるものを指す。つまり、自己効力感とは、自分自身の中にある目標達成能力の存在を認識することである。自己効力感は、その行動を実際に始めるかどうか、どのくらい努力を継続するか、そして困難に直面したときにどのくらい耐えられるか、ということを決定づける。言い換えれば、自己効力感は、自身の達成体験や第三者による代理体験などさまざまな方法で高めることができる。ワーク・エンゲイジメントと深い関係があるとされている。（ＢｉｚＨＩＮＴ　他）

② 組織・仕事の資源を高める、組織の活力を高める

「組織・仕事の資源」とは、仕事の負担を減らす、仕事の負担の悪影響を緩和する、モチベーションを高める、この３つの役割を果たす組織内の有形・無形の要因のことである。

具体的には、上司・同僚のサポート、仕事の裁量権、パフォーマンスに対する評価、トレーニングの機会などがこれに当たる。また、ワイガヤができる心理的安全性が保たれ、業務の連鎖を「人・心のつながり」として捉え、相手を認め合い、自らの役割を認識し、互いの強みを活かし、欠点を補い、手を取り合って励まし合い、苦楽を共にしながら困難に立ち向かう。そうすれば、基準の枠を超えたお互いの良い面や強みが活きてきて、水準を遙かに超えた成果が見込める。それが「カイゼン」や「改革」のこころであり、チームの原点である。

サポート等の度合いの判定が「職場のストレス判定図」である。コーチングを活用した「ＯＪＴ」もその手段である。つまり、ワーク・エンゲイジメントであること自体が「現場力」である。

このように、個人の資源（心身の健康度）と組織・仕事の資源（組織の活力）は密接な関係があり、組織・仕事の資源が充実すると個人の資源もアップするといわれている。この関係を図で表すと次のとおり。

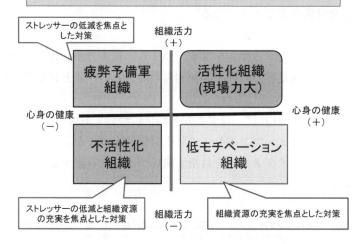

　現代の日本企業に案外多いのは「疲弊予備軍組織」かもしれない。全員ががむしゃらに働いて数字は上げているが、ストレスフルで胃腸薬が離せない。体育会のノリで、ワーカホリック(仕事中毒)の社員も多く、過重労働が指摘される企業である。
　「低モチベーション組織」とは、ストレスは少ないけれど、活力にも乏しいという沈滞した職場である。リストラ・閉鎖企業や縮小が決まっている事業所や、組織全体の中で存在価値を過小評価されている"縁の下の力持ち"的な部署によく見られる。
　こうした職場のワーク・エンゲイジメントを高めるには、トレーニングの機会やパフォーマンスに対する正当な評価といった「組織・仕事の資源」を充実させる対策が必要となってくる。

### (4) ワーク・エンゲイジメントになればどうなるか
　前述の図を別の言葉で表現すると次のようになる。

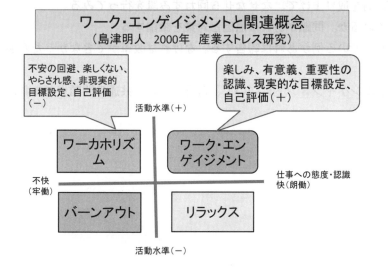

そしてその効果は、
- 心身共に健康なだけでなく、仕事に前向きに取り組む
- 自発的に行動する（自己啓発学習をするようになる）
- 職場への満足感が高くなる

その結果、組織の活性化や生産性向上に資する傾向を示す。つまり、現場力が強化され売り上げ向上、リピーター増加、ＣＳ（顧客満足度）の向上等が図られる、ということになる。[注]

ワーク・エンゲイジメントな職場がつくられれば、自ずと安全衛生についても関心が高まり、さらに創意工夫が促進され、結果としてヒューマンエラーの防止対策にもつながるのである。
第１章で述べたように、ワーク・エンゲイジメントを目指す職場づくりに貢献することが職長・安責者の重要な役割なのである。

（注）米国のギャラップ社の調査が有名である。従業員エンゲイジメントの高い会社の営業利益率は、低い会社の営業利益率に比べて1.5倍高い。従業員エンゲイジメントが高い社員の割合が１％向上すると、売上が６％アップする。

また、日本生産性本部が、2018年７月30日に、「労働生産性が高い企業群では、顧客満足度が高いと労働生産性も高くなる傾向にある。その傾向にあるのは、運輸業や飲食サービス、小売業」という調査結果を発表している。必ずしも、ワーク・エンゲイジメントとの関連ではないが、エンゲイジメントが高まれば顧客満足度も上がり、生産性も上がる。働き方改革で日本の企業がこれから目指す方向を指し示していると思われる。

**（参考）グループ討議　テーマ（例）**
① ヒューマンエラー対策がどうして教育だけでは不十分なのか、ヒューマンエラーの実例を取り上げて議論する。
② ヒューマンエラーの実例を取り上げて、なぜなぜ５回ねずみ算を行ってみる。
③ 関心の保持が行われているか。問題があれば原因と対策を議論する。
④ 改善から改革に取り組んでいる例があれば報告する。なければ改革ができなかった原因と対策を考える。
⑤ 現場力の強化、ワークエンゲイジメントについて、自己採点し、共通の問題点があればその原因と対策を議論する。

【著者紹介】

白﨑　淳一郎　*Junichirou Shirasaki*
一般社団法人 白﨑労務安全メンタル管理センター 代表理事

1947年北海道函館生まれ。1975年福島県で労働基準監督官として採用後、福島県相馬、東京八王子・上野・足立労働基準監督署長、東京産業保健推進センター副所長など務める。

2007年より、中央労働災害防止協会東京安全教育センターの講師としてRSTをはじめ、多くの講座で講師を担当している。

〔学会等〕日本労働法学会、日本産業精神保健学会、日本産業カウンセラー学会、関東心理相談員会　等

〔主な著書等〕「派遣労働」、「働くものの15章」、「産業『空洞化』と雇用・失業問題」（以上、共著　学習の友社）／「安全衛生3分間スピーチ⑦」（共著　中央労働災害防止協会）／「産業用ロボットＱ＆Ａ100問」（労働新聞社）／「作業内容別　安全衛生法令の基本」－月刊誌『安全と健康』（中央労働災害防止協会）2008年1月号～2009年12月号／「安全・衛生作業のための資格と教育」－月刊誌『安全衛生のひろば』（中央労働災害防止協会）2013年1月号～2014年12月号／「効果的な安全衛生教育－指導・講義のコツ」（労働新聞社）　他

---

もう準備はお済みですか？
JIS Q 45001
JIS Q 45100
対応マニュアル
―初めて部下を持つリーダーのための指南書―

平成31年3月20日　初版発行

著　者　白﨑 淳一郎
発行者　藤澤 直明
発行所　労働調査会
　　　　〒170-0004 東京都豊島区北大塚 2-4-5
　　　　TEL　03-3915-6401
　　　　FAX　03-3918-8618
　　　　http://www.chosakai.co.jp/

ISBN978-4-86319-722-0

落丁・乱丁はお取り替えいたします。
本書の一部あるいは全部を無断で複写複製することは、法律で認められた場合を除き、著作権の侵害となります。